강남 되는 강북 부동산은 정해져 있다

강남 되는
강북 부동산은
정해져 있다

부자들이 개발계획에 투자하는 이유

엄재웅(서경파파) 지음

위즈덤하우스

일러두기

호갱노노 이미지는 2021년 10월 기준으로 분석한 자료이며, 과거의 특정 시점을 분석하는 경우 본문에 언급하여 별도 기준일을 표기하지 않습니다.

진짜 부자들의 투자법을 공개하면서

사람들은 고민을 안고 삽니다. 특히 내 집 마련과 자녀 교육 그리고 부의 축적에 관해 고민하는 것은 이 시대를 살아가는 사람에게 당연합니다. 저는 지금까지 소수에게만 제공해왔던 정보를 여러분에게 공유하기로 마음먹으면서 고민이 많았습니다. 누군가는 말리기도 했습니다. 하지만 저는 잘못된 정보로 투자를 실행했다가 패가망신하는 사람들을 여럿 보았고, 그들의 실패가 안타까웠습니다. 부동산은 주식과 달리 인생 대부분에 걸쳐서 번 돈을 모두 쓰기 때문에 그 손실을 회복하기 어렵습니다. 하지만 동시에 그만큼 가능성이 크게 열려 있는 투자처이기도 합니다. 부자들은 그 가능성을 현실로 만드는 방법을 알고 있습니다. 그 방법은 바로 '도시개발계획'입니다. 똑같은 개발계획을 읽어도 누군가에게는 아무 쓸모 없겠지만 제 경우 답안지를 펴놓고 시험을 보는 것과 같이 투자 아이디어가 떠오릅니다. 부자들은 저와 같은 사람을 고용해 상상도 못 할 속도로 더 큰 부자가 됩니다. 큰 부자가 아닌 보통 사람들에게 도시개발계획은 인생의 많은 고민을 해소할 수 있는 길이 될 것입니다.

저는 프리랜서로 전향한 후 강북 지역을 중심으로 꾸준히 칼럼, 유튜브 영상 등을 올리며 온라인에서 활동했습니다. 그러나 최근 급변하는 부동산 시세와 장기화되는 코로나 위기, 휘청이는 글로벌 경제 상황 등으로 앞날을 예측하기 어려워졌습니다. 게다가 공공재개발, 신속통합기획 등 주택 공급정책이 연이어 발표되었고, 회원과 고객의 니즈 또한 커져 지역을 한정하지 않고 있습니다. 어떤 지역을 가도 저에게는 길이 보입니다. 도시개발계획을 분석할 수 있기 때문입니다.

이 책에는 강남 3구를 제외한 서울 모든 자치구와 수도권 지역에서 직접 발품을 팔고, 도시계획을 분석한 결과물을 실었습니다. 저는 이 책을 통해 앞으로 무한한 가능성을 지니고 있고 미래가치가 뛰어난 지역을 소개하고자 합니다.

미래는 아무도 알 수 없습니다. 하지만 미래의 계획은 알 수 있습니다. 지금부터 유튜브와 소음을 차단하고 도시개발계획의 원문을 읽으시길 바랍니다. 그 원문은 여러분을 부자로 만들 계획입니다. 물론 공부가 필요하지만 걱정 마시기 바랍니다. 저와 함께 계획을 읽고 해석하다 보면, 지금까지 느껴보지 못한 투자의 새로운 경지에 다다를 수 있을 것입니다. 어쩌면 지금까지 아무 생각없이 지나쳤던 빨간 벽돌 건물과 휑한 아파트가 예쁘게 보일지도 모릅니다. 만약 그렇게 보이신다면 이 책은 쓸모를 다한 것이라 생각합니다.

고민 끝에 첫 글을 쓴 이후 지금까지 수년의 시간이 흘렀습니다. 제 글에 공감해주시고, 쪽지나 댓글로 응원과 격려를 보내주시면 여전히 새로운 에너지가 샘솟습니다. 제가 도움을 드리고 싶었던 분들의 꾸준한 관심으로 보다 생산적인 활동을 이어가고 있다고 할 수 있겠습니다. 이것이 제 인생의 선순환 구조라는 생각이 듭니다. 이 책이 세상에 공개되어 안락한 보금자리를 꿈꾸며 열심히 땀 흘려 일하시는 분, 내가 사는 보금자리를 사랑하는 분 그리고 행복한 가정을 위해 최선을 다하시는 분들에게 특별히 도움이 되었으면 하는 게 저의 바람입니다. 이번 기회에 열심히 공부하면서 견문을 넓히고, 나아가 도움이 필요한 사람에게 공유해주는 따뜻한 선순환이 이어지길 소망합니다.

여러 요인이 겹쳐 투자의 갈피를 잡기 힘든 요즘 시기, 이 책이 독자님들의 미래에 밝은 빛을 비추고 진정한 희망과 행복을 열었으면 좋겠습니다. 제가 강의를 할 때 회원분들께 드리는 말을 전하고 싶습니다.

"포기하지 마세요. 포기할 이유가 전혀 없습니다.
그리고 원문을 읽으세요."

 **목차**

| 들어가며 | 진짜 부자들의 투자법을 공개하면서 | 005 |

1부 ◆ 돈을 벌고 싶다면 정부의 계획을 봐라

1장 | 부동산은 정치와 정책의 영역이다　　　　　　　　015

경제지표와 빅데이터가 아니라 정책을 봐야 한다 015 | 시장이 위기일 때 우리는 어떻게 대응해야 할까? 024 | 대한민국 금수저들의 투자 역사 027 | 부동산 시장을 리드하는 주체는 정부 033

2장 | 투자 불패 지역은 정해져 있다　　　　　　　　　037

거점개발지, 특히 확장 개발이 되는 곳을 찾아라 037 | 확장성이 있는 거점개발지를 알아야 효율적으로 투자할 수 있다! 038 | 확장성이 있는 거점개발지를 알아보는 방법 046 | 하락장일 때 가장 먼저 떨어지는 곳 064 | 빠르게 오르는 확장 개발에 투자하라 071

3장 | 이것 때문에 부동산 투자 공식은 변하고 있다　　　073

적응하지 못하는 당신, 도태될 수 있다 073 | 1997년 IMF의 교훈 074 | 역사는 늘 반복된다 077 | 규제가 투자 공식과 환경을 바꿨다 077 | 입지론이 유효했던 시절과 마용성 신화 092 | 입지 좋은 신축 아파트는 여전히 대장일까? 093 | 규제가 만든 공식: 단계별 상승이 빠른 곳으로 가라 101 | 하수는 입주권을 받고, 고수는 단계별 상승을 취한다 105

4장 | 상업지역 땅이 비싼 이유만 알아도 반은 간다　　　　　109

미래는 알 수 없지만 미래의 계획은 알 수 있다 109 | 중랑구 땅값이 강남구를 앞질렀다? 112 | 상업지역으로 입지를 거슬렀던 중랑구 상봉동 사례 117 | 망우 지역중심 132 | 아직도 상급지 부동산이 많이 오른다고 착각하는가? 137 | 부동산으로 큰 한 방을 노리고 싶다면 140

5장 | 포식자에게 저항하지 말고 공생하라!　　　　　147

투자의 세계는 강자만 살아 남는다. 약자인 우리는? 147 | 적자생존에 유리하려면 투자 기간이 짧아야 한다 151 | 거점개발지(중심지, 상업지역 개발)는 안전하다 152 | 거점개발지에도 급이 있다! 광역중심지란? 156 | 청량리·왕십리 광역중심 159 | 임장 준비하기 1: 과거와 현재를 비교하기 165 | 임장 준비하기 2: 시세 조사하기 166

6장 | 부자들은 확실한 도시계획에 베팅한다　　　　　177

부동산 투자를 제대로 하고 싶다면 지금 당장 단톡방을 끊어라 177 | 그릇을 키운다는 의미 179 | 답은 이미 도시계획에 있다 180 | 추가분담금은커녕 1+1 매물이 가능한 상업지역 재개발 184 | 미아리 텍사스촌(미월곡1구역) 속도가 심상치 않다 186 | 미아 지역중심 188 | 내가 요즘 주목하는 곳: 개발이 임박한 이곳에 투자하라 200 | 결국 쾌적한 주거지가 더 빛나지 않을까? 208

7장 | 이것만 알면 아무도 당신을 속일 수 없다　　　　　213

대중을 현혹하는 사람들 213 | 가짜 정보의 덫에 빠지지 않는 법: 원문 해석하기 219 | 지방 투자도 마찬가지… 도시계획에 따라서 투자하라! 234

2부 ◈ 부자들의 이기는 공식, 도시계획을 알아야 한다

8장 | 싸움에서 항상 승리할 수밖에 없는 기술   239

생활권계획의 핵심, 강남북 균형 개발 240 | 초보에서 부동산 중수로 레벨업 241

동북권

9장 | 강남의 지위까지 노리는 광역중심지, 창동&상계   243

광역 거점개발과 재건축 246 | 돈이 되는 땅이 된 창동 역세권(높게 지을 수 있는 땅의 힘) 250 | 가장 큰 변화 252 | 창동 역세권 개발 254 | GTX-C, KTX 역세권이 되는 창동역 260 | 노원구 상계동 264 | 노원 역세권과 차량기지, 운전면허시험장 개발 사업 266 | 상계뉴타운 268 | 어떤 재건축을 선택해야 할까? 270 | 창동주공 재건축 272 | 상계주공 재건축 276 | 잠실 282 | 압구정 286 | 개포동, 대치동 289 | 잠원, 반포 291 | 지금이라도 창동주공, 상계주공에 투자할까? 293 | 창동주공, 상계주공에 투자한다면 어떤 아파트를 사야 할까? 294

10장 | 성동구 성수동, 영앤리치가 선호하는 동북권 최고의 입지   297

성수동 일자리 사업 301 | 성수동 주거지 개발 사업, 상권 개발 사업 303 | 송정동 308

서북권

11장 | 상암, 거점개발은 쓰레기통에서 장미꽃을 피운다   317

혐오시설에서 관광명소가 되기까지 319 | 서울 서북권 유일의 광역중심지가 된 상암동, 대체 왜? 321 | 상암DMC 1 322 | 서울도시계획포털로 거점 확인하기 327 | 상암DMC 2 332 | 한강 변 초기 재개발 투자, 과연 적절할까? 346

12장 | GTX의 힘, 연신내·불광 지역중심 개발   348

연신내·불광 354 | 응암동 358 | 연신내 361 | 구산동, 갈현동 363 | 연신내, 불광 역세권 365 | 은평구는 아파트보다는 재개발 투자처! 375

서남권

13장 | 김포공항 주변이 심상치 않다   376

낙후된 곳은 개발할 곳이 많은 곳이다 382 | 서울 택지개발의 교과서, 광역중심지 강서구 마곡지구 383 | 마곡 광역중심지도 좋지만 앞으로 확장될 곳을 선택하라 386 | 공항지구 중심 개발 392 | 방화뉴타운 등 주거지 개발 397 | 공항복합도시 402 | 역세권 상권 개발과 시장정비사업 407 | 방화동 재개발, 재건축, 가로주택정비사업 방향 411

14장 | 역세권 도시정비형 재개발의 교과서, 구로구 천왕 역세권 개발   417

오류지구 중심, 온수지역, 천왕 역세권 편 421 | 오류동, 개봉 역세권 개발 426 | 오류동 노후 연립주택, 저층 주거지 개발 사업 429 | 서남권 투자, 어떻게 해야 할까? 435

1부

돈을 벌고 싶다면 정부의 계획을 봐라

1장
부동산은 정치와 정책의 영역이다

경제지표와 빅데이터가 아니라 정책을 봐야 한다

요즘 빅데이터에 관한 관심이 뜨겁다. 심지어 빅데이터를 이용하면 부동산 시장을 예측할 수 있다는 사람들도 있는데, 그게 과연 가능할까 싶다. 언뜻 들으면 솔깃할 수 있다. 특히 20대들은 과학적으로 검증되었다고 하는 데이터를 좋아한다. 부동산을 잘 모르거나 경제 분야에 문외한이라면 그럴듯하여 설득당할 수 있겠다. 그러나 현장을 업무로 경험한 사람들에게는 의문이 생길 수밖에 없는 주장이다.

우선 전제 조건이 되는 '빅데이터'는 실체가 있을까? 만약 개인이 빅데이터를 활용하여 시장을 예측할 수 있다면, 여의도 증권가의 기라성 같은 전문가와 분석가 그리고 그들이 사용하는 슈퍼컴퓨터는 왜 시장을 예측하지 못할까?

나는 경제지표를 모은 빅데이터로 부동산 시장을 예측한다는 사람들의 말을 신뢰하지 않는다. 내 기준에서 그들은 엑셀을 잘 다루는 사람일 뿐이다. 지금 내가 설명하려고 하는 내용이 경제지표의 논리대로 설명이 가능한지 묻고 싶다.

우리는 1997년 IMF 금융 위기, 2008년 리먼 브라더스(미국발 금융 위기) 사태를 분석할 필요가 있다. 경제 위기로 대한민국 모든 부동산 가격이 떨어졌다. 소위 "강남 불패의 아성마저 무너졌다"라고 많은 이들은 알고 있을 것이다. 리먼 브라더스 사태 때부터 이 일을 업으로 삼았기 때문에 대중들의 공포를 누구보다 잘 알고 있다.

그렇다면 하락기에는 무조건 부동산 가격도 떨어질까? 이건 반은 맞고 반은 틀린 말이다. 하락기에도 오르는 부동산이 존재한다. 과거를 살펴보면 하락기가 올 때 대중은 돈을 잃고 소수는 돈을 벌었다. 우리는 돈을 잃은 대중의 사례에 집중해서는 안 된다. 상승기에도 돈을 벌고 남들이 다 잃는 하락기에도 돈을 버는 사람들의 투자 방법을 연구해야 한다.

그런데 현실은 그렇지 않다. IMF나 리먼 브라더스 사태와 같은 무서운 하락기가 시작되면 대다수는 잃는다는 공포에 빠진다. 그 결과, 대중들 사이에서는 하락론이 대세가 된다. 그것이 대중이 돈을 벌지 못하는 이유다. (하락장에서도 오르는 매물은 뒤에서 자세하게 설명할 예정이다.)

경제지표로 부동산을 분석하는 사람들은 경기 흐름에 따라 매수 타이밍이 존재한다고 주장한다. 일반인의 관점에서는 무척 설득력 있고 안전한 투자 방식이라는 생각이 든다. 다만 현업에 종사하는 사람들, 특히 나처럼 고객에게 지속적으로 수익을 안겨주어야 하는 사람들은 하락장에도 기다릴 틈이 없다. 남들이 벌 때는 더 벌고 남들이 잃을 때도 벌 수 있는 매물을 부단히 찾아야 하기 때문이다. 그리고 나와 같은 사람 혹은 소수의 용기 있는 사람들은 하락장에도 돈을 벌 수 있다는 사실을 알고 있다.

따라서 경기의 흐름에 따라 매수해야 할 타이밍이 있다는 말은 잘못된 주장이다. 부동산을 투자의 대상으로 삼은 사람이라면 하락장이든 상승장이든 돈을 벌 수 있는 매물을 찾아야 한다. 이게 나의 지론이다. 오해하지 않았으면 좋겠다. 부동산 상승기, 하락기를 논하는 것이 대중의 입장에서 틀린 일은 아니지만 나와는 맞지 않는다는 의미다.

다음 페이지에 항상 돈을 벌 수 있는 아파트를 고르기 위한 문제를 하나 내겠다. 쉬울 수도 있고, 어려울 수도 있다. 틀려도 괜찮다. 나의 기존 지식(정)과 반대되는 사실(반)을 있는 그대로 받아들일 수 있기만 하면 된다. 그러면 부자(합)의 길은 어렵지 않다.

Q. 다음 아파트가 똑같은 가격, 똑같은 평형(30평형)이라면 여러분은 어떤 선택을 하시겠습니까? 하락장에서도 버틸 수 있는 아파트를 골라보시기 바랍니다.

1. 신길뉴타운한화꿈에그린 32평

- ㉠ 2008년 금융 위기 당시 신축 + 300세대 미만 아파트(2008년 6월 준공)
- ㉡ 교통: 7호선 역세권(도보 5분 이내)
- ㉢ 일자리: 버스로 여의도역까지 30분가량 소요
- ㉣ 주거 환경: 노후 주택들이 많음(영등포구에서 조선족들이 많이 거주하는 곳)
- ㉤ 생활 환경: 도보 10분 이내에 마트, 백화점은 없으며 재래시장을 주로 이용함
- ㉥ 학군: 학원가 없음. 초-중-고등학교 모두 도보 5분 이내 가능
- ㉦ 특이 사항: 대규모 뉴타운 사업지 내에 있는 곳

2. 대치아이파크 32평

- ㉠ 2008년 금융 위기 당시 신축 + 800세대 미만 아파트(2007년 7월 준공)
- ㉡ 교통: 분당선 역세권(도보 5분 이내), 3호선 역세권(도보 10분 이내)
- ㉢ 일자리: 지하철 이용 시 선릉역까지 5분가량 소요
- ㉣ 주거 환경: 아파트 밀집 지역(강남구에서 학군지로 유명한 곳)
- ㉤ 생활 환경: 도보 5분 이내에 롯데백화점이 있으며, 차량으로 이마트 이용 용이
- ㉥ 학군: 대한민국 최고의 대치동 학원가. 자사고를 많이 보내는 유명 중학교를 비롯하여 초-중-고 모두 도보 5분 이내 가능
- ㉦ 특이 사항: 반경 300미터 이내에 삼성물산 시공사로 선정된 재건축 예정 아파트 두 곳 있음(실제로 두 아파트는 각각 2013년 2월, 2015년 9월에 재건축 사업 완료, 준공됨)

3. 전농동신성미소지움 30평

- ㉠ 2008년 금융 위기 당시 4년 차 + 400세대 미만 아파트(2005년 10월 준공)
- ㉡ 교통: 1호선, 경의중앙선 더블 역세권(초역세권 입지, 이때 당시에는 분당선은 개통되지 않았음)

ⓒ 일자리: 지하철 이용 시 종각역까지 15분가량 소요
ⓔ 주거 환경: 노후 주택들이 많음(집창촌 상권의 영향을 받는 곳)
ⓜ 생활 환경: 역사 내에 위치한 롯데백화점 이용 용이하나 역세권에 서울 최대 규모의 집창촌이 있음(2008년 기준)
ⓗ 학군: 마땅한 학교, 학원 없음
ⓢ 특이사항: 대규모 뉴타운 사업지가 근처에 있음

4. 암사동프라이어팰리스 33평
㉠ 2008년 금융 위기 당시 신축 + 1,000세대 이상 대단지 아파트(2007년 7월 준공)
㉡ 교통: 5호선 역세권(도보 5분 이내)
ⓒ 일자리: 지하철 이용 시 잠실역까지 30분가량 소요
ⓔ 주거 환경: 노후 주택, 나홀로 아파트, 대단지 아파트들이 혼합된 곳
ⓜ 생활 환경: 대형마트, 백화점 이용이 어려운 곳, 베드타운 분위기
ⓗ 학군: 도보 5분 이내에 초-중-고 모두 접근 용이하며, 지역 학원가가 있음
ⓢ 특이 사항: 반경 300미터 이내에 삼성물산 시공사로 선정된 재건축 예정 아파트 한 곳 있음(실제로 해당 아파트는 2019년 6월에 재건축 사업 완료, 준공됨)

2008년 시점으로 돌아갔다고 생각하고 신중하게 선택해야 할 것이다. 이때를 기억하는 독자라면 알 거라 생각한다. 당시 한 번의 선택으로 평생 부동산 투자에 등을 돌린 사람도 많았다. 그러나 네 아파트 중에서 하락장에 버틴 매물이 있다. 심지어 하락장 동안 잘 투자했으면 수익도 올릴 수 있었다. 위의 4개 아파트 중 어떤 것을 선택해야 했을까? 서로 다른 지역의 비슷한 평형대의 아파트이고 시기는 2008년부터 5년간의 시세를 비교한다. 유일한 공통점은 네 군데 모두 2008년 기준으로 준공된 지 5년 이하의 아파트였다.

뚜껑을 열어보기 전에 고백하겠다. 컨설팅을 하다 보면 가장 어려운 순간이 있는데, 고객이 잘못된 고정관념에 사로잡혀 있는 경우다. 이럴 때는 아무리 올바른 데이터를 보여줘도 소용이 없다. 이미 그 사람에겐 답이 정해져 있어서다. (심지어 자존심도 강하다. 그 자존심이 수익으로 이어지길 바랄 뿐이다.) 이 책을 읽는 독자들도 마찬가지일 것이다. 내가 믿던 것들과 반대되는 사실이나 데이터를 있는 그대로 흡수해 받아들일 수 있는 사람은 결코 많지 않다. 그렇기 때문에 소수만이 돈을 벌 수 있는 것이다. 경제 위기가 온다면, 부동산 시장이 흔들린다면 대중은 이런 생각을 한다.

"입지 좋은 아파트가 마지막에 떨어질 거야."
"신축 아파트가 가장 안전할 거야."
"강남이 가장 마지막에 떨어질 거야."

내 돈 수억 원이 오고 가는데, 객관적인 데이터가 아니라 어디선가 들어본 얘기에 기댄 막연한 생각만으로 투자하는 사람들이 있다. 생각보다 많은 사람이 이런 식으로 투자한다. 이런 방식은 투자가 아니라 사치품을 쇼핑할 때 더 적합하다.

4개 아파트의 입지를 보고 대다수가 2번(강남구 대치동) 아니면 4번(암사동 당시 신축 아파트)을 선택할 것이다. 우리가 알고 있던 투자 공식에 부합하니 매수할 수 있다면 1순위로 2번을 택할 것이다.

이제 뚜껑을 열어보겠다. 어떤가? 우리가 알고 있던 사실이 철저히 부정당한 것을 알 수 있다.

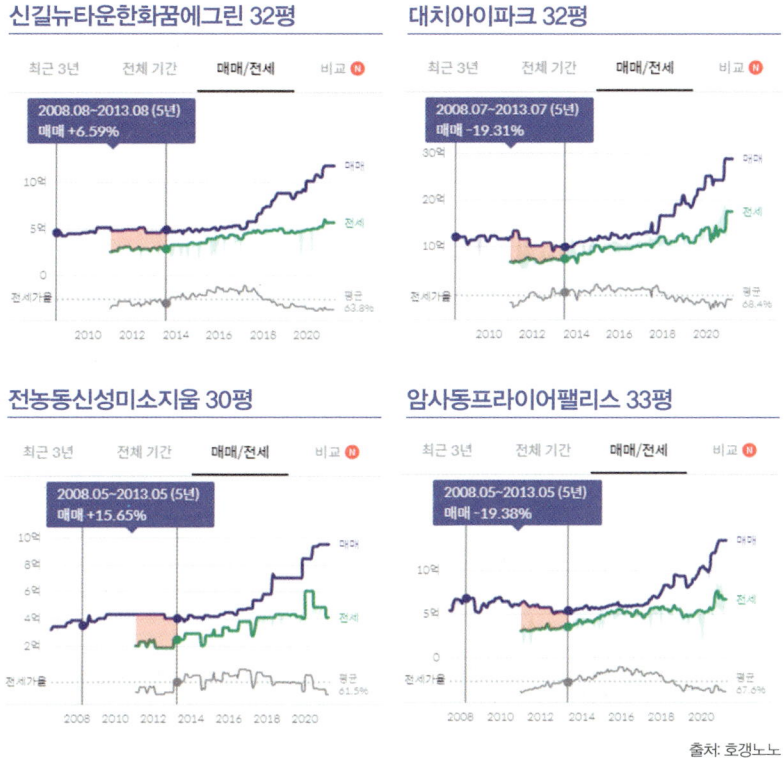

출처: 호갱노노

    2008년 당시 나에게 10억 원이라는 돈이 있었다면 과연 어느 아파트를 매수했을까? 이 선택으로 고수와 하수의 차이를 알 수 있다. 지난 13년간(회사 생활 포함해서) 약 8천여 건의 상담을 했는데, 대부분의 사람이 입지가 좋고 신축인 아파트(2번, 4번)를 선택했다.

    이 선택이 소수의 부자와 다수의 대중을 가르는 중대한 차이가 된다. 심지어 이때 순간의 선택으로 돈을 잃었다면 회복하기 어렵기 때문에 평생 부동산 투자와 등을 지게 된다. 누구나 아는 상식선에서 투자가 성공한다면 부자가 아닌 사람이 어디에 있겠는가?

"시류를 좇지 마라." "역발상을 하라." "일반 대중과 반대로 트레이드 하라." 주식 투자를 한 사람들은 이런 말들을 한 번 이상은 들어봤을 것이다. 그런데 왜 부동산은 시류를 좇고, 역발상을 하지 않고, 일반 대중들처럼 행동하는가? 부동산도 부자가 되는 투자 원칙은 주식과 일맥상통한다.

그럼 왜 이런 현상이 나타났을까? 이제부터 4개 아파트의 비밀을 말해주겠다. 앞 페이지의 그래프를 잘 보자. 4개 매물들의 2018년도부터 2020년까지 상승기 때의 그래프만 보자. 어떤 게 좋은 매물이고 어떤 게 나쁜 매물인지 보이는가?

상승장일 때는 모두 올랐다. 심지어 의미 없이 그저 저렴한 아파트들도 (저평가가 되었다는 이유로) 올랐다. '패닉바잉(시장심리의 불안으로 급격히 몰리는 매수세)' 덕분에 오르지 말아야 할 것들도 오른 상황인 2021년 말부터가 문제다. 슬슬 이들의 호가를 안 받아주는 현상, 오르던 시세가 주춤하고 심지어 매물이 쌓이면서 가치가 떨어지는 현상이 발생하고 있다.

반면에 2008년부터 하락기 때의 그래프를 보라. 물이 빠지니 명확하지 않은가? 누가 수영복을 입지 않았는지. 위기는 맹수와 같아서 평소에는 발톱을 드러내지 않는다. 혹독한 시련이 올 때 성질이 날카로워지며 비로소 발톱을 드러낸다.

상승기에는 투자자의 실력이 좋아서 돈을 번 게 아니었다. 소위 원숭이가 투자해도 돈을 벌 수 있었던 시절이었다. 상승기에 수익을 올렸다면 자기 자신을 냉정히 돌아봐야 한다. 하락장이 현실로 다가오는 순간, 그동안 달콤한 수익은 독이 될 것이다. 진짜 고수의 실력은 오히려

하락기에 발휘된다.

하락장이 몇 년이 걸릴지는 아무도 알 수 없다. 만약 10억 원짜리 매물을 9억 원에 샀다고 해서 저점에 샀다고 자신할 수 있을까? 우리가 할 수 있는 최선의 방법은 하락기에도 오르는 매물을 찾는 것이다. 그렇게 하면 누구나 돈을 버는 상승기에는 더 많이 벌 수 있다.

2번, 4번 아파트는 5년간 20% 하락했다. 반면에 1번, 3번 아파트는 모두 상승했다. 3번(전농동 아파트)은 2번(대치동 아파트)에 비해서 약 35% 상승했다. 2번의 경우 만약 영끌(대출 레버리지를 최대로 해서 매수하는 것)해

광진구 광장극동1차 45평형

➤ 과연 이 그래프를 보고 저점에서 매수할 수 있다고 자신할 수 있는 사람이 있을까?
➤ 2008년 11억 8,000만 원짜리 아파트가 2010년 9월 5억 8,000만 원으로 반토막이 났다.
➤ 대중들은 저점을 예측할 수도 없고, 저점이 다가와도 매수할 수 없을 것이다.

출처: 호갱노노

서 10억 원에 매수했다면 5년 동안 내 돈 2억 원이 공중분해 된 것이다. 이 상황에서 못 버티고 손절했다면, 앞으로 부동산 투자와 평생 등을 지게 될 것이다. 실제로 이 시기에 그런 사례가 많았다.

과연 광장극동아파트의 실거래가 그래프를 보고 저점에서 매수할 자신이 있다고 할 수 있는 사람이 있을까? 2008년 11억 8,000만 원짜리 아파트가 2010년 9월 5억 8,000만 원으로 반토막이 났다. 대중들은 저점을 예측할 수도 없고, 저점이 다가와도 매수할 수 없다.

시장이 위기일 때 우리는 어떻게 대응해야 할까?

2008년 세계 1등 국가 미국이 국가부도를 맞을 뻔했다. 1997년 우리나라의 IMF 금융 위기를 생각하면 된다. 이때 리먼 브라더스 사태로 달러로 무역하는 모든 나라가 힘들어졌다. 지금도 유럽 몇몇 나라들은 파산 상태다. 우리는 이미 1997년에 위기를 겪었다. 2008년에는 나름대로 잘 대응했다고 생각한다.

1997년의 IMF 금융 위기 이듬해인 1998년부터 당시 대통령은 특단의 조치를 한다. 기업들이 구조조정을 단행하면서 거리에 넘쳐나는 실업자들을 해결해야 하는 과제를 안게 된다. 이 당시 등장한 뉴딜 사업은 위기에 빠진 모든 나라가 공식처럼 사용하는 경제 위기 탈출 매뉴얼이었다. 김대중 대통령 시절에는 공공근로를 활성화하기 위해 멀쩡한 가로수를 뽑았다가 다시 심고, 사용기한이 남은 아스팔트를 교체하는 등의 공사를 진행하는 일이 비일비재했다. 더불어 전국의 재개발 지역을 활성화해 아파트를 공급했는데, 사업성이 부족해 지지부진한 곳

➤ IMF는 대한민국 역사상 첫 자본주의 시스템의 시험 무대였다.

출처: 조선일보

은 과도하게 용적률 인센티브를 부여해 빠르게 공급할 수 있도록 했다. 그래서 1990년대 후반, 2000년대 초중반 입주 매물들의 용적률이 높은 것이다.

그리고 2008년 리먼 브라더스 사태로 대한민국도 직격탄을 맞게 됐다. 2008년부터 2018년까지 10년간 전국 모든 부동산의 시세가 떨어진다. 언론에서는 강남마저 무너졌다는 기사를 썼고, 그 결과 투자 심리가 위축돼 전국의 집값이 빠르게 하락했다. 강남의 입지 좋은 신축이 마이너스 20%! 사람들은 공포를 느꼈다.

10년이면 강산도 변한다는데 위기가 10년이나 지속되면 어떤 현상이 발생할까?

출처: 연합뉴스 유튜브 영상

1. '부동산은 거품이다. 우리도 일본처럼 버블이 빠질 것'이라고 생각한다.
2. 그래서 집은 사는 것이 아니며 전세가 최고라고 여기게 된다.
3. 아파트는 청약이 최우선이고, 공공임대주택에 들어가는 방법을 강구한다.
4. 폭락론자의 이론을 맹신하게 되고, 대중의 머리에는 공포만이 각인된다.
5. 2008년부터 부동산에 투자한 대다수는 돈을 잃었고 그 결과 부동산과 등을 지게 된다.

정리하자면 어느 순간 대중들은 하락론에 빠지게 되었다. 투자는 죄악시되고, 노동과 저축은 미덕이 된다. 패배주의, 무기력함에 빠지지 않은 국민이 없었다. 특히 경제의 주축이 되어야 할 20~30대들은 활력을 잃고 소외계층이 되었다.

그렇다면 2008년에 투자해서 돈을 번 사람은 없었을까? 초반에도 이야기했듯, 나는 이런 최악의 상황에서도 돈을 벌 수 있는 원칙을 발견해야 하는 사람이다. 우리는 2008년 위기로 금리가 인상되고 구조조정이 한창이었는데도 조선족 주거지역이면서 집창촌의 배후 주거지인 곳에 투자해서 돈을 번 사례를 연구해야 한다.

현금의 가치가 떨어지고 월급이 반토막 나던 2008년에도 청량리와 신길동에 투자한 사람은 부자가 됐다. 이들처럼 투자해야 한다. 그러면 하락장이든 상승장이든 항상 돈을 벌 수 있다. 남들이 꺼리는 입지라도, 수익을 낼 수 있다는 확신이 있다면 반드시 투자해야 한다. 그게 가능할까? 여기까지 읽었고 이 책의 내용을 꼭 내 것으로 만들겠다는 마음만 먹으면 가능하다.

대한민국 금수저들의 투자 역사

부동산은 원래 금수저들의 투자처다. 그러니 부동산으로 돈을 벌려면 금수저들의 투자 전략을 공부해야 한다. 청량리 역세권, 신길동에 투자한 소수의 금수저는 누구일까? 그리고 이들은 앞으로 오를 것을 알고 투자했을까? 이제부터 대한민국 부동산 금수저들의 역사를 샅샅이 알아보자.

1953년 한국전쟁이 마무리되고 1960년대까지 전후복구사업이 한창이었다. 그리고 1970년 박정희 대통령은 결심을 한다. 당시에는 한강 이북 지역만 서울이었고 지금의 강남 지역은 경기도에 포함되었으며 논, 밭, 산 등으로 주거지역이 아니었다. 하지만 박정희 대통령은 평양보다 넓은 수도 서울을 갖고 싶었고, 강남 개발을 시작한다. 이 당시 돈이 있고 정신이 제대로 박혀 있는 사람이라면 종로나 중구의 땅을 사지 논·밭·산이 있는 강남 지역의 땅을 사지 않았다. 그럼에도 불구하고 소수의 사람이 땅을 매수했다. 그리고 그들이 오늘날 금수저의 조상격이 되었다. 과연 어떤 사람들이 강남의 땅을 빠르게 선점했을까?

중앙정부의 개발 의지를 알고 있던 사람들. 고위 공직자나 경제인들이 빠르게 선점했을 것이다. 투자의 핵심은 바로 이것이었다. 국가도시계획을 알고 선점한 것. 정부의 의도를 알았기 때문에 '확신'을 가지고 투자할 수 있었다. 덕분에 개발제한구역의 땅을 과감하게 매수한 것이다. 이들이 대한민국 금수저 1세대다.

그렇다면 금수저 2세대는 없었을까? 부는 대물림된다. 금수저 1세대에게서 부의 원칙을 배운 자녀들이 2세대다. 1980년대 전두환 정권은 서울 외곽 지역 개발에 관심이 있었다. 당시는 경기도 지역이었던 곳들이 서울로 편입되는 과정에 있었으며, 서울 도심개발로 생겨난 철거민들을 대거 서울 외곽 지역으로 이동시키는 시기이기도 했다. 당시 논밭이었던 마들평야를 대규모 아파트 단지(상계주공, 창동주공 등)로 만든 사건이 유명하다.

이 당시 경기도 논밭을 누가 매수했을까? 금수저 1세대인 부모가 박정희 정권 때 국가의 도시계획을 따랐더니 돈을 벌었다는 것을 목격한 자녀들이 전두환 정권의 서울개발계획을 파악해 투자했을 것이다. 정보 없이는 절대로 매수할 수 없는 곳에 투자한 소수가 돈을 번다. 여기에서도 핵심은 국가의 도시계획을 빠르게 알아야 한다는 것이다.

1970년대, 1980년대를 이야기하니 역사 수업이 되었다. 이제 가까운 시대, 바로 금수저 3세대가 궁금할 것이다. 금수저 3세대들에게도 부는 대물림되었다. 금수저 3세대는 조부모가 강남 개발로 돈을 번 방식을 학습했고, 부모가 마늘평야에 투자해서 돈을 벌었다는 사실을 알고 있다. 경험이 학습되는 것처럼 조부모, 부모에게서 부자가 되는 훈련을 받은 셈이다. 이런 금수저 3세대들이 청량리 588이 있는 전농동, 답십리동, 청량리동이나 조선족 주거지 신길동에 투자를 한 것이다. 그리고 강남 중에서도 입지가 안 좋아서 개도 쳐다보지 않는 땅이라고 불리던 개포동, 그린벨트 대모산 자락에 있는 세곡동, 자곡동 같은 곳에 투자를 했다. 더 과감한 금수저 3세대들은 미분양이 될 것을 알면서도 보금자리주택지구로 지정될 땅에 투자를 했다.

금수저 3세대는 대중들과 다른 선택을 했다. 그것도 경제 위기 때문에 금리가 인상되고 월급이 반토막 나던 시절이었다. ==금수저 3세대들은 입지 좋은 신축 아파트는 쳐다도 안 보고, 낡고 볼품없으며 치안이 허술한 곳에 투자했다.== 대중이었으면 결코 하지 못했을 행동 덕분에 지금은 부자 중의 부자가 된 것이다. 2008년에 이들의 아버지는 자식에게 현금 5억 원을 주면서 청량리 588 뒤쪽 재개발(전농답십리뉴타운) 단독주택 10채를 매수하라고 했을 것이다. 이 당시 실제로 한 채를 5,000만 원에 매수할 수 있었다. 그리고 이것은 2021년 15억짜리 아파트가 되었다. 5,000만 원이 15억 원이 되었으니 시드머니 5억으로 얼마를 번 것인가? 돈은 이렇게 벌어야 한다. 물론 매도 시 세금은 많이 내야 할 테지만.

대치아이파크 32평과 암사프라이어팰리스 33평의 그래프를 다시 살펴보자. 우리는 막연히 강남의 입지 좋은 신축이 가장 많이 오르거나 강남 매물을 살 수 없으면 강남 생활권인 신축 아파트가 위기 시 끝까지 버텨줄 것이라고 믿고 있다. 실상은 그렇지 않다. 소위 입지 최강의

➤ 강남, 신축 아파트도 2008년 하락장을 피해갈 수는 없었다.

출처: 호갱노노

강남권 신축인 대치아이파크와 강남 생활권의 대단지 신축아파트인 암사동프라이어팰리스의 경우, 이 당시 매물이 쌓였으니 현금화를 위해 더 싸게 팔려다 계속 가격이 떨어졌다. 이게 우리가 알고 있는 일반적인 현상이다.

반면에 신길뉴타운한화꿈에그린 32평, 전농동신성미소지움 30평은 일반적이지 않다. 우리의 상식으로는 설명되지 않는다. 특히 경제지표로 부동산을 얘기하는 사람, 입지론으로 부동산을 얘기하는 사람들은 이런 현상을 결코 설명하지 못한다. 단지 거품이거나 특이한 예외 현상 정도로 취급할 것이다. <mark>부자가 되려면 이 특이점을 이해할 수 있어야 한다.</mark> 그래야 혹시 모를 하락장에 대비할 수 있다. 아니, 정확하게는 오히려 인생 역전을 할 수 있는 아주 좋은 기회를 맞이할 수 있다. 눈치 빠른 사람은 이제 파악했을 것이다. 만약 아직 답을 찾지 못했다면 지금부터가 중요한 내용이니 꼭 기억하자.

2008년 위기가 닥치자, 당시 이명박 대통령은 이전 정부가 그랬던 것처럼 뉴딜 사업을 실시한다. 이때 건설 경기 활성화 사업 카드도 꺼냈으며 그 일환으로 '4대강 사업'을 단행한다. 그리고 반값아파트정책을 주장하면서 지방에 논, 밭, 산을 갈아엎고 아파트 개발을 한다. 아마도 당시에는 미분양을 예상했을 것이다. 하지만 이명박 정부는 생각이 달랐다. 국민에게 양질의 주거지를 보급할 목적이 아니라 경기 침체를 막기 위한 목적의 사업이었기 때문이다. 국가적 위기 극복이라는 명확한 목표가 있었기에 다산신도시 같은 곳을 지속적으로 개발했다.

이처럼 2008년 당시에는 금리 인상으로 시중의 돈을 중앙은행으로 끌어와서 4대강 사업, 보금자리주택지구를 개발했던 것이다. 그런데 이런 사업을 하려면 현금이 필요하다. <mark>그래서 위기가 오면 반드시 금리 인상을 한다.</mark> (2021년에도 한국은행에서 2번의 금리 인상을 예고했다. 위기라는 의미다. 코로나 팬데믹 때문에 국가에서 많은 예산을 풀었으니 돈이 필요한 것이다.)

금리가 올라도 대부분의 일반인에겐 문제가 없다. 발등에 불이 떨어진 사람은 따로 있다. 바로 다주택자들. 이들은 집을 매수할 때 남의 돈으로 산다. 바로 은행 돈! 그리고 금리가 인상되면 이들은 선택을 해야 한다. 주택이 5채 있는 사람은 한두 채를 제외한 나머지를 던질 것이다. 무엇을 던지고 무엇을 취했을까? 대중들은 흔히 <mark>강남의 입지 좋은 신축을 남기고 입지가 안 좋은 곳을 던질 것</mark>이라고 생각한다. 그런데 부의 공식을 깨우친 다주택자들도 마찬가지일까?

2008년 당시 서울시장은 오세훈 시장이었다. 이때 서울은 무슨 사업을 했을까? 바로 뉴타운 사업이다. 실제로 1기 뉴타운 사업은 2008년 이전부터 있었지만, 2008년 리먼 브라더스 사태 이후의 2기 뉴타운 사

출처: 호갱노노

업과는 차이가 있었다. 즉 오세훈 서울시장이 서울 시민에게 양질의 주거지를 보급할 목적으로 뉴타운 사업을 진행한 것도 있지만, 더 중요한 것은 국가적 위기를 극복해야 한다는 목표가 존재했다는 사실이다. 2기 뉴타운 사업은 그렇게 진행되었다.

2기 뉴타운을 성공적으로 추진하려면 어떻게 해야 했을까? 빠른 사업이 중요하다. 지지부진한 재개발 지역에 행정적 지원(각종 인허가 및 용적률 인센티브)을 과감하게 쏟아부었다. 그래서 대체적으로 1기 뉴타운 지역보다 2기 뉴타운 지역의 아파트들이 300% 용적률을 꽉 채운 곳들이 많다.

이제 답이 보이는지 모르겠다. 앞서 그래프로 비교한 4개 아파트 중에서 왜 입지가 안 좋은 신길뉴타운한화꿈에그린, 전농신성미소지움 아파트가 하락장 때 살아남았는지.

신길뉴타운 지역과 전농답십리뉴타운 지역은 바로 2기 뉴타운 중에서도 오세훈 서울시장이 반드시 성공적으로 추진하기 위해 점찍어둔 곳이었다. 집창촌이 있고 저소득층이 살고 있는 지역이었지만 각종 인허가가 잘 나올 수밖에 없었다. 조기 학습한 금수저들과 고수 투자자들은 이 사실을 알았던 것이다. 이곳에 돈을 넣으면 빠르게 현금 회수를 할 수 있다는 사실을.

부동산 시장을 리드하는 주체는 정부

'대한민국 부동산 시장은 누가 리드하는가?' 이 질문에 관해 명확하게 설명하는 사람을 보기 힘들다. 혹자는 주식처럼 특정 이해관계가 얽혀 있는 세력이나 기관이 없고 오직 군중들의 투자 심리에 따라 부동산 시장을 형성한다고 주장한다. 그러나 나는 1초의 망설임도 없이 "부동산 시장을 리드하는 주체는 정부(국토교통부, 서울시 등)다"라고 말할 수 있다.

만약 국토교통부장관이 수도권광역급행철도(GTX) 신규 노선을 없던 일로 발표하면 어떻게 될까? 언론의 부추김 속에 후보지로 거론된 모든 지역의 집값이 떨어질 것이다. 반면 이미 있는 GTX 노선에 정차역을 추가해준다는 발표를 하면 어떻게 될까? 예를 들면 GTX-C노선 동두천 연장 같은 것 말이다. (픽션이니 진짜라고 오해하지 말기를.) 그렇다면 뻔하지 않겠는가?

만약 서울시장이 직권으로 어떤 뉴타운 지역을 절반 가까이 해제하더라도 해당 뉴타운 지역의 프리미엄이 유지될까? 반면 서울 산자락, 구릉지 제1종 주거지역 마을을 뉴타운 구역으로 지정하고 종상향까지 한다면? 갑자기 불장이 되는 것은 뻔한 일이다.

내가 해왔던 일은 이런 일들이었다. 특히 재개발 해제가 예상되는 곳을 감지하여 고객들에게 알리고, 국가 또는 서울시생활권계획에 따라 개발할 곳을 예상하여 저점에 매수할 수 있도록 준비한다. 나는 시장을 예측하는 사람이 아니다. 오직 특정 매물이 1년 안에 오를 수 있는지, 언제 떨어질지를 판단하는 사람이다. 따라서 중장기 투자보다는 단기 투자를 선호한다. 고객들이 공백 없는 투자를 할 수 있도록 도와주는 조력자다. 그렇기 때문에 가급적 많은 자료를 보고 분석하고 임장하며 재건축, 재개발, 가로주택정비사업 지역들의 사업성을 분석한다. 이런 과정들을 통해 안전하다는 확신이 있을 때만 고객들에게 매물을 추천한다. 굳이 이런 설명을 하는 이유가 있다. 내가 활용하는 대부분의 참고자료는 정부나 서울시, 경기도의 공식 자료와 공식 문서다. 나는 이런 공신력 있는 자료들을 합리적으로 분석한다.

우리는 뉴스를 보면서 유명한 정치인이나 판검사, 경제인들의 부동산 투기 의혹이나 여러 '게이트'들을 접한다. 독자들은 어떤 감정이 드는가? 분노? 물론 분노를 느끼는 것도 당연하다. 하지만 단지 거기에 머무르는 것은 부자의 생각법이 아니다.

이런 기사들이 나올 때 오히려 나는 확신이 들었다. "내 분석이 맞았어!" 결국 도시계획을 따르는 투자는 이런 거물들도 스스로 인정하는 가장 안전한 투자 전략이다(국민의 비난을 감수하고서도 말이다). 즉, 부동산 투자로 가장 쉽고 빠르게 돈을 벌 수 있는 방법이 무엇인지 또 한 번 증명된 셈이다. ==문제는 도시계획을 제대로 분석하기가 여간 힘든 게 아니라는 점이다.==

각설하고 내가 말하고 싶은 결론은 대공황이 오더라도 오르는 부동산이 실제로 존재한다는 것이다. 그럼 그곳이 어디일까? 간단하다. 정부가 관심을 두는 땅. 그래서 실제로 예산이 투입되는 땅. 도시계획에 따라 행정적 지원(각종 인허가)이 너무나도 쉽게 나오는 땅. 나는 이런 곳들에만 관심이 있다. 입지(지역)는 결코 중요하지 않다. 전쟁이 나지 않는 이상 어떠한 경제 위기가 와도 반드시 오를 곳이니까.

그런데 이런 곳들이 지금 입지가 좋다고 알려진 강남의 땅일까? 한강 뷰를 볼 수 있는 한강 변의 땅일까? 지난 3년간의 뉴스들을 검색해 보라. 강남, 한강 변에 인허가가 시원시원하게 나왔던 적이 있었는지. 투자의 고수들, 적어도 전업 투자자들은 현금 회수가 빠른 곳에 투자한다. 빠르게 고수익을 만들 수 있는 곳을 찾아 헤맨다. 이런 곳이 어디일까? 나는 어디인지 알고 있다. 입지와 상관없이 인허가가 잘 되어서 단계별 수익을 빠르게 낼 수 있는 곳이다.

이들 지역의 공통점은 무엇일까? 서울시생활권계획(2030서울생활권계획)상 우선순위가 가장 높은 개발지, 땅의 용도가 좋은 곳, 인허가가 잘 나오고 실제로 가시적인 개발이 진행되고 있는 곳, 서울시 및 해당 구청에서 가장 역점을 두고 있는 사업지라는 점이다.

전업투자자든 실거주를 하면서 조금이라도 오르기를 기대하는 수요든 중요한 건 정부가 현재 관심을 두고 있는 땅에 내 관심도 있어야 한다는 점이다. 그래야 하락장에도 오르는 매물을 찾을 수 있다. 감히 주장하자면 부동산은 정치의 영역이다. 표의 논리이며, 국가도시계획의 산물이다. (서울에 투자하는 사람이라면 서울시생활권계획이 당연히 머릿속에 있어야 한다.)

정부의 의도를 배제한 분석은 틀린 분석이다. 정책을 비판할 필요도 없다. 정책에 맞게 사업이 잘 진행되는 곳에 내 돈을 투자하기만 하면 된다. 말로만 부자, 말로만 고수인 사람 말고 진짜 부자들은 이렇게 투자한다. 비록 부동산 시장도 경제와 무관하지 않지만, 우리가 수익을 만드는 데는 전혀 상관이 없다는 사실을 명심해라. 하락장이 오면 누군가는 잘못된 사고가 뇌를 지배하여 투자를 멈추지만, 누군가는 열심히 투자해서 돈을 번다.

2장
투자 불패 지역은 정해져 있다

거점개발지, 특히 확장 개발이 되는 곳을 찾아라

내가 부자에게서 배운 것은 정부가 개발하고 싶어하는 거점개발지에 투자해야 한다는 점이다. 거점개발지 중에서도 확장성이 있는 거점개발지에 투자해야 한다. 거점개발지란 정확히 무엇일까? 이미 앞에서 소개했지만 아직 생소하게 느껴질 것이다. 부동산에 관심이 있는 사람들은 흔히들 이야기하는 '입지'와 같다고 생각할 수 있다. 이 생각은 반은 맞고, 반은 틀리다. 내가 설명하는 거점개발지는 강남 접근성, 초품아, 중품아, 숲세권, 마트 상권이 아니다. 도시공학적인 개념이다.

내가 말하는 거점개발지는 서울시생활권계획에 따라 개발될 거점을 뜻한다. 서울 25개 자치구에는 3도심 7광역을 중심으로 기타 무수히 많은 지역 지구 거점개발사업지들이 있다. 부동산에 투자하면서 한강 변, 역세권은 아는데 서울시생활권계획이라는 용어가 생소하다면 이는 큰 문제다. 서울시생활권계획에 관한 세부적인 분석은 2부에서 자세히 이야기할 예정이다.

거점개발지는 서울시에서 최우선으로 개발하겠다고 '침 발라놓은 곳'이다. 물론 계획이 계획으로 끝나는 경우가 많기에 많은 조사가 필요하다. 만약 개발 진행 여부와 타이밍을 정확하게 예측할 수 있다면 굉장히 쉽고 빠르게 돈을 벌 수 있다.

앞서 소개했던 금수저가 아니어도 금수저만큼 돈을 벌 수 있다. 삼성-잠실 개발, 청량리 역세권 개발, 왕십리 역세권 개발, 마곡지구 개발, 창동-상계 개발, 상암-수색 개발, 여의도 개발 등이 대표적인 서울시 거점개발 기회의 땅이다. 그 외에도 서울 25개 자치구 전역에는 규모는 작지만 무수히 많은 거점개발지가 있다.

서울시생활권계획에 소개된 거점이라고 아무 곳, 아무 타이밍에 무작정 투자해선 안 된다. 돈을 벌 수 있는 거점개발지는 따로 있기 때문이다. 그동안 조사하면서 알아낸 사실이 있다. 거점개발지는 크게 두 가지로 나뉜다는 것이다. 바로 확장성이 있는 거점개발지와 확장성이 없는 거점개발지다.

확장성이 있는 거점개발지를 알아야
효율적으로 투자할 수 있다!

내게 컨설팅을 받는 고객들에게 종종 받는 질문이 있다. 서울 동북권(도봉, 노원, 강북, 성북, 중랑, 동대문, 광진, 성동)의 대장 뉴타운으로 알고 있는 왕십리뉴타운은 입지가 뛰어나고 그동안 부동산 시장이 그렇게 호황이었는데 시세가 왜 생각만큼 안 오르냐는 것이다. 그것도 동북권 다른 지역에 비해서 비싼데 말이다.

학교가 부족해서일까? 입지론자들은 왕십리뉴타운이 중품아가 아니라서 안 오른다고 주장한다. 그런데 그 말이 맞을까? 사실 전농답십리뉴타운도 고질적인 학교 부족 문제로 골머리를 앓고 있다. 서울대표도서관 부지로 개발할 곳은 원래 학교 부지로 계획되어 있었다. 서울시에서 대표도서관 설립 계획을 발표할 때 래미안크레시티에 거주하는 주민들은 거세게 항의했다. "동대문구청장은 학교 유치 약속을 이행하라!"라고.

그럼 왜 이런 차이가 만들어졌을까? 의외로 매우 간단한 문제다. 결론부터 말하자면, 왕십리뉴타운은 확장할 곳이 없기 때문이다. 즉, 주변으로 더는 개발할 곳이 없기 때문에 외부 투자자들의 관심을 받지 못하는 것이다. 왕십리뉴타운에 투자할 돈이면 성동구 내에서 대안이 많다.

금호동, 옥수동, 행당동의 재건축, 재개발, 리모델링 아파트에 투자하거나 성수동 준공업지역 단독주택, 다가구주택에 투자해서 상가주택으로 리모델링을 하는 쪽이 돈을 더 벌 수 있다. 입지가 좋은 곳이 더 비싸진다는 말에 따르면, 상급지인 성동구의 왕십리뉴타운 아파트가 하급지 아파트보다 더 많이 상승했어야 했는데 오히려 하급지인 동대문구 청량리 역세권의 아파트, 재개발이 훨씬 많이 올랐다.

이쯤에서 입지론자들은 또 반문할 것이다. "어차피 시세는 왕십리뉴타운 텐즈힐이 더 높지 않느냐?" 이에 나는 이렇게 반문한다. "투자의

출처: 호갱노노

본질은 수익률 아니냐?" 투자자들에게는 많이 벌 수 있는 것이 훨씬 중요하다. 내가 투자하는 이유, 그 본질을 잃지 말자. 오르지도 않는 비싼 매물을 사는 것은 사치품을 사는 것과 크게 다르지 않다. 입지가 좋은 신축 아파트가 대장 아파트일 수는 있어도 수익률까지 보장해주지는 않는다.

투자자들은 해당 매물의 시세를 올리는 게 현지 주민이 아니라는 사실을 반드시 알아야 한다. 그럼 누가 올리는 것일까? 외부 투자자가 올린다. 전업투자자, 특히 지방에 거주하면서 서울에 땅 한 평 갖고 싶어 하는 부산의 김 씨, 대구의 이 씨, 제주도의 박 씨 등이 올리는 것이다. 거기에 투기꾼들까지 가세하면 시세는 상상하기 힘들 정도로 오른다. 이들은 실거주와 무관한 경우가 많다. 마치 게임을 하듯 기계적으로 투자하는 고수일 가능성이 높다. 그렇다면 투자금 대비 그리고 투자 기간 대비 많이 올라줄 곳을 선택할 것이다. 그런 곳이 어디일까?

이미 힌트는 나왔다. 앞에서도 언급했던 신길뉴타운 거점개발지, 청량리 역세권 거점개발지 등이 그런 곳이다. 지금 당장 이 두 곳에 가보

➤ 투자의 고수들은 공사현장을 보고 허름한 건물을 매수한다. 하지만 투자의 하수들은 허름한 모습만 보고 내 자녀가 살기 안 좋은 곳이라고 생각한다.

면 느낄 것이다. 개발지가 아닌 곳이 없다. 반면에 왕십리뉴타운은 어떤가? 은평뉴타운은 또 어떤가? 이미 완성형 도시에서는 외부 투자자들이 얻을 게 별로 없다. 고수들은 단계별 프리미엄(상승)을 좋아한다. (단계별 상승에 관해서는 뒤에서 설명하겠다.)

참고로 서울시는 거점을 개발할 때 소규모라도 일자리를 만들고, 이들이 점심을 먹을 수 있는 상권을 개발하고, 이들을 위한 신규 노선을 세팅하고, 마지막으로 이들의 주거지를 마련해준다. 강서구 마곡신도시를 개발했을 때 LG전자를 비롯한 10만여 개 일자리 개발과 함께 주거지 사업도 병행했다. 그리고 9호선을 개통하면서 대로변 상업지역에는 주상복합건물을 동시에 만들었다. 도시계획은 항상 성공한 모델을 다른 지역에 그대로 적용하는 특징이 있으니 잘 기억하기 바란다. 특히

왕십리뉴타운(왼쪽 사각형)과 왕십리 역세권(오른쪽 원)

출처: 네이버 지도

내가 모르는 사이에 고층 건물이 세워지고 있다면 부동산 투자자라면 민감하게 반응해야 한다.

위 지도에 표시한 곳은 이 지역의 광역거점개발지인 서울시 성동구 왕십리 역세권과 거점 배후 주거지인 왕십리뉴타운이다. 많은 노선이 있는 왕십리 역세권 주변은 지금도 왕성하게 상권을 개발하고 있다. 덕분에 땅값이 많이 오르고 있는 상황이다.

도시계획을 쉽게 이해하기 위해서는 '서울도시계획포털'을 활용하자. 서울시 홈페이지에 있는 지도 서비스로, 투자자라면 네이버 지도나 카카오맵 같은 일반 지도가 아니라 이런 지도를 보는 습관을 들여야 한다. 이 지도의 색을 보고 이 땅이 어떤 땅인지 알 수 있어야 한다. 구체적인 방법은 책 전반에 걸쳐 설명할 것이다. 왕십리뉴타운은 이미 <u>완성형 도시</u>(입지로는 최상인 곳)인 만큼, <u>더는 확장 개발이 불가능</u>한 곳이다.

➤ 노란색 구역은 왕십리뉴타운이다. 주변에 새로운 개발계획이 없기 때문에 '확장성'이 떨어진다.

출처: 서울도시계획포털

왕십리뉴타운을 기준으로 북쪽으로는 청계천이 확장을 막고 있다(청계천을 경계로 성동구, 동대문구로 나뉘어 있다). 남쪽은 땅의 용도가 좋지 않아(아파트를 높이 지을 수 없는 땅이다) 사업성이 부족하여 재개발이 힘든 지역이다. 그럼 유일한 확장 지역인 동쪽은 어떨까? 이곳은 상권 개발이 활발하다. 이미 평당 2억 원에 가까운 땅이 되고 있기 때문에 땅 주인, 건물주들이 고작 아파트 입주권 하나 받으려고 재개발을 하지 않을 것이다.

실제로 서울시생활권계획을 살펴보면 왕십리뉴타운 동쪽 지역(도선동 일대)은 늘어나는 인구 수요를 위한 1인 가구 주거지 및 상권 개발을 권장하고 있으며 실제로도 이러한 형태로 개발 중이다. 서쪽으로는 온통 빨간 땅이다. 상업지역이라는 의미인데, 주거 용도로 지어질 땅이 아니라 1,000만 서울시민이 먹고 살 수 있도록 돕는 일자리용 땅이라는 의미다. 기존 입지론에 의하면 도심 접근성이 좋고 청계천 뷰에 역

왕십리 센트라스 33평형의 1년간 시세 변동

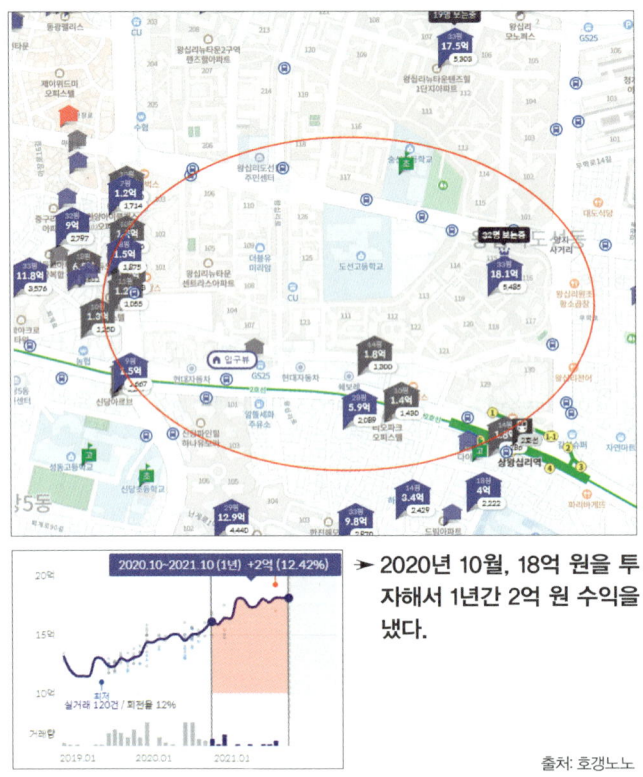

2020년 10월, 18억 원을 투자해서 1년간 2억 원 수익을 냈다.

출처: 호갱노노

세권 신축이라 투자를 권하는 사람도 있지만, 내 기준에서는 그리고 기간 대비 돈을 많이 벌어야 하는 외부 투자자 입장에서는 크게 장점이 없어 보인다. 지속적인 개발에 따르는 단계별 프리미엄을 얻을 수 없기 때문이다. 이때 단계별 프리미엄은 각종 인허가로 인한 시세 상승을 뜻한다.

18억 원이 넘는 매물이 1년 사이에 2억 원 올랐다. 물론 2억 원은 큰

상계주공 1단지 25평형의 1년간 시세 변동

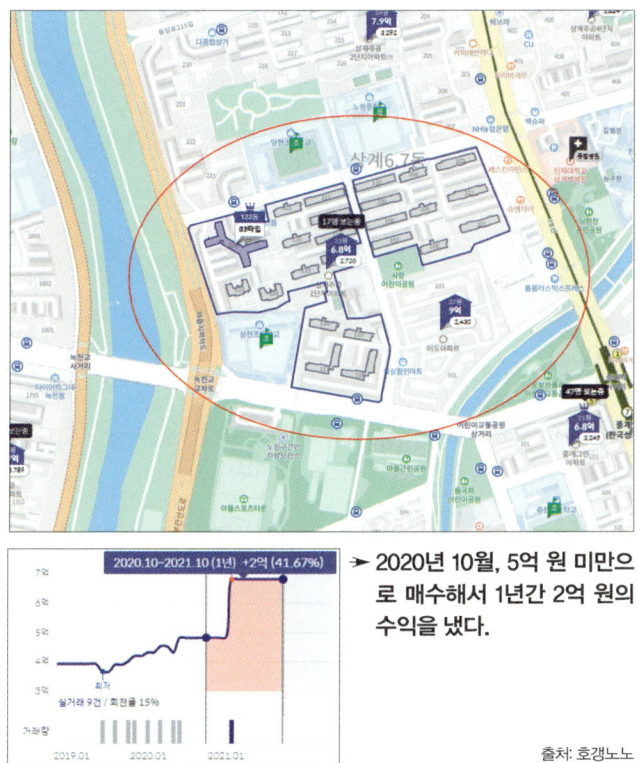

2020년 10월, 5억 원 미만으로 매수해서 1년간 2억 원의 수익을 냈다.

출처: 호갱노노

돈이지만, 지난 1년간 부동산 시장이 엄청난 호황이었던 점을 감안했을 때 흡족한 성적은 아니다. 즉, 실거주면 몰라도 투자로는 굉장히 효율이 떨어졌다. 같은 기간 동안 상계주공 1단지의 경우, 지난 1년간 갭투자금 3억 원에 동일한 수익을 냈다. 그것도 호가 말고 실거래가로 말이다. 그렇다면 확장성 없는 거점개발지(예: 왕십리뉴타운)는 투자의 대상에서 배제해야 할까? 그런 건 결코 아니다.

이런 곳도 단계별 프리미엄을 얻을 수 있다. 사실 왕십리 역세권 광역거점개발지는 정치적으로 밀어주는 투자처다. GTX-C노선 역세권에 사실상 편입한 것이 그 이유다. 다시 말해 서울시에는 도시계획상 왕십리 역세권 일자리, 상권, 신규 노선, 주거지 모두 어느 하나 빠질 것 없이 필요하다(그렇기 때문에 상권이 매우 강해서 지지부진하긴 했지만 왕십리 뉴타운 재개발 사업이 진행된 것이다). 이런 곳은 아파트 투자보다는 신규 재개발 투자처가 있으면 재개발 투자를 권장한다. 신축 아파트의 시세를 놀라울 정도로 따라잡는다. 그러나 완성된 뉴타운의 신축 아파트는 더 이상 확장이 없기 때문에 대형 호재가 없는 이상 드라마틱한 수익을 기대할 수가 없다.

만약 이곳에 반드시 거주해야 한다면 어떻게 해야 할까? 나라면 투자는 동대문구 재개발에 하고 왕십리뉴타운에서 전월세 거주를 고려할 것 같다. 즉, 실거주와 투자를 분리하는 것이다.

확장성이 있는 거점개발지를 알아보는 방법

결론부터 말씀드리면 많은 돈을 벌 수 있는 지역이다. 확장성이 있는 거점개발지는 투자금, 투자 기간 대비 돌아오는 피드백이 좋다. 더불어 해당 지자체장들의 주력 사업지이기 때문에 빠르고 안전하다는 장점까지 있으니 그야말로 일석이조다.

이제 다른 지역들과 비교하며 설명하겠다. 다음 페이지의 자료는 앞에서도 살펴봤다. 왜 하락기에 수익률 차이가 발생했는지 지금 설명하려고 한다. 그래프가 생소한 분들은 반드시 1장을 다시 읽기 바란다.

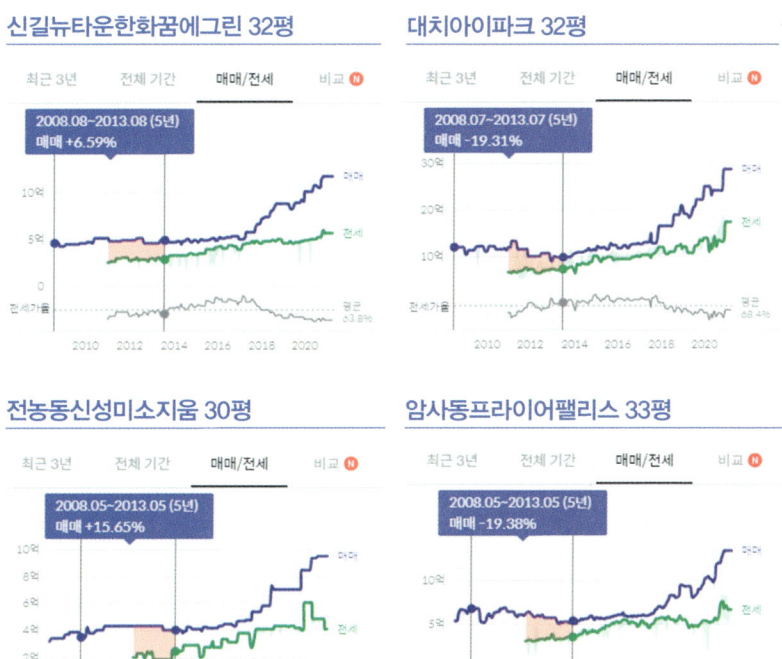

출처: 호갱노노

상승기에는 서울 모든 아파트가 오르기 때문에 입지론을 비롯한 어떤 이론을 대입해도 딱 들어맞는다. 그럼 하락기일 때는? 1장에서 소개했던 광장극동아파트의 사례를 생각해보면 입지론이 전혀 통하지 않는다. 신길뉴타운한화꿈에그린과 전농동신성미소지움이 오른 이유는 각각 신길뉴타운, 전농답십리뉴타운이라는 거점개발지이기 때문이다. 즉, 2008년부터 시작된 길고 긴 하락장 때에도 당시 외부 투자자들이 단계별 프리미엄을 얻을 수 있는 곳이었다. 그런데 대치아이파크와 암사프라이어팰리스는 어떤가? 당시 서울시장인 오세훈 시장의 이름을 건 거점개발지가 주변에 있었는가? 당시 2기 뉴타운 사업은 1기 뉴타운 사업과 달리 서울시민에게 양질의 주거지를 보급하기 위한 목적 외에도 리먼 브라더스 사태로 시작된 세계적인 경제 위기를 극복하기 위한 건설경기 활성화의 일환이라는 목적이 있었다.

이런 어려운 배경까지 꼼꼼하게 알 필요는 없다. 정책 결정자가 찜해 놓은 땅이니, 결국 빠르게 개발될 것이다. 그러니 서울시생활권계획을 믿고 전 재산을 몇 년간 담가두면 단기간에 몇 배가 되어서 나에게 돌아온다는 점만 기억하면 된다.

신길뉴타운한화꿈에그린은 7호선 신풍 역세권이다. 추후 신안산선 개통이 예정되어 있다. 지금은 신길뉴타운 개발 덕분에 역세권에 학교도 있고 지저분했던 주변 환경이 잘 정리되어 입지가 좋은 것처럼 보이겠지만, 2008년 당시에는 이 동네 거의 유일한 아파트였다. 그것도 대단지가 아닌 나홀로 아파트다. 심지어 꿈에그린은 신길뉴타운 개발지에 포함되지도 않은 거점개발지 주변의 매물이다. 영등포 역세권 집창촌의 배후 주거지이면서 영등포구에서 조선족이 가장 많이 거주하

출처: 네이버 지도

는 곳, 자녀와 함께 실거주하기에 좋지 않은 입지였다.

투자자들이 단기간에 단계별 프리미엄을 얻기 위해서는 드라마틱한 변화가 있어야 한다. 예를 들면 GTX 같은 대형 호재 말이다. GTX 역세권이 되는 곳을 임장해보면 역세권 주변으로 고층 건물들이 거대한 빌딩 숲처럼 옹기종기 모여 있거나 공사 중인 것을 볼 수 있다.

➤ 두 아파트 사이에 위화감이 느껴지는 이유는 높이 차이다.

출처: 네이버 지도 로드뷰

그럼 신길뉴타운의 과거는 어땠을까? 49페이지의 네이버 지도 로드뷰를 살펴보자. 2021년 5월 신길뉴타운한화꿈에그린의 모습이다. 하단 사진 오른쪽에 보라색 톤의 신축 아파트는 입주 2년 차인 신길센트럴자이 아파트다. 이곳의 역사를 모르고 임장을 가면 우측의 한화꿈에그린은 신길뉴타운 1호 아파트이고 신길센트럴자이는 최근에 지어진 아파트처럼 보일 정도로 두 아파트의 외형에는 차이가 없어 보인다.

두 아파트의 높이 차이는 제법 있어 보인다. 인센티브로 층수를 올린 오른쪽 아파트 신길센트럴자이가 오세훈 시장의 거점개발사업인 2기 뉴타운 사업에 의해 지어진 아파트다.

51페이지 상단의 사진은 2010년의 모습이다. 내가 강조하는 거점개발지가 어떤 느낌인지 눈으로 직접 확인할 수 있는 사진이다. 왼쪽은 허름한 저층 주거지다. 여기서 양심 테스트를 하겠다. 이 사진만 본다면 여러분은 과감하게 신길한화꿈에그린을 매수할 수 있을까? "아, 그때 샀어야 했는데…." 이게 일반적인 반응일 것이다.

하단 사진은 항공뷰다. 이 주변 지역에서 2010년 기준 유일한 신축 아파트다. 2021년 5월의 모습과 차이를 느끼겠는가? 드라마틱한 변화가 있었다. 여기서 그치지 않고 좀 더 정밀하게 분석할 필요가 있다. 한 지역에서 왜 이렇게 아파트 높이 차이가 심할까? 실제로 임장을 가보면 차이를 더욱 실감하게 된다.

신길센트럴자이는 제2종 일반주거지역이다. 그런데 제3종 일반주거지역인 신길뉴타운한화꿈에그린보다 높다. 원칙적으로 3종 주거지역이 더 높게 지을 수 있는데 무슨 이유에서일까?

도시개발은 도시계획을 따른다. 도시계획은 땅의 용도에 따라 건물

출처: 네이버 지도 로드뷰

➤ 신길뉴타운한화꿈에그린은 2010년 이 지역의 유일한 신축 아파트였다.

출처: 네이버 지도 항공뷰

의 높이를 결정한다. 서울 기준으로 제1종 일반주거지역은 4층, 제2종 일반주거지역(7층 이하)은 7층, 제2종 일반주거지역은 25층까지 올릴 수 있다. 제2종 일반주거지역의 용적률은 200%, 제3종 일반주거지역은

➤ 연한 노란색은 제3종 일반주거지역, 짙은 노란색은 제2종 일반주거지역이다. 부동산 투자자라면 용도지역은 반드시 파악해야 한다.

출처: 부동산플래닛

250%다. 물론 기부채납, 임대주택 수용 비율 등에 따라 인센티브를 더 받을 수 있지만 그 한계는 최대 50%에 불과하다. 용도지역을 왜 알아야 할까? 간단하다. 용도지역에 따라 높게 건축할 수 있기 때문이다. 이런 땅의 용도를 결정하는 사람은 서울에서 단 한 명이다. 바로 서울시장! 구청장은 서울시에 요청할 권한만 있다. 이렇게 보니 서울시장에게 얼마나 큰 권한이 있는지 새삼 느끼게 된다. 마음만 먹으면 개발제한구역의 땅을 상업지역으로 용도지역을 변경해 65층 건물을 지을 수도 있다.

다시 본론으로 돌아와서 신길한화꿈에그린은 지적도상 제3종 일반주거지역으로 표시되어 있다. 그러나 나머지 신길뉴타운 신축 아파트들은 제2종 일반주거지역이다. 그런데 좀 더 분석해보면 제3종 일반주거지역의 신길한화꿈에그린보다 제2종 일반주거지역의 신길센트럴자이가 훨씬 높다는 것을 알 수 있다. 뭔가 이상하지 않은가? 왜 이런 차이가 발생할까? 조사한 결과 두 가지 이유가 있었다.

==첫 번째, 일조권 침해 문제 때문에 거점개발지가 아닌 곳은 높게 지을 수 없다.== 서울시의 제2종 일반주거지역은 7층 이하의 층수 제한이 있다. 박원순 서울시장 때 신설된 규정이다. 저층 주거지 주민들의 일조권을 보장하기 위한 이유였다. 기본권을 보장한다는 의미에서 타당해 보이지만 문제는 이러한 제한 때문에 서울 외곽 지역, 북한산 등이 있는 산악 지역, 구릉지 지역, 지천 변, 한강 변에 과도한 고도 제한이 걸린다는 점이다.

때문에 이런 곳들의 재개발, 재건축, 가로주택정비사업들이 시원시원하게 진행되지 못하고 있다. 이렇게 된 배경을 살펴보면 과거 저층 주거지(빌라, 연립주택, 단독주택 등) 주민들의 민원이 그 이유였다. 대규모 아파트 개발(뉴타운개발)을 많이 하다 보니 그 주변 저층 주거지 주민들의 일조권 관련 민원이 빗발쳤다. 시민이 원하니 저층 주거지 지역에 2종 7층 이하의 제한을 신설했는데, 시간이 흘러 개발사업을 하려고 보니 사업성에 문제가 생기고 말았다.

정리하면 이렇다. 신길한화꿈에그린은 2010년 기준 이 지역 거의 유일한 신축 아파트다. 개발 당시 주변이 온통 저층 주거지였다. 그 때문에 제3종 일반주거지역이지만 서울 기준 3종의 용적률인 250%를 다 받지 못했다. 저층 주거지의 일조권 문제 때문에. 그렇다고 실망할 필요는 없다. 신길뉴타운은 확장성이 강한 거점개발지여서 꾸준한 주변 개발 덕분에 계속 시세가 잘 올라줄 가능성이 높다.

두 번째, 행정적 지원이 있는 거점개발지는 높게 지을 수 있다. 1장에서 신길뉴타운, 전농답십리뉴타운과 같은 2기 뉴타운은 정치적인 거점개발지라고 소개했다. 양질의 주거지 보급이 목적이 아니라 국가 위기에 따른 건설 경기 활성화 차원에서의 사업지인 셈이다. 서울시장 입장에서는 무조건 빠르게 개발하려고 노력했을 것이다. 때문에 각종 인허가를 완화하고(행정적 지원), 추가분담금 문제(사업성 문제)로 지지부진한 사업지는 최대한 높이 지을 수 있도록 배려해줬다. 그 결과, 이는 해당 사업지의 건설사에 막대한 수익을 안겨줬다. 2008년 당시 리먼 브라더스 사태 때문에 10년간 전국의 모든 부동산이 하락했을 때, 심지어 대치아이파크 같은 당시 강남권의 입지 좋은 신축 아파트마저 20% 이상 가격이 빠졌을 때도 신길한화꿈에그린과 전농동신성미소지움은 오를 수밖에 없었다.

한편 신길12구역(신길센트럴자이아파트) 조합원들은 보전된 사업성으로 인해 충분한 이주비를 받았을 것이다. 그중에는 철거 이후에도 자녀의 학업 문제 등으로 신길동에 계속 거주해야 하는 수요도 있었을 테고, 이때 거의 유일한 아파트였던 신길한화꿈에그린이 거주 대상 1순위가 된 것은 당연한 수순이다. 이런 복합적인 이유로 2008년 글로벌 금융위기 상황에서도 정치적 거점개발지는 결코 떨어지지 않았다. 오히려 올랐다. 결국 하락장일 때 수익이 나는 매물은 입지가 좋은 곳도 아니고 신축도 아니다. 다시 한 번 말하지만 부동산은 경제의 영역이 아니다. 정치의 영역이다.

그렇다면 확장성이 있는 거점개발지 투자란 구체적으로 무엇일까? 앞서 확장성이 없는 거점개발지에서는 완성된 아파트가 아니라 아파트가 완성되기 전에, 즉 재개발 물건에 투자하면 좋다고 했다. 그러면 확장성이 강한 거점개발지에서는 어디에 투자해야 할까? 신길뉴타운을 다시 한 번 살펴보자.

신길뉴타운은 확장성이 높은 거점개발지다. 이 말의 뜻을 이해하기 위해 반대로 생각해보자. 지역의 발전을 저해하는 요소는 무엇일까? 지천, 강변 등 자연적인 방해물이나 도로, 철도 등 인공적인 방해물 그리고 집창촌, 창고, 군부대, 슬럼가(빈집 밀집지역)와 같은 저이용 부지들이 있다.

그러나 도시 발전의 방해가 되는 요소들이 전부 개발지가 되어 서로 단절된 개발지들이 하나로 연결되면 어떻게 될까? 이제 신길뉴타운은 어느 정도 완성되었다. 그러나 아직 끝난 것은 아니다. 신길뉴타운 말고 대규모 거점개발지가 또 있기 때문이다. 그리고 새로운 거점개발지는 기존 신길뉴타운과 상호 보완하면서 발전할 수 있는 곳이다.

그러니 이런 새로운 거점개발지에 투자하면 된다. 재개발, 재건축, 가로주택정비사업 등 여러 선택지가 있지만 가장 드라마틱하게 많이 오르는 매물은 언제나 재개발이다.

서울시생활권계획을 살펴보면 궁극적으로 영등포 역세권의 난잡한 집창촌 및 상권을 개발하고 싶어한다는 것을 알 수 있다. 그런데 문제가 있다. **상권이 강한 지역은 재개발이 힘들다.** 상인들의 생존권과 관련 있기 때문이다. 청파, 서계, 숭인, 창신동 재개발이 지금까지도 어려운 이유다.

물론 시도는 있었다. 바로 용산역 개발이었다. 그러나 많은 피를 불렀다. 우리가 흔히 아는 용산 참사다. 인간의 존엄성까지 침해하면서 재개발이 필요하냐는 목소리도 나왔다. 그 이후에는 어떻게 되었을까? 그렇다고 개발을 포기하지 않았다. 2021년 기준 천호 역세권, 청량리 역세권에 자리 잡았던 집창촌은 개발이 잘 진행되고 있다. 미아리 텍사스촌으로 알려진 신월곡1구역도 도시환경정비사업(상업지역 재개발)을 하고 있다. 용산 참사 이후 집창촌 개발은 오히려 활발해진 셈이다. 대체 어떻게 된 일일까?

용산 참사는 서울 도시개발에 많은 교훈을 주었다. 더 이상 거점개발 사업을 하는 데 무리하게 공권력을 동원하지 않는다. 이제는 상권을 형성하는 배후 주거지부터 개발한다. 배후 주거지부터 개발하면 상권의 힘이 약하기 때문에 상인들의 생존권 문제로부터 자유롭다. 그리고 낙후된 주거지를 개발해서 서울시민에게 양질의 주거를 공급한다는 명분도 있다. 기부한 땅에는 학교와 문화시설, 공원 등을 조성한다. 그렇게 형성된 신축 아파트 입주민들은 집창촌 상권을 이용하지 않는다. 그렇게 집창촌 상권이 쇠퇴하면 정책 결정자나 개발업자들이 토지, 건물들을 매입하면서 본격적으로 핵심 거점개발이 시작되는 것이다.

이제 조금은 이해가 될지 모르겠다. 서울시가 진심으로 개발하고 싶은 핵심적인 거점개발지(업무 및 상권의 중심지로 키우고 싶은 곳, 영등포 역세권 개발, 청량리 역세권 개발 등)가 있으면, 이를 받쳐줄 수 있는 배후 주거지 개발(신길뉴타운, 전농답십리뉴타운 등)을 먼저 시작한다. 따라서 우리는 배후 주거지에 먼저 투자하고, 돈을 벌면 그다음에는 핵심 거점개발지의 땅 한 평이라도 사야 한다. 최근 영등포 역세권 집창촌 재개발에 관한

서울시생활권계획 영등포

출처: 서울시생활권계획

소식이 하나둘씩 나오고 있다. 서울시는 신규 노선인 신안산선 역세권에 맞는 주변 환경을 세팅하고 싶은 것이다.

국회의사당 이전 이야기로 여의도 역시 뜨겁다. 여의도 아파트의 재건축 이야기도 오가는 중이다. 서울시생활권계획을 살펴보면 영등포구가 가장 개발하고 싶은 거점개발지는 바로 여의도인 것을 알 수 있다. 동북아 금융중심지의 타이틀을 가져오겠다는 서울시생활권계획이 있다. 심지어 타이밍도 좋다. 동북아의 금융중심지였던 홍콩이 휘청거리고 있기 때문이다. 대한민국으로서는 홍콩의 입지를 여의도로 가져올 수 있는 절호의 기회인 것이다. 이렇게 연결 지어서 도시계획을 이해하니 재미있지 않은가?

그리고 영등포 역세권은 여의도 금융중심지를 보완해줄 수 있는 보

057

조 일자리 지역이다. 이들이 소비할 수 있는 상권을 이들의 수준에 맞게 당산 역세권, 영등포 역세권에 준비할 예정이다. 그리고 신안산선 개통도 계획 중에 있다.

그렇다면 이곳에 일자리가 있는 사람들이 생활할 수 있는 주거지로 어디가 좋겠는가? 1차 배후 주거지는 신길뉴타운, 2차 배후 주거지는 노량진뉴타운이 예상된다. 물론 서울시와 잘 합의가 된다면 여의도 시범 아파트 단지들도 상업지역 종상향 인센티브를 받을 가능성이 높다. 참고로 나는 여의도 시범 아파트 단지들을 종종 언급한다. 시범 아파트 재건축 모델이 창동주공, 상계주공에 적용될 수 있기 때문이다. 조심스럽게 예상해보면 현재 서울시의 기조상 가장 입지가 좋은 여의도 시범단지는 인센티브를 부여해주는 만큼 임대주택이나 청년을 위한 주거지로 만들 가능성이 높아 보인다.

청량리 역세권 개발도 빠질 수 없다. 청량리롯데캐슬SKYL-65를 비롯해서 주상복합 아파트 3곳이 한창 지어지는 중이다. 그러나 처음부터 잘 진행된 것은 아니다. 가장 만만한 답십리를 개발하자, 답십리가 돈을 벌었다는 소문을 듣고 전농동이, 그 소문을 듣고 지금 청량리 역세권이 개발되고 있다. 청량리 역세권의 땅값이 평당 5,000만 원을 넘으니 강력한 비대위도 사라졌다. 결국 돈 앞에 장사 없는 것이다.

이러한 전례는 신길뉴타운 지역에도 똑같이 적용되고 있다. 얼마 전 영등포 역세권 근처 집창촌에는 '지구단위계획구역 지정 경축'이라고 적힌 큰 현수막이 걸렸다.

영등포 역세권 개발은 영등포, 여의도 일자리의 배후 거점개발사업이자, 2008년 당시 오세훈 서울시장의 위기 탈출을 위한 정치적 거점개발지였다. 그러나 가장 강력한 상권지인 영등포 역세권 상권과 집창촌을 바로 건드릴 수 없었기 때문에 만만한 신풍 역세권 배후 저층 주거지 지역인 신길뉴타운부터 개발한 것이다. 신길뉴타운 주민들이 개발 덕분에 돈을 벌었다는 소식을 접하자 영등포, 신길역과 가까운 지역 주민들이 반응했다. 그 결과, 죽어 있던 재개발 지역이 살아나고 있다. 공공재개발을 신청하고, 민간재개발을 재추진하고, 지역주택조합을 추진하고, 가로주택정비사업을 준비하는 사업지들이 늘고 있다. 임장을 가보면 조선족들이 아직도 많지만 이들도 개발에 동참하고 있다.

무엇이 이들의 마음을 움직였을까? 결국 돈이다. 재개발이 돈이 된다는 사실을 안 것이다. 더욱이 신길뉴타운 사업 덕분에 땅값이 많이 올라서 과거보다 사업성이 크게 개선되었다.

결국 영등포 역세권은 청량리 역세권처럼 천지개벽할 것이다. 집창촌은 사라질 것이고, 화이트칼라들의 일자리로 거듭날 것이다. 달라진 위상에 맞게 영등포 역세권 배후 주거지들은 명품 아파트촌이 될 가능성이 높다.

여기까지 읽었다면 ==확장성이 있는 거점개발지==에 관해 감은 잡았을 것이다. 그렇다면 남은 과제는 어떤 매물에 투자해야 하는지를 아는 것이다.

60페이지의 지도를 보자. 신길뉴타운 중에서 신풍 역세권과 가까운 신길센트럴자이. 2년 차 신축 아파트다. 제2종 일반주거지역이며 용적률 267%다. 2021년 5월 기준, 거의 17억 원인 34평 2년 차 신축 아파트 가격이 지난 1년간 2억 3,000만 원 상승했다. 실거주면 몰라도 투자로 보면 흡족한 성적일까?

신길동 신길센트럴자이

신길동 래미안에스티움

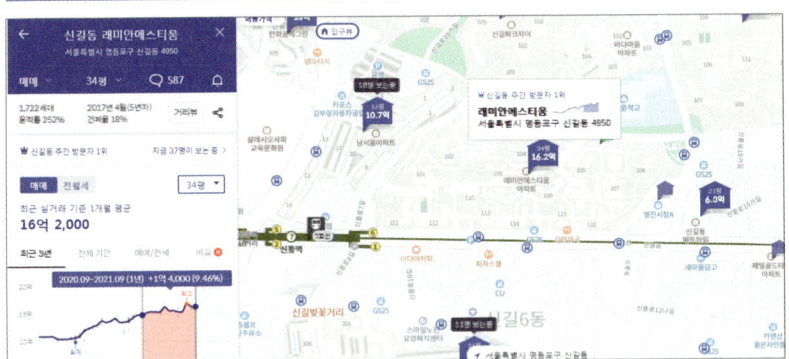

신길동 신길뉴타운한화꿈에그린

출처: 호갱노노

신길뉴타운, 신풍 역세권 통틀어서 대장 아파트로 인정받는 래미안 에스티움과 비교해보자. 5년 차 신축으로 제2종 일반주거지역, 용적률 252%다. 2021년 8월 기준으로 16억 5,000만 원. 34평이 1년간 1억 7,000만 원 올랐다. 어떻게 생각하는가?

근처에 위치한 신길뉴타운한화꿈에그린을 보자. 제3종 일반주거지역이지만 용적률과 높이를 볼 때 앞서 소개한 제2종 일반주거지역의 아파트보다 낮은 216%다. 이미 설명했지만, 이 아파트는 뉴타운 사업지가 아니었기 때문이다. 다만, 2021년 7월 기준으로 32평이 12억 9,800만 원이며 1년간 2억 4,300만 원 올랐다. 매매가가 가장 저렴한데 기간 대비 제일 많이 올랐다. 이 지역 입지 좋은 신축 아파트보다 월등히 상승했다. 여기서도 입지 좋은 신축 아파트가 대장 아파트일 수는 있어도 수익을 보장해주지 못한다는 사실이 증명되고 있는 셈이다. (신축 아파트가 나쁘다는 것은 아니다. 분명 신축 아파트도 투자처가 될 수 있는 때가 있고, 우리는 그 타이밍에 신축 아파트를 매수하면 그만이다. 그 원리는 차후에 설명하겠다.)

우리는 다음과 같은 사실을 알 수 있다. 신길뉴타운한화꿈에그린은 2008년 금융 위기 때도 올랐다. 상승기에는 가장 많이 올랐다. 투자는 이렇게 해야 한다. 왜 그럴까? 신풍 역세권 기준으로 신길뉴타운한화꿈에그린은 입지가 뛰어나다. 그런데 신길뉴타운 주변으로 거점개발지들이 확장 개발되고 있다. 그래서 그 입지가 더 돋보이는 것이다. 게다가 아파트 상품성도 뉴타운 아파트보다 뒤진다고 할 수 없다. 신길뉴타운한화꿈에그린은 거점개발이 확장되면서 마지막 아파트가 준공되는 그 순간까지 계속 오를 것이다.

하지만 이것만으로는 부족하다. 입지는 상승장 때 효력이 있어도 하락장에서는 여지없이 무너지기 때문이다. 그렇다면 다음 생각해야 할 문제는? 바로 리모델링, 재건축이다. 용적률과 준공연도를 고려하면 재건축은 힘들지만 리모델링은 충분히 가능해 보인다. 리모델링 연한이 다가와서 현수막이 붙는 순간 추가로 확 오를 것이다. 이때가 되면 어떻게 될까? 신길뉴타운에서 시작된 거점개발사업이 영등포 역세권 개발로 완성되면 더 이상 외부 투자자들이 관심을 쏟지 않고 단계별 프리미엄만 취한 뒤 빠져나갈 것이다. 그러나 신길한화꿈에그린만은 리모델링이라는 카드로 단계별 프리미엄을 먹을 수 있는 유일한 매물이 될 수 있다.

그런데 더 놀라운 사실이 있다. 바로 남서울아파트(신길10구역)다. 인허가 받기 직전에 내 강의에서 소개한 재건축 지역이다. 미리 진입 해 오랫동안 시간을 죽이는 투자보다는 인허가 직전에 들어가서 차익을 실현하고 나오는 방식, 즉 단타를 선호하는 내 고객들의 스타일과 맞

신길동 남서울

출처: 호갱노노

는 곳이었다. 16평짜리가 1년 만에 1억 6,000만 원 올랐다. 이 지역 대장 아파트인 래미안에스티움 34평보다 투자금은 적은데 기간 대비 많이 오른 셈이다. 그럼 대체 단계별 프리미엄이 어떤 의미일까? 부동산도 주식처럼 단타가 가능할까?

결론을 말하자면 가능하다. 남서울아파트는 2020년 5월과 6월 사이 단 1개월 만에 2억 5,000만 원이 올랐다. 전업 투자자들이 달콤한 수익에 취할 수 있는 이유다. 우리는 주로 이런 곳을 노린다. 그렇기 때문에 대중들이 선호하는 실거주 겸 투자가 가능한 아파트처럼 완만하게 우상향하는 매물에는 관심이 없다.

지난 13년간 이 업계에 있으면서 나는 아파트 투자가 가장 효율성이 떨어진다는 사실을 사람들에게 알려주고 있다. 같은 기간을 들일 때 투자금은 많이 드는데 가장 돈을 못 버는 투자 방식이 아파트, 그것도 실거주에 좋은 아파트다. 어차피 입주권을 받지 않을 것이기 때문에 재개발도 입지를 따지기보다, 빠르게 단계별 프리미엄을 먹고 차익 실현을 할 수 있는 매물을 찾으면 된다.

그러나 요즘 느끼는 것이 있다. 과거에도 단계별 프리미엄은 있었다. 다만, 지난 4년간의 무차별적인 규제 덕분에 요즘의 단계별 프리미엄은 비합리적으로 많이 오른다. 그렇다고 과연 거품일까? 일부러 '규제 때문에'라고 하지 않고 '규제 덕분에'라는 표현을 썼다. 그 이유에 관해서 차후에 자세히 설명하겠다.

하락장일 때 가장 먼저 떨어지는 곳

이번에도 결론부터 말씀드리면 입지가 좋거나 평수가 넓은 곳에 꼭 거주해야 할 이유가 있다면 전월세를 권한다. 매수하지 마라. 지금부터 그 이유에 관해 설명하겠다.

2008년 당시에 대단지 신축이었던 대치아이파크에는 무슨 일이 있었을까? 우리가 잘 알고 있는 대한민국 1등 학원가 대치동의 신축 아파트. 그런데 부동산 하락기 때 왜 시세 방어가 되지 않았을까?

3호선 분당선 역세권이자 양재천이라는 녹지공간이 있고, 롯데백화점 상권에 강남 8학군의 명문 중고교, 1등 학원가가 있는 곳. 참고로 대치아이파크는 대치동에서 개발된 지 얼마 안 된 신시가지에 속한다. 입지상 아무 문제가 없어 보인다. 그때 기억을 더듬어보면 도곡주공 2단지를 재건축했기 때문에 상당한 기대를 모으기도 했다.

대치아이파크 근방은 강남답게 주변이 고밀도 아파트촌이다. 맞은편의 도곡렉슬도 도곡주공 1단지를 재건축한 아파트다.

66페이지의 사진은 2021년 7월 대치아이파크 근처 역세권 사거리의 모습이다. 아래는 2010년 4월인데 특별히 달라진 점이 있는지 모르겠다. 그때나 지금이나 실거주하기에 깔끔한 환경이었다.

왼쪽 코너에 있는 연립주택의 공사가 진행 중인 것을 제외하면 변화가 없다. 굳이 더 추가하자면 진달래1차아이파트를 재건축한 래미안도곡카운티와 청실아파트를 재건축한 래미안대치팰리스 정도다.

변화가 없다는 게 문제다. 외부 투자자들이 단계별 프리미엄을 취할 수 없다는 의미이기 때문이다. 대체 왜 이런 차이가 만들어졌을까?

첫 번째 이유는 <mark>확장성이 없는 개발</mark> 사업이라는 것. 대치동은 역삼동

➤ 2008년 당시 대치동 신축이었던 대치아이파크도 하락장을 피해갈 수 없었다.

출처: 호갱노노

의 배후 주거지다. 도곡주공아파트가 재건축되고 디에이치아너힐즈(개포주공 3단지), 래미안블레스티지(개포주공 2단지)와 같은 개포주공아파트들이 재건축될 때만 해도 불장이 될 줄 알았다.

➤ 위(2021년 7월), 아래(2010년 4월). 입지가 좋아도 미래가치가 확연히 좋아지지 않으면 투자자들이 몰리지 않는다. 그래서 입지가 좋은 신축아파트인 대치아이파크도 2008년 하락장에 무너졌다.

출처: 네이버 지도 로드뷰

그런데 양재천을 경계로 마치 다른 세상인 듯 재건축 사업이 속도를 멈췄다. 이러면 각자도생의 길을 가게 된다. 재건축 호재가 지역 모두의 잔치가 아니라 재건축을 하는 특정 단지만의 이벤트로 끝나버리는 것이다.

➤ 투자자들에게 양재천을 경계로 남쪽과 북쪽은 정반대 이미지가 박혔다.

출처: 호갱노노

　결국 양재천을 경계로 한쪽은 신축 아파트, 한쪽은 구축 아파트로 남게 되었다. 바로 은마아파트가 대치동 재건축 아파트의 현 위상을 보여준다. '큰돈 들여 매수했는데 크게 물리는 곳.' 이런 이미지가 박히면 투자의 고수들은 더 이상 찾아오지 않는다.

　두 번째 이유, 투자자들은 하락장 때도 오를 확실한 거점개발지를 원한다. 강남권에 투자하는 사람들은 눈길을 다른 데로 돌렸다. 바로 반포 개발이다. 이때 당시 오세훈 서울시장은 한강 르네상스를 밀었다. 반포 한강공원에 세빛둥둥섬을 만들었는데 무려 1,390억 원이나 투입된 대규모 예산 사업이었다. 그리고 9호선을 뚫어주면서 고속버스터미널역은 트리플 역세권이 되었다. 이 9호선을 뚫기 위해 대한민국 최고의 철도 전문가들이 동원되었다. 지반이 약한 곳이기 때문에 무리하게 트리플 역세권 공사를 하면 무너질 수 있기 때문이다.

역삼동도 좋은 거점이지만 이미 완성된 도시다. 하지만 2008년 반포는 지금의 위상과 달리 특색이 없었던 곳이었다. 즉 미완성된 도시였다는 뜻이다. 그러나 신세계그룹에서 백화점 개발을 하면서 서울고속버스터미널을 대대적으로 리모델링했다. 지금은 발길이 끊이지 않는 <mark>고급 백화점 상권 겸 한강 관광지</mark>가 되었다.

세 번째 이유, <mark>투자자들은 확실한 거점개발지의 재건축, 재개발을 찾는다.</mark> 이유는 간단하다. 오를 근거가 명확하기 때문이다. 2011년은 잠깐 회복장이었다. 이때 신반포4차, 대치아이파크가 2008년 리먼 브라더스 쇼크를 이겨내고 다시 10억 원을 돌파하기 시작했다.

대중들은 하락장이 끝났다고 생각하고 입지가 좋은 신축 대치아이파크를 선택했다. 그러나 투자의 고수들은 33년 된 신반포4차를 선택했다. 결과는 어땠을까? 신반포4차는 2011년 전고점을 회복하기까지 약 4년 1개월이 걸렸다. 그러나 대치아이파크는 2011년 전고점을 회복하기까지 그보다 2년 6개월이 더 걸렸다. 투자자들에게 2년 6개월은 매우 긴 시간이다.

이제부터라도 '강남은 무너지지 않는다, 입지가 좋은 신축 아파트는 무너지지 않는다'는 잘못된 고정관념에서 벗어나야 한다. 강의를 할 때 나는 항상 주장한다. "강남의 환상을 버려라. 강남도 강남 나름이다. 돈만 벌 수 있다면, 확실한 거점개발을 한다면 독도에도 투자할 수 있는 용기를 가져야 투자자다."

그렇다면 대치아이파크는 어떨까? 입지는 여전히 좋다. 하지만 이제는 신축 아파트라고 보긴 어렵다. 입지 하나로 승부를 봐야 하는 아파

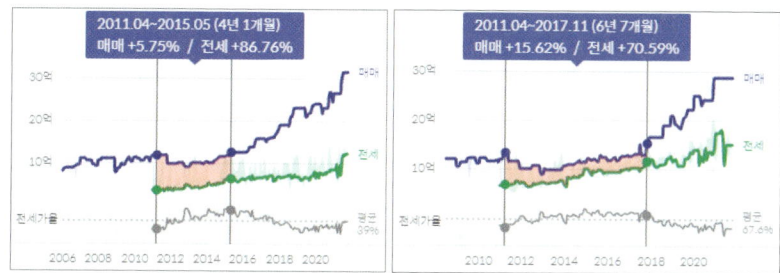

➤ 신반포4차는 2011년 당시 33년 차 재건축 예정 단지였고 대치아이파크는 2011년 당시 4년 차 신축 단지였다.

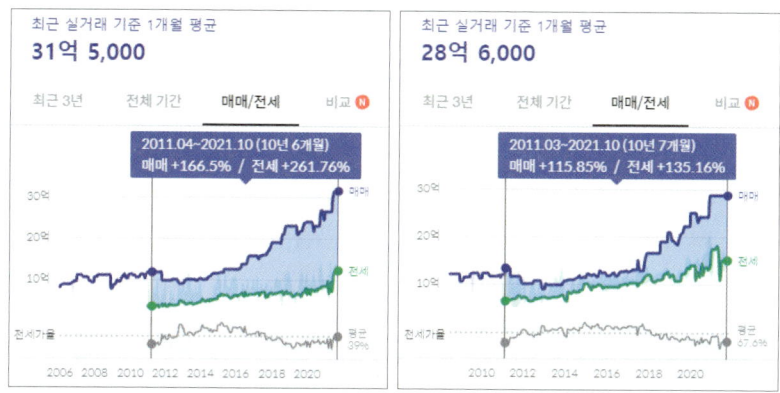

➤ 강남도 재건축 아파트인 신반포4차는 시세를 빠르게 회복했다.

출처: 호갱노노

트라는 뜻이다.

신반포4차와 다시 비교해보겠다. 신반포4차 34평형이 31억 5,000만 원인데 비해 대치아이파크는 32평이 28억 6,000만 원이다. 2011년 전고점 기준 신반포4차는 11억 8,000만 원이고 대치아이파크는 13억 2,500만 원이다. 1억 원을 덜 쓰고 3억 원 더 번 신반포4차가 압도적으로 효

대치동 대치아이파크

➤ 급매 물건을 해소하면서 불안한 상승세 그래프를 보였다.

출처: 호갱노노

율적인 투자라고 할 수 있다.

그래서일까? 최근 3년간 시세 그래프도 불안해 보인다. 2019년 부동산 시장이 좋았던 것을 감안한다면 매우 실망스러운 성적이다.

지난 1년간 얼마나 올랐는지 보면 4억 3,000만 원 정도 상승했다. 괜찮은 성적이다. 다만 딱 하나의 거래로 이룬 성과다. 만약 재건축 아파트였다면 이해되는 성적이다. 인기 있는 재건축 단지는 매물이 워낙 귀해서 어쩌다 하나 정도 거래되기 때문이다.

2021년 9월 기준으로 단지 내 매물이 71개가 쌓여 있다. 4억 3,000만 원의 호가를 받아준 단 1명은 왜 받아줬을까? 돈이 많아서? 만약 그 한 명이 받아주지 않았다면? 갭투자를 했다고 해도 약 14억 정도를 써야 한다. 14억 원을 써서 4억 3,000만 원의 수익을 낸 것이 효율적인지는 의문이다. 게다가 갭투자를 했기 때문에 수익 4억 3,000만 원은 온전히 내 것이 아니다.

　2020년 부동산 시장이 그렇게 좋았던 것을 감안했을 때 비효율적인 투자다. 이쯤 되면 많은 생각이 들 것이다.

빠르게 오르는 확장 개발에 투자하라

　사람들은 왜 부동산 투자를 할까? 상담을 해보면 "가족들이 쾌적하게 살 수 있는 아파트를 원한다"라고 답변하는 분들이 제법 많지만, 집요하게 물어보면 결국 돈을 벌고 싶은 욕구가 크다는 걸 알 수 있다. 일반인들도 이러한데 전업 투자자들은 오죽하겠는가? 매물의 시세를 올리는 사람은 현지 주민들이 아니다. 대부분 외부 투자자들이다. 부산에 사는 A 씨, 대구에 사는 B 씨가 올린다고 보면 된다. 실거주 수요 말고 투자자들은 입지가 좋지만 지지부진한 사업지보다는 입지가 떨어지더라도 빠르게 개발되는 사업지를 좋아한다. 그래야 단계별 상승을 통해서 빨리 현금 회수가 가능하기 때문이다. 즉, 실제로 삽을 뜬 곳이어야 한다. 뉴타운처럼 서울시가 거점을 지정하고 개발을 해야 한다. 더불어 정치적 목적으로 사업 진행 속도까지 빠르다면 고수들의 돈은 그곳으로 몰릴 수밖에 없다. 비록 금수저는 아니지만, 정치인 인맥이 없어 비밀 정보에 접근할 수는 없지만, 이런 우리도 하락장에서 오르는 매물을 찾을 수 있다.

　부동산을 투자의 대상으로 삼는 사람들은 돈을 벌기 위해 부동산이라는 수단을 이용한다. 이 가정이 맞는다면 투자한 원금이 빠르게 수익으로 실현되는 곳이 좋은 투자처다. 일반적으로 아파트는 꾸준한 우상향을 하며 오르더라도 예측 가능한 범위에서 합리적으로 오르는 것이 일반적이다. 1년에 5,000만 원? 1억? 내 집 마련에 더해 집값이 조금이라도 오르길 바라는 일반인들의 관점에서는 만족스러운 수익처럼 느껴질 수도 있다. 하지만 어떤 이에게는 만족스럽지 못할 수 있다는 얘기다.

이들은 좀 더 드라마틱한 수익을 원한다. 꾸준한 우상향보다는 한순간 확 오르길 기대한다. 이런 일이 가능할까? 서울의 재개발 재건축이 이렇게 오르고 있다. 나는 이러한 것을 계단식 상승(단계별 프리미엄)이라고 한다. 한동안 오르지 않다가, 사건(인허가)이 발생하면 한순간 확 오른다. 올라도 너무 오르기 때문에 거품처럼 보이기도 한다.

==그러나 현재 투자 환경에서는 너무나도 당연한 상승이다. 지금 서울 부동산은 오르기 시작하면 상식적인 수준으로 오르지 않는다.== 즉, 대중의 이해 수준을 벗어나는 것이지만 투자의 고수나 금수저들에게는 이미 학습될 대로 학습된 공식이다. 사실 이유를 굳이 찾을 필요가 없다. 벼락부자가 될 수 있는 환경이 조성되었으니 과감하게 돈을 담그는 수밖에.

재개발, 재건축은 과거에도 계단식 상승을 했다. 지금과 차이가 있다면 현재의 계단식 상승은 비합리적으로 많이 오른다는 것이다. 다시 말해 옥석을 가릴 줄 안다면, 정확한 매수 타이밍까지 알 수 있다면 단기간에 많은 수익 창출이 가능하다.

==무엇이 이런 차이를 낳았을까? 결론적으로 말해 지난 4년간의 무차별적인 규제가 이런 결과를 만들었다.== 투자자라면 규제와 가격 상승의 관계를 더 상세하게 알 필요가 있다. 다음 장에서 과도하게 상승하는 단계별 상승의 비밀을 자세히 이야기할 예정이다.

3장
이것 때문에 부동산 투자 공식은 변하고 있다

적응하지 못하는 당신, 도태될 수 있다

　3장은 부동산 투자 공식이 바뀐 것도 모르고 과거의 공식에 매여 아까운 돈과 시간을 허비하는 분들을 위해 썼다. 지난 13년간 현장에서 많은 부자와 만날 기회가 있었다. 이들에게는 보통 사람과 다른 특징이 있었는데, 놀랍게도 그 차이는 크지 않아 보였다. 단 한 가지 차이가 부자와 대중을 나눈다. 보통 사람은 변화를 싫어하는 반면, 부자는 변화를 지향한다.

　'생존'에 가장 중요한 덕목이 무엇일까? 여러 덕목이 필요하겠지만 나는 '적응력'이라고 말하고 싶다. 환경에 적응하는 능력. 변화에 적응하지 못하면 도태되거나 죽게 된다. 부자는 변화를 두려워하지 않는다. 이치에 맞는다고 생각하면 그 누구에게나 의견을 묻길 좋아한다. 그리고 수용한다. 강남+한강 변+신축이 최고일까? 입지가 좋은 신축 아파트가 통했던 시절은 언제일까? 판단은 각자 하길 바란다. 나는 근거만 제시할 생각이다.

1997년 IMF의 교훈

1997년 IMF 이전 대한민국은 단군 이래 가장 풍족한 나라였다. 서민도 저축하면 부자가 될 수 있다는 희망이 있던 시대가 언제였냐고 물어보면 다들 이구동성으로 IMF 이전 1990년대를 이야기할 것이다.

당시 재형저축의 이자 수익률은 무려 36.5%였다. 열심히 일하기만 해도 미래가 보이던 시기였다.

다음 페이지의 서울시 공급 물량 막대그래프를 보자. 빨간색 점선이 서울시 적정 수요 선이다. 선을 넘어 과다 공급되면 서울에서도 미분양이 나온다. 뿐만 아니라 아파트의 시세가 떨어질 수도 있다. 2018년부터 2021년까지의, 서울의 모든 아파트가 오르던 부동산 호황기와는 상황이 전혀 다르다. 공급이 과다해지면 지금처럼 침팬지가 투자해도 돈을 버는 상황은 생기지 않는다. 투자의 고수들만 돈을 벌 수 있다.

1997년 IMF 이후, 1998년에서 2008년까지의 공급량을 보면 다른 시기와 달리 유독 많다는 것을 알 수 있다. 1장을 읽었다면 어렵지 않게 원인을 유추할 수 있을 것이다.

1998년 막중한 사명감을 안고 김대중 대통령이 새로 취임한다. 민주적 절차에 의해 수립된 정권이 민주적 절차로 이양된 역사적 사건이었다. 그는 본인의 정치 노선과는 상관없이 발등에 떨어진 불을 꺼야 했다. 기업들의 구조조정을 단행했고, 금리를 인상했다. 동시에 쏟아지는 실업자들을 구제하는 방안도 내놓았다. 바로 뉴딜정책.

공공근로를 활성화하고, 계약직 공무원을 늘리고, 가로수 정비, 보도블록 교체 공사 등을 진행하는 한편 전국의 모든 재개발 지역을 활성화했다. 경기 침체를 막기 위해 세계적으로 입증된 가장 확실한 방법이 건설경기 부양이기 때문이다.

이러한 정치적 결단 덕분에 1998년에서 2008년 사이에는 엄청난 주택 공급을 기록하게 되고, 과다 공급 때문에 강남을 비롯한 전국의 집값이 떨어진다. 다만, 이때에도 서울 노원구의 아파트 시세는 올랐다. 하락장에도 오르는 매물은 늘 존재하는 것이다.

재개발을 통해서 빠르게 아파트를 공급하려면 사업성이 좋아야 한다. 그래서 이 시기 아파트들의 용적률이 이전 시대에 비해 높다. 구릉지 재개발도 용적률 300%를 받은 곳들이 허다했다. 2000년대 초중반에 지어진 아파트들은 향후 재건축을 할 때 사업성에 문제가 있겠지만,

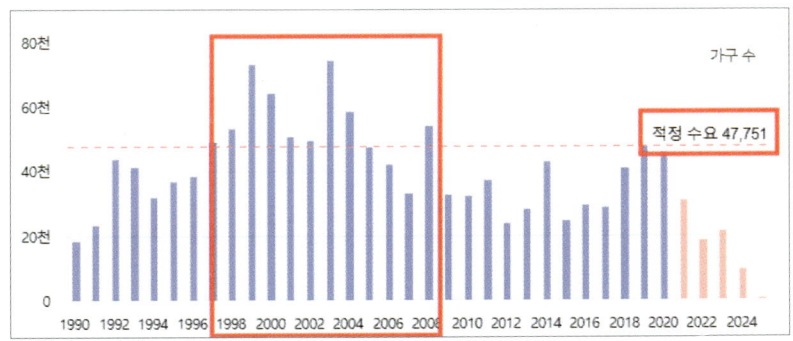

▶ 서울시 공급 물량, 특히 1998~2008년 사이 공급량이 어마어마하게 많았다.

출처: 아파트 정보 플랫폼 아실앱(APP), www.asil.kr

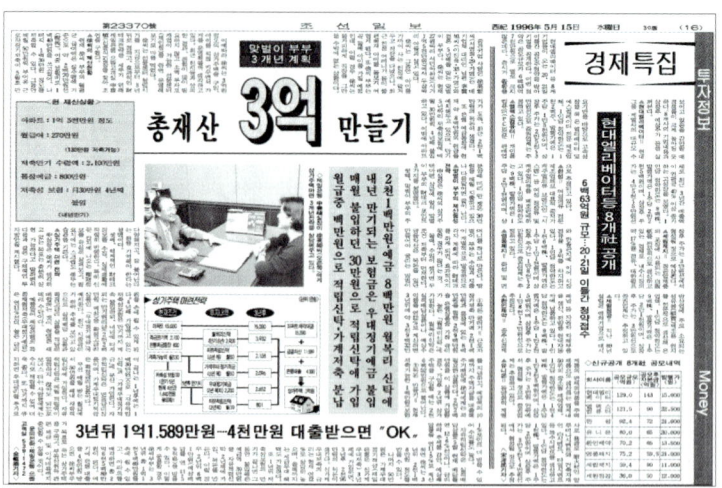

➤ 저축만 하면 3억 원까지도 불릴 수 있었던 1990년대. 우리 같은 월급쟁이에 겐 꿈과 같은 시절이지 않을까?

출처: 조선일보

일단 시급한 불을 끄는 게 중요했다. 정리하자면, 경제적 위기가 발생했을 때 아래와 같은 일들이 일어났다.

1. 금리를 인상하고 건설경기를 활성화한다.

2. 주택 공급량을 늘린다.

3. 강남의 집값이 떨어지고 미분양이 속출한다.

4. 매매가가 높은 중대형 평수가 가장 먼저 떨어신다.

5. 반면에 정치인이 빠르게 공급하려고 찜해둔 거점개발지 재개발이나, 갭이 저렴한 소형 평수(노원구 아파트)는 오르거나 시세 방어가 된다.

역사는 늘 반복된다

2008년에 1997년을 다시 경험한다. 차이가 있다면 1997년 IMF를 겪으며 내성이 생겼다는 것이다. 사람들은 그때에 비해서 심각성을 크게 못 느끼고 있었다. 그런데 부동산 시장에는 내성이 없었던 모양이다. 무려 10년간 하락기를 맞이했으니까.

규제가 투자 공식과 환경을 바꿨다

서울시의 공급량이 시사하는 점은 무엇일까? 과연 빅데이터 분석가들의 말처럼 집을 사고팔 타이밍이 정해져 있을까? (데이터가 정확하더라도 결국 매수하는 것은 개인의 선택일 텐데 말이다.)

2022년 초, 문재인 정부 막바지다. 대선이라는 큰 이벤트가 있다. 많은 사람이 대선 테마주를 벌써부터 기웃거리고 있다. 부동산 투자도 마찬가지다. 그러나 알 수 없는 선거의 향방만 생각하기보다는 신중하게 상황을 잘 진단해야 한다.

문재인 정부 4년간 26번의 부동산 대책을 내놓았다. 서울에는 25개 자치구가 있는데 지금까지의 준공된 물량들은 문재인 정부가 승인한 사업지들이 아니다. 문재인 정부가 직접 승인해준 거라고는 임대주택과 역세권 청년주택이 전부다. 그렇다면 지금 서울에서 분양받고 입주하는 매물은 무엇인가? 앞선 이명박 정부, 박근혜 정부 때 인허가 받은 곳이다.

여러 가지 이유가 있었다. 그동안 문재인 정부는 공급량에는 문제가 없다고 하면서 서울에서 대규모 일반 주택을 공급하는 것을 막아왔다.

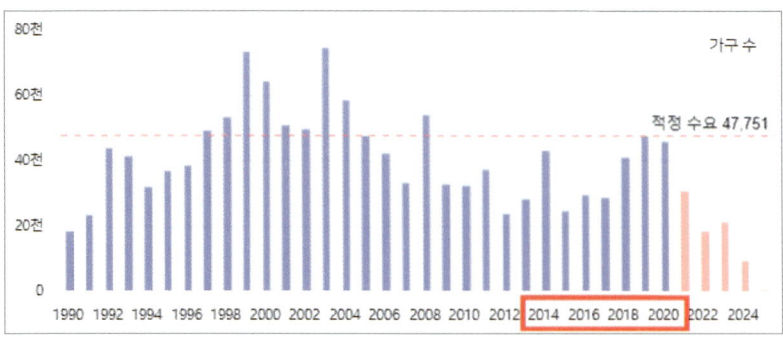

➤ 서울시 공급 물량, 2014년부터 2020년까지 서울의 적정 수요를 넘지 못하고 있다.

출처: 아파트 정보 플랫폼 아실앱(APP), www.asil.kr

그런 반면 택지개발지구 사업은 대폭 늘렸다. 즉, 서울에서 살지 말고 경기도로 가라는 것이다. 방향성이 아예 틀렸다는 얘기를 하려는 것이 아니다. 택지개발지구 사업은 많은 시간이 걸린다는 문제가 있다. 이 때문에 결국 공공재개발, 3080공공주도사업지 등을 부랴부랴 선정하고 있는 것이다.

또한 문재인 정부는 야심 차게 3기 신도시를 발표했다. 지하철 노선도 엄청나다. 4, 5, 6, 7, 8, 9호선 연장에 GTX 노선까지 끌어다준다. 여기서 대중들은 또 입지가 좋은 신축 아파트의 환상에 빠진다. 서울 접근성은 떨어지겠지만 신도시 인프라가 좋으니 신축에 살면서 시세가 잘 올라가면 차후에 서울로 갈 수 있다고 생각한다.

하지만 안타깝게도 부동산은 인접 지역의 하극상을 허락하지 않는다. 경기도 신축도 지난 1년간 잘 올라줬지만 서울 외곽 지역의 재건축 아파트 소형 평수의 수익도 따라가지 못했다. 상계주공과 창동주공의 사례뿐 아니라 하남과 강동구 끝자락을 비교해도 그러하다.

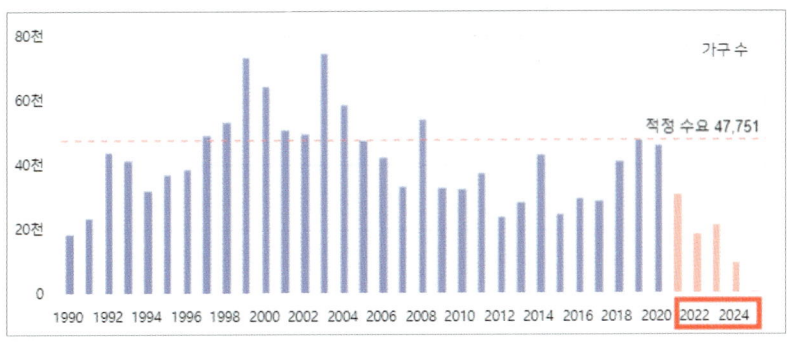

➤ 서울시 공급 물량, 2021년 이후엔 완전히 가뭄이나 마찬가지다.

출처: 아파트 정보 플랫폼 아실앱(APP), www.asil.kr

실제 컨설팅 사례를 소개하려 한다. 다산, 김포, 위례, 동탄신도시에 살고 있는 고객들이 컨설팅을 신청하면 놀랍게도 하나같이 스토리가 똑같다. 2년 실거주해서 비과세 받고 넘어가려고 했는데, 매물을 내놔도 잘 팔리지 않고 서울 아파트를 알아봤더니 너무 심하게 차이 난다는 것이다.

격차가 다시 벌어지는 원인이 무엇일까? 경기도 신도시 신축 매물이 서울 아파트의 시세를 따라잡으려고 하면 투자자들은 이런 생각을 할 것이다. "과연 이 가격으로 경기도에 등기를 치는 게 맞을까?"

약간의 노력만 기울이면 30년 넘은 서울의 다 쓰러져가고 녹물이 나오는 구축 주공아파트들을 더 저렴하게 살 수 있다. 투자자들은 어차피 실거주하지 않을 것이므로 더 효율적인 투자처를 찾는다. 그리고 그들의 수요가 지난 1년 동안 서울의 구축 재건축 아파트에 몰린 것이다.

앞서 설명한 것처럼 시세는 투자자들이 올린다. 부산에 사는 김 씨, 대구에 사는 정 씨가 말이다. 지방에 사는 사람들은 왜 투자할까? 이유는 간단하다. 부산에 사는 김 씨의 아들, 대구에 사는 정 씨의 딸이 서울로 취업하고 싶기 때문이다. 지방에는 점점 더 좋은 일자리가 사라지고 있다.

사랑하는 아들딸이 출세했다는 소리를 들어야 하는데 경기도 신축 아파트에 눈이 갈까? 당연히 아니다. 변두리 지역이라도 서울에 있는 아파트에 우리 아들딸이 살게 된다면 동네 사람들에게 출세했다는 말을 들을 것이다. 내가 가진 돈은 별로 없지만 내 아들, 내 딸의 미래를 위해 서울의 재건축 아파트라도 사는 것이다.

다시 돌아가보자. 경기도 신도시 신축 아파트에 살았던 사람들은 어떨까? 경기도 신축 34평 대장 아파트를 겨우 매도했다고 해도 서울 구축 재건축 20평을 겨우 매수할 수 있으니, 몸테크는 당연히 불가능하고 자식 생각까지 하려니 결국 멘탈이 붕괴되어 버린다. 그래서 나는 고객들에게 경기도 신축 아파트에 청약을 넣지 말라고 한다.

다음 페이지의 공급량 그래프를 다시 살펴보면 2021년부터 서울의 공급 물량이 급격하게 줄어든다. 만약 문재인 정부가 오늘부터 공공재개발 대신 대규모로 민간재개발, 재건축 물량을 풀고 신규 인허가를 해준다면 과연 언제 입주가 가능할까? 오늘부터 안전진단, 추진위 설립 등을 논의하기 시작해 착공 기간 4년을 포함한다면 빠르면 오늘 기준으로 10년에서 15년 후에나 입주가 가능하다. 문제는 지금의 30대, 40대는 그 어느 때보다 신축에 대한 욕구가 강하다는 것이다.

현 시점의 30대, 40대는 대부분 아파트에서 태어나 학창 시절을 보내고 자랐다. 골목길에서 공놀이, 공기놀이 하던 부모님 세대가 아니라 아파트의 정돈된 놀이터에 추억이 있는 사람들이다. 그래서 아파트 생활을 하던 사람은 아파트 외 주택으로 가고 싶어 하지 않는다.

그런데 이런 상황에서 아파트 공급이 전혀 없다. 그래서 지금까지 불장이 온 것이다. 그래프를 보면 적정 수요 선에 한참 미달인 상황이다. 이미 말했듯 적정 수요 선을 넘으면 미분양이 속출하고 아파트의 시세가 떨어질 수도 있다. 그 반대의 경우에는 어떻게 될까? 지금처럼 미친 듯한 불장이 시작된다. 시세가 비합리적으로 오르지만 매물이 없으니 받아들일 수밖에 없는 것이다.

최근 서울의 청약 가점을 보았는가? 70점 중반에서 80점이 되어야만 당첨이 가능하다. 서울에서 청약은 이제 끝났다. 오죽했으면 한때 유명했던 청약 족집게 강사들이 뒤늦게 재개발 분야를 공부하고 재개발 강의를 하고 있다. 이미 서울은 전 지역이 규제지역이다. 이 때문에 신축 아파트를 받을 수 있던 투자 방법 중 하나인 입주권, 분양권 투자도 끝난 것이다.

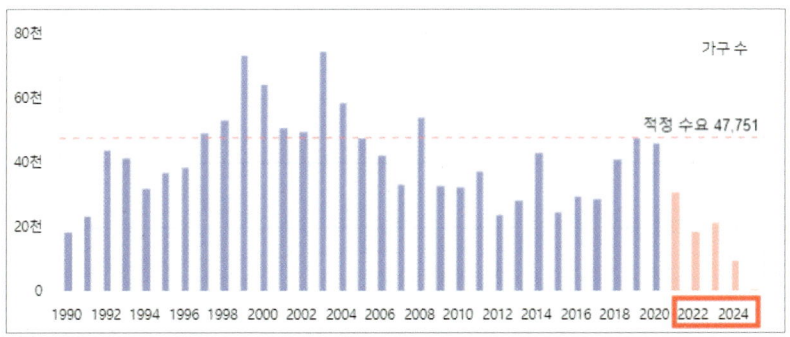

➤ 2021년 이후 급격히 줄어드는 공급량, 신속통합기획, 공공재개발 등으로 신규 사업지를 대거 선정해도 당장 부족한 공급량을 채우기 어렵다.

출처: 아파트 정보 플랫폼 아실앱(APP), www.asil.kr

==사실 새 아파트 투자 공식은 청약 투자 공식과 동일하다.== 장위뉴타운에 신축 아이파크를 분양받았다면 전매가 가능할 때부터 시세는 폭등한다. 신축 아파트에 살고 싶지만 돈이 모자란 사람들이 전세를 구한다. 든든하게 전세를 받쳐주고 있으니 신축 아파트가 오를 수밖에 없다. 이로써 신축 아파트 갭투자가 가능한 것이다.

신축 아파트를 저렴하게 갭투자 할 수 있을 때는 청약으로 분양권을 받거나, 재개발 입주권을 사는 것이 하나의 투자 공식이었다. 그러나 지금은 규제의 시대에 살고 있다.

==더 이상 신축 아파트 갭투자가 불가능하다.== 신축 아파트를 받는 순간 최소 5년에서 10년까지 자금이 묶이기 때문에 다른 부동산 투자는 하지 못한다. 그래서 입주권, 분양권 투자 공식도 무너져버린 것이다.

그렇다면 서울에서 공식적으로 새 아파트를 받을 수 있는 방법이 무엇일까? 재건축, 재개발, 가로주택정비사업이다. 그런데 재개발과 가로주택정비사업은 일반인들에게는 너무 위험해 보이는 데다 무척 어려운 영역이다. 그래서 가장 만만한 서울 재건축에 투자자들이 몰리는 것이다.

한편 최근에 재건축 아파트의 경우 2년 실거주를 해야 입주권을 받을 수 있다는 법안이 논의되었지만 결국 무산되었다. 그래서 서울에 입지 좋은 신축이 아니라 재건축 아파트가 훨씬 잘 오르는 것이다. 하지만 한 가지 주의해야 할 점이 있다.

바로 재건축 사업성이다. 재건축 단지 가운데 사업성이 좋지 않은 단지는 추가분담금이 많기 때문에 공공재건축을 신청할 가능성이 크다. 그럼에도 사업성이 안 나오는 곳은 2·4대책에 의한 공공주도사업을

==신청할 것이다.== 그런데 문제는 2·4대책에 유예기간 이후에 매수한 사람은 현금 청산이 된다는 독소조항이 있다는 것이다. 차후에 사라질 수도 있는 규정이지만, 투자자라면 위험한 곳에 투자할 이유가 없는 것이다.

정리하겠다. 물량이 많이 공급되고, 규제가 별로 없을 때는 갭투자를 할 수 있는 '입지 좋은 신축'이 가장 투자성 좋은 매물이었다. 이때야말로 우리가 입지론을 따질 때다. 그런데 지금은 공식이 바뀌고 있다. 지난 4년간의 전례 없는 규제 때문에 입지 좋은 신축 아파트가 힘을 못 쓰고 있다.

이제는 강남+한강 변+신축이 아니라 빠르게 재건축이 되는 곳이 뜨고 있다. 부자들이 그러하듯이 과거의 공식에 얽매이지 말고 유연하게 대처해야 한다. 지금은 서울에서 이미 완성된 아파트보다 앞으로 새 아파트를 받을 수 있는 매물이 훨씬 더 잘 오른다.

공식으로 만들자면 다음과 같다. ==확장성이 강한 거점개발지+재개발, 재건축, 가로주택정비사업 + 2·4대책을 피할 수 있는 사업성이 좋은 매물이 가장 안전하면서 잘 오른다.== 나는 서울 모든 구역의 재개발 재건축 추정 비례율, 추정 추가분담금을 직접 계산하고 있다.

이제 서울 전체를 돌아봤으니 자치구별 현황에 관해 다음 페이지에서 살펴보겠다.

1. 서울에서 인구와 아파트가 2, 3번째로 많은 노원구

먼저 노원구를 보겠다. 공급량 전멸이다. 인구는 많은데 구축 아파트뿐이어서 간만에 신축이 공급되면 입지와 상관없이 엄청 오르게 된다. 그런데도 노원구에서 지난 1~2년간 가장 많이 오른 아파트는 재건축이었다.

앞으로는 어떻게 될까? 노원구, 혹은 입지에 대해서 의문을 가질 수도 있을 것이다. 하지만 서울시는 상계뉴타운에 관심을 둘 수밖에 없다. 상계뉴타운 개발은 남양주와 인접한 관문 입지이면서 핵심적인 배후주거지이기 때문이다. 동네에 관한 선입견을 떠나 미래에 이루어질 도시개발계획을 살펴봐야 한다.

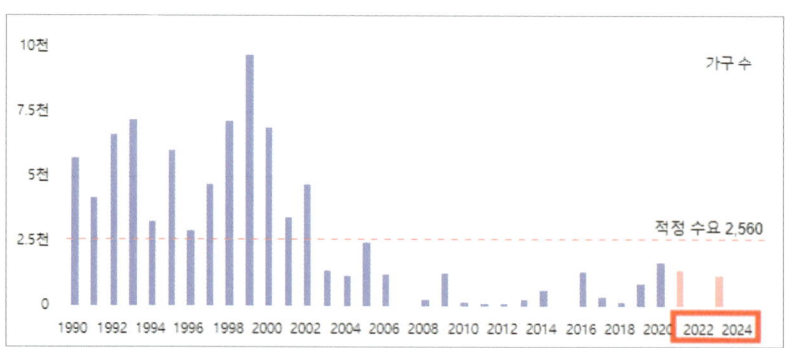

➤ 2022~2024년 노원구 공급량.

출처: 아파트 정보 플랫폼 아실앱(APP), www.asil.kr

2. 창동상계 광역사업지 도봉구

그럼 옆 동네 도봉구는 어떨까? 역시 공급량 전멸이다. 도봉구도 지난 1~2년간 대장 아파트보다 많이 오른 아파트는 재건축이었다.

2부에서 서울시생활권계획을 해석하며 소개할 내용이지만, 도봉구에 위치한 창동 역세권개발을 살펴보면 수많은 일자리와 유동 인구의 폭발이 예상된다. 특히 대규모 일자리 창출은 고용 창출의 의미만 있는 것이 아니라 이 지역의 땅값을 폭발적으로 올리는 동력이 된다.

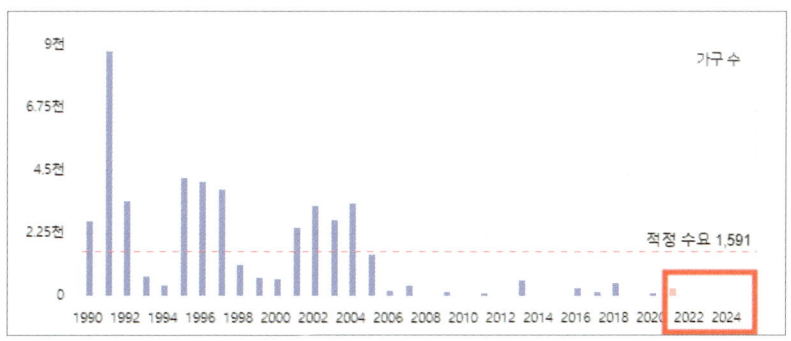

➤ 2022~2024년 도봉구 공급량.

출처: 아파트 정보 플랫폼 아실앱(APP), www.asil.kr

3. 신길뉴타운과 준공업지역이 있는 영등포구

영등포구는 어떨까? 공급량 전멸이다. 사실 영등포구는 동대문구와 마찬가지로 아파트 투자나 재건축보다는 재개발의 성지다. 지난 1년간 전국 재개발 상승률 1위인 자치구다. 같은 투자금이라면 아파트보다는 재개발이 훨씬 많이 올랐다.

영등포구에는 집창촌 등 낙후된 환경을 개선하기 위한 계획들이 있다. 서울시생활권계획을 보면 여의도에 대한 강한 개발 의지를 읽을 수 있는데, 영등포 역세권은 이들을 위한 상권과 보조 일자리 지역으로 탈바꿈할 것이다.

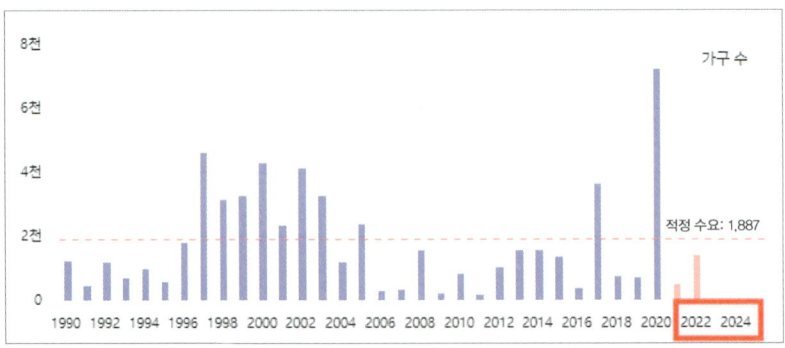

➤ 2022~2024년 영등포구 공급량.

출처: 아파트 정보 플랫폼 아실앱(APP), www.asil.kr

4. 노량진뉴타운·흑석뉴타운과 지역주택조합의 성지, 동작구

최근 급부상 중인 동작구는 어떨까? 마찬가지다. 공급량 전멸! 뉴타운이 2곳이나 있어서 타 자치구보다 공급이 많은 편이지만 여전히 미달이다. 마찬가지로 지난 1년간 아파트보다는 재개발이 훨씬 많이 올랐다. 타이밍 맞게 동작구 재개발에 투자했다면 대출 없이 강남 진입이 가능했다. 동작구가 많이 오른 것도 있지만 강남 3구의 개발이 억눌려 있어서 많이 오르지 못한 이유도 컸다. 이쯤 되면 이런 질문을 하고 싶을 것이다.

"정권이 바뀌면 강남이 다시 치고 나갈 수 있지 않을까요?"

이런 질문을 자주 받지만, 사실 이런 마인드로 투자하는 것이 가장 어리석다. 근거 없는 하락론도 경계해야 하지만 근거 없는 낙관론도 매우 위험하다. 행정부와 입법부의 주도 세력은 서로 견제한다. 한쪽에서 과감하게 밀어줘도 다른 쪽에서 가로막을 수 있다. 예측 불가한 선거의 미래 대신, 확실한 도시개발계획을 분석해야 하는 이유다.

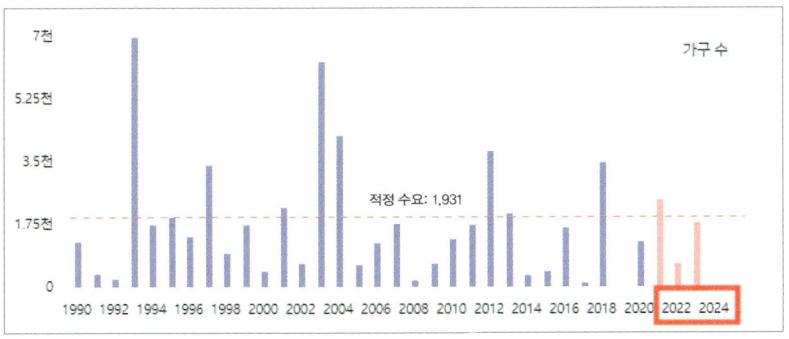

➤ 2022~2024년 동작구 공급량.

출처: 아파트 정보 플랫폼 아실앱(APP), www.asil.kr

5. '마용성'으로 유명한 성동구

성동구는 어떨까? 마찬가지로 아파트 공급 전멸! 그러나 땅값은 가파르게 상승 중이다. 용적률 400%를 받을 수 있는 성수동 준공업지역은 성수동 카페거리 덕분에 이제 주택의 시세가 아니라 상가의 시세로 거래된다. 성수동 준공업지역 내에 있는 재개발 입주권이 1, 2년 전에 평당 1억 8,000만 원에 거래되었다. 성수동 카페거리의 주택들은 이제 평당 2억 5,000만 원이 넘는 금액에 거래되고 있다. 재개발 10~20년 투자해서 5억 버는 '시간을 죽이는 투자'를 하지 않아도 된다는 의미다. 비밀이 궁금하지 않은가? 2부에서 공개하겠다. 성동구에서는 성수동 준공업지역이 지난 1년간 가장 많이 올랐다.

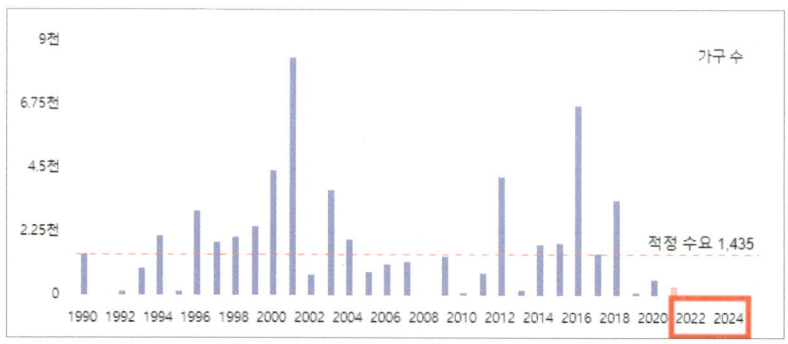

➤ 2022~2024년 성동구 공급량.

출처: 아파트 정보 플랫폼 아실앱(APP), www.asil.kr

6. 주택을 공급하기에 아까운 땅, 용산구

용산구도 마찬가지로 공급량 전멸. 마용성 가운데 하나인 용산구는 특히 처참하다. 왜 그럴까? 간단하다. 개발할 수 있는 땅만 개발해서다. 2016년에 신설된 한강 변 경관 규정, 남산 경관 규정뿐 아니라 서울성곽 경관 규정의 제한을 받는 곳이며 역사미관지구, 최고고도지구 등 신축하기 어려운 땅들이 용산에 많다. 신용산역 중심의 높은 건물들은 서울시의 일자리 보급 명분으로 지구단위계획 덕분에 개발을 할 수 있었는데, 이촌동 한강 변에서 2016년 규정을 적용받지 않은 아파트 개발은 래미안첼리투스가 마지막이다. 한편 용산에서는 한남뉴타운 같은 재개발이 가장 많이 올랐다.

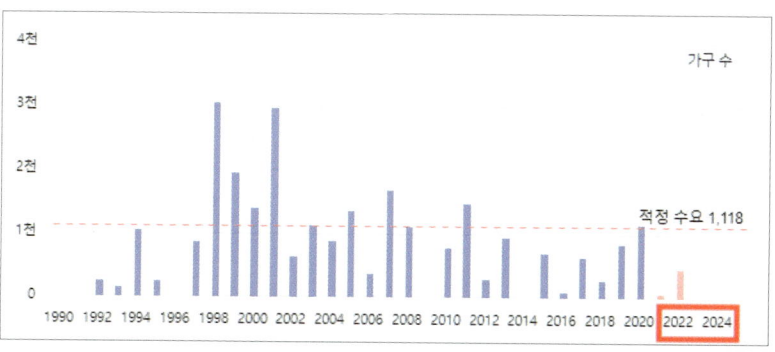

➤ 2022~2024년 용산구 공급량.

출처: 아파트 정보 플랫폼 아실앱(APP), www.asil.kr

7. 더 이상 확장이 어려워 보이는 마포구

마포구도 공급량 전멸. 향후 4년간 마포구 내 공급은 379세대가 전부다. 이것도 일반 아파트가 아닌 도시형 생활주택이다. 참고로 마포구의 거점개발지는 상암DMC다. 지난 1년간 가장 많이 오른 매물은 재건축이다.

마포구에서 상암DMC 롯데몰 개발 사업은 매우 큰 의미가 있다. 집객력을 높이는 양질의 쇼핑 상권의 힘 때문이다. 이 개발 사업은 인근 부동산 시세에 큰 영향을 줄 것이다. 땅값이 오르는 열쇠는 항상 상업지역에 있다.

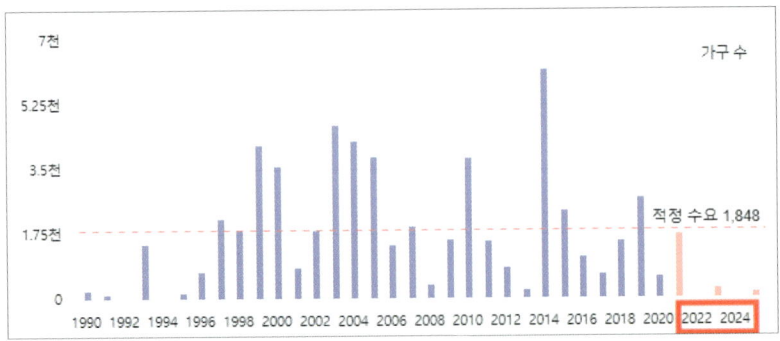

➤ 2022~2024년 마포구 공급량.

출처: 아파트 정보 플랫폼 아실앱(APP), www.asil.kr

8. 부동산은 정책의 영역이라는 것을 몸소 보여주는 강남구

그런데 강남구는 어떤가? 서울에 공급이 부족하다고 했는데 그래프를 보니 딴 세상 같다. 박원순 서울시장이 오래 집권하는 동안 그리고 문재인 정부 4년 동안 강남 3구의 재개발, 재건축을 의도적으로 억제한 배경이 바로 이렇다. 앞으로 공급할 입주 매물이 1만 3,000여 세대라는 데이터를 보면 거짓말처럼 느껴지겠지만 이명박, 박근혜 정부 때에는 강남 3구의 재개발, 재건축이 매우 활발했다. 지금 입주하는 매물들은 문재인 정부와 무관한 곳이다.

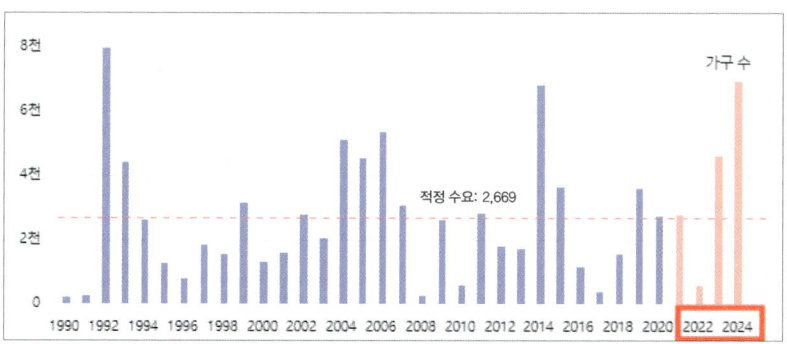

➤ 2022~2024년 강남구 공급량.

출처: 아파트 정보 플랫폼 아실앱(APP), www.asil.kr

입지론이 유효했던 시절과 마용성 신화

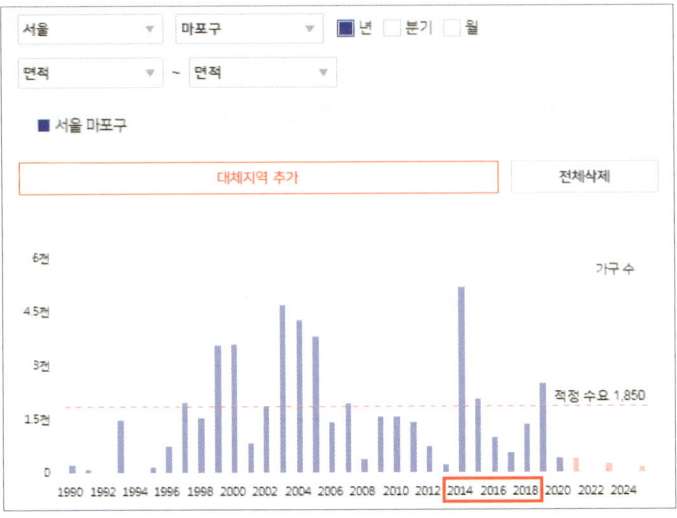

➤ 2014년에서 2018년 사이 마포구의 공급량을 보자. 마포래미안푸르지오 가 부각된 시기와 일치한다.

출처: 아파트 정보 플랫폼 아실앱(APP), www.asil.kr

2014년, 마포구 아현뉴타운에 큰 작품이 하나 등장한다. 아현3구역을 재개발한 마포래미안푸르지오다. 2008년 경제 위기에 따른 발 빠른 공급이 그 배경이다. 즉, 정치적 혜택을 본 곳이다. 그래프에서도 나타나지만 2014년에서 2019년까지 마포구에 공급이 많았다.

마포래미안푸르지오의 등장은 '마용성'이라는 신화를 만들었다. 아파트 투자는 입지를 봐야 한다는 이론이 정확하게 들어맞는 것처럼 보였다. 즉, 입지 좋은 신축 아파트가 투자자들에게도, 아파트를 사고 싶은 30~40대의 마음에도 불을 지르게 되었다.

사실 이 당시는 서울 1980년대 아파트들의 재건축 연한이 오지 않은 시기였다. 뉴타운 재개발에 도전할 강력한 대규모 재건축 단지들이 한동안 없었다. 그래서 재건축을 향한 관심이 지금보다 훨씬 덜했다. 뉴타운 사업으로 아파트가 발에 차일 정도로 많아졌으니, 입지에 의해서 자연스럽게 서열화가 되었다. 이게 바로 '입지론'이 부각된 시점이다.

하지만, 2020년부터 2024년까지 공급이 전멸이다. 특히 마포구에는 일반 아파트가 아닌 도시형생활주택 공급만 2024년까지 단 379세대가 예정되어 있다. 2014~2019년 과다 공급 시기와 정반대의 상황이다. 환경이 변했으니 투자의 공식을 바꿔야 한다. 실제로 지난 1년 동안 마포구에서 가장 많이 오른 매물은 재건축이나 리모델링 이슈가 있는 매물이었다. 즉, 매매가가 비싼 입지 좋은 대단지 신축이 아니라 새 아파트가 될 수 있는 매물이 가장 많이 올랐다는 의미다. 공급이 확 줄고, 규제 때문에 청약, 입주권, 분양권 투자가 막혀서 생긴 현상들이다. 이미 고수들은 규제의 시대 속에서 완성된 매물이 아닌 단계별 프리미엄을 얻을 수 있는 매물로 빠르게 갈아타고 있다. 우리도 움직여야 한다. 더 늦기 전에.

입지 좋은 신축 아파트는 여전히 대장일까?

강남+한강 변+신축

아크로리버파크. 반포동 한강 변 신축 아파트의 상징이다. 입지가 좋기 때문에 명실상부 가장 비싼 아파트다. 그러나 그래프를 자세히 보자. 평당 1억 원이 훨씬 넘는 아파트인데, 그래프를 보면 매우 불안한

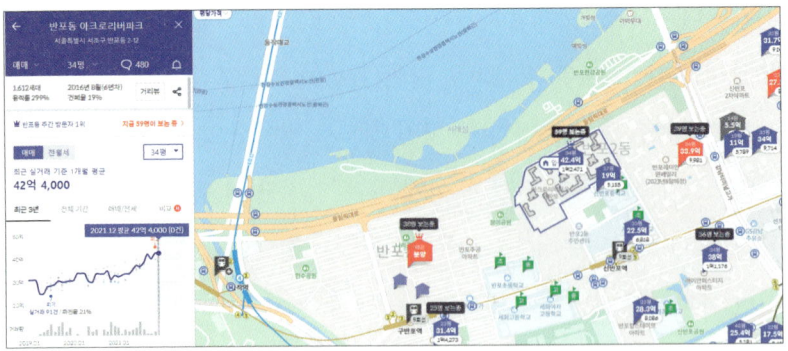

➤ 아크로리버파크가 42억 원을 찍었다. 언론에서는 아파트 평당 1억 원의 시대라고 보도했다.

출처: 호갱노노

외줄타기를 하는 것처럼 보인다.

일반적인 관점에서 보면 절대적인 입지였다. 서초구 반포동, 한강변, 6년 차 신축이며 9호선 역세권에 초등학교와 중학교를 품고 있다. 게다가 센트럴시티라는 좋은 상권이 주변에 있다. 2021년 9월 기준으로 34평이 40억 원이 넘는데, 개인적으로 사연이 있는 곳이다. 2020년 7월 아크로리버파크를 매수하고자 나에게 상담을 의뢰한 고객이 있었다. 매수 이유를 물었더니 자녀가 단지 내 학교를 다니기 때문에, 그리고 워낙 입지가 좋아서 아내도 좋아한다는 게 이유였다.

하지만 나는 이렇게 얘기했다. "돈을 벌고 싶다면 반포주공으로 가세요." 정확히 책에서 소개한 것과 같은 내용을 설명해주었고, 이해하는 듯 보였으나 결정을 하기까지 오랜 설득이 필요했다. 당연하다. 편하게 실거주하면서 안정적으로 올라갈 수 있는 아파트를 누구나 원하지 않는가? 하지만 지금은 시대가 다르다. 결국 그 회원은 내 조언대로 반포

➔ 아크로리버파크도 하락하고 반등하는 불안한 상승세를 보여주었다.

출처: 호갱노노

주공 35평을 매수했다.

  우리는 입지 좋은 신축 아파트가 안정적으로 우상향할 것이라는 믿음이 있다. 그러나 실제는 다르다. 이걸 데이터로 보여주는 사람은 아무도 없다. 신축 아파트가 대한민국 최고의 부동산 상품이라는 것을 대중들에게 각인해야 하니까. 우리는 그들이 어떻게 우리를 세뇌하는지 기억해야 한다.

  만약 2019년 2월에 큰돈을 지불하고 아크로리버파크를 매수했는데 2개월 후 6억 원이 떨어져 있는 것을 본다면 어떤 기분이 들까? 결과적으로 우상향은 했지만 지나칠 정도로 낙폭이 심하다. 퍼센트로 따져도 무려 20% 가까이 떨어졌다.

  아크로리버파크는 2020년 7월을 기준으로 본다면 우여곡절 끝에 약 3억 원이 상승했다. 36억 원이 넘는 고가의 아파트인 것을 감안했을 때 흡족한 성과였을까?

2021년 10월, 아크로리버파크 34평형이 42억 원이 되었다. 대중들은 인터넷을 매우 좋아한다. 인터넷 부동산 뉴스를 보거나 부동산 유튜브를 부지런히 보는 것이 최고의 부동산 공부라고 생각한다. 그리고 '신고가'라는 단어에 열광하며 생각한다. '아! 역시 입지 좋은 신축 아파트가 최고야!' 그래서 대중들은 이런 선택을 한다. 어차피 아크로리버파크와 같은 입지 좋은 신축 아파트를 살 수 없으니 비슷해 보이면서 저렴한 아파트를 선택하는 것이다. 서초구 반포동에 갈 수 없는 대신 초역세권이고 강남까지 대중교통으로 40분 이내에 갈 수 있으며 상태가 괜찮은 아파트 말이다.

반면에 49년 차 재건축 예정인 반포주공은 2020년 7월을 기준으로 1년간 10억 3,000만 원이 올랐다. 1년 전 가격은 아크로리버파크와 비슷한 수준이었는데 훌쩍 뛰어넘었다. 강남의 입지 좋은 한강 변 신축이 입지가 떨어지는 49년 차 구축 아파트에 매매가 및 시세 상승 모두 추월당했다.

사실 서초구 반포동에서 40억 원을 제일 먼저 돌파한 아파트는 아크로리버파크가 아니라 반포주공아파트였다. 2021년 1월에 있었던 일이다. 그러나 소위 전문가라고 하는 사람들은 이런 사실을 말하지 않는다. 낡아빠진 재건축 아파트 따위가 감히 입지 좋은 신축 아파트보다 비싸다는 사실을 대중들이 알면 안 되기 때문이다.

의심이 들면 네이버 뉴스에서 '반포주공 신고가'라고 한번 검색해보자. 이 아파트가 40억 원 넘는 아파트라는 것을 소개한 뉴스 기사가 대문짝만 하게 나온 적이 있는지.

반포주공 사례의 더욱 재미있는 점은 1년간 수익 10억 3,000만 원

중 2020년 12월 한 달 만에 7억 2,000만 원이 올랐다는 것이다. 오름세가 아주 가파르다. 대중들의 관점에서는 비합리적인 상승처럼 보일 것이다. 당연하지 않은가? 입지에서 밀리고 살기에도 매우 불편한 49년 차 아파트이니 말이다.

다시 한 번 말한다. 시세는 현지인이 만드는 게 아니다. 외부 사람들이, 전업 투자자들이, 투기꾼들이 단계별 상승을 취하기 위해 매수하는 것이다. 대중들은 재건축 아파트라고 하면 부정적인 생각만을 먼저 떠올린다. 녹물, 곰팡이, 층간소음, 재건축초과이익환수제, (인허가가 잘 안 나오는) 은마아파트, 안전진단 탈락, 조합원 지위 양도 등 온갖 부정적인 키워드가 머릿속에 있다.

그러나 외부 사람들, 전업투자자들, 투기꾼들은 이런 것에는 조금도 신경을 안 쓴다. 단계별 상승만 얻으면 되니 무리하게 몸테크를 하지 않아도 되기 때문이다.

투자의 교과서와 같은 강남권에서 이러한 현상이 발생하면 바뀐 투자 공식은 서울 전역에 퍼지게 된다. 서울숲푸르지오는 아파트 실거래가 앱 호갱노노 기준으로 금호동 4가에서 월간 방문자 1위인 아파트다. 이 지역 사람들 사이에서 가장 인기가 많은 곳이다. 한강 조망, 서울숲 조망, 옥수초등학교를 품고 있는 입지가 가장 좋은 아파트다. 그런데 17억 원이 넘는 31평 매물이 1년 사이에 1억 1,000만 원 올랐다.

신축 아파트의 성적을 볼까? 힐스테이트서울숲리버가 보인다. 마찬가지로 같은 지역 한강 조망, 서울숲 조망, 4년 차 신축 아파트다. (초등학교를 품지 못한 것은 아쉽다.) 2021년 9월 기준 33평이 18억 5,000만 원이다. 2020년 9월부터 1년간 2억 5,000만 원이 오른 것이다.

금호동4가 서울숲푸르지오

금호동4가 힐스테이트서울숲리버

옥수동 옥수현대

출처: 호갱노노

그럼 재건축 아파트는 없을까? 옥수현대아파트가 있다. 2021년 기준 32년 차가 된 구축 아파트다. 35평이 16억 5,000만 원인데, 1년간 4억 5,000만 원이 올랐다. 1년 전 매매가는 세 아파트 중에서 가장 저렴했는데 기간 대비 제일 많이 올랐다.

시세 상승의 실체를 보겠다. 반포주공과 마찬가지로 1개월 만에 4억 5,000만 원이 오른 것을 확인할 수 있다. 재건축을 추진해보겠다는 현수막 하나 때문에(안전진단도 신청하지 않은 상태였다.) 외부 투자자들이 단계별 프리미엄을 노리고 확 몰린 탓이다.

금호동1가 벽산

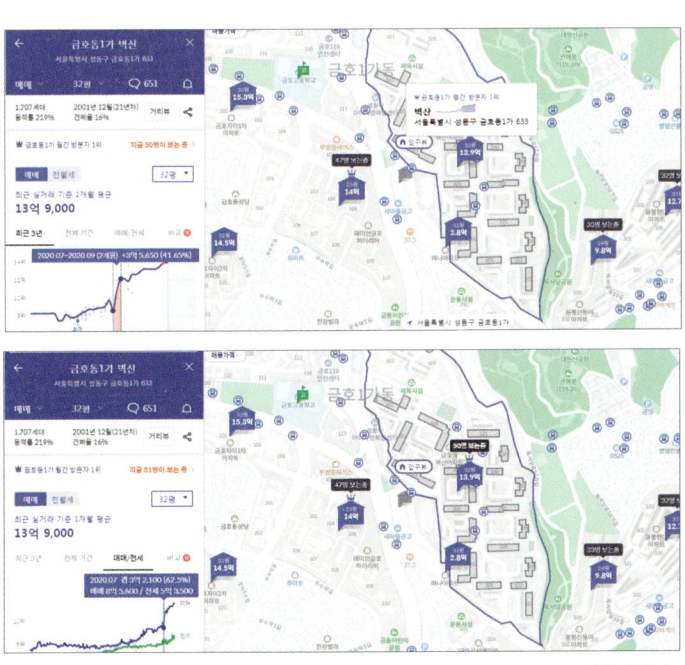

출처: 호갱노노

더 다양한 사례는 없을까? 옥수현대아파트는 3호선 초역세권이니 입지가 좋아서 오른 것일 수도 있다. 입지론을 맹신하는 독자들은 이 말을 듣고 반칙이라고 생각할 것 같다. 그래서 이번에는 역세권이 아닌 아파트를 가지고 왔다. 금호벽산아파트는 비역세권이고 구릉지에 있는 21년 차 구축 아파트다. 그런데 단 2개월 사이에 3억 5,000만 원 이상 상승했다. 대체 왜?

현수막의 힘이다. 리모델링! 준공연도 21년 차, 비역세권, 구릉지에 있는 구축 아파트가 리모델링이라는 카드를 쓴 것이다. 금호벽산아파트는 약 1년간 5억 3,000만 원이 넘게 올랐다. 2020년 10억 원도 안 되던 매매가를 고려한다면 큰 상승이다.

2020년 7월 갭으로 투자했다면 3억 2,000만 원이 들었다. 3억 2,000만 원으로 1년 만에 5억 3,000만 원의 수익을 만든 셈이다.

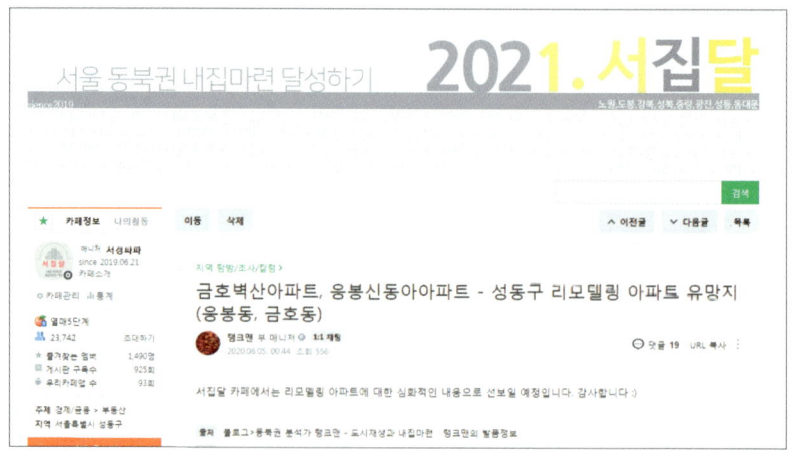

➤ 2020년 6월, 칼럼에 투자 타이밍을 정확히 알렸다.

출처: 네이버 서집달 카페

우리는 과연 이런 식으로 투자할 수는 없을까? 주식 매매처럼 타이밍 맞춰서 매수하는 것 말이다. 나는 "가능하다"라고 단언하겠다.

나와 함께 일하는 탱크맨 님이 게시한 칼럼이다. 2020년 6월 5일에 썼고, 오프라인 강의에서는 3억 원 이상 있다면 금호벽산, 3억 원 미만이면 응봉신동아에 투자하라고 얘기했다. 딱 지금이 가장 좋은 매수 타이밍이라고 점찍어준 것이다.

이런 정보는 인터넷에서 알려주지 않는다. 그래서 전업투자자들은 발품을 선호한다. 4차산업혁명 시대를 살고 있는데 너무도 아날로그적으로 정보를 수집하는 것이다. 이해한다. 대중들은 본업이 있기 때문에 임장할 시간이 없다. 그래서 나 대신 임장해줄 부동산 유튜버들이 요즘 인기가 많다.

하지만 전업 투자자들은? 나는 종종 서집달 카페의 부운영자와 함께 전국 각지를 돌아다니는데, 매력적인 땅을 발견해서 찾아가면 수십 대의 차량이 마구잡이로 주차된 모습을 볼 수 있다. 돈 냄새를 맡고 저 멀리 서울에서, 속초에서, 제주에서 찾아온 전업투자자들의 행렬이다. 애초에 정보력에서 게임이 안 된다. 그래서 부는 소수만 공유한다고 말한 것이다.

규제가 만든 공식: 단계별 상승이 빠른 곳으로 가라

그렇다면 과거에는 단계별 프리미엄이 없었을까? 아니, 존재했다. 다만 지금의 단계별 프리미엄과는 차이가 있었다. 과거에도 단계별 상승은 가능했지만 매우 합리적인 수준이었다. 아파트 재건축을 예로 들겠다. 재건축에는 무수히 많은 단계가 존재한다.

예비 안전진단 ➔ 정밀 안전진단 ➔ 구역 지정 ➔ 조합설립 인가
➔ 건축 심의 ➔ 사업시행 인가 ➔ 시공사 선정
➔ 관리처분 인가 ➔ 이주 및 철거 ➔ 착공 ➔ 준공

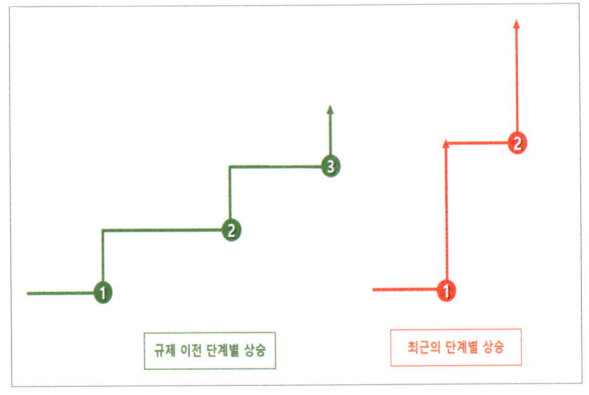

➤ 단계별 상승을 나타낸 그림이다. 왼쪽이 과거의 성장이라면 오른쪽은 최근의 가파른 성장 속도를 나타낸다.

지금처럼 규제가 많지 않던 시절에는 단계별로 합리적인 수준에서 상승했다. 위의 그림에서 왼쪽이 과거의 상승이다. 구역지정이 완료되면 3,000만 원 상승, 조합설립이 인가되면 또 3,000만 원 상승. 그러나 서울 같은 규제지역에서는 재건축의 경우(단지별로 다르기는 하지만 일반적으로) 조합설립 인가에서 조합원 지위 양도에 제한이 걸린다. 즉, 조합설립 인가 이후에는 원칙적으로 매수, 매도가 안 된다. 이 말은 재건축에서 초반 단계인 조합설립 인가 이후에는 10원 한 장 오르지 않는다

는 것을 뜻한다. 사업이 막힘없이 진행된다면 입주하는 시점까지 사고 팔 수가 없다. 더불어 2023년 이후에 분양되는 서울의 신축 아파트들은 최소 2년, 최대 5년간 주인이 직접 거주해야 한다. 즉 24평 아파트를 5억 4,000만 원에 분양받았다고 한다면 해당 아파트는 최대 5년 동안 매매가가 5억 4,000만 원인 것이다. 이렇게 실거주 목적인 사람 외에는 입주 자체를 어렵게 만들면서 입지 좋은 신축 아파트의 시세가 잘 올랐던 공식은 규제로 무너져버렸다.

앞으로 분양되는 신축 아파트들은 전매제한이 풀리는 6년 차부터 거래될 것인데, 과연 잘 올라줄지 모르겠다. 또한 재건축 아파트는 조합 설립 인가부터 정상적으로 매도할 수 없기 때문에 입주권을 받겠다고 계속 보유한다면 10년 넘게 투자의 기회비용을 날리게 된다. 게다가 재건축 매물을 하나 보유한 상태에서 또 하나의 주택을 샀을 때, 비과세를 위해서 실거주했다면 비과세 조건이 깨지게 된다. 그리고 주택담보대출을 받기도 어려워졌다. 규제 때문에 과거 공식대로 입주권을 받게 된다면 투자의 기회비용도 날리지만, 재건축초과이익환수제, 추가분담금으로 머리가 아플 것이다.

이런 복잡한 이야기가 싫다면 지금부터 내가 하는 말에 집중하기 바란다. 내게 컨설팅받는 회원들은 이 방법을 통해서 쉽고 빠르게 부를 축적하고 있으니 말이다. 우리는 앞의 그림 중 왼쪽이 아닌 오른쪽에 집중해야 한다. 비합리적으로 보이겠지만 오른쪽이야말로 최근의 단계별 상승 모습이기 때문이다. 과거 상승 그래프와의 차이점은 한순간 많이 올랐다는 사실이다. 권력자들과 가까운 금수저들의 이야기처럼 느껴지겠지만 우리도 할 수 있다.

지난 4년간 많은 규제가 있었다. 일반인들은 규제를 비판하면서 사업을 지연시키거나, 세금을 걱정하여 투자를 꺼린다. 반면에 부자들은 (마음속으로는 그렇지 않겠지만) 정부를 비판하지 않는다. 권력자에 대항하지 않는다. 정책 결정자의 심기를 건드리지 않는다. 그리고 끝내 돌파구를 찾아낸다.

다시, 재건축을 예로 들면 무수히 많은 단계 중 조합설립 인가라는 사업의 초반 단계에서는 매물을 마음대로 팔 수 없다. 이 제한 때문에 대중들은 재건축 아파트에 투자하면 안 된다고 생각하지만 사실은 그렇지 않다. 조합설립 인가에서 조합원 지위 양도가 금지되기 때문에, 원래 뒤쪽 단계에서 생기던 프리미엄이 이제는 조합설립 인가 전에 미리 붙기 때문이다.

즉, 예비 안전진단을 통과하면 한순간에 2억 원이 오르고 정밀 안전진단이 통과되면 또 2억 원이 오르는 것이다. 최근에는 재건축 연한인 30년 차가 되기 전 28년 차부터 뒤쪽의 프리미엄이 미리 붙기 시작하고 있다. 참고로 언급한 2억 원은 서울 변두리 지역이다. 상급지의 경우 4억 원에서 5억 원 정도가 한순간에 오른다.

이렇게 변화한 환경에 적응한 전업 투자자들은 규제의 시대 속에서도 쉽고 빠르게 돈을 벌고 있다. 숨 막히는 규제 덕분에 과거처럼 재건축에 10년 투자해서 5억 원을 벌던 비효율적인 시대는 끝났다. 단 1년 만에도 5억 원을 벌 수 있게 되었다. 규제 덕분인 것이다. 그렇다면 이들은 매도 타이밍을 언제로 잡을까? 일단 수익을 낼 수 있는 타이밍이 총 3번의 안전진단과 구역지정뿐이다. 그래서 안전진단 신청 전에 매수해서 구역지정이 되고 난 뒤 매도하면 된다. 따라서 재건축초과이익환수제, 추가분담금은 내가 신경 쓸 필요가 없다. 그 사이에 2년 실거주(몸테크)하여 비과세를 받는 것은 선택이다. 이들이 구역지정 후에 던진 매물은 기존 공식대로 매수하여 입주권을 받으려는 사람들이 떠안게 된다. 조합설립 인가 이후에 팔지 못하면 1주택이 잡혀서 다른 투자도 힘들 것이고, 대출도 안 나올 것이다. 남들은 1년에 5억 원씩 벌 때 이들은 2년간 1주택자가 되어야 한다. 나는 굳건하게 팔지 않고 길게 보유하는 사람들이 부자가 되었다는 말을 듣지 못했다. 그래서 내가 종종 하는 말이 있다. "신축 아파트를 받는 순간이 투자자로서는 은퇴 시점이다."

결론을 말할 때다. 이미 완성되어 단계별 상승이 불가능한 신축을 더 이상 매수하지 말자. 입주 후 실거주 2~5년이라는 규제가 있기 때문이다. 꼭 거주하고 싶다면 전월세를 권장한다. 재개발이든 재건축이든 규제의 시대 속에서 입지는 필요 없다. 무조건 빠르게 인허가가 나오고 단계별 상승이 가능한 곳으로 가야 한다. 입주권 받을 생각하지 마라. 받는 순간 투자자로서는 은퇴하는 것이다. 나는 빠르게 돈만 벌면 그만이다. 규제가 넘쳐날수록 오히려 단기 투자를 할 최적의 타이밍이 된다.

하수는 입주권을 받고, 고수는 단계별 상승을 취한다

내가 운영하는 커뮤니티에 한 번 가입한 회원들은 그곳을 신뢰할 수밖에 없다. 칼럼과 강의에서 언급한 지역, 매물들이 얼마 지나지 않아 바로 이슈가 생기기 때문이다. 내가 투자의 신이어서 가능했을까? 전혀 그렇지 않다. 나는 그저 평범한 사람이다. 남들과 다른 점이 있다면 지난 13년간 부동산투자분석회사에서 매일 도시계획, 지역, 매물 분석을 해왔다는 것이다. 그리고 현장에서 눈과 귀로 빠짐없이 확인한다. 도시계획상 개발이 가능한 지역인지, 노후도는 어떤지, 개발에 찬성할 만큼 주민의 소득수준이 뒷받침되는지, 해당 구역의 비례율과 추정 추가분담금이 얼마나 나올지 등을 꼼꼼하게 분석한다. 그리고 확신이 들 때만 고객들에게 알려준다.

고수는 분석을 하고 임장을 간다. 하수는 인터넷 검색을 하고 단톡방을 본다. 고수는 투자로 배우고 하수는 글로 배운다. 고수는 행동하지만 하수는 평가만 한다. 고수는 오르기 직전에 들어가서 오르자마자 매도하고, 하수는 오른 후에(이미 알려진 후에) 매수하고 장기간 물려 있는다. 그러면서 가치투자를 하고 있다고 믿는다.

내가 2019년에 처음 네이버 카페에 커뮤니티를 만들었을 때 대부분의 사람들이 '실거주 겸 투자가 가능한 똘똘한 한 채'를 원해서 가입했다. 하지만 이때부터 나는 줄곧 재개발, 재건축, 가로주택정비사업에 관해 강의했고 회원들에게 이런 매물들을 매수하도록 했다.

요즘 가입 인사글을 보면 재개발, 재건축, 가로주택정비사업을 알아보려고 가입하는 사람들이 대부분이다. 처음엔 실거주와 상관없는 투자자들이 최근 우리 카페에 가입하고 있다고 생각했다. 그러나 자세히 상담을 해보면 대부분 청약에 매번 떨어지고, 실거주 겸 투자가 가능한 똘똘한 한 채를 알아보다가 결국 모든 타이밍을 놓치고 뒤늦게라도 재개발, 재건축, 가로주택정비사업이라도 매수하기로 마음먹은 사람들이었다. 회원들과 소통하면서 패닉바잉 현상을 종종 체감하고 있다.

오른쪽 그림의 파란 동그라미 지점에서 매수하는 사람들이 있다. 내가 제일 싫어하는 유형의 투자다. 내 돈이 장기간 묶여 있는 투자, 시간을 죽이는 투자다. 몇몇 유명한 전문가들은 '가치투자'라는 말로 현혹하여 꼭 동그라미 지점에 매수하도록 만든다. 반면에 세모는 내가 지향하는 투자다. 빠르게 단타를 치면서 계속 상급지로 갈아타는 투자.

소위 강남 투자자들의 사례를 볼 때 등기는 최대한 자주 칠수록 돈을 번다. 특히 재개발, 재건축은 속도가 제일 중요하다. 이미 연구를 통해 증명됐다. 속도는 누가 만들까? 수익률이 높을수록 속도가 빠르다. 높게 건축할 수 있는 땅이 수익률이 좋다. 지하철, 초등학교와의 거리 등 입지는 높게 건축할 수 있는 땅과 아무 상관이 없다. 높게 건축할 수 있는 땅은 누가 만들까? 바로 정책 결정자다.

이번 장의 결론은 부자들은 유연하게 사고한다는 것이다. 바뀐 투자 공식에 빠르게 적응하는 사람만이 내 옆 사람보다 많이 벌게 될 것이

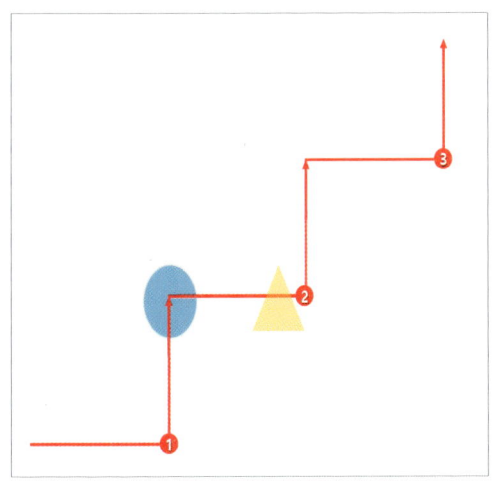

➤ 동그라미 단계가 아닌 세모 단계에서 투자해야 한다.

다. 사실 대기업 회장들보다 많이 벌 필요는 없지 않은가? 내 주변 사람들보다 많이 벌면 된다. 부는 상대적이기 때문이다.

투자의 공식이 변했다. 그런 현실을 직시해야 한다. 실물경제는 점점 무너지고 있다. 명동, 홍대, 이태원 상권이 몰락하고 있다. 지금은 상승장 때의 수익에 취할 때가 아니다. 투자의 공식을 바꿔야 한다. 부동산을 보는 기준이 달라져야 한다. 지금까지는 입지를 보고 투자했다면, ==이제부터라도 높게 건축할 수 있는 땅을 봐야 한다==. 아무리 입지가 좋아도 3층밖에 지을 수 없는 땅이면 내 기준에서는 불합격이다. 가장 높게 건축할 수 있는 땅은 어디일까? 바로 상업지역이다. 다음 장에서는 부자들이 좋아하는 상업지역 땅 이야기를 하겠다.

4장
상업지역 땅이 비싼 이유만 알아도 반은 간다

미래는 알 수 없지만 미래의 계획은 알 수 있다

나는 지금이 상승기인지 하락기인지 말하지 않는다. 내가 관심 있는 것은 오늘을 기준으로 향후 1년간 가장 많이 오를 곳이 어디인가다. 정치적으로 야당도 여당도 동시에 밀어주는 곳이 어디인지에만 관심이 있다. 평소 하락, 상승에 신경 쓰지 않지만 적어도 아래와 같은 말이 틀린 말이라는 것을 증명할 수는 있다.

" 어차피 떨어질 테니 떨어진 후에 사라."
" 과거의 시세를 잘 알고 있는데 지금은 너무 오른 것 같다. "

단순히 생각해보면 맞는 말인 것 같다. 영원히 오를 수는 없을 테니까 말이다.

그런데 진짜 맞는 말일까? 결론부터 말하자면 좋은 매물의 가격은 떨어지지 않는다. 흔히 말하는 하락장이 와서 조정을 받을 수는 있어도 금방 시세를 회복한다. 최소한 떨어지지 않고 가격을 지지해준다. 심지어 우리는 지난 장에서 하락장에서도 수익이 난다는 사실을 알았다. 그렇다면 한 번 좋은 매물은 영원히 좋은 매물일까? 즉, 2018년에 좋은 매물이 2022년에도 여전히 좋은 매물일까? 이건 상황에 따라 다르다. 2022년에도 여전히 주변으로 활발하게 확장 개발을 하고 있다면 오를 수 있지만, 이미 개발이 완성되었다면 대형 호재가 없는 한 다음 하락기 때 조정을 받을 가능성이 크다.

그래서 "어차피 떨어질 테니 떨어진 후에 사라"라는 말이 위험한 말이다. 이런 매물은 애초에 사면 안 되기 때문이다. **좋은 매물은 하락장에서도 가격이 떨어지지 않는다.** 그렇다고 이러한 성질이 영원하지도 않다. 부자가 되고 싶다면 계속 갈아타야 한다.

다음 페이지의 그래프는 1장에서 살펴본 4개 아파트를 비교한 자료다. 2008~2018년의 하락기에도 강한 확장성이 있던 왼쪽의 2개 매물은 조정은커녕 오히려 올랐다. 그리고 2008년부터 2021년까지도 하락한 구간이 거의 없다. 그런데 이들보다 더 많이 올랐던 매물이 있다. 이들 매물 근처의 재개발 매물들이다. 물론 앞으로도 개발이 지속되는 곳이어서 지금도, 앞으로도 잘 오를 것이다.

안 좋은 매물은 늘 좋은 매물이 올라줘야 키맞춤을 하면서 따라가기 때문에 상승기에도 가장 늦게 오르고 하락기가 되면 가장 먼저 떨어진다. 좋은 매물은 상승기 때 가장 먼저 오르고 하락기에도 오른다. 만약

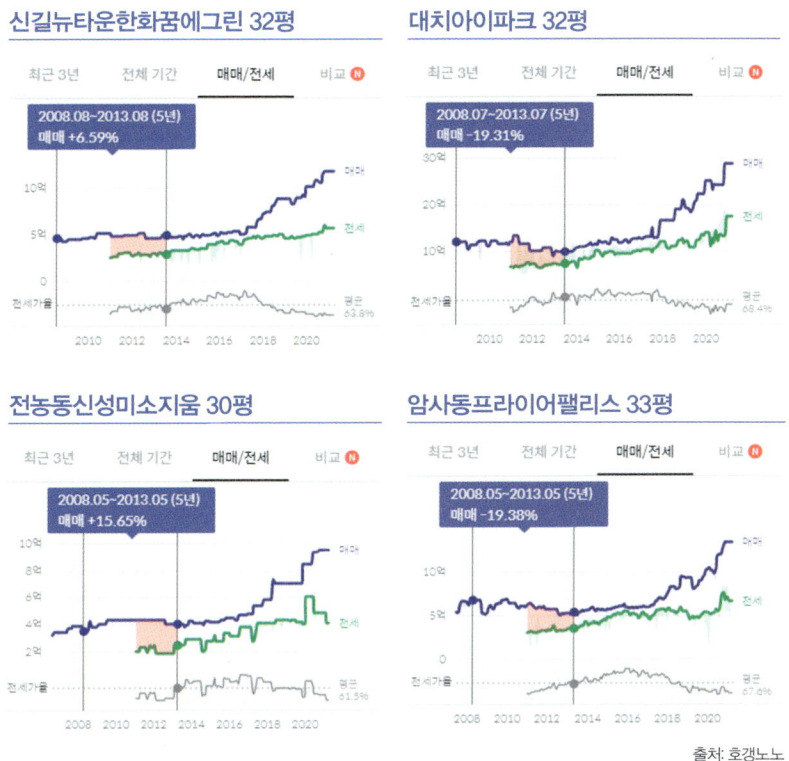

출처: 호갱노노

떨어진다면 가장 마지막에 떨어지고, 회복력도 다른 매물에 비해 빠르다.

" 어차피 떨어질 테니 떨어진 후에 사라."
" 내가 과거의 시세를 잘 아는데 지금은 너무 오른 것 같다."

하락기에도 강한 좋은 매물은 이런 말이 안 통하는 매물이다. 결국, 좋은 매물은 오늘이 가장 저렴하다.

중랑구 땅값이 강남구를 앞질렀다?

부동산 투자자라면 일반 지도는 물론이고 '용도지역이 표시된 지도'를 눈에 익혀야 한다. 서울 25개 자치구의 땅 용도를 모두 알고 있을 필요는 없지만 내 관심 지역의 용도지역만큼은 반드시 숙지해야 할 것이다. 내 수익과 매우 밀접하기 때문이다.

부동산 투자의 끝판왕은 건축이다. 주택 투자부터 상가, 토지, 건물 투자까지 하고 나면 결국 건축이 가장 많이 남는 장사라는 걸 알게 된다. 건축에 관심이 있는 고수들이 가장 좋아하는 땅은 어디일까? 이건 부동산 지식이 없더라도 상식선에서 알 수 있다. 최대한 분양을 많이 할 수 있는 땅이다. 분양을 많이 하려면? 물론 건폐율이 좋아서 넓게 지을 수 있는 땅도 도움은 되겠지만 상업지역처럼 용적률이 좋아서 높게 지을 수 있는 땅이 가장 좋다. 개발하려는 수요는 많은데 땅이 한정되어 있다면? 보나 마나 미친 듯이 오를 것이다. 이 얘기를 하고 싶었다. 이 같은 투자를 경험하면 한순간 너무나도 많이 오르기에 한 번 상업지역 투자에 발을 담근 사람은 절대로 아파트 따위에 투자하지 않는다. 벌어도 버는 것처럼 느껴지지 않기 때문이다.

앞서 경제 위기가 발생하면 정부는 건설경기를 활성화한다고 했다. 이런 투자를 해본 사람은 쉽게 이해할 것이다. 수익을 극대화하기 위해서는 가치가 가장 낮을 때 매수해서 가치를 높게 만든 뒤 팔아야 한다. 이런 원리에 가장 충실한 것이 바로 '건축'이다. 그래서 하락장일 때도 무너지지 않는 것이다.

문재인 정부는 임기 동안 서울 전 지역에 신규 민간 아파트 개발허가를 시원하게 승인해주지 않았다. 반면에 임대주택, 도시형생활주택,

청년주택은 가장 입지가 좋은 역세권에 고밀도로 엄청나게 공급했다. 이런 곳들의 땅의 용도는 대부분 준주거지역(최대 용적률 500%)이나 상업지역(최대 용적률 1,000%)이다. 서울 기준 제3종 일반주거지역의 용적률이 250%인 점을 감안한다면 상당한 수치다.

문재인 정부의 정책을 빠르게 알아차린 사람들은 애초에 주택 투자를 하지 않았다. 문재인 정부는 임기 초부터 청년정책을 앞세웠다. 국토부든 서울시든 지역마다 있는 가장 입지가 좋은 상업지역을 개발하고 싶어했다. 당을 지지해주는 청년들의 표를 의식해 전례 없는 고밀도 1인 가구 주택개발에 집중했다. 이전 정권이 3인 이상 주거지 개발(아파트)에 집중했던 것과 대조적이다.

대중들은 청년주택이 지어지면 닭장 아파트라고 혹은 동네의 질이 떨어진다고 욕한다. 하지만 우리 같은 전문 투자자들은? 정책적으로 청년주택을 밀어주고 있으니 그런 땅을 선점하면 된다. 생소하게 들리겠지만 이런 방법으로 충분히 수익을 낼 수 있다. 다시 한 번 말하지만 고수는 적응해서 행동하고, 하수는 평가하고 분노한다.

강남과 강북 간에 시세 차이가 큰 이유를 아는가? 강남 지역에 좋은 아파트가 많아서? 물론 그것도 이유가 될 수 있다.

그럼 다른 사례를 예로 들어보겠다. 서울 25개 자치구에서 25등이었던 중랑구가 2019년부터 갑자기 땅값이 오르더니 이제는 도봉구, 강북구, 금천구, 은평구를 제쳤다. 혹자는 사가정아이파크, 라온프라이빗의 역할이 결정적이라고 하지만 그렇지 않다. 부동산이 오르는 원리를 모르는 사람들이 하는 얘기다. 사가정아이파크와 라온프라이빗이 준공되었어도 중랑구는 기본적으로 아파트가 많지 않다. 또한 중화뉴타운이라는 대규모 재개발도 대거 해제되었다. 핵심은 땅의 용도다.

강남북 간 시세의 격차가 큰 이유는 아파트의 많고 적음에 따른 것이 아니다. 용적률을 높게 받을 수 있는 땅이 많은지 적은지에 따라 차이가 있는 것이다. 일자리 중심지인 강남권은 계획도시였다. 일자리를 만들 업무지구와 이곳에서 근무하는 사람들이 밥을 먹을 수 있는 상권이 필요했다. 그리고 일자리 근처에는 이들의 주거지가 필요했을 것이다. 유동 인구가 많다 보니 자연스럽게 강남권을 중심으로 황금 교통 노선이 신설되고, 덕분에 역세권 주변으로 대규모 상업지역이 늘어나게 되었다. 강남의 일자리와 상권은 상업지역과 준주거지역이며, 개발 당시 주거지는 대부분 아파트였기 때문에 3종 주거지역이 많은 것이다.

➤ 대규모로 지어지고 있는 은평구 소재 청년주택. 산지가 많은 은평구이지만 역세권은 고밀도 개발을 많이 한다.

반면에 강북은 지형적으로 산이 많아서 상당 부분 1종과 2종 7층 이하의 땅이 많다. 종로구, 중구에 일자리가 있기 때문에 상업지역이 많지만 도심의 상업지역은 쓸모없는 상업지역이다. 서울성곽, 남산, 인왕산, 청와대와 문화유적 등이 있어 개발을 강제로 제한했고, 매우 강력한 도심 경관 규정 때문에 높이 짓는 것도 곤란하다. 동묘앞역 롯데캐슬천지인 주상복합 아파트의 높이가 겨우 20층을 넘은 것이 대표적인 예다. 그래서 강북과 강남의 땅 중에서 가장 비싼 땅인 상업지역과 준주거지역의 넓이를 볼 때 아예 상대가 안 되는 것이다.

다만, 서울시생활권계획은 강남북 간의 격차를 줄이는 목적으로 계획되었고 박원순 서울시장 임기 동안 강남 3구의 개발을 인위적으로

➤ 아파트 시세로는 여전히 하위권인 중랑구의 시세.

출처: 호갱노노

누르고 한강 이북 지역의 땅값 올리기 작업에 집중했다. 땅값을 어떻게 올렸을까? 우선 강북 전 지역에 지역거점을 대거 지정했다. 그리고 지역 일자리를 만들었다. 결국 강남 개발 당시의 공식과 똑같다. 일자리+상권+배후 주거지 만들기. 자연스럽게 강북 지역에 상업지역이 늘어나기 시작했다.

심지어 강남권을 역전하는 지역도 생겨났다. 대표적인 곳이 상봉동인데, 뒤에서 논현동과 비교하면서 설명하겠다. 강북이 성장하는 동안 박원순 서울시장과 국토부는 강남권의 개발 인허가를 최대한 지연했다. 그 결과 용산구, 성동구가 송파구를 앞지르고 있고 이젠 서초구도 위협받고 있다. 다음 3가지 질문의 답을 생각해보자.

1. 강남 역세권 주변 아파트가 비싼 이유는?
2. 잠실역 주변 아파트의 시세가 비싼 이유는?
3. 강남고속버스터미널역 주변 아파트의 시세가 비싼 이유는?

세 지역 모두 이 지역에서 가장 비싼 상업지역과 가깝기 때문이다. 강남 역세권 상업지역 주변의 아파트가 비싼 이유는 강남 역세권 상업지역의 상가(상업지역의 땅) 시세가 비싸기 때문이다. 이 주변 아파트의 평당가는 1억 원 정도다. 강남 역세권 상가의 시세는 얼미일까? 평당 3억 원에서 5억 원 이상은 충분히 된다. 그렇다면 땅값은 어떻게 오르고 내릴까? 강남 역세권의 유동 인구가 많아서 소비가 증진되면 강남 역세권 상가의 매출은 늘어난다. 그 결과 월세가 오른다. 그리고 상가의 매매가가 오른다. 이 지역에서 가장 비싼 땅인 상업지역의 매매가가 오

➤ 박원순 서울시장은 성수동 준공업지역에 지식산업센터를 대규모로 공급했다.

르니 주변 배후 주거지(아파트 등)의 시세가 상업지역과 키맞춤한다. 하락할 때는? 역순으로 떨어진다. 아파트의 시세가 가장 먼저 떨어지고 상업지역의 시세가 마지막에 떨어진다. 그래서 돈이 많은 부자들은 상업지역에 있는 건물에 관심 있는 것이다. 부동산이 안전자산이라고 하지만, 부동산 중에서 가장 안전한 자산은 상업지역의 땅이기 때문이다. 쉽지 않은 개념이다. 생소하게 느껴질 수 있다. 이해하려고 노력할 필요도 없다. 눈으로 보면 금방 깨우칠 수 있는 사실이니까.

상업지역으로 입지를 거슬렀던 중랑구 상봉동 사례

중랑구의 땅값은 서울 25개 자치구 중에서 여전히 하위권이다. 기본적으로 아파트가 많지 않은 지역이니 중랑구 전체의 땅값이 높을 수 없다. 설상가상 매우 강력한 자치구와 인접해 있는 점도 불행이다. 서울에서 아파트 밀집도가 높고 쟁쟁한 학교와 학원가로 나름대로 유명한 노원구가 옆에 있다. 중랑구에 거주하는 중산층 혹은 교육에 관심 있는 세대는 자녀가 초등학교를 졸업하면 노원구로 이주하는 경우가 많다. 그렇지 않더라도 학원만큼은 노원구로 보낸다.

그래서 7호선이 있고 노원구보다 강남 접근성이 좋아도 인기 있는 지역은 아니다. 입지상으로도 그렇고 위상으로도 그렇고 투자자들의 관심에서 항상 외면받던 지역이다. 관심 있는 사람이 아니라면 잘 모르는 중화뉴타운과 상봉망우재정비촉진지구가 있었는데, 안타깝게도 대부분 해제됐거나 지지부진한 상황이다. 물론 몇 년 전부터 상봉7구역은 주의 깊게 봐야 한다고 늘 주장했지만 워낙 관심도가 낮은 지역이라 아쉬움이 있다.

이런 지역들의 특징이 있다. 조금만 건드려줘도 잘 오른다는 것이다. 과연 서울시에서 개발을 해줄지 의문이 들지만 개발만 해준다면 확확 오를 것이다. 그렇다면 우리는 세 가지를 확인하면 된다. 첫 번째, 개발을 해줄 것인가? 두 번째, 어떤 식으로 개발할 것인가? 세 번째, 정확한 개발 타이밍은 언제인가?

그런데 일반인들의 편견처럼 중랑구는 돈이 안 되는 땅일까? 입지가 별로여도, 부동산이 오르는 원리를 이해한다면 충분히 돈을 벌 수 있다.

서울시가 제공하는 서울도시계획포털로 확인해보자. 일반 지도로는 알 수 없었던 온갖 도시계획 데이터들이 함축되어 있다. (물론 계획은 계획으로만 끝나는 일도 많다.)

보통 재개발이 해제되면 다음 사업이 개시된다. 땅의 용도가 좋지 않

➤ 서울도시계획포털에는 방대한 숨은 정보들이 표시되어 있다.

출처: 서울도시계획포털

으면 신축 빌라나 원룸 사업이 들어오고, 용도가 좋으면 최근에는 지역주택조합, 가로주택정비사업, 역세권고밀도 개발사업 등이 들어온다. 망우, 상봉 역세권은 역세권고밀도 개발사업을 왕성하게 하고 있다. 개인적으로 서울시가 GTX-B노선 배후에 1인 가구 주거지와 상권을 만들고 싶어서 일부러 재개발을 해제한 느낌이 들 정도다.

아무튼 재개발이 해제되었는데 땅값은 더 많이 올랐다. 이상하게 들리지 않는가? 재개발이 무산되고 땅값이 더 올랐다? 이건 우리의 상식을 파괴하는 이야기 아닌가? 재개발 사업이 해제되면 땅값은 떨어지는 것이 상식이다. 누군가는 투자를 잘못해서 벼락거지가 되었지만, 다른 누군가는 오히려 벼락부자가 되었다. 지금부터 집중해서 보기 바란다.

다음 페이지 지도에서 보는 바와 같이 빨간색 선 안에 상업지역(분홍색 영역)과 준주거지역(빗금 영역)이 광활하게 펼쳐져 있다. 재개발이 해

119

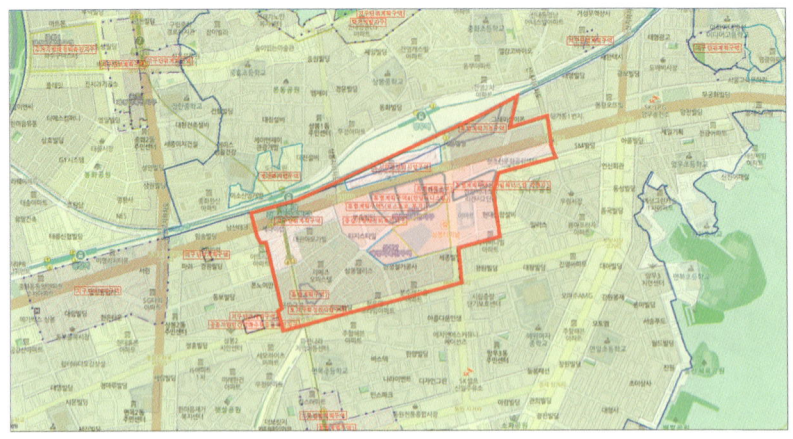

➤상봉재정비촉진지구와 용도지역.

출처: 서울도시계획포털

제된 이후에 서울시가 주도하여 다른 개발계획을 마련했다. 지구단위계획구역(빨간색 선)으로 묶은 후 특별계획구역으로 지정했다. 또한 도로계획도 이미 나왔다.

지구단위계획구역+특별계획구역의 의미는 별도의 개발 목적이 있다는 것이며, 건축법의 제한(고도, 일조권 등)을 서울시가 어느 정도 완화할 수 있다는 뜻이다. 다만 일반적으로 재개발을 다시 추진하기 어려우며, 기존의 재개발 구역들도 서울시의 의도대로 움직여야 한다.

오른쪽 페이지 상단에 있는 사진은 2021년 7월 상봉 역세권 로드뷰다. 재개발 해제 후 이렇게 변했다. 사실 이곳이 재개발 지역이었다는 것을 아는 사람들도 많지 않을 것이다. 하지만 이곳을 오래전부터 알고 있는 사람들은 10년 만에 이렇게 변했다는 사실에 깜짝 놀란다. (물론 이런 식의 투자가 돈이 된다는 사실까지는 잘 모른다.)

➤ 2021년 7월 고층 빌딩이 높게 세워져 있는 상봉 역세권.

➤ 2010년 10월 똑같은 장소에서 약 10년 전 모습이다.

출처: 네이버 지도 로드뷰

　바로 위의 사진은 2010년 10월 상봉역 골목의 로드뷰다. 차이점이 느껴지는가? 구축과 신축의 높이 차이가 매우 심하다. 즉, 건물을 높게 올릴 수 없었던 땅이었는데 이제는 높이 지어서 분양을 많이 할 수 있는 땅이 된 것이다. 과거에 이곳은 상업지역이 아니었다는 증거다. 상업지역이었다 하더라도 지금의 용적률을 받을 수 없었던 곳이었을 것이다.

➤ 2017년 7월, 121페이지와 같은 장소의 모습.

➤ 2021년 7월 상봉동 준주거지역 땅, 현재는 고층 빌라가 있다.

출처: 네이버 지도 로드뷰

2장에서 신길뉴타운의 거점개발지의 모습과 거점개발지가 아니었던 대치동의 모습을 보았다. 비록 상봉 역세권은 재개발에서 해제되었지만 서울시의 '거점개발사업' 덕분에 단기간에 땅값이 많이 올랐다. 규

➤ 2010년 10월 상봉3구역 개발 반대 사무소다. 결과적으로 재개발을 하지 않아도 큰돈을 벌었다.

출처: 네이버 지도 로드뷰

제가 심해져도 빠르게 적응한 부자들이 더 부자가 된 것이다. 그렇다면 변화는 언제부터였을까? 재개발이 해제되자마자 시작되었다.

122페이지의 상단에 있는 사진은 2017년 7월의 상봉역 로드뷰다. 재개발 해제 후 상업지역, 준주거지역 땅에 밀도 높은 건축이 가능하도록 허가가 내려졌다. 문재인 정권이 밀고 있는 도시형생활주택을 지으면 용적률 인센티브와 주차장의무면제, 일조권침해규제완화 등 각종 혜택이 주어진다. 아파트 개발 규제로 1군 건설사들이 휘청거릴 때 그야말로 3군 건설사들은 돈잔치를 벌인 것이다. 눈치 빠르게 이곳에 편승한 고수들은 쉽고 빠르게 돈을 벌었다. 하단 사진은 2021년 7월의 모습이다. 건축하는 사람은 알 것이다. 일조권, 건축선 같은 단어 말이다. 서로 다른 건물이 마치 한 몸처럼 딱 붙어 있다. 햇빛이 들어올 공간이 없어 보일 정도다.

➤ 2016년 3월, 상봉 역세권 단독주택은 평당 1,000만 원이었다.

출처: 부동산플래닛

123페이지의 사진은 같은 장소 2010년 10월의 모습이다. 상봉3구역 개발반대사무소가 보인다. 재개발 비대위다. 이들이 이겼다. 이들은 왜 비대위를 했을까? 아파트 입주권으로는 이들을 충분히 설득하지 못했기 때문이다. 재개발을 거부할 정도로 어떻게 이렇게 달라졌을까? 이들은 대체 얼마나 돈을 벌었을까? 재개발을 하고 싶어 안달이 난 동네도 있는데 말이다. 이곳은 2017년부터 슬슬 개발되기 시작했다.

위 지도에서 빨간색 동그라미로 표시된 곳은 7호선 상봉역 초역세권

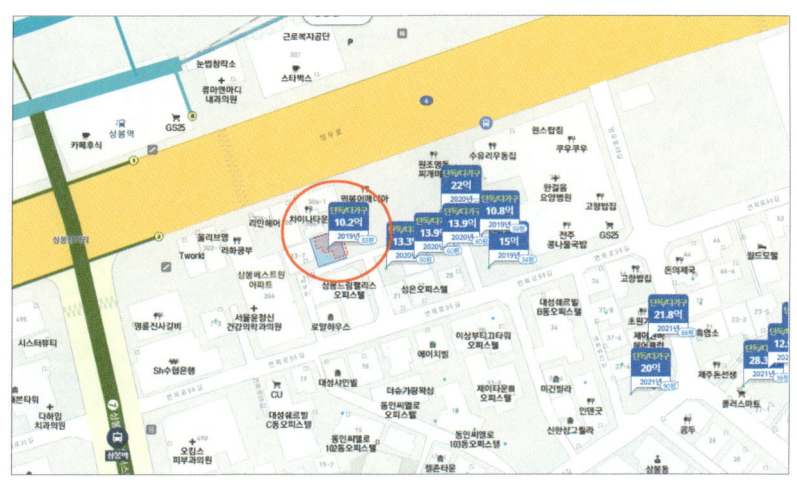

➤ 2019년 4월, 평당 2,800만 원으로 상승했다.

출처: 부동산플래닛

에 자리 잡은 단독주택(상봉동 101-45)이다. 입지가 꽤 매력적이지 않은가? 그러나 가격은 매우 저렴하다. 4억 3,000만 원. 재개발에서 해제되어 평당 1,000만 원 수준에 거래가 되었다. 여기까지가 우리가 아는 상식선의 가격이다. 재개발에서 해제되면 가격은 떨어진다.

그리고 2019년 4월, 같은 지역(상봉동 101-33)이 평당 2,800만 원에 거래된다. 더 이상 재개발 구역이 아닌데 3배 가까이 상승했다. 1년에 평당 600만 원씩 오른 것이다. 재개발은 돈이 되고 재개발을 반대하면

➤ 2019년 5월, 평당 3,400만 원으로 수직 상승했다.

출처: 부동산플래닛

어리석은 행위라고 여겼던 우리의 상식이 파괴되기 시작한다.

아직 끝나지 않았다. 한 달 뒤 비슷한 입지의 주택(상봉동 101-22)이 평당 약 3,500만 원에 거래되었다. 한 달 사이에 평당 700만 원 정도 더 오른 것이다. 2019년 4월에 매도한 사람이 한 달만 더 버텼다면 큰 수익을 얻었을 것이다. 돈이 되는 땅은 함부로 파는 게 아니다. 그렇다면 2019년 5월에 판 사람은 승자일까?

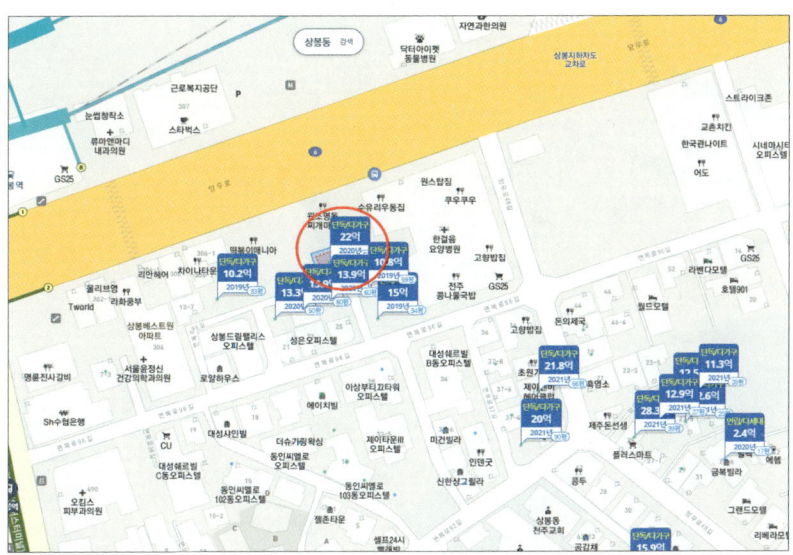

➤ 2020년 6월, 평당 5,946만 원이다. 2019년보다 3.4배, 2016년보다 약 6배 올랐다.

출처: 부동산플래닛

결과는 보기 좋게 예상을 빗나간다. 2020년 6월, 상업지역 단독주택(상봉동 101-25)이 평당 6,000만 원 가까이에 거래된다. 참고로 2021년 10월 기준 사가정아이파크가 평당 4,294만 원이다. 면목3구역 재건축(사가정아이파크)보다 재개발에서 해제된 곳이 더 비싸게 거래되었다.

그리고 8개월 후 2021년 2월에는 상업지역 단독주택(상봉동 101-2)이 평당 9,670만 원에 거래되었다. 대한민국 대장인 강남 한강 변 재건축

➤ 2021년에는 평당 9,671만 원에 거래되었다.

출처: 부동산 플래닛

아파트가 평당 1억 원 정도인데, 상봉동이 평당 1억 원이 되기까지 얼마의 시간이 걸렸을까?

재개발이 해제된 이후 서울시의 GTX-B노선 역세권 개발, 일자리 개발, 1인 가구 주거지 개발, 상권 개발과 타이밍이 맞아 상봉 역세권 상업지역의 단독주택이 평당 1,000만 원에서 평당 약 1억 원이 되기까지 5년밖에 안 걸렸다. 이런 정보를 뉴스에서 본 적이 있는가? 아크로리버파크 평당 1억 원을 기록하는 뉴스는 연이어 나왔지만 상봉 역세권의 쓰러져가는 단독주택이 평당 1억 원을 돌파했다는 것을 소개하는 기사는 보기 힘들다.

생각해보자. 우리가 부동산 공부를 제대로 했다면, 아파트만 생각하지 않았다면, 강남 접근성이 좋은 한강 변 입지가 부동산 투자의 진리라는 고정관념만 버렸으면 우리는 5억 원도 안 되는 금액으로 50억 원을 벌 수 있었다. 재개발에서 해제되었다고 헐값에 던지고 나왔을 때 누군가는 땅의 가치를 알고 매수했다는 것이다.

재개발에 10년 투자해서 5억 원을 버는 투자는 하면 안 된다. 시간을 죽이는 투자이기 때문이다. 5년 만에 10배가 상승했다. 그것도 입지 서열상 상급지가 아닌 곳에서 말이다. 생각만 전환했어도, 내가 지금 말하는 것들만 알고 있었어도, 부자가 될 기회는 누구에게나 있었다. 왜 이런 현상이 발생했을까? 여기에는 네 가지 이유가 있다.

1. 서울시가 선택했다

상봉 역세권은 서울시가 의도(강북 지역의 거점개발, 일자리 개발, 역세권고밀도 개발 등)를 가지고 행정적 지원을 통해 빠르게 개발한 곳이다.

2. 실제로 개발사업이 이루어졌다

재개발, 재건축이 돈이 되는 이유는 개발을 하기 때문이다. 안 좋은 주거지가 좋은 주거지로 탈바꿈하기 때문에 비싼 돈을 지불하고 사려는 사람이 있다. 그래서 돈이 되는 것이다.

3. 주택은 상가의 시세를 이길 수 없다

일반 아파트는 아무리 비싸 봐야 주택의 시세를 받는다. 결코 상가(상업지역)의 시세를 받을 수 없다. 비록 단독주택이었지만 상업지역의 단독주택이기 때문에 상가의 시세로 거래될 수 있는 것이다.

4. 서울시생활권계획에 따른 용적률 인센티브

재개발, 재건축에서 조합은 종상향을 받기 위해 무척 애를 쓴다. 왜 인센티브를 받으려고 할까? 사업성을 좋게 하기 위해서다. 하지만 받기가 어렵다. 대신 문재인 정부는 상업지역 개발(역세권 1인 가구 주거지 개발, 청년주택, 신혼희망타운, 주상복합아파트 등)에 인센티브를 후하게 주고 있다.

이유를 대라면 열 가지도 넘게 말할 수 있지만 여기까지 하겠다. 이 원리만 알아도 누구나 쉽게 거인의 어깨에 올라탈 수 있다. 왜 연예인들이 비싼 월세를 내며 아파트에 살고 빌딩 투자를 하는지, 왜 국회의원들이 땅투기 논란으로 자주 구설에 오르는지, 이제야 모든 게 이해되지 않는가?

이런 사실을 미리 알고 매수할 수는 없었을까? 가능하다. 나와 나의 고객들은 이미 이런 식으로 투자하고 있었으니까. 나에게 투자를 배운 커뮤니티 회원들의 임장기를 보면 나와 다를 바가 없다. 다 쓰러져가는 단독, 다가구, 빌라를 보고 예쁘다고 감탄한다.

그리고 이런 습관은 자녀들이 보고 배운다. 종종 회원들은 깜짝 놀라 내게 이런 말들을 한다. "우리 아이가 다 쓰러져가는 단독, 다가구, 빌라를 보고 엄마가 좋아하는 거 보인다고 말해요! 임장을 자주 가니 자연스럽게 아이도 부동산 공부를 하게 되네요." 이 아이들이 성인이 되면 어떻게 될까? 부모가 했던 버릇대로 따라 하게 된다. 부자의 안목은 이런 식으로 대물림된다.

우리는 그럼 어떻게 단서를 찾을 수 있을까? 간단하다. 서울시생활권계획을 분석해서 계획이 계획으로 끝나는지 아니면 실제로 개발하려는 의지가 강한지만 알아내면 된다. 이 책이 출간될 시점에는 2040서울시생활권계획이 발표될 것이다. 그러나 기반은 2030서울생활권계획일 가능성이 높다. 따라서 지금이라도 부동산으로 돈을 벌고 싶다면, 지금 당장 서울시생활권계획을 정독하라! 서울시생활권계획을 읽는 방법은 2부에서 설명하겠다.

이번 장의 결론은 돈 버는 데 최악의 선택은 오피스텔이나 아파텔, 도시형생활주택 투자라는 것이다. 문재인 정부는 1인 가구 주거지 보급이 주력사업이다. 서울에 신규 아파트 공급은 없지만 오피스텔 공급은 포화상태다. 신축 오피스텔을 매수하는 게 아니라 오피스텔을 높이 지을 수 있는 땅을 미리 찾아내서 저렴한 가격에 선점하고, 높이 지은 다음 분양을 많이 하고 싶은 건축주에게 비싸게 팔면 그만이다.

알겠는가? 용도지역이 좋거나 지금은 좋지 않지만 도시계획에 의해서 앞으로 좋아질 것으로 예상되는 땅을 선점해야 한다. 비록 쓰러져가는 단독주택을 매수하지만 우리는 쓰러져가는 건물을 매수하는 게 아니라 앞으로 많이 비싸질 서울의 땅 한 평을 사는 것이다. 부자는 효율성이 떨어지는 투자를 하지 않는다. 땅값이 오르고 떨어지는 원리를 숙지하여 위기 시 가장 먼저 떨어지는 매물을 거르고 하락기에도 오르는 매물을 선점하면 좋겠다. 궁극적으로 우리는 (높게 건축할 수 있는) 상업지역에 건물을 매수해야 한다.

서울시생활권계획 해석하기

망우 지역중심

서울시 거점개발의 핵심은 일자리 개발이다. 일자리 개발 → 신규 교통망 개발 → 상권 개발 → 일자리 배후 주거지 개발로 이어지는 연쇄작용을 이해해야 한다.

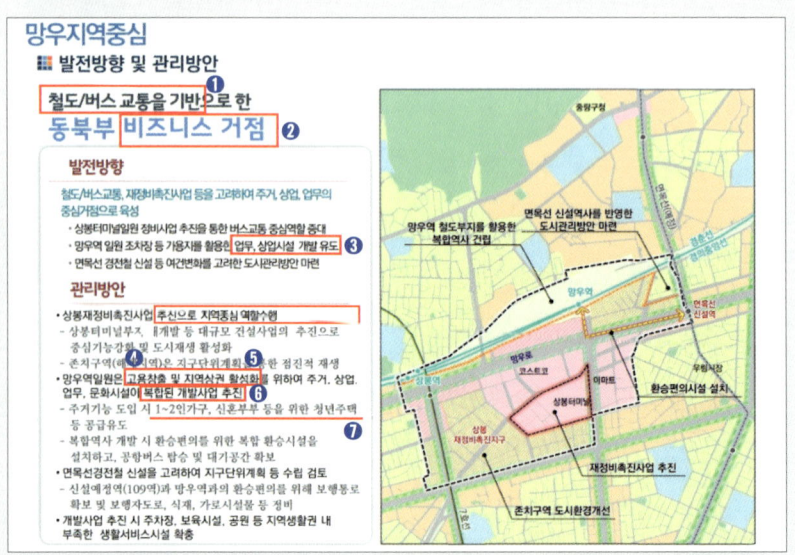

출처: 서울시생활권계획

서울시생활권계획의 일부다. 당시 재개발 지역이었던 망우, 상봉 지역을 서울시에서 지구단위계획구역으로 설정하여 서울의 여러 거점 중 하나로 만들었다. 대충 훑어보지 말고 문구를 하나씩 해석해야 한다. 이 책 전반에 걸쳐 서울시생활권계획을 해석하는 방법을 살펴보겠다.

지구단위계획구역의 의미는 뭘까? 도시계획을 수립하는 지역 중에서 일부 지역의 토지 기능을 증진하기 위해 해당 지역을 체계적이고 계획적으로 관리하는 도시관리계획이다. 물론 계획은 언제든지 수정이 가능하지만 계획상 GTX-B노선 역은 망우역과 상봉역 사이에 뚫릴 예정이다. 그래서 서울시는 망우역과 상봉역을 아우르는 개발을 하고 싶은 것이다.

❶ 철도·버스 교통을 기반

거점이 다른 지역에 비해서 상당히 큰 것 같다. 더군다나 대형마트가 3곳이나 있어서 서울 인접 자치구와 경기도 지역에서 쇼핑을 하러 온다. 실제로 서울 동북권 8개 자치구 중에서 상권의 집객력이 가장 큰 것으로 알려져 있다. 동북권에서 가장 큰 상권이라는 뜻이다. 그렇다면 중랑구에는 너무 과도한 개발이 아닐까?

철도·버스라는 단어가 힌트다. 망우와 상봉은 서울의 관문 입지다. 경춘선, 경원선, 강릉발 KTX 등 경기 북부와 강원도를 이어주는 곳이다. 평일에는 강원도 소재의 대학교 통학버스도 많다. 평일에는 젊은

학생들이 많고 주말에는 관광객들과 마트에서 장을 보는 사람들로 붐비는 지역인 것이다. 철도와 버스 교통을 기반으로 한다는 말은 지역적 특성을 반영한 문구이면서 서울의 관문 입지로 위상을 더욱 부흥하겠다는 의미로 해석된다. 그렇다면 그 위상에 맞는 개발이 필요하다. 앞으로 더 많은 유동 인구를 위한 상권 개발이 유력해 보인다.

❷ 비즈니스 거점

서울 강서구 마곡지구처럼 LG전자의 10만 일자리 창출은 불가능하겠지만, 서울시는 지역 거점 일자리를 만들고 싶은 것이다. 아마도 관문 입지이기 때문에 경기 북부와 강원도를 오고 가는 일자리일 가능성도 높아 보인다.

여기서 일자리의 퀄리티는 우리가 돈을 버는 데 중요하지 않다. 무슨 일자리가 들어오든 그에 따른 개발을 하기 때문에 부동산 투자자의 입장에서 단계별 프리미엄(여기에서 단계별 프리미엄은 건축을 하고 싶은 사람에게 내가 선점한 매물을 비싼 가격에 파는 것을 의미)을 무조건 취할 수 있다. 돈만 벌면 그만이라는 마인드로 투자하는 외부 투자자의 입장에서는 좋은 투자처다.

❸ 업무·상업 시설 개발 유도

상업지역 개발을 하겠다는 의미다. 기존의 지저분한 상권을 깨끗한 상권으로 바꾸겠다는 것으로, 아파트 개발을 한다면 저층부에 상가를 집어넣는 주복합 개발을 한다.

만약 이런 계획이 있음에도 불구하고 상업지역이 없거나 작다면, 신규로 상업지역이 생기거나 상업지역의 범위가 늘어나게 된다. 즉, 로또 당첨에 비교할 만한 매물들이 생긴다는 의미다. 매우 저렴했던 단독주택이 단기간에 평당 1억 원이 넘는 단독주택이 되는 것이다.

④ 고용 창출

일자리를 만들겠다는 의미. 진짜 만들 게 없다면 서울시는 산하 공공기관이라도 이전할 것이다.

⑤ 지역상권 활성화

일자리 사업과 교통 개발로 늘어나는 유동 인구에 맞게 상권을 세팅. 최근 경향상 신규 거점개발지에는 1인 가구의 비율이 압도적으로 높다. 그래서 1인 가구(이들은 보통 욜로 성향)에게 맞는 상권이 잘 발달한다. 이를테면 카페거리 같은 것이다.

⑥ 복합된 개발사업 추진

주상복합 개발을 하여, 주거지도 보급하지만 동시에 상권을 활성화하겠다는 의미다. 주상복합 개발은 원칙상 준주거지역, 상업지역에서 가능하기 때문에 이런 땅이 없는 곳이라면 신규로 용도 변경을 받게 된다. 완전히 로또다. 마치 마장 역세권, 천왕 역세권처럼 말이다.

서울에 이런 곳들이 매우 많다. 앞으로 이렇게 될 것이라고 예상되는 곳도 매우 많아 보인다. 이런 곳을 선점한다면 큰돈을 벌 수 있다.

❼ 1~2인 가구, 신혼부부 등을 위한 청년주택

입지가 가장 좋고 제일 비싼 땅은 무조건 청년들에게 보급하겠다는 의미다. 즉, 절대로 아파트 일변도의 개발은 안 되는 곳이다. 정치인이 자신을 지지해주는 청년들에게 표를 얻기 위해서 공을 들이는 땅이기 때문이다.

아직도 상급지 부동산이 많이 오른다고 착각하는가?

4장을 마무리하기에 앞서 입지론이 아직도 머릿속에 쐐기처럼 박혀 있는 분들을 위해 추가로 좀 더 설명하겠다. 이번에는 정반대의 사례다. 입지는 상급지이지만, 용도지역이 좋지 않은 땅은 과연 얼마나 오를 수 있을까?

2015년 서울 강남구 논현동 7호선 역세권의 단독주택(논현동 122-12)

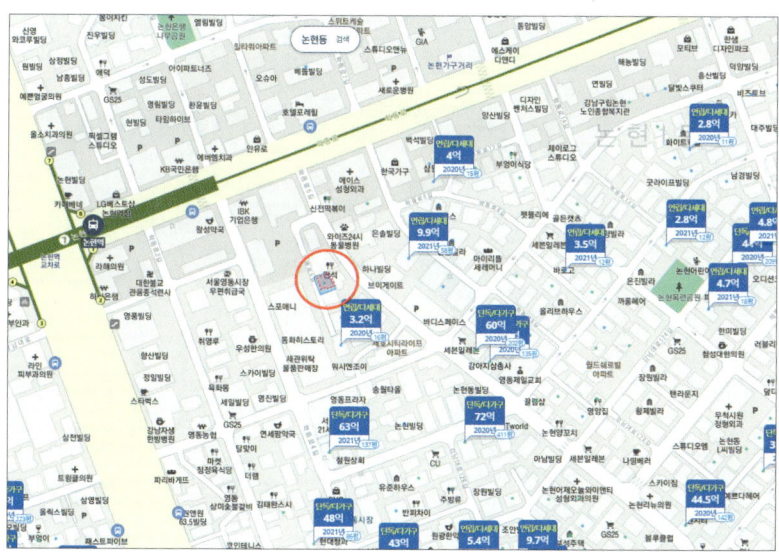

➤ 2015년 11월, 논현동답게 평당 2,912만 원 선에 거래되었다.

출처: 부동산플래닛

시세다. 평당 2,900만 원이다. 재개발 구역도 아니고 아파트도 아닌 매물이 평당 약 3,000만 원이니 서민이 투자로 접근하기에는 부담스러울 수 있다. 그런데 과연 이런 곳에 이 금액으로 투자해야 할까?

같은 지역(논현동 161-17)이 2020년 평당 4,600만 원이다. 5년간 평당 1,600만 원 정도 올랐다. 서울 25개 자치구에서 땅값으로 비교하면 하급지라고 일컬어지는 중랑구가 상급지인 강남구보다 시세 상승 폭이

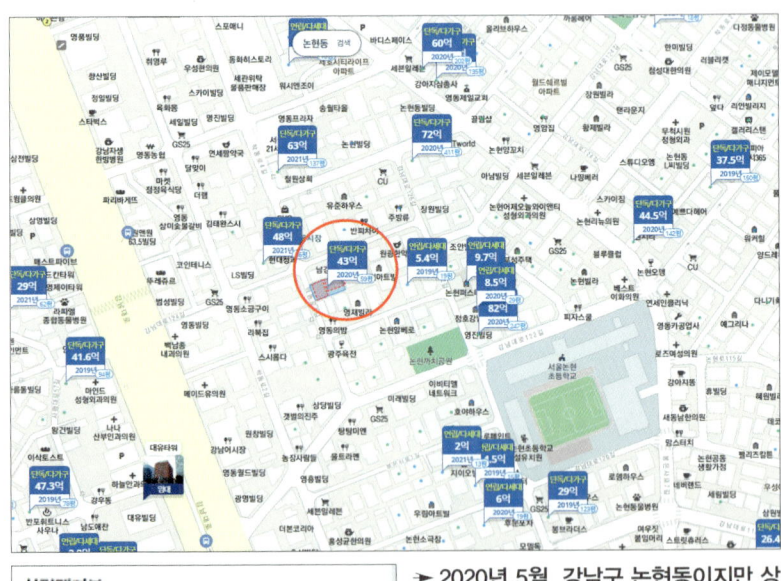

▶ 2020년 5월, 강남구 논현동이지만 상봉동과 다르게 드라마틱한 상승은 없었다.

출처: 부동산플래닛

컸다. 최고 입지 강남의 역세권 땅인데 여긴 왜 이렇게 안 올랐을까? 다음과 같은 이유라고 볼 수 있다.

1. 박원순 전 서울시장 임기에 서울시는 강남 3구 개발을 의도적으로 배제했다.

2. 오세훈 서울시장도 강남북균형 발전계획을 추진한다. 즉, 오세훈 서울시장도 강북 개발에 더 신경 쓰고 있다.

3. 실제로 논현 역세권에 이렇다 할 신규 거점개발이 없다. 좀 더 정확하게 말하면 외부 투자자들이 단계별 프리미엄을 얻을 수 있는 거점이 아니다.

4. 애초에 비싼 곳이라 일반인들이 투자하기에 제한이 있다. (그들만의 리그라고 할까?) 저렴할 때 사서 가장 고가에 파는 드라마틱한 성과를 기대할 수 없는 곳이다. 논현동은 5년 전에도 장사가 잘되는 곳은 평당 5,000만~6,000만 원은 했으니까. (잘 비교해야 한다. 상봉 역세권은 5년간 10배를 번 땅이다. 잘해봐야 2배 벌었다면 효율적인 투자라고 말할 수 있을까?)

5. 강남은 강남&삼성 개발(3도심 개발거점)이 주력인데 이것 또한 다른 거점들에 비해서 속도 있는 사업이 이루어지지 않고 있다. 그래서 삼성동에 있는 주택(주택도 별로 없지만)들의 시세 상승이 지역의 위상에 어울리지 않게 초라한 것이다.

지역이 문제가 아니다. 실제로 개발이 되는지, 정치인이 관심 있어 하는지, 그래서 거점으로 지정되었는지 판단해야만 우리는 빠르게 주머니를 불릴 수 있다. 그렇다면 이런 투자의 공식은 또 언제 바뀌게 될까? 다음 국회의원 선거의 결과에 따라서 결정될 것이다. 인센티브를 줄지 말지에 관한 법률은 결국 그들이 만들기 때문이다.

부동산으로 큰 한 방을 노리고 싶다면

나는 집창촌 주변 땅을 자주 보러 간다. 자녀를 둔 학부모들이 가장 싫어하는 땅이 오히려 흙수저들에겐 기회의 땅이 되기 때문이다. 부동산으로 크게 한 방을 노리고 싶다면 지금 당장 집창촌 근처 땅을 보러 가도 좋다.

한 가지 사례를 설명하겠다. 천호 역세권을 아는 사람들도 있을 것이다. 과거에 어떤 상권이 있었는지. 역사 속으로 사라졌지만 천호동도 한때 성매매 집결지였다.

한강 변 경관 규정과 역사문화지구(여기는 땅만 파면 선사시대~삼국시대 유물이 나온다.), 집창촌 및 강력한 상권 때문에 개발이 어려웠던 곳. 그런데 2021년 8월에 상업지역에 있는 상가가 35억 원(평당 약 6,300만 원)에 거래되었다. (이후 취소되어 23억 5,000만 원에 거래되었다.) 이처럼 비싸진 천호동은 과거에 얼마 정도 하는 땅이었을까?

2007년 평당 2,700만 원이었다. 지금과 비교하면 두세 배 정도 상승했다. 이곳은 개발하기 어려운 지역이라고 분석했었지만, 역세권 상권 개발의 흐름과 집창촌을 없애겠다는 의지 덕분에 지금은 왕성하게 개발되고 있다. 물론 과거의 건물과 현재의 건물 간 높이 차이가 상당히 많이 난다.

공무원들은 일을 창의적으로 하지 않는다. 하나의 성공 사례가 있으면 그대로 복사해서 붙여넣는다. 이곳도 다른 지역과 마찬가지로 상업지역 개발 인센티브를 받았다. 투자자라면 남들에게 알려지기 전에 선점해야 한다.

나는 이곳이 중랑구 상봉동의 사례처럼 나중에 평당 1억 원은 충분

출처: 부동산플래닛

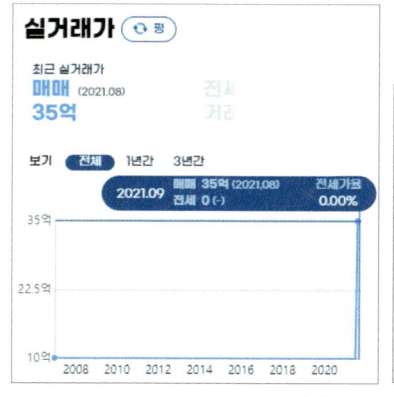

출처: 디스코

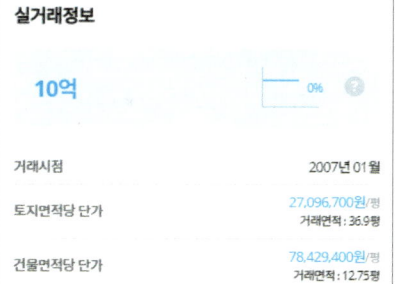

출처: 부동산플래닛

➤ 천호동은 두세 배 이상 가격이 상승했다.

히 받을 수 있는 곳이 될 거라고 생각한다. 왜냐하면 강동구에서 밀어주는 거점개발지(이 책을 읽는 독자는 입지보다는 거점, 중심지라는 단어에 익숙해야 한다)이기 때문이다. 그것도 잠실과 함께 묶여 있어 확장성이 매우 강한 거점개발지다. 개발의 단계로 치면 아직 무릎 정도밖에 안 왔다.

141

➤ 생활권계획에서 잠실과 천호, 길동을 관광&쇼핑산업벨트로 묶었다. 천호역 상가 건물이 잠실과 동급은 되긴 어렵지만 이 그림만 보더라도 충분히 폭등할 여지는 있다는 것을 눈치채야 한다.

출처: 서울시생활권계획

보통 사람도 투자할 수 있을까? 가능하다. 공무원들은 창의적으로 일을 하지 않는다고 했다. 나와 같은 투자자들은 제2의 용산, 천호, 청량리, 미아리 같은 곳을 계속 뒤적거린다. 그래서 지난 2021년 1월, 최적의 장소를 찾았다. 바로 수원 역세권 집창촌이다. 나는 이같은 결론을 2021년 신년맞이 특강으로 회원들에게 공개했다. 반응은 예상대로 폭발적이면서도 크게 엇갈렸다. 한쪽은 과감하게 투자했고, 한쪽은 황당한 소리로 치부했다. 특히 수원에 관해 잘 알거나 장기간 거주했던 회원들은 이 강의를 보고 나를 걱정하기까지 했다. 이 집창촌 상권은 외국인 근로자들이 많이 이용해서 망하지 않는 상권일 뿐만 아니라 집창촌 포주들의 정치적 영향력이 엄청나게 강하다는 점 등을 얘기하기도 했다. 내가 이런 부분을 몰랐을 거라고 생각해서일 것이다. 만약 잘못되면 크게 물릴 수 있다고 회원들은 앞다투어 충언을 고했지만, 나중에 욕먹어도 내가 먹을 것이니 걱정 말라고 했다. 내 눈에는 더 이상 집창촌이 아니었기 때문이다.

내가 어떻게 알 수 있었을까? 수원역푸르지오자이를 보고 알았다. 신축 자이아파트를 보는 순간 속으로 이런 생각을 했다. '또 뻔한 패턴이군.'

수원역푸르지오자이에 새로 입주민들이 생긴다. 그들이 집창촌 상권을 보면 뭐라고 할 것인가? 매일 수백 통씩 전화를 걸어 수원경찰서나 수원시청에 항의할 것이다.

➤ 수원 역세권 도시계획, 나는 도시계획을 참고하여 수원 역세권에 투자할 타이밍이라고 판단했다.

출처: 저자 강의안 일부

전화 업무를 맡는 공무원들은 피곤해지겠지만 이것도 알고 보면 수원시의 큰 그림이다. 민원이 쌓일 대로 쌓이면 이제 집창촌을 철거할 명분이 생긴다. 공권력을 동원할 힘이 생긴다는 것이다. 그리고 오래가지 않아 집창촌들은 철거되고 새로운 개발을 알리는 현수막이 달리게 된다. 그리고 146페이지의 사진처럼 하나둘씩 철거되어 빈 땅으로 남기 시작한다.

이런 기막힌 작전이 수원시가 단독으로 만든 아이디어일까? 아니다. 청량리 역세권, 천호 역세권, 신월곡1구역, 영등포 역세권에서 이미 이렇게 했다. 나는 그 힌트를 봤고 가장 적절한 타이밍을 우리 회원들에게 소개해주었다. 그럼에도 불구하고 돈을 버는 사람은 소수다. 머리로 판단할 때는 수원 역세권 집창촌에 투자를 하는 게 맞지만 2021년 1월 기준, 여전히 죽지 않은 집창촌 상권을 보고 과감히 매수할 수 있는 사람은 몇이나 될까?

돈은 이렇게 벌어야 한다. 박정희 정권 시절이나 전두환 정권 시절, 2008년 리먼 브라더스 위기를 맞았을 때 비록 당시에는 초라하고 심지어 위험해 보이는 지역이었더라도 정치인이 밀어주는 사업지라면 과감하게 투자해야 했다.

이런 투자는 대를 이어 학습한 금수저들만 가능했다. 우리도 할 수 있을까? 앞으로도 이런 곳들이 또 나올까? 내가 컨설팅을 하며 입버릇처럼 하는 말이 있다.

"절대로 포기하지 마세요."
"기회는 계속 옵니다."

➤ 수원 역세권 집창촌 근처에 신축 아파트가 왜 있을까? 우리는 여기서 힌트를 찾아야 한다.

"시간이 지나면 권력자가 바뀌고 바뀐 권력자들은 업적을 쌓으려 개발을 할 수밖에 없어요."

"우리가 투자할 시점에 알맞은 투자 공식을 연구해서 투자하면 그만입니다."

"그러니 포기할 이유가 하나도 없습니다."

"공부하세요. 늦지 않았습니다."

하지만 기회를 잡는 사람은 많지 않다. 천호 역세권 매물도, 수원 역세권 매물도 용기 내서 매수할 수 있는 회원은 의외로 적었다. 아무리 배웠다고 하더라도 실행하는 것은 또 다른 문제다. 이 책을 읽는 독자들은 꼭 지식으로만 머무르지 말고 실천했으면 좋겠다.

➤ 집창촌이었던 수원 역세권 은하수마을이 최근 놀라울 정도로 변화하고 있다.

5장

포식자에게 저항하지 말고 공생하라!

투자의 세계는 강자만 살아남는다. 약자인 우리는?

나는 '부동산 투자판'을 야생이라고 표현한다. 좋은 매물은 한정되어 있고 권력과 돈을 거머쥔 소수만이 그것을 차지한다. 4장에서 부자들은 상업지역 땅을 선호한다고 했다. 진짜 부자는 아파트가 아니라 건물에 투자한다. 특히 거점개발지의 상업지역은 가장 많이 오르고 가장 비싸다. 그래서 이런 곳에는 정치인, 연예인, 코인이나 주식으로 떼돈을 번 영앤리치들이 투자한다. 험한 투자판에서 살아남으려면 어떻게 해야 할까? 내가 어렸을 때 자주 보던 프로그램이 있다. 바로 〈동물의 왕국〉이다. 동물 세계의 얘기라곤 하지만 인간 세계에서도 적용되기 때문이다. 야생에서 살아남으려면 세 가지 생존 전략이 있다.

1. 최상위 포식자가 되거나

2. 최상위 포식자와 공생하거나

3. 최상위 포식자를 이용하거나

우리와 같은 대중들은 당장 1번이 되기 어렵다. 하지만 최종적으로는 1번이 되어야 할 것이다. 그렇기 때문에 나의 책과 강의, 컨설팅의 최종적인 목표는 모두가 1번을 향해 나아가는 것이다. 우선 최상위 포식자가 되기 전에 우리는 2번 아니면 3번을 택해야 한다. 중국의 최고 권력자인 시진핑도 처음부터 최상위 포식자는 아니었다. 최고 권력을 얻을 때까지, 숙청당하지 않기 위해 철저히 1인자(후진타오) 밑에 공생하거나 기생했다.

2021년 LH 사태가 터졌다. 대중들은 분노했다. 집 한 채 갖지 못한 서민들의 응어리진 분노였다. '벼락거지'라는 말도 이 시기에 나왔다. 부동산 유튜버들도 매일 LH 사태와 같은 토건 비리를 비판했다. 그동안 부동산 집값 폭등의 주범이라는 오명을 썼기 때문에 정부를 향한 그들의 공격은 매우 거셌다. 그리고 대중들은 더 속 시원하게, 더 자극적으로 LH 사태를 비판하는 부동산 유튜버들에게 열광했다.

그러나 분노에 그친다면 야생에서 살아남는 것에 전혀 도움이 되지 않는다. 분노하면 단 100만 원이라도 생기는가? 우리는 현실을 직시해야 한다. 분노해서 세상을 바꿀 수 있다면, 나를 부자로 만들 수 있다면 모를까. 우리는 단지 피라미드 구조의 하층에 있는 피식자다. 피식자의 입장에서 포식자에 대항하기만 해서는 원하는 바를 이루기 힘들다. 예를 들면 내가 사는 동네에 민간재개발, 재건축을 활성화해야 한다고 민원을 넣는 행위가 바로 그것이다. 돌이켜보면 우리는 비생산적인 일에 너무 많은 에너지를 쏟고 있지 않은가?

LH 사태를 통해 (솔직히 화는 나지만) 우리는, 이런 매물을 선점할 수는 없었는지 아쉬워해야 한다. 심지어 나는 커뮤니티 회원들에게 과감하게 말하고 있다. "LH 사태에 분노하지 말고, LH 직원이 투자할 곳을 예측해야 살아남는다."

공공재개발 이슈가 한창일 때, 많은 부동산 유튜버들은 한남1구역이 공공재개발 유력 후보라고 전망했다. 이유는 단순했다. 입지가 좋아서다. 한남뉴타운이라는 어마어마한 고급 주거지가 될 곳이 근처에 있기 때문이다.

하지만 나는 2020년 10~12월, 임장반에 참석한 회원들로부터 공공재개발 유력 후보지는 어디가 될 것이냐는 질문을 받았을 때 주저하지 않고 "금호23구역, 상계3구역"이라고 말했다. 그래서 결과는? 한남1구역은 떨어졌고 금호23구역과 상계3구역이 공공재개발 후보지가 되었다. 이걸 어떻게 맞혔을까? 간단하다. 대한민국 최상위 포식자인 국토교통부가 노리는 땅이 어떤 유형의 땅인지 알고 있기 때문이다.

사자가 될 수 없다면 하이에나가 되어야 한다. 사자처럼 좋은 먹이를 사냥할 힘은 없어도 고기 냄새 정도는 기가 막히게 맡을 줄 알아야 한다. 노력만 한다면, 앞으로 좋아질 매물 정도는 충분히 매수할 수 있다. 거점개발지의 땅이지만 저렴한 매물을 찾거나 거점개발지 주변으로 확장 개발할 매물을 선점하는 것이다. 이렇게 포식자 옆에서 공생하거나 기생을 하면서 포식자가 될 준비를 하면 된다.

지금 말하는 원칙들은 실전 투자법을 알려주는 것이니 매우 중요한

> 그렇다면 우리는 무엇에 투자해야 해?
> 이걸 찾아야겠죠?
>
> 생활권계획을 읽어 보면
>
> "재개발, 재건축 추진 지역에 쾌적한
> 보행환경을 조성하여 금남시장과의
> 접근성을 고려하겠다."
> ---> 금호21구역
>
> "주거지 개발 사업을 추진하여
> 상습정체구간인 장터길을 넓히겠다."
> ---> 금호23구역
>
> 중요한 것은 금호21구역은
> 건축혁신시범사업지로 지정되었고
> 금호23구역은 공공재개발을 신청했습니다.

➤ 나는 입증할 수 없는 허황된 말을 하는 사람이 아니다. 2020년 12월 내가 쓴 칼럼에도 명확한 힌트가 나와 있다.

출처: 저자 칼럼

내용일 수 있다. 이 원리를 깨우치고 매물을 찍고, 선점한 뒤, 약 6개월에서 1년 안에 어떻게 변화하는지 지켜보라. LH, SH, GH, 1군 건설사 등이 내가 찍은 매물을 개발하겠다고 나타나기 시작하면 놀라움과 짜릿함을 경험할 것이다. 그때 이렇게 외쳐라.

"나의 분석은 역시 틀리지 않았어!!"

포식자에 대항하지 말고 공생하거나 이용하라. 그러면 부는 자연스럽게 따라오게 되어 있다.

적자생존에 유리하려면 투자 기간이 짧아야 한다

"남들이 관심 없을 때 살포시 선점!"

내가 칼럼에서 종종 쓰는 문구다. 회원들 사이에서도 어록처럼 회자되고 있다. 주목받지 않는 지역에 투자해서 성공해나가고 있기 때문이다. 내 돈 수억 원이 오고 가는 투자판인지라 한두 번의 실패만으로도 치명적이기 때문에 투자를 결정하기 전 밤을 새워가며 분석하는 날이 많다. 분석 결과는 대부분 언론에서 관심을 가지기 전에 컨설팅, 강의, 칼럼에 녹여낸다. 이렇게 남긴 자료와 매수한 회원들이 도시개발계획에 따라 투자하는 것이 왕도임을 증명하고 있다.

실제로 내가 분석한 내용이 증명되어 눈앞에 나타날 때까지 결코 많은 시간이 걸리지 않는다. 짧으면 일주일, 아무리 길어도 6개월 안에 칼럼에 쓴 정책이, 강의에서 언급한 지역이, 컨설팅에서 추천한 매물이 기사화된다.

결국 내가 분석한 대로 서울시가 인허가를 낸다. 내가 분석한 방향대로 국토부가 발표를 한다. 남들이 관심 없을 때 저렴하게 선점하여 짧은 기간 안에 차익을 내서 매도한다. 양도세가 무섭다고? 양도세 중과를 받고도 이미 투자금의 두 배 이상을 번 실제 사례가 내 고객들에겐 셀 수 없을 정도로 많다. 부자는 더 벌 수만 있다면 세금을 두려워하지 않는다. 세금을 염려하여 투자를 못 한다면 내 기준에서는 실력이 부족한 투자자다.

엉덩이 무거운 투자(5년 이상 장기 투자)는 큰 수익을 내지 못한다. 세금에 대한 걱정은 투자자의 가능성을 가두는 틀이 될 수 있다는 사실을 깨달아야 한다. 앞으로 우리는 나비처럼 살포시 내려앉고(선점) 달콤한 꿀을 마신 후 다음 꿀을 찾으러 가볍게 날아가자(재투자).

남들이 관심 없을 때 살포시 선점해서 단기 투자를 하려면 좋은 눈을 가지고 있어야 한다. 직감도 매우 중요하다. 분석력은 그다음이다. 눈과 직감은 경험이 만들어주는 것이기 때문에 임장(현장조사)과 투자를 많이 해볼수록 좋다.

거점개발지(중심지, 상업지역 개발)는 안전하다

돈은 개발이 잘되는 곳에 모이게 되어 있다. 그래서 고객들에게 항상 강조했다. 땅값은 그 지역 거점개발지를 중심으로 가장 먼저, 가장 많이 오르게 되어 있으니 최대한 거점과 가까운 땅을 선점해야 한다고.

만약 하락장일 때는? 안 떨어지거나 맨 마지막에 떨어진다. 가장 이상적인 전략은 거점에 직접 투자하는 것이다. 청량리 역세권 상업지역 거점개발지의 땅을 매수하는 것을 예로 들 수 있다.

하지만 이런 곳들은 이미 비싸거나, 더 비싸지기 전에 기업에서 매수한다. 다행스럽게도 2021년 초 수원 역세권 상업지역, 재개발지역은 호재가 세상에 알려지기 전에 강의에서 예측하여 선점할 수 있었다. 그리고 단 2개월 만에 2~3배가 올랐다. 세력의 선동이 아니라 수원시도시계획에 따라 분석한 결과이고 매수를 결정한 타이밍 또한 좋았다. 어렵긴 하지만 수원 역세권 매수 사례처럼 일반인도 거점개발지 선점이 충분히 가능하다.

여러분은 이런 방법이 생소할 수 있지만 지난 십수 년간 내가 관리하고 있는 고객들을 통해서 검증된 투자 방법이다. 어렵지 않다. 일단 서울시의 도시계획인 생활권계획과 각종 서울시 자치구의 공문을 원문까지 해석하며 숙독하고, 필요하다면 구나 시 의회 회의록까지 찾아보면서 개발할 곳과 개발 시기를 분석해낸다. 이건 일반인들이 하기 어려운 작업이기 때문에 내가 쓰는 칼럼에서 최대한 녹여내고 있으니 참고하면 좋다. 거점을 찾았고, 시기 또한 예측했다면 지도를 펴고 거점을 기준으로 사업성이 좋은 재건축 예정 아파트가 있는지, 재개발이 있는지, 리모델링 가능한 아파트가 있는지, 가로주택정비사업지가 있는지 순서대로 넘버링을 하면서 표시한다.

여기서 절대로 입지는 볼 필요가 없다. 사업성이 좋아서 그리고 서울시가 개발 의지가 강해서 사업이 빠르게 진행될 곳만을 찾는 것이다. 우리는 입주권을 받는 게 아니라 단지 단계별 상승만 벌고 나올 것이기 때문이다. 한곳에 오랫동안 돈을 묶이게 해서는 안 된다. 벌 만큼 벌었으면 다음 투자처로 이동해야 한다.

왜 갈아타기를 계속해야 할까? 부동산은 비쌀수록 많이 오르고 (강력한 호재라는 변수가 없는 이상) 하극상을 허락하지 않기 때문이다. "하급지에서 돈을 벌고 상급지로 이동이 가능한가요? 여기도 올랐으면 거기도 이미 오르지 않았을까요?" 이런 질문을 종종 받곤 한다. 이렇게 생각하는 사람들의 특징은 투자를 잘못 배웠거나, 남의 이야기만 많이 알고 있는 사람이다. 아니면 나의 판단이 옳았음을 확인받고 싶어하거나, 투자금이 없거나, 경험이 없거나, 자신감이 없거나, 의심이 많거나 등등 여러 이유로 행동을 하지 못하는 사람들이다.

➤ 경기도의 거점개발지에는 상권의 중심지 속에서 외톨이처럼 남아 있는 구축 빌라들이 있다. 결국 건물주가 되고 싶은 큰손이 어마어마한 보상을 해줄 것이다.

그래도 찾아오는 사람들에게는 분석한 자료를 바탕으로 최대한 설명을 해준다. 그럼에도 불구하고 결국 행동으로 옮기지 못하는 사람들이 있다. 그럴 때마다 너무도 안타깝다. "그러면 하고 싶은 대로 하시죠"라고 답은 하지만 '내가 설득력이 부족한 것일까. 호통이라도 쳐야 하나?' 이런 생각을 많이 한다. 이 글을 읽는 독자들은 부디 행동했으면 좋겠다.

하급지에서 수익을 내고 상급지로 이동하는 게 가능할까? 가능하다. 예를 들어 서울 도봉구 창동주공 재건축 예정 아파트를 매수하여 2년간 투자했다고 가정해보자. 지난 1년간 투자금 3억 원 대비 기본적으로 3억 원이 올랐다. 2년 투자했을 경우 충분히 5억 원 정도 벌 수 있다.

매도한 후에는 도봉구보다 더 상급지인 동대문구 정도에 투자하면

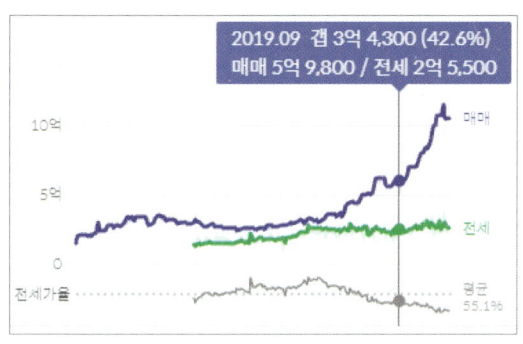

➤ 2019년 9월 갭 3억 5,000만 원이면 투자가 가능했던 창동 주공19단지.

출처: 호갱노노

된다. 이런 의문이 들 것이다. "여기도 올랐는데 거긴 안 올랐겠어?" 4장의 사례를 접했다면 이런 말을 못 할 것이다. 서울 25개 자치구 중에서 하위권인 중랑구 상봉동 땅이 상급지 강남구 논현 역세권의 땅을 훨씬 빠르게 추격했다.

나는 이런 곳들을 찾는 일을 업으로 삼고 있다. 하급지의 거점개발 시점을 정확하게 파악하여 단기간에 수익을 내고, 아직은 거점개발이 진행되지 않아서 비싸지 않지만 곧 개발이 임박할 상급지의 땅을 타이밍 좋게 선점하면 그만이다. 투자를 글로 배운 사람들은 아마 잘 와닿지 않을 것이다.

구구절절 설명했지만 중요한 점은 단 하나다. "과연 서울시(경기도, 부산광역시 등)가 개발하고 싶어할까? 개발을 해줘야 내가 매수한 주변 재개발이 잘 오를 텐데."

거점개발지에도 급이 있다! 광역중심지란?

거점개발지에도 급이 있다. 그러나 내가 설명하는 것은 비전문가들이 자기 마음대로 설정한 상-하급지 따위가 아니다. 한강 뷰가 보이고 강남 접근성이 좋아도 생활권 계획에서 설정한 '중심지'가 아니면 나의 투자처가 아니다.

중심지란 무엇일까? 단순하다. 서울시가 반드시 먼저 개발할 곳이다. 우리의 투자처는 어디일까? 중심지라고 명시된 곳이지만 아직 개발되지 않아 저렴한 곳이다. 명심하라! 최상위 포식자 중 하나인 서울시는 결코 부동산 유튜버들이 말하는 입지를 보고 개발하지 않는다. 서울시 생활권계획에 따라 개발한다.

아래의 자료를 보자. 도심, 광역중심, 지역중심, 지구중심이라고 되어 있다. 위로 올라갈수록 우리가 매수하기 어려운 비싼 땅이다. 그렇지만 우리가 노력했다면 광역중심지 정도는 지난 2018년부터 호황기

➤ 내가 설명하는 중심지 이론은 생활권계획에 따른다.

출처: 서울시생활권계획

였을 때 충분히 투자할 수 있었다.

그런데 광역중심이라는 말은 정확히 어떤 의미일까? 광역은 '넓다'라는 의미다. 광역사업지라는 것은 넓은 사업지라는 뜻이다. 실제로 같은 상업지역이어도 광역사업지의 상업지역이 지역중심지, 지구중심지보다 용적률을 높게 받을 수 있고 예산의 규모도 크다. 즉, 광역중심지가 확장성이 더 크다는 의미다. 바로 그 이유로 많이 오른다.

그런데 광역을 다른 의미로도 해석할 수 있다. 서울과 경기도를 오고 가는 광역버스를 알 것이다. 지역을 아우르는 버스다. 주로 경기도 주민들이 출퇴근 목적으로 이용한다. 서울에는 7개의 광역 거점이 있는데 모두 경기도 주민들과 관련이 있다.

창동·상계, 청량리, 잠실·삼성, 마곡, 상암·수색에 노선이 많은 이유가 무엇일까? 서울시민을 위해서? 아니다. 서울시민뿐만 아니라 경기도 주민들도 많이 이용하는 교통망이기 때문이다. 우리는 교통망이 뚫린 것만으로 단편적으로 호재라고 생각하지 말아야 한다. 필연적으로 유동 인구가 많아져서 상권이 활성화되고, 일자리도 생길 수 있으며 늘어나는 인구를 위한 배후 주거지 사업도 활발해질 수 있겠다는 것을 동시에 생각해야 한다. 경기도 사람들이 서울에서 돈과 시간을 쓰는 것이다. 서울시 입장에서는 개발을 하고 싶을 수밖에 없다.

동대문구 청량리 역세권을 예로 들어보겠다. 동대문구 청량리 역세권에 투자하기로 마음을 먹었다면 우리는 청량리 역세권 개발이 믿을 만한 거점개발지인지 조사해서 투자 여부만 결정하면 된다. 그렇다면 다음 장에서 서울시생활권계획을 해석해보자.

① **기본 검토사항** : 법적(법령/조례) 구역지정 요건 총족 여부, 구역계 적정성, 생활권계획과의 정합성, 제외대상 여부, 동의율 충족 여부

② **정량적 평가** : 기본점수(100) + **감점**(-15) + **가점**(15) *사잇값은 직선보간
 ※ 정량적 평가 상세내용은 (붙임3) 자치구 검토보고서의 정량적 평가표 참고

 ○ **기본점수**(100) : 노후 동수(40), 노후 연면적(15), 과소필지(15),
  접도율(15), 호수밀도(15)

 ○ **감점**(-15) : 주민반대율 -5점 이내 (20% ~ 30% : -1 ~ -5점) / 30% 이상 추천 제외
  사용비용보조 -5점 이내 (1억 ~ 10억원 이상 : -1 ~ -5점) / 5년 이내 구역 한해 적용
  구역면적 -5점 이내 (8.5만~15만㎡ 이상 : -1 ~ -5점)

 ○ **가점**(15) : 신축현황 5점 이내 (5% 이하 ~ 10% : 5점 ~ 1점) / 10년 이내
  재해위험지역 5점 (50% 이상 포함하고, 재해위험 해소인정될 경우)
  주차난 심각지역 5점 이내 (세대당 0.25대 이하 ~ 0.7대 : 5 ~ 2.5점)

➤ 신속통합기획민간재개발도. 생활권계획을 참고해서 재개발 후보지를 선정한다고 되어 있다.

출처: 신속통합기획 공고문

서울시생활권계획에 따라 임장해보기

청량리·왕십리 광역중심

서울의 광역중심지는 다른 거점(지역, 지구중심지)들에 비해서 많은 예산과 행정적 지원을 받는다. 따라서 청량리 역세권 주변이 획기적으로 변화하는 모습을 유심히 모니터링해야 한다.

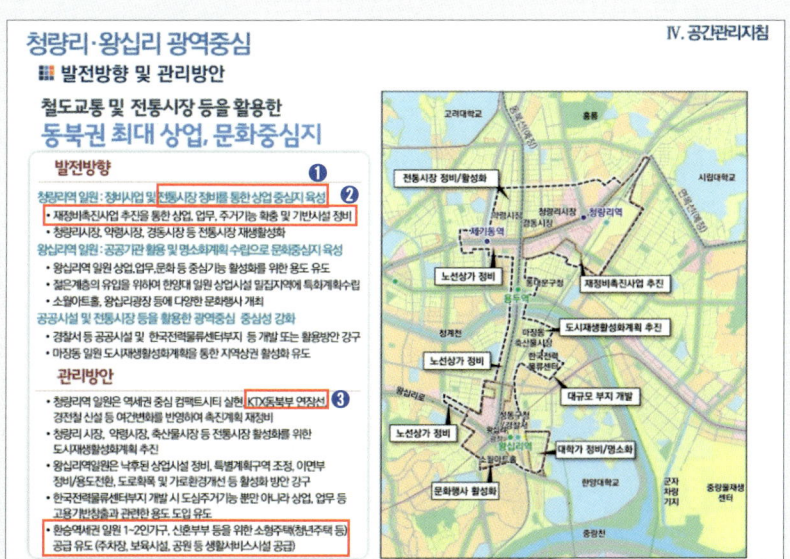

➤ 생활권계획에서 중요한 키워드는 이렇게 표시하는 습관을 기르도록 하자.

출처: 서울시생활권계획

서울시생활권계획에서 중요한 키워드는 무엇이고 그 의미가 무엇인지 자세히 살펴보도록 하자.

❶ 전통시장 정비

잘 알겠지만 청량리 역세권에는 크고 오래되고 유명한 경동시장이 있다. 이곳에서 무엇을 판매하는지 설명하진 않겠다. 우리는 단지 '경동시장이 개발될 수 있을까?'에만 관심을 가지면 된다. 문재인 정부는 전통시장을 없애지 않고 개발을 통해서 보존하고자 한다. 일명 맛집거리, 카페거리 등 지역 명소화를 통해 외지인들이 소비를 할 수 있는 환경으로 리모델링을 하거나 시장 재건축 사업 등을 활용한다. 대표적인 사례로 서울에는 성동구 금호동의 금남시장 개발(시장정비사업 중 재개발유형)이 있다. KTX 덕분에 서울 사람들이 휴일이면 돈을 쓰러 가는 곳들이 많아졌다. 강릉 같은 도시들은 기회를 놓치지 않았다. 시장정비사업으로 강릉중앙시장도 20~30대까지 찾는 맛의 명소가 되었다(도시재생형 시장정비사업).

서울시는 경동시장을 개발하고 싶어한다. 다만, 상권이 워낙 강해서 상인들의 동의를 얻기가 쉽지 않다. 방법이 없을까? 광역거점지역인데 서울시가 낙후되어 보이는 환경을 보고만 있을까?

돈에는 장사 없다. 개발로 인해 청량리 역세권의 땅값이 평당 5,000만 원을 넘어서면서 비대위들이 타협을 하기 시작했다. 단숨에 경동시장 중앙 지역을 개발할 수는 없었지만 현재 롯데캐슬SKYL-65와 함께 주상복합 3총사라고 알려진 청량리역효성해링턴과 청량리역한양수자인

192가 먼저 개발되었다. 이곳은 이전에 경동시장에서 파생된 수산물 시장의 일부였다. 그뿐만이 아니다. 제기4구역이 있는 경동시장 북쪽 지역도 개발을 하고 있다. 점점 경동시장 중심부를 압박하고 있는 상황이다.

앞으로 청량리 역세권은 서울 북부, 경기 북부의 거대한 유동 인구를 수용해야 하는 역세권이 된다. 그럼에도 불구하고 이들이 밥 한 끼 먹을 곳이 부족하다. 서울시생활권계획에도 나왔듯 "전통시장 정비를 통한 상업 중심지 육성"이라는 계획은 서울시 입장에서 광역거점인 청량리 역세권을 개발하는 게 꼭 필요하다고 인식한다는 방증이다. 그리고 실제로 경동시장의 사이드를 건드리기 시작했다. 계획이 계획으로만 끝나지 않고 지속될 가능성이 높다.

❷ 재정비촉진사업 추진을 통한 상업, 업무, 주거기능 확충 및 기반시설 정비

재정비촉진사업이라는 문구를 보자마자 재개발이라고 인식해야 한다. 그런데 여기서 중요한 문구는 이게 아니다. 상업, 업무, 주거기능 확충 및 기반시설 정비가 더 중요하다. 이게 무슨 의미냐면 재개발을 하되, 단순히 아파트를 보급하기 위해서 정비사업을 하지 않는다는 뜻이다. 즉, 상업 시설(상가)과 업무 시설(오피스 공간) 같은 기반시설이 필요하기 때문에 재개발을 해야 한다는 의미다.

'할 수 있다'가 아니라 '반드시 필요하다'는 뜻이다. 따라서 이런 곳은 주민들이 동의만 한다면 정치적으로 인허가가 잘 나올 수 있다. (주민들이 재개발을 희망해도 서울시가 거부하는 곳들이 많다는 점이 또 하나의 포인트다.) 나아가 우리가 잘 알고 있는 일반 판상형 아파트 개발이 아니라 주상복합 아파트 개발을 염두에 두는 문구다. 상업, 업무, 주거기능을 하나로 묶었으니 말이다.

흔히 생활권계획에서 '복합 개발'이라는 단어를 쓴다. 이런 개발은 준주거지역, 상업지역에서만 가능하다. 복합 개발에 따라 땅의 용도를 변경해주거나 기존 상업지역의 범위를 넓혀주거나 용적률을 높여주거나 할 것이다.

일반적으로 서울시 상업지역의 법정상한용적률은 800%다. 그러나 청량리 역세권은 결국 1,000% 허가를 받았다. 이런 인허가의 결정과 번복은 서울에서 단 한 명만 할 수 있다. 당시 서울시장, 즉 박원순 전 시장이다. 성수전략정비구역은 당초 약속했던 50층도 못 짓게 막으려

도시관리계획 용도지역 변경결정에 대한 의견청취
<동대문구 전농도시환경정비 예정구역>

| 의안번호 | 573 | | 제출연월일 : 2004. 9. 23
제 출 자 : 서울특별시장 |

1. 안 건 명
   ○ 도시관리계획 용도지역 변경결정 【제3종일반주거지역→일반상업지역】
2. 입안내용
   ○ 도시관리계획 용도지역 변경결정 【제3종일반주거지역→일반상업지역】

위 치	용 도 지 역		면 적(㎡)	비 고
	당 초	변 경		
전농동 494일대	제3종일반주거지역	일반상업지역	28,460	도시환경정비 예정구역
계			28,460	

3. 입안사유
   ○ 대상지인 동대문구 전농동 494번지 일대는 2011년 『서울도시기본계획』상 청량리·왕십리 부도심권 지역으로.
   ○ 중앙, 영동선의 시발역인 청량리 민자역사 배후지로 서울동북부 생활권중심지로 육성하기 위하여 市『도심재개발기본계획』상 전략 재개발이 계획된 지역 임.
   ○ 市『도심재개발기본계획』상 대상지는 업무, 판매, 문화기능을 담당하고 부도심으로서의 기능역할 수행과 도시환경정비사업을 시행하기 위하여 제3종 일반주거지역을 일반상업지역으로 용도지역을 변경 결정 하고자 함.

출처: 동대문구 고시공고

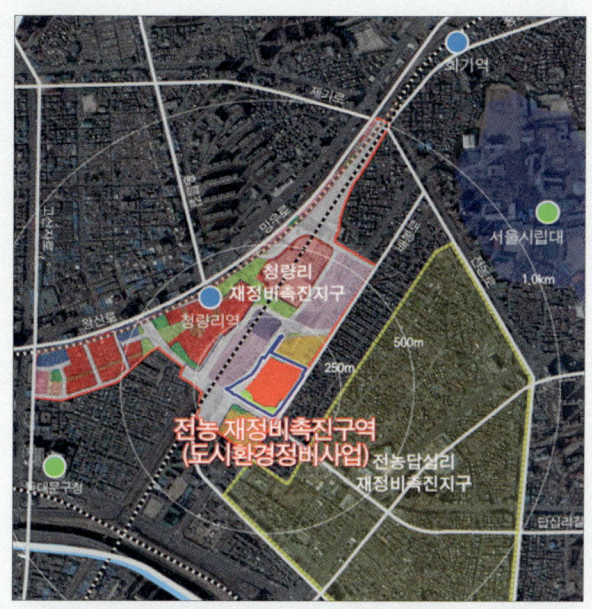

➤ 낙후된 환경을 개선하고 중심지 기능을 수행하기 위해 3종 일반주거지역을 상업지역으로 종상향했다.

출처: 정비사업 정보몽땅

고 했지만 말이다. 그런데 이곳은 허가해줬다.

그뿐이겠는가? '전농도시환경정비구역(전농동 494번지 일대)'이라는 땅에는 그렇게 크지 않은 재개발 구역이 있다. 용도도 제3종 일반주거지역에서 상업지역으로 변경했다. 상업지역은 개발 시 분양을 많이 할 수 있기 때문에 사업성이 좋다. 추가분담금의 문제로부터 자유롭기 때문에 개발이 빠를 가능성이 높다. 물론 재개발을 반대하는 비대위가 아예 없진 않겠지만 아까도 말했듯이 돈에는 장사 없다.

심지어 2004년 최초로 용도 변경이 된 이후 지금까지 이어지고 있다. 이 당시는 이명박 서울시장이었는데 이후 서울시장이 두 번 바뀌었음에도 지금까지 유지되고 있다. 정말 불공평하지 않은가? 이게 바로 '중심지'다. 서울의 중심지여야 하는 곳은 이렇게 과할 정도의 개발 혜택을 준다. 그리고 권력자의 정치 성향과 관계없이 무조건 밀어주게 되어 있다. 이게 바로 중심지 이론(지역 거점으로 설정한 중심지에 투자)이다.

이제 우리는 도시계획을 해석했으니 임장을 통해서 계획대로 개발이 되고 있는지 확인하면 된다.

과거 청량리역 주변에는 이렇다 할 높은 건물이 없었다. 지금은 마천루를 연상하게 하는 높은 건물들이 많다. 이러한 개발은 청량리6·7·8구역, 미주아파트 등에 긍정적인 영향을 줄 것이다.

❸ KTX 동북부 연장선

청량리역은 강릉발 KTX역이지만 2020년 11월 부산, 목포발 KTX역세권으로 확정되었다. GTX도 2개의 노선이 들어오는데 엄청나다. 향후 청량리역은 강남, 용산, 부산, 목포, 강릉으로 가는 서울 북부, 경기 북부 주민들의 집합소가 될 것이다. 하루 이용객이 과연 얼마나 될까? 정확히는 잘 모르겠지만 아마도 서울에서 가장 많은 사람이 이용하는 역세권이 되지 않을까 예상해본다. 그래서 촉진계획을 재정비하여 새로운 용적률을 부여하고, 민간 개발지가 많음에도 청량리 역세권 주변으로 공공사업지까지 지정해주고 있다.

임장 준비하기 1: 과거와 현재를 비교하기

임장을 하기 전에 나는 도시계획에 따라 실제로 개발이 되는지 확인한다. 앞으로 우리는 용도지역을 잘 알아야 한다. 상업지역, 준주거지역, 준공업지역과 같은 단어와 친숙해져야 한다.

➤ 청량리 역세권 용도지역 표시. 빨간색이 상업지역이다.

출처: 서울도시계획포털

대부분의 상업지역(빨간색 표시)이 청량리 역세권에 몰려 있다. 재정비촉진지구 내의 도시환경정비사업지(상업지역 재개발)다. 과연 생활권계획에 언급되고 있는 것처럼 높이 짓고 있는지 로드뷰로 확인해보겠다.

166페이지 상단에 있는 사진은 2021년 7월의 모습이다. 계획대로 주상복합아파트 개발공사와 역세권 고밀도 1인 가구 주거지 개발 공사가 한창이라는 사실을 알게 되었다.

그리고 과거의 데이터를 추적한다. 하단의 사진은 2017년 6월의 모습이다. 상업지역임에도 불구하고 높은 건물이 별로 없다. 네이버 로드뷰는

➤ 2021년 7월 청량리 역세권의 모습.

➤ 2017년 6월 청량리 역세권의 모습.

출처: 네이버 지도 로드뷰

매우 좋은 기능이니, 임장을 하기 전에 꼭 이용해보시기 바란다.

임장 준비하기 2: 시세 조사하기

서울시생활권계획을 분석했고, 실제로 개발이 되는 지역인지 그리

➤ 집창촌이 남아 있던 청량리 역세권. 매매가 1억 원에도 살 수 있었다.

출처: 부동산플래닛

고 과거엔 어땠는지 파악되었다면 개발에 따른 단계별 상승의 폭과 기간을 조사해야 한다.

2015년 12월 전농동 소재 상업지역 매물(전농동 620-93)이 평당 약 2,400만 원이었다. 그런데 로드뷰 사진에서 확인했듯이 개발은 2017년부터였다. 2015년 12월 시세는 개발의 프리미엄이 반영되기 전이었던 것이다.

➤ 비슷한 입지가 단 4년 만에 상상도 못 할 가격이 되었다!

출처: 부동산플래닛

 그렇다면 개발 움직임이 일어난 후는 어떨까? 시세가 대체 어느 정도 상승했을까? 2019년 7월 같은 지역(전농동 620-21)에서 평당 1억 원에 거래되었다. 무려 4.5배가량 상승한 것이다. 그리고 한 달 후 옆집(전농동 620-13)은 평당 1억 2,000만 원 정도에 거래되었다. 약 4년 만에 평당 2,400만 원이었던 상업지역의 땅이 서울시의 거점개발 덕분에 평당 1억 2,000만 원이 되었다. 만약 우리가 투자한다면 어떨까?

➤ 2015년 평당 2,300만 원이었던 집창촌 일대 건물은 2019년 평당 1억 2,000만 원 가까이 올랐다.

출처: 부동산플래닛

가장 비싸질 땅인 역세권 상업지역의 땅을 매수하면 좋겠지만 돈도 없고 용기도 부족하다면? 상업지역 땅을 매수할 수 없으면? 이미 비싸질 대로 비싸지고 매도자 우위의 시장이 형성되었다면? 투자의 고수는 다른 도시계획이 없는지 살펴볼 것이다.

왕산로 북쪽이 2020년 3월 신축허가제한구역으로 지정된 순간부터, 내가 7월에 쓴 칼럼에서도 수도 없이 힌트를 드렸다. 그리고 강의에는

미주아파트가 포함된 왕산로 북쪽 지역.
엄청난 개발이 예상되는 곳.

강의 때

"왕산로 북쪽.. 현재는 아무계획도 없이 방치된 것 처럼 보이지만, 지구단위 계획구역이 되어 상업지구가 될 것입니다."

"용적률 1000~1500%도 가능할 것 같습니다."

➤ 왕산로 북쪽 지역의 지구단위계획구역은 반드시 투자해야 한다고 설명했다.

출처: 저자 칼럼

더 구체적으로 이유를 설명했다. 시드머니가 많다면 미주아파트에 투자하고, 그다음엔 청량리8구역, 그것도 안 되면 청량리정신병원 근처에 있는 노후 주택이라도 매수하라고 했다.

얼마나 할까? 10세대 정도 되는 구축 빌라는 매매가 2억 2,000만 원에 살 수 있었다. 갭투자로 했으면 실투자금은 1억 원 정도 할 것이다.

단독주택의 시세를 살펴보자. 5년 전 청량리 역세권 상업지역 시세

➤ 2020년 8월 청량리 역세권지구단위계획구역 내 매물.

출처: 부동산플래닛

와 거의 똑같다. 그런데 도시계획에서 지구단위계획구역으로 지정했다. 용기 내어 2020년에 매수한 사람들은 지금 어떻게 되었을까?

  1년도 안 되어서 3080공공주도사업지에 지정되었다. 2021년 6월 29일 이전(2·4대책에 의한 현금 청산일의 기준)에 매수했으니 당연히 현금 청산 대상도 아니다. 이제 감이 잡히고 있는지 모르겠다. 참고로 상업지

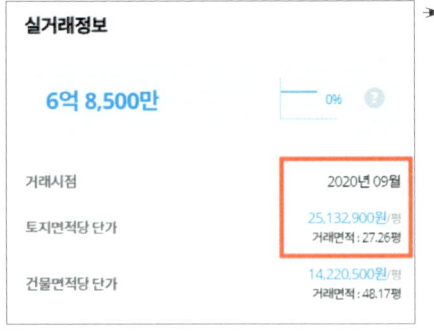

➤ 꼭 실거주용 아파트에 살아야 한다면 확장성이 있는 거점개발지의 아파트를 매수해야 한다.

출처: 부동산플래닛

역 땅 다음으로 많이 오른 것이 재개발이었다. 그리고 가장 적게 오른 게 아파트였다.

이제 머리로는 어디에 투자해야 하는지 이해되었다. 그러나 용기를 내기가 어려울 것이다. 그렇다면 어쩔 수 없다. 아파트라도 매수할 수밖에. 174페이지의 래미안크레시티를 보자. 2021년 10월 기준 평당

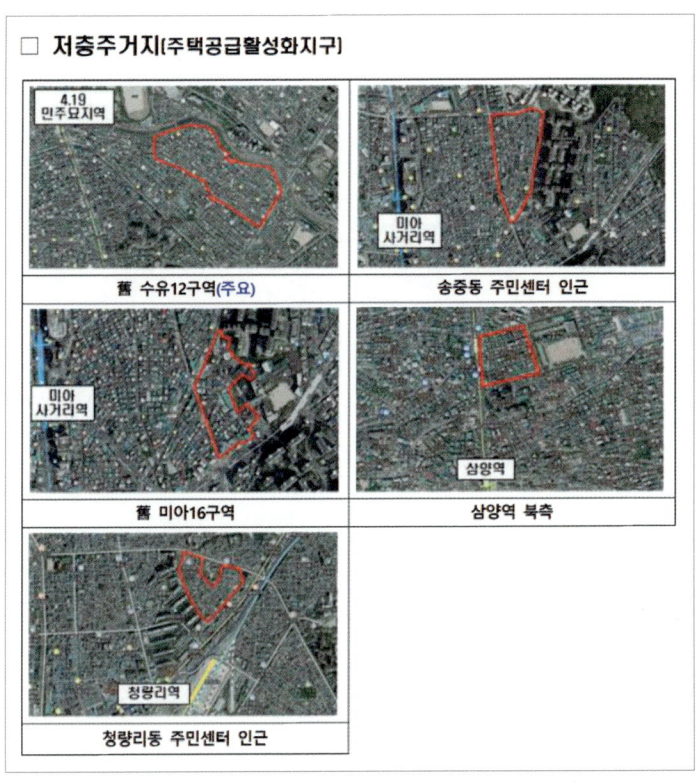

➤ 결국 3080공공주도사업지로 지정되었다. 역시 도시계획에 따라 개발이 된다는 것이 또 입증되었다.

출처: 국토교통부 고시공고

4,912만 원이다.

청량리 역세권 상업지역 매물이 평당 2,500만 원에서 1억 2,000만 원까지 올랐다. 래미안크레시티는 아파트라서 그런지 가장 안 올랐지만 그래도 약 6년간 10억 원이 넘게 올랐다. 근로소득으로는 절대로 벌 수 없는 액수다. 그래프를 보더라도 큰 기복 없이 가파르게 올랐다. 재개발이나 재건축 아파트도 아닌데 말이다.

래미안크레시티 34평형 6년간 시세

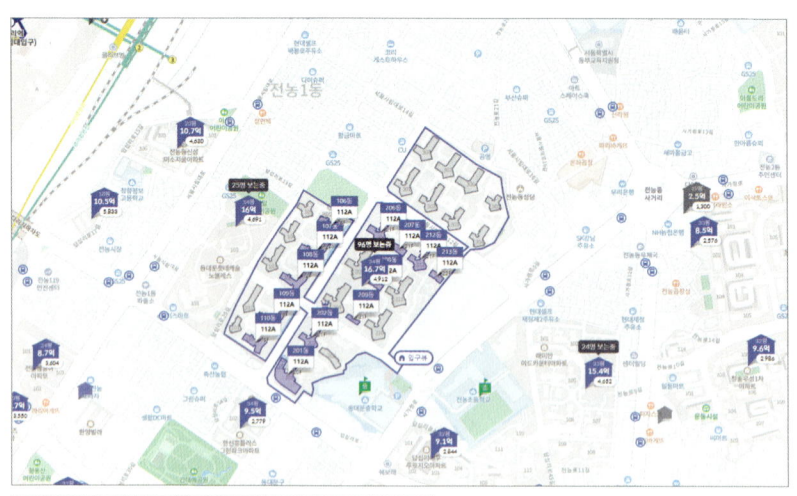

출처: 호갱노노

이게 바로 실거주 겸 투자가 가능한 아파트를 고르는 방법이다. 물론 재건축 예정 아파트가 아니어서 하락장 때 버텨줄 수 있을지 모르겠지만 지난 2008년 리먼 브라더스 위기의 교훈을 볼 때 허무하게 무너질 일은 없을 것 같다.

5장의 결론이다. 우리는 청량리 역세권 사례를 통해 중심지가 무엇인지, 중심지에 어떠한 혜택을 주는지, 어떻게 조사하면 되는지, 어떤 매물을 매수하면 되는지에 관해 자세히 알아보았다. 청량리 역세권 광역중심지가 평당 1억 2,000만 원까지 거래되었기 때문에, 땅값이 오르는 공식에 따라서 거점 주변의 매물들도 역세권 상업지역을 중심으로 키맞춤하며 안전하게 잘 올라주었다. 또한 청량리 역세권 광역중심지 개발 덕분에 동대문구의 전체 평균 땅값도 올라갔다. 덕분에 사업성이 부족하여 지지부진하던 개발 구역들도 사업성이 개선되어 하나둘씩 다시 속도를 내는 상황이다.

서울에서 가장 저렴한 재개발로 취급 받던 이문휘경뉴타운도 재개발 프리미엄이 상당해졌다. 원래 동대문구는 아파트와 교육시설이 부족한 지역이다. 그래서 자연스럽게 입지를 따지는 아파트 투자자들에게 외면당했지만, 재개발 투자자들은 그와 달리 쉽고 빠르게 수익을 만들고 있는 지역이다.

서울 동북권 재개발의 성지인 동대문구. 그 중심에 있는 청량리역은 2021년 10월 기준 아직 GTX-C노선 착공도 하지 않았다는 점에서 지금보다도 앞으로가 더욱 기대된다.

이게 바로 중심지의 힘이다. 이제부터 비과학적이고 주관적인 '입지'를 기준으로 투자할 것이 아니라 과학적이고 객관적인(정부가 공인한) '중심지'에 따라 투자하자. 우리도 평당 2,000만 원짜리 땅을 선점해서 평당 1억까지 벌 수 있다. 중심지는 한번 개발되기 시작하면 금방 비싸진다. ==부자들이 상업지역 건물에 투자하기 시작하면 우리는 살포시 틈새매물을 찾고, 매수하면 된다. 이게 포식자와 함께 공생하는 투자자의 생존 전략이다.==

요약하자면 아래와 같다.

1. 중심지 개발계획을 분석해라.
2. 개발 후 어떻게 변화했는지 직접 눈으로 확인하라.(로드뷰와 임장을 활용하라.)
3. 시기별로 오름폭을 확인해라.(시세 조사)
4. 거점개발지이지만 개발이 되지 않아 저렴한 매물을 매수한다.

이 과정을 머릿속에 꼭 숙지하길 바란다. 그리고 행동으로 이어졌으면 좋겠다.

6장

부자들은 확실한 도시계획에 베팅한다

부동산 투자를 제대로 하고 싶다면 지금 당장 단톡방을 끊어라

내가 고객들에게 항상 말하는 것이 있다. "부동산 투자를 하고 싶다면 단톡방은 특히 무익합니다."

참고로 내가 플랫폼을 만들 때 네이버 카페로 만든 이유는 명확하다. 부동산 전문가라는 타이틀을 걸고 대중들에게 보여주기 위해서는 명확한 근거 자료들이 있어야 한다는 것이 나의 철학이다. 운영자의 재량에 따라 쉽게 폐쇄가 가능한 단톡방, 밴드 같은 가벼운 플랫폼과 달리 네이버 카페는 정보들이 누적되고 많은 사람이 지켜보고 있기 때문에 철두철미하게 분석하고 진단하지 않으면 안 된다.

네이버 카페를 운영하는 이유는 내 성향도 한몫한다. ==나에게는 기록으로 입증된 것만 판단의 대상이 된다.== 기록으로 증명되지 않은 것은 아예 판단의 대상이 되지 않는다. 기록이 전부 사실을 말하진 않지만, 내가 노력하면 진실인지 아닌지 정도는 판단할 수 있다.

<mark>부자들은 확실히 입증된 것만 신뢰한다.</mark> 자신이 모르는 분야에 무모하게 도전하지 않는다. 신중하게 분석하고 확실히 입증된 것이라는 판단이 들 때만 행동한다. 하지만 대중들은 유행을 좇는다. 언론에서 지식산업센터가 돈이 된다고 하면 머릿속에 온통 지식산업센터뿐이다. 그러다가 생활형숙박시설(생숙)이 돈이 된다고 하면 갑자기 또 관심을 가지기 시작한다. 나는 투자의 세계를 야생과 같다고 생각하는데 이런 식으로 유행을 좇아 투자하는 사람들을 '철새'로 비유한다.

철새형 투자자들의 특징은 이렇다. 철새가 풍족한 곳을 찾아 떠돌아 다니는 것처럼 적은 돈으로 많이 벌 수 있는 방법만 생각한다. 수십, 수백 개의 단톡방을 떠돌아다니면서 "정보 주세요!"라고 말한다. 몇몇 회원들과 교류하면서 지금은 단톡방을 끊은 회원들과 이야기를 나눈 적이 있었는데 그들이 한때 단톡방에 빠졌던 이유를 뒤늦게 깨달았다. 익명의 누군가가 올리는 정보 중에 진실이 있다고 믿었던 것이었다. 내가 아는 부자들은 이런 식으로 정보를 얻지 않는다. 혹시 단톡방 정보를 기반으로 투자해서 큰돈을 번 부자가 이 책을 본다면 나에게 이메일로 연락을 주었으면 좋겠다. 이 책의 이전 내용이 틀렸음을 증명할 수 있는 산증인이지 않은가?

내가 아는 부자들은 불확실한 정보를 좇는 사람들이 아니다. 확실하게 입증할 수 있는 정보가 아니면 행동하지 않는다. 어차피 확실하게 입증할 수 있는 정보만으로도 큰돈을 벌 수 있기 때문에 어쩌다 알게 된 가십성 정보가 진짜 사실로 증명된다고 하더라도 절대 아쉬워하지 않는다. 진짜 부자는 내 것이 아닌 것에 욕심내지 않는다. 내가 이해할 수 있는 범위 내에서 그릇에 맞게 이득을 취한다.

그래서 항상 회원들에게 말한다. "그릇을 최대한 키우세요. 그리고 내 그릇에 맞는 정도의 수익만 취하세요. 분에 넘치는 수익은 결국 토해내게 되어 있습니다."

그릇을 키운다는 의미

여기서는 조금 더 구체적으로 그릇을 키운다는 의미를 설명할 필요가 있을 것 같다. 그릇은 크게 두 가지가 있는데, 지식의 영역과 정신의 영역으로 구분된다.

지식의 영역은 어떤 것일까? 정보를 정확하게 분석하는 능력이다. 부동산 투자에서 답은 멀리 있지 않다. 이미 서울시생활권계획 안에 들어 있다. 그러나 서울시에서 제공하는 공문, 서울시생활권계획 등을 읽다 보면 지루하고 복잡한 게 사실이다. 이해가 잘 안 된다. 그래서 훈련과 많은 투자 경험이 필요하다. 자주 임장을 해야 한다. 그렇게 지식이 쌓이다 보면 나의 그릇은 커진다.

정신의 영역은 무엇일까? 지식이 쌓였다고 하더라도 행동으로 이어지지 않으면 수익이라는 열매를 얻을 수 없다. 그러나 진짜 부자는 무조건 행동하지 않는다. 행동할 때와 행동하지 않을 때를 판단할 줄 알아야 한다. 무리한 투자는 오히려 독이 되고 다음을 준비할 수 없게 한다. 그래서 때로는 바위처럼 인내해야 할 때도 있다. 진짜 부자들은 참고 때를 기다리는 시기와 과감하게 행동해야 하는 시기를 정확하게 판단할 줄 안다. 그래야 확실한 확률에 투자할 수 있는 것이다. 도시계획을 둘러싼 배경과 흐름을 공부하는 것은 부자의 그릇을 키우는 데 필수다. 지금부터 설명하는 내용이 도움이 될 것이다.

답은 이미 도시계획에 있다

확실한 확률에 투자하기 위한 답은 도시계획에 있다. 도시계획을 분석하기 위해서는 과거의 개발 흐름까지 아우를 수 있어야 한다. 특히 투자의 경험이 적은 사람들은 도시개발의 역사를 잘 이해해야 한다.

과거 정권에서 강남 3구 위주로 개발을 했다면, 최근 경향은 강남 3구 이외의 지역에 집중하고 있다. 또한 민간개발보다는 공공개발의 인허가가 잘 나오고 있다. 군부대 이전과 집창촌 철거도 최근의 트렌드다. 과거에는 상권이 강해서 재개발이 어려웠던 유흥상권을 개발하는 것도 최근 서울시가 좋아하는 방향이다. 서울에 오래된 상가들의 연한이 40~50년 정도 되었기 때문에 상가나 시장 재건축도 곧 새로운 트렌드가 될 것이다. 하수들이 아파트 리모델링에 투자할 때 고수들은 앞으로 매우 비싸질 상업지역의 상가나 시장 재건축에 투자한다.

개발사업에 있어서 요즘처럼 인허가를 받기가 힘든 시절은 없었던 것 같다. 이것에는 분명히 이유가 있을 것이다. 과거를 조사해보면, 1기 박원순 서울시장 시절 강남 대규모 필지들의 통합 재건축을 허가해줬던 사건이 있다. '사건'이라고 표현하는 이유는 이 사건이 안 좋은 선례가 되어 강남권의 재건축 사업이 힘들어지는 결과를 초래했기 때문이다.

그 당시 서울시는 대규모 주택 공급을 염두에 두고 용적률을 비롯한

국민의당 정동영 의원이 조사한 강남 3구 재건축 아파트 추진 현황

<표1> 강남권 재건축아파트 추진 현황

구분		디에이치아너힐즈	래미안블레스티지	헬리오시티	아크로리버파크	평균
사업주체 (시행사)		개포주공3단지 재건축 조합	개포주공2단지 재건축 조합	가락시영 재건축 조합	신반포1차 재건축 조합	
분양일		2016.8.16	2016.3.22	2015.11.12	2014.9.26	
시공사		현대건설	삼성물산	현대산업개발·현대 건설·삼성물산	대림산업	
세대수 (분양)		1,320 (69)	1,957 (396)	9,510 (1,558)	1,612 (728)	
재건축 전후	용적률	3.3배 (75.8% → 250%)	3.1배 (80.2% → 250%)	3.2배 (89% → 285%)	2.8배 (106% → 299%)	3.1배
	평균 평형	2.1배 (16평→33평)	2.8배 (12평→33평)	2.1배 (15평→31평)	1.3배 (30평→38평)	2.1배
	세대수	1.1배 (1,160→1,320)	1.4배 (1,400→1,957)	1.4배 (6,600→9,510)	1.3배 (730→1,037)	1.4배
	층고	7배 (5층→33층)	7배 (5층→35층)	7배 (5층→35층)	7.6배 (5층→38층)	7.1배

<표2> 강남권 재건축 아파트 분양가 현황
(단위 : 만원/평)

구 분		개포주공3단지 (디에이치아너힐즈)	개포주공2단지 (래미안블레스티지)	가락시영 (헬리오시티)	신반포1차 (아크로리버파크)	평균
분양가	건축비	1,210	1,122	893	1,048	1,068
	토지비	2,875	2,583	1,642	2,771	2,468
	소계	4,085	3,705	2,535	3,818	3,536
분양시기		2016.8	2016.3	2015.11	2013.12(1차)	

<표4> 건축비 비교(입주자 모집 vs 감리자 모집)
(단위 : 만원/평)

공개 건축비	개포주공3단지 (디에이치아너힐즈)	개포주공2단지 (래미안블레스티지)	가락시영 (헬리오시티)	신반포1차 (아크로리버파크)	평균
입주자모집시	1,210	1,122	893	1,048	1,068
감리자모집시	1,047	1,136	819	-	1,001
차액	163	-14	74	-	74

주1) 신반포1차는 감리자 모집 공고문 미확인으로 제외.
자료 : 감리자 모집 공고문, 입주자 모집 공고문

출처: 서울시 의회

각종 인센티브를 제공했음에도 불구하고 정치인들이 가장 중요하게 생각하는 공급 목표치에 한참 미달했다. 사업성 보전을 위해 인센티브를 줬는데도 당시 재건축 조합들은 소형 평수보다는 대형 평수를 많이 공급하여 대단지 명품 아파트를 지어버린 것이다. 대표적인 아파트들이 바로 디에이치아너힐즈, 래미안블레스티지, 헬리오시티, 아크로리버파크다.

그 결과 해당 단지들은 명품 단지가 되어 가격이 많이 올랐지만 전국 재건축, 재개발 시장에 과열을 불러왔다. 본인의 잘못된 선택으로 박원순 전 서울시장은 국회 청문회에 참석하여 추궁을 당했다. 분양가상한제를 비롯한 각종 규제가 이 시기에 만들어졌다. 많은 정치인은 이 사건을 보면서 학습했을 것이다. 강남 지역의 대규모 인허가가 나에게 어떠한 화살로 돌아오는지를 말이다. 혹시 이런 사실을 알고 있는 독자가 있는가? 내가 말하는 사실이 지금까지 들어본 적도 없던 이야기라면 아직 그릇을 더 키워야 할 단계다.

현재 우리는 여태껏 경험해보지 못한 규제의 시대에 살고 있다. 그럼에도 불구하고 여전히 과도한 특혜를 받는 것처럼 여겨질 정도로 인허가를 잘 받는 사업지들도 존재한다. 이것 또한 '정치의 영역'일까?

부동산 투자의 고수들은 이런 역사적 사실들을 알고 있다. 부자들은 규제가 많은 현실 속에서도 확실하게 인허가를 잘 받는 곳을 찾는다. 오세훈 서울시장이 당선되었을 때 입지론에 심취한 사람들은 규제가 넘치는 부동산 판을 뒤흔들 영웅이 귀환했다고 여겼다. 규제로 막혀 있던 자신의 사업지들을 팍팍 지원해줄 것이라고 생각했다. 아마 당선되던 날 이렇게 생각했을 것이다. "이제 다시 돈 벌 수 있어!"

그러나 오세훈 서울시장의 행보는 달랐다. 시장 임기를 시작하고 처음으로 현장 방문한 곳이 어디였는가? 가로주택정비사업 현장이었다. 심지어 자신의 사업지였던 성수전략정비구역까지 토지거래허가제로 지정한다. 토지거래허가제로 지정된 순간 단타꾼들이 진입할 수 없게 된다. 게다가 아시아선수촌아파트 지구단위계획구역에 입지가 좋은 곳은 임대주택으로 공급한다고 한다. 신속통합기획 1호 재건축으로 알려

오세훈 서울시장의 첫 주택현장 행보

➤ 오세훈 서울시장의 첫 행선지, 대중들의 예상과는 다르게 가로주택정비사업 구역을 방문했다.

출처: 네이버 뉴스

진 오금현대아파트는 너무 높은 임대 비율 때문에 주민들이 반발하기 시작했다.

혹자는 오세훈 서울시장이 몸을 사리고 있다고 말한다. 그 말이 사실일까? 아니다. 오세훈 서울시장은 서울시생활권계획에 따라 움직이는 것일 뿐이다. 디테일한 계획은 박원순 전 서울시장과 다르겠지만 나와 같이 도시계획의 역사를 꿰뚫는 사람은 오세훈 서울시장도 서울시도시계획에 따라 움직이고 있다는 것을 잘 알고 있다.

그래서 투자자라면 서울시생활권계획을 해석할 줄 알아야 한다. 그래야 내가 투자하려는 사업지가 빠르게 개발이 되는 곳인지 여부를 단번에 파악할 수 있다. 도시계획에도 흐름이 있다고 얘기했었는데, 그렇다고 변화에 따라서 대한민국 모든 지자체의 도시계획을 알고 있어야 할까? 물론 전부 숙지하고 있으면 좋겠지만 나는 그렇게까지 하고 있지는 않다. 서울만 확실히 연구하면 된다고 생각한다. 어차피 다른 지방 도시의 계획은 이미 성공하여 결과물이 있는 서울시의 도시계획을 롤모델로 삼기 때문이다.

요즘의 서울시는 어떤 형태의 개발을 좋아할까? 어느 지역에 관심이 많을까? 그리고 얼마나 노골적으로 표현하고 있을까? 서울시가 도시계획이 투자할 타이밍까지 친절하게 알려준다는 것을 알게 되면 깜짝 놀랄 것이다.

추가분담금은커녕 1+1 매물이 가능한 상업지역 재개발

부자들은 예측 가능한, 확실한 확률에만 베팅한다고 말했다. 게임으로 비유하면 각종 규제와 도시계획은 게임의 룰이라고 말할 수 있다. 때로는 규제와 도시계획이 서로 실타래처럼 묶여 있다. 투자자라면 이런 실타래처럼 묶인 것을 풀고 실마리를 찾아야 한다.

모든 규정이 중첩되어 서로 대치될 경우, 서울에 있는 모든 자치구는 가장 상급 규정인 서울시생활권계획에 따라서 행동하게 되어 있다. 극단적으로 예를 든다면, 25층까지 개발할 수 있다고 규정돼 있더라도 서울시생활권계획이 7층 이하로 규정하고 있다면? 해당 구청장이 아무리 높게 개발하고 싶어도 원칙적으로 할 수 없다. 민원을 통해서 확인도 해봤고, 실제로 생활권계획에 의해 개발이 막힌 지역들도 무수히 많이 보아왔다.

수년간 조사해보니 재개발만 놓고 본다면 요즘의 서울시는 확실히 상업지역과 준공업지역 재개발을 좋아하는 것 같다. 이번 파트에서는 상업지역 재개발인 도시환경정비사업에 관해서 설명하겠다. 과거에는 최대한 상권이 강한 곳을 피해야 한다는 게 재개발의 정석이었다. 상권이 강한 곳은 자영업자들의 생존권과 관련 있기 때문에 좀처럼 동의를 받기 쉽지 않다.

최근에는 상황이 달라졌다. 문재인 정부는 역세권 상업지역에 고밀도로 개발하기를 좋아했다. 특히 서울에 전례가 없을 정도로 교통 호재가 가득하기 때문에 개발할 수 있는 역세권 땅이 많아졌다. 때문에 배정 학군, 학원가 따위는 호재로 인식할 수 없게 되었다. 역세권 땅에 막대한 인센티브를 부여하면 돈을 벌고 싶은 부자들부터 베팅(매수)하기 시작한다. 덕분에 땅값이 올라서 재개발에 반대하던 상가 비대위들이 어느 시점부터는 타협을 한다. 실제로 청량리 역세권 상업지역도 평당 5,000만 원이 넘어서면서 협조하는 상인들이 생겼다.

그런데 상업지역 재개발을 연구하다 보면 한 가지 공통점을 발견할 수 있다. 서울 25개 자치구에는 상업지역이 상당히 많은데, 이 중에서도 최우선으로 개발하는 곳이 있다. 특징을 살펴보면 다음과 같다.

1. 집창촌 상업지역(예: 용산, 청량리, 천호동, 길음동, 영등포역, 수원역 등)
2. 술집, 모텔 등 유흥상권(예: 상봉동 모텔촌, 수색역 상업지역재개발, 강북5구역, 강북2·3구역, 마포구와 용산구 상업지역 개발 등)

집창촌과 같은 유흥상권들은 상인들의 동의가 없다면 재개발을 하기 어렵다. 이런 곳들은 주변부터 개발해 지가 상승에 따르는 보상금을 많이 줘야 가능하다. 과거 군사정권의 산물인 집창촌은 공익이라는 명분으로 공권력을 사용해 개발이 가능했다. 지금 서울시와 경기도에서는 이런 상업지역 재개발이 한창이다. 이런 곳들은 보통 노후도가 매우 높다. 아이를 키우기 어려운 환경이라서 신축 빌라도 없기 때문이다. 또 애초에 주택이 별로 없어 조합원의 수도 매우 적다. 그래서 추가분담금 없이 환급이 나오고 심지어 1+1입주권이 가능한 것이다. 그러나 이것만으로 큰돈을 담기에는 부족하다. 상업지역 재개발은 선점보다는 매수 타이밍이 더 중요하다. 따라서 관건은 '빠르게 인허가를 받을 수 있는지'다. 이것만 알면 사업성 자체는 워낙 좋기 때문에 단계별 프리미엄을 다른 사업지들보다 훨씬 많이 얻을 수 있다. 또한 상업지역이라서 상가들은 주택 수에 잡히지 않고 대출이 많이 나온다는 장점도 있다.

미아리 텍사스촌(신월곡1구역) 속도가 심상치 않다

서울 성북구 월곡동 길음 역세권에 신월곡1구역이라는 상업지역 재개발 구역이 있다. 일명 미아리 텍사스촌으로 불리는 곳으로, 아시는 분들은 아시겠지만 서울 북부의 유명한 집창촌 지역이다. 이 지역 사업의 종류는 도시환경정비사업이다. 재개발의 범주에 속하지만 그 목적이 일반 재개발과는 차이가 있다.

일반 재개발은 노후 주거지를 신축화하는 주거복지의 차원이라면,

도시환경정비사업의 주된 목적은 안 좋은 환경을 개선하고 도시기능을 회복하기 위한 사업이다. 즉, 오직 주택 보급의 목적으로 개발하는 것이 아니라 좋지 않은 환경을 좀 더 좋은 환경으로 개선하고 양질의 상권과 일자리를 제공하기 위해 아파트 개발이라는 수단을 이용하는 것이다. 따라서 도시환경정비사업은 대부분 주상복합 아파트가 많다.

개발 목적에서는 차이가 있지만 곰곰이 생각하고 넘어갈 부분이 있다. 내가 만약 구청장이라면 일반 재개발지역과 도시환경정비사업구역 중에서 어디를 먼저 개발하고 싶어할까? 대단지 길음뉴타운 엄마들의 표를 받지 못한다면 재선에 문제가 생기지 않을까?

서울시생활권계획 해석하기

미아 지역중심

안 좋은 환경을 정비하기 위한 목적인 도시환경정비사업(상업지역, 준주거지역, 준공업지역 재개발)이 정치적인 사업(집창촌을 제거해 길음뉴타운 엄마들의 표를 확보 목적)임을 잘 보여주는 미아 지역중심 개발사업이다. 그래서 기존 상권이 있더라도 잘될 수밖에 없다.

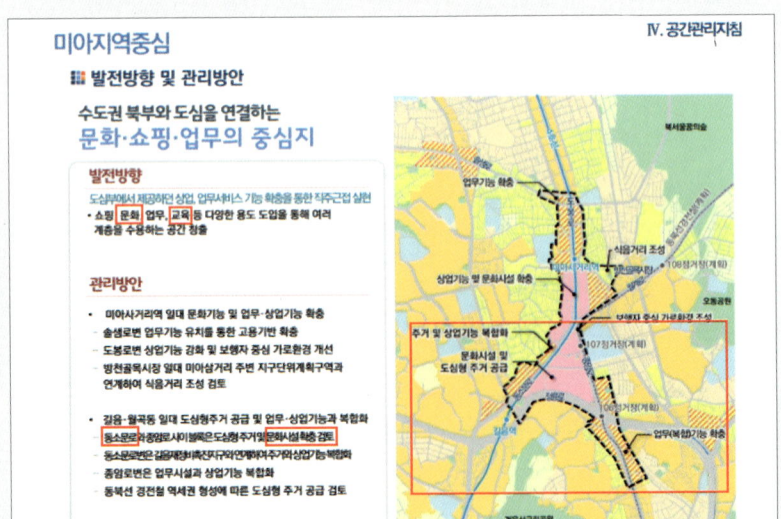

➤ 한때 미아리 텍사스촌이라고 불렸던 곳을 정비하는 사업이 미아 지역중심 개발이다.

출처: 서울시생활권계획

서울시에서 이 지역을 어떻게 바라보고 있는지 확인했더니, 서울의 많은 거점 중 한 곳으로 지정되어 있었다. 미아 지역중심(강북구 미아동 + 성북구 월곡동, 길음동 지역)을 지구단위계획으로 설정하여 넓게 퍼져 있는 상업지역, 준주거지역을 개발하겠다는 계획이다. 잘 모르는 사람이 보더라도 상권이 매우 강할 거라는 감이 올 만큼 상업지역이 넓다. 실제로 2개의 백화점과 2개의 대형마트가 있는 집객력이 매우 뛰어난 상권이다.

이 상권은 미아뉴타운, 길음뉴타운, 장위뉴타운 거주자뿐 아니라 도봉구, 노원구, 강북구, 성북구 심지어 경기 북부 사람들까지 이용하는 거대 상권이다. 외관만 놓고 본다면 개발이 어려워 보인다. 실제로도 그렇다. 자영업자들의 터전인 미아동 쪽 상업지구의 개발은 서울시가

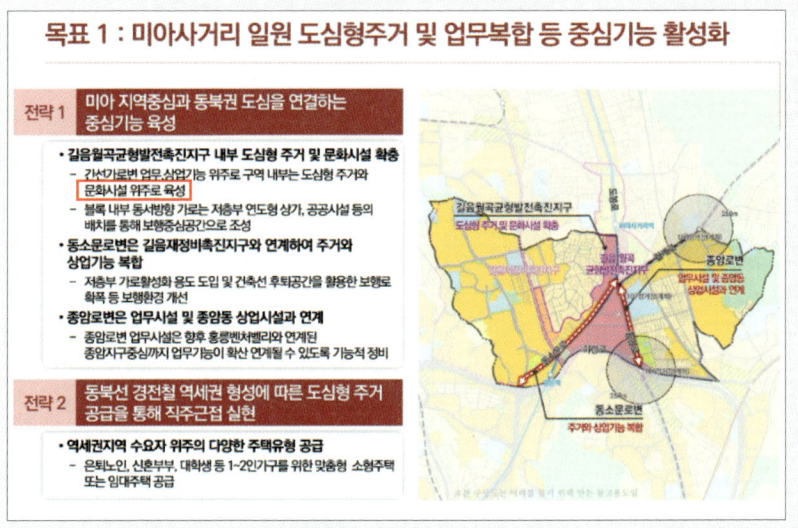

➤ 이렇게 권장 용도까지 구체적으로 적혀 있다.

출처: 서울시생활권계획

강제할 수 없기 때문에 성북구 지역에 비해서 느린 편이다.

반면에 길음역 쪽에는 집창촌이라는 위법 상권이 있다. 서울시가 단속을 통해서 강제할 수 있는 상업지역인 것이다. 실제로 이곳은 빠르게 개발되는 편이다. 같은 상업지역이며, 똑같이 상권이 강하지만 정치인 입장에서 신월곡1구역은 개발의 명분이 있다. 서울시에서는 개발 후에 교육, 문화시설을 확충하고 싶어한다. 불과 3년 전 네이버 카페에 커뮤니티를 처음 만들었을 때 똑같은 설명을 했었지만 투자할 수 있는 용기를 가진 회원은 소수 중 극소수였다.

지금 이곳은 어떨까? 종로학원 같은 대형 프랜차이즈 학원을 비롯해 군소 학원가들이 형성 중이다. 중학교 때부터 보낼 학원이 없어서 길음뉴타운 주민들이 중계동 은행사거리로 이탈하는 것을 성북구는 필사적으로 막고 싶은 것이다. 이런 변화를 알게 된 회원들은 뒤늦게라도 공부하고 있다. 그리고 길음동 임장 때 참석한 회원들은 몇 번이고 이 말을 했다. "그때 샀어야 했어요…. 적극적으로 말씀해주시지."

상급기관인 서울시의 계획을 확인했으니 성북구는 어떤 노력을 하는지 봐야 한다. 아무리 서울시가 계획을 만들었어도 자치구와 코드가 안 맞는다면 그저 계획으로 끝날 수 있기 때문이다.

다음 그림은 서울시 성북구에서 만든 성북구 전체의 2020년 과업을 담고 있는 문서의 표지다. 내용을 살펴보면 성북구 전체 지역 중에서 무수히 많은 재개발 구역(길음재정비촉진지구, 장위재정비촉진지구 등)들이 있음에도 불구하고 유일하게 언급된 재개발 구역은 신월곡1구역과 성북2구역뿐이다. 그만큼 구청장이 매우 중요하게 보고 있는 사업지라는 의미다.

➤ 구청 홈페이지에는 도시계획에 대한 양질의 부동산 정보가 있다.
출처: 성북구 홈페이지

　투자자라면 이 정도까지 친절하게 알려주는 사업지에 과감하게 베팅(매수)을 걸어봐야 한다. 물론 살아 있는 집창촌 상권을 보면 두려움이 앞서겠지만 말이다. 나는 항상 회원들에게 이렇게 말한다. "저도 믿지 마세요! 오직 도시계획과 원문을 믿으세요!"

　참고로 성북구청 홈페이지에 방문하면 다운로드할 수 있도록 친절하게 안내되어 있다. 성북구는 일을 잘하는 자치구다. 다음 페이지 공문에서 빨간색 네모로 표시한 부분만 보면 된다. 인근 길음뉴타운 대단지 주민들의 민원이 신월곡1구역 도시환경정비사업의 명분이다. 비단 이곳만 그런 게 아니다.

　서울시의 개발 공식은 경기도를 넘어 결국 전국으로 퍼진다. 청량리 588 집창촌을 무너뜨리기 위해서 전담뉴타운 아파트를 먼저 만들었고, 그들의 민원이 명분이 되어 집창촌을 개발했다. 신길뉴타운 주민들의 민원 덕분에 영등포구에서도 역세권 집창촌 재개발 계획을 최근에 발표했다. 수원역푸르지오 대단지를 입주시키고 입주민들의 민원을 통해

> ⑥ **문제점 및 대책**
> ☐ 삼양로 일대 불법 유해업소에 대한 지속적인 지도점검(단속)에도 근본적 근절방안 미흡
>   ○ 유해업소 불법행위에 대하여 건물주 및 일부 인근 이용주민의 무관심 상존
>   → 주2회 이상 심야 집중 지도·단속을 통한 강력한 행정처분 실시
>   → "두근두근 별길마켓" 개최를 통한 유해업소 정비의 성과를 주민과 같이 공유하고 지역경제 활성화와 거리문화 발전방안 모색
> ☐ 삼양로 일대 건물이 노후화되어 삼양로 활력거점공간으로 리모델링후 사용할 수 있는 상태의 건물 매입이 어려움
>   → 지속적으로 토지(건물) 매입 조사 실시
> ☐ 인근 길음뉴타운 재개발 준공에 따라 주민으로부터 집창촌 철거요구 민원이 지속적으로 발생
>   → 성북2구역과 결합개발 및 사업계획 변경 등에 따른 찬반 등 조합원 의견을 반영하여 원활하게 진행하도록 행정지도

➤ 집창촌을 바로 개발하기 어려우니 주변 재개발 사업으로 먼저 주택을 보급하고 신축 아파트 입주민들의 민원으로 집창촌을 제거할 명분을 만드는 것이다. 이 공식을 반드시 기억해두자.

출처: 성북구 홈페이지

서 수원 역세권 집창촌들은 현재 문을 닫은 상황이다. 이런 사례는 점점 늘어날 것이다.

그런데 성북2구역과 결합개발이라는 문구가 눈에 띈다. 원래 성북2구역은 제1종 주거지역으로 아파트 개발이 어려운 곳이다. 즉, 이것은 사업성이 극도로 좋은 관내 상업지역 재개발과 함께 연계 개발하여 윈윈하겠다는 전략이다. (독자들을 위해 더 설명하자면 신월곡1구역의 사업성을 성북2구역에 보전해줌으로써 신월곡1구역이 빠르게 사업할 수 있도록 성북구청에서 각종 인센티브를 주는 방식이다.)

아무튼 성북구 내에서 많이 밀어주고 있다는 것을 놓치지 말아야 한다. 특히 결합개발 방식은 서로 다른 두 사업지가 하나의 덩어리가 되

는 것이어서 만약 빠르게 성공한다면 구청장과 구의원, 시의원, 지역구 국회의원에게는 굉장한 업적이 될 것이다. 임기 내 두 개의 사업지를 완성했으니 말이다. 구민에게 일 잘하는 정치인, 구의 발전을 위해 최선을 다하는 정치인으로 기억될 수 있다.

바로 뒤에 나오는 서울도시계획포털에서 제공하는 지도를 보자. 이미 결합정비구역이라고 표시되어 있다. 뿐만 아니라 신월곡1구역에서 파생된 유흥상권인 삼양로(미아뉴타운 가는 길)도 개발의 범위에 포함되어 있다. 실제로 유흥상권이 맛집, 카페, 학원, 병원 등으로 빠르게 바뀌는 중이다. 이런 곳을 과감하게 살 수 있는 사람은 과연 누구일까?

다시 성북구 공문 내용으로 돌아가자. '원활하게 진행하도록 행정지도'라는 문구는 단계별 프리미엄을 빠르게 얻을 수 있다는 의미로 해석하면 된다. 물론 처음부터 빠르진 않았고, 실제로 수년간 지지부진했

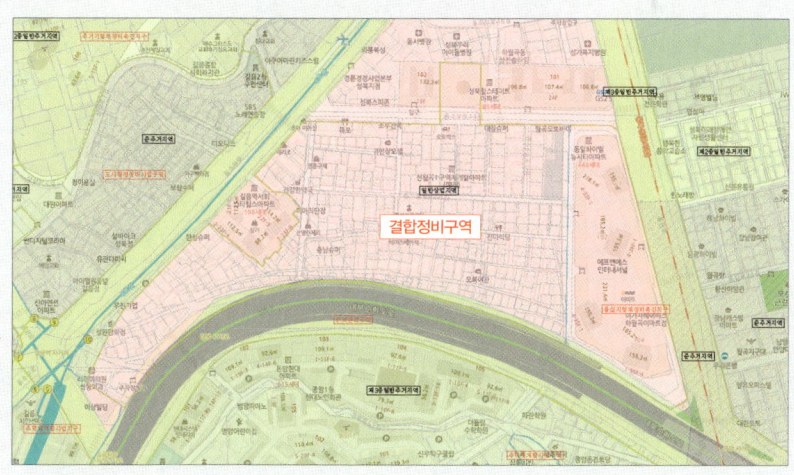

➤ 정중앙 붉은 글씨에 결합정비구역이라고 표시되어 있다. 무슨 의미일까?

출처: 서울도시계획포털

다. 그러나 나와 같은 투자자들은 타이밍을 잘 노린다. 앞서 열거한 방식대로 도시개발(배후 주거지 개발→상업지역 재개발)을 할 것을 알기 때문에 이런 작업이 어느 정도 진행되었다고 판단되면 매수를 검토한다. 참고로 신월곡1구역은 2020년 8월 사업시행 인가를 받았다. 나는 이것을 예측해 고객들에게 2020년 3, 4월에 투자처로 추천했다. 그리고 2020년 12월 감정평가를 마쳤다.

이렇게 구체적으로 문서화까지 했다. '2020년 감정평가, 2021년 관리처분, 2022년 이주 및 철거', 이 정도까지 공문에 친절하게 나왔다면 이

< 관내 유해업소 현황(2020.1.기준) >

합계	길음동	장위동	석관동	종암동	하월곡동	정릉동
75 (100%)	24 (32%)	31 (41.3%)	14 (18.7%)	3 (4.0%)	1 (1.3%)	2 (2.7%)

※ 2019년 관내 유해업소 101개중 26개 자진폐업(유해업소 26% 감소)
- 20년이상 노후된 보도블록으로 인해 일부 보도침하, 파손 등으로 평탄성 불량
- 배전선로 구간으로 가로수 수종이 혼식되어 있고 수형이 불량
※ 현존수목 및 수량: 양버즘나무 등 5종 총 128주(양비름, 은단풍, 느티 등)

○ 신월곡1구역내 하월곡동 88번지 집창촌이 위치하여 지역중심, 상업지역으로 상업·문화 기능이 집적되지 못하는 등 도시위계상 적합한 개발이 이뤄지지 못함

현황지표	추 진 지 표 명	목 표 치		
		2020년	2021년	2022년
· 삼양로 유해업소 24개소 (20.1 기준)	유해업소 집중 지도·점검(개소)	24	24	24
	유해업소 근절 실무협의회 운영(회)	4	4	4
· 보도블럭(1.2km)	삼양로 활력거점공간 조성(개소)	2	2	2
· 가로수(128주)	지역 커뮤니티 프로그램 등 운영(회)	4	10	10
· 신월곡1구역	삼양로 보도블록 정비율(%)	100	-	-
- 노후건축물 94.92%	삼양로 가로수 정비율(%)	100	-	-
- 호수밀도 64.86동/ha - 주택접도율 23.46%	신월곡1구역 정비사업 추진율(%)	40 (감정평가)	60 (관리처분)	80 (이주, 철거)

➤ 신월곡1구역을 정비해야 하는 이유를 집창촌 제거 사업과 연결 짓고 있다.

출처: 성북구 홈페이지

과제별 소요예산 현황

(단위: 백만원)

과제구분	세부사업	소요예산 총사업비	기투자(~'19)	2020년 예산	향후투자('21~'22)	추진부서 (협조부서)
	총계	64,287	19,664	15,914	28,709	
생활편의 기반 조성	① 월곡 청소년 문화의 집 건립	3,950	-	3,950	-	교육지원과
	② 월곡 청소차고지 지하화 및 복합문화체육시설 건립	43,761	14,612	1,476	27,673	문화체육과 (청소행정과)
	③ 세대공감 가족형 공원 조성	6,067	-	5,367	700	공원녹지과
	④ 학교운동장 지하주차장 조성	(정책입안)				교통행정과
지속가능한 도시경쟁력 창출	⑤ 동북선, 강북횡단선 도시철도 안정적 추진	(민자개발사업)				교통행정과
	⑥ 시민소통·문화허브 '서울시 시민청' 건립	120 (市재정사업)		120		기획예산과
	⑦ 길음1촉진구역 미래형 공공공지 활용방안 결정	(정책입안)				주거정비과
	⑧ 길음역 일대 유해환경 정비로 도심기능 회복 및 주거환경 개선	3,839	1,152	2,351	336	보건위생과 일자리경제과 도로과 공원녹지과 주거정비과

➤ 길음역 일대 유해 상권을 없애기 위해 구체적으로 예산 집행까지 하고 있다.

과제구분	세부사업	추진지표	목표치 2020년	2021년	2022년
<1> 생활편의 기반 조성	① 월곡 청소년 문화의 집 건립	청소년 문화의집 건립 공정률	50%	100%	-
	② 월곡 청소차고지 지하화 및 복합문화체육시설 건립	청소차고지 지하화 및 복합시설 건립 공정률	20%	50%	100%
	③ 세대공감 가족형 공원 조성	융복합 다세대 체험공원 조성면적	4,500㎡	4,500㎡	1,000㎡
	④ 학교운동장 지하주차장 조성	학교운동장 지하주차장 건립 공정률	10%	20%	50%
<2> 지속가능한 도시경쟁력 창출	⑤ 동북선, 강북횡단선 도시철도 안정적 추진	동북선 공사 공정률	10%	30%	50%
		서울시 제2차 도시 철도망 확정 추진율	100%		
	⑥ 시민소통·문화허브 '서울시 시민청' 건립	시민청 건립 공정률	20%	50%	100%
	⑦ 길음1촉진구역 미래형 공공공지 활용방안 결정	길음재정비촉진계획 변경 추진율	50%	100%	
<3>	⑧ 길음역 일대 유해환경 정비로 도심기능 회복 및 주거환경 개선	유해업소 집중 지도점검	24개소	24개소	24개소
		유해업소 근절 실무협의회 운영	4회	4회	4회
		삼양로 활력거점공간 조성	2	2	2
		지역커뮤니티 프로그램 등 운영	4	10	10
		삼양로 보도블록 가로수 정비율	100%		
		신월곡1구역 정비사업 추진율	40%	60%	80%

➤ 또한 유해 상권 제거를 위한 추진 방안까지 구체적으로 명시되어 있다.

출처: 성북구 홈페이지

세부사업	세부사업별 계획											
	2020년 소요예산				2021년 소요예산				2022년 소요예산			
	국비	시비	구비	기타	국비	시비	구비	기타	국비	시비	구비	기타
① 월곡 청소년 문화의 집 건립	50% 3,950백만원				100% -				-			
	3,412	538										
② 월곡 청소차고지 지하화 및 복합문화체육시설 건립	20% 1,476백만원				50% 11,069백만원				100% 16,604백만원			
	1,476				942	10,127			1,413	15,191		
③ 세대공감 가족형 공원 조성	80% 5,367백만원				90% 400백만원				100% 300백만원			
	5,367					400				300		
④ 학교운동장 지하주차장 조성	10%				20%				50%			
⑤ 동북선, 강북횡단선 도시철도 안정적 추진	[동북선] 10% [강북횡단선] 100%				30%				50%			
⑥ 시민소통문화허브 '서울시 시민청' 건립	20% 120백만원				50% -				100% -			
	120											
⑦ 길음1촉진구역 미래형 공공공지 활용방안 결정	50%				100%				-			
⑧ 길음역 일대 유해환경 정비로 도심기능 회복 및 주거환경 개선	[유해업장정비] 100% 279백만원				100% 68백만원				100% 68백만원			
	29.4	34.4	215			68				68		
	[통장·점검단] 100% 1,072백만원				100% 100백만원				100% 100백만원			
		1,072				100				100		
	[보행환경개선] 100% 700백만원				-				-			
		700										
	[가로수길조성] 100% 300백만원				-				-			
		300										
	[신월곡구역] 40%				60%				80%			

➤ 게다가 약 3개년 예산까지 편성하여 관리하고 있다.

출처: 성북구 홈페이지

제 부자들은 뒤도 안 돌아보고 매수한다. 이렇게 설명하면 쉬워 보일 것이다. 이렇게 생각하는 독자들도 있을 수 있다. "작가님! 이렇게까지 공문이 나오면 투자자들이 뻔히 알 텐데요. 바보 아닌 이상 다 매수하죠!"

그러나 내 경험상 투자로 큰돈을 벌 수 있는 자질이 있는 소수를 뺀다면 행동할 수 있는 사람은 결코 많지 않다. 집창촌, 비대위, 우범지대와 같은 허름한 땅, 의외로 비싼 가격, 당장 눈에 보이는 요소들이 전부 안 좋은 것투성이니 매수하는 사람이 별로 없다. 상가 매물이 많아서 대출이 잘 나오기 때문에 실투자금은 생각보다 저렴해도 일단 눈앞에

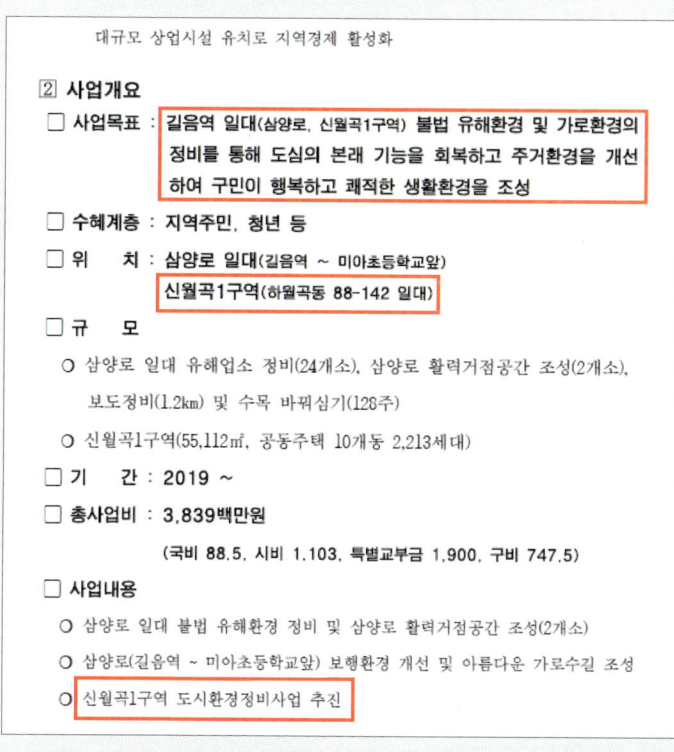

> 우리는 재개발 하면 노후 주택을 신축 아파트로 만드는 사업으로만 알고 있다. 하지만 권력자가 생각하는 재개발은 도시 환경을 개선하는 사업 중 하나다.

출처: 성북구 홈페이지

보이는 게 엉망진창이니 더 관심 갖지 않는다.

　나는 2020년 4월에 이곳을 추천하면서, 사업시행 인가를 받고 조합원 지위 양도가 금지되는 관리처분 인가 전에 나오라고 안내했다. 관리처분 직전이 매도 타이밍이다. 그사이에 얼마나 벌었을까? 실제로 매수한 회원들은 월 1억 원 정도 벌었다. 13억 원에 매수한 (상업지역답게 대출이 많이 나와서 실투자금은 3억) 매물이 6개월 만에 25억짜리가 되었다.

이처럼 규제가 난무하는 시대에도 어떤 재개발은 과감하게 밀어주고 있다. 성북구는 왜 밀어줄까? 길음역 일대의 환경이 좋지 못하다는 인식을 하고 있기 때문이다.

그리고 가장 중요한 부분인 예산이 배정되었다는 사실을 알 수 있다. 결국 유해환경을 제거할 목적으로(아파트 보급이 주목적이 아니다.) 신월곡1구역 도시환경정비사업을 적극 지원할 거라는 사실을 알 수 있다. 그것도 친절하게 문서화되어 있다. 신뢰할 수 있는 보증서인 셈이다.

내부순환도로와 인근 북한산 때문에 고도가 자유롭지 않음에도 불구하고 46층 주상복합 아파트를 건립할 예정이다. 물론 계획이 수정되어 더 높게 짓는 것도 가능하고, 더 많은 분양도 가능하다.

사실 신월곡1구역의 위상이 달라진 것은 최근의 일이다. 서울시에서 밀어주고, 사업성까지 좋다는 걸 알았기 때문에 단계별 프리미엄이 잘 오르는 것이다. 현재는 기존 시공사에서 더 좋은 시공사로 교체하자는 비대위가 형성되고 있다. 사업을 하지 않겠다는 비대위가 아니다. 개발을 원하는데 명품 건설사를 원하는 것이다. 부산 같은 곳의 사례를 보았을 때 충분히 명품 건설사로 교체가 가능해 보인다. 아무튼 우리도 사업시행 인가 직전에 선점하여 지금쯤 팔았다면 수익 덕분에 한남뉴타운 투자가 가능했을 것이다.

일반인들의 관점에서는 투자하기 어렵고 껄끄럽다. 구체적인 통계를 내본 것은 아니지만 내가 생각했을 때 일반인들은 입지가 좋은 초기 재개발 지역의 신축 빌라를 선호한다. 재개발 매물을 매수하더라도 저렴하게 실거주하기 좋아야 한다는 고집 때문이다. 쾌적하게 살면서 입주권도 받을 수 있다면 이만큼 완벽한 매물도 없다. 그런데 내가 매

> 〈5〉 신월곡1구역 도시환경정비사업
> ☐ 사업목표 : 정비사업 추진을 적극 독려하여 안전하고 쾌적한 주거환경 조성
> ☐ 수혜계층 : 지역주민, 역사 이용주민 등
> ☐ 위   치 : 성북구 하월곡동 88-142호 일대
> ☐ 규   모 : 면적 55,112㎡ 10개동 <mark>최고 46층, 공동주택 2,213세대 등</mark>
> ☐ 총사업비 : 민간사업
> ☐ 사업내용 : 신월곡1구역 도시환경정비사업
>   ○ 감정평가 업체 선정 및 평가
>   - 감정평가 업체 입찰 및 선정, 계약, 감정평가 실시
>   ○ 조합원 분양신청
>   - 조합원 분양신청을 통하여 관리처분 계획을 위한 사업비 산출
> ☐ 주민 참여방안
>   ○ 정비사업 추진을 위해서는 조합총회 등의 절차가 선행되는 것으로 총회 참여 독려
>
> 〈6〉 2020년 사업별 추진일정

구 분	로드맵	1월~3월	4월~6월	7월~9월	10월~12월
유해환경정비	진행도	25%	50%	75%	100%
	추진내용	· 유해업소 집중단속 및 실무협의회 운영	· 유해업소 집중단속 및 실무협의회 운영	· 유해업소 집중단속 및 실무협의회 운영	· 유해업소 집중단속 및 실무협의회 운영
	진행도	50%	75%	75%	100%

➤ 집창촌 제거를 위해서는 상권의 붕괴가 중요한데 이를 위해서는 과감한 건축 인센티브를 줘서 주민들이 재개발을 호의적으로 받아들여야 한다.

출처: 성북구 홈페이지

수한 신축 빌라가 있는 지역이 서울시에서 딱히 재개발을 해줄 생각이 없는 곳이라면? 이런 곳에는 백날 민원을 넣어봐야 효과가 없다. 어차피 이런 식의 민원이 스팸메일처럼 쌓여 있을 뿐일 테니.

도시계획을 이미 알고 있던 부자들은 정부나 지자체에서 밀어주는 확실한 곳에 투자한다. 이번 장의 결론을 정리하겠다. 부자들은 근본 없는 정보에 흔들리지 않는다. 자신이 예측할 수 있는 확실한 타이밍에 투자한다. 그러므로 그릇을 키워라. 공문을 쓱 읽으면 도시계획이 머릿속에 자동으로 그려질 때까지 내공을 쌓아라.

내가 요즘 주목하는 곳: 개발이 임박한 이곳에 투자하라

이 책을 읽는 독자 중 제3의 하락기를 걱정하는 분이 있을 것이다. **하락기가 다가오면 수익형 부동산 투자에** 관한 관심이 높아진다. 지난 2008~2018년 하락기를 살펴보면 부동산 투자로 시세차익을 얻기가 좀처럼 쉽지 않았기 때문에 대중은 안정적인 월세 수익을 바탕으로 노후를 대비하고자 했다. 한편 2018년부터 상승기가 이어지면서 언제 그랬냐는 듯 시세차익용 주택투자에 몰리게 되는데, 하락기가 다시 찾아온다면 그들은 180도 태세를 전환하여 수익형 시장에 돈을 쓸 것 같다.

나는 "호재도 중요하지만, 땅의 힘이 호재를 불러온다"라는 말을 종종 한다. 이 책의 독자들은 부동산 투자에서 용도지역이 얼마나 중요한지 깨달았을 것이다. 나와 함께 공부한 사람들은 입지를 따지지 않고 땅의 용도가 좋은 상업지역, 준주거지역, 준공업지역을 저점일 때 매수했다. 대중들은 그때 아무런 관심도 보이지 않았지만 우리는 단기간에 투자금 대비 100% 이상의 수익을 만들어냈다. 비록 대형 호재가 없더라도 용도가 좋은 땅들은 권력자가 그냥 두지 않는다. 개발을 하는 건설사도 마찬가지다. 결국 개발을 원하는 누군가는 반드시 용도가 좋은 땅을 건드릴 것이고, 우리는 선점만 하면 그만이다. 아파트를 비롯한 주택들의 연한이 30년에 다다르면 대중은 관심을 갖기 시작한다. 재개발, 재건축이 돈이 되기 때문에 슬슬 투자를 준비하는 것이다. 그런데 규제의 시대에 살고 있는 지금, 소수는 다른 시장을 주목하고 있다.

다음 페이지 이미지는 2021년 5월 9일에 작성한 칼럼이다. 서울 강동구 관련 칼럼을 쓰면서 상가 재건축을 언급했다. 가로주택정비사업이 대중에게 처음 소개되었을 때, 사람들의 반응은 시원치 않았다. 과연 빌라, 연립 재건축이 돈이 되겠냐는 것이다. 시간이 흘러 소액으로 단기간에 100~200%의 수익이 나자 이제 와서 대중들이 달려들기 시작했고, 선점했던 우리 회원들은 그들에게 좋은 가격으로 넘길 수 있었다. 대중이 알고 몰려드는 시점이 가장 좋은 매도 시점이다. (투자는 대

➤ 까다로웠던 노후 집합건축물 재건축의 동의 요건이 완화되었다. 부자들은 이런 확실한 타이밍이 나올 때 매수한다.

출처: 국토교통부 보도자료

중과 반대로 움직여야 한다.)

　서울 일자리 지역에 오래된 상가건물들이 많다. 50년도 더 된 건물들이 아직도 역할을 해내고 있는 것을 보면 놀라지 않을 수 없다. 누가 봐도 재건축이 필요한 건물들인데, 이권이 강한 특성 때문에 개발이 어렵다. 2021년 6월에 건축법이 개정되면서, 기존 100% 동의가 있어야 재건축을 할 수 있었던 상가 등의 집합건축물이 80% 동의만 달성해도 재건축이 가능해졌다. 갑자기 왜 법을 개정했을까? 분명히 상인회, 경제인연합회 등의 압박 때문에 법을 개정하기가 쉽지 않았을 텐데 말이다.

　물론 상인들의 생계도 중요하다. 그러나 더 이상 재건축을 지체하기에는 재해에 버티기 힘들 정도로 안전하지 않은 건물들이 많아졌다. 국토교통부의 보도자료는 적극적으로 노후 집합건물을 재건축하겠다는

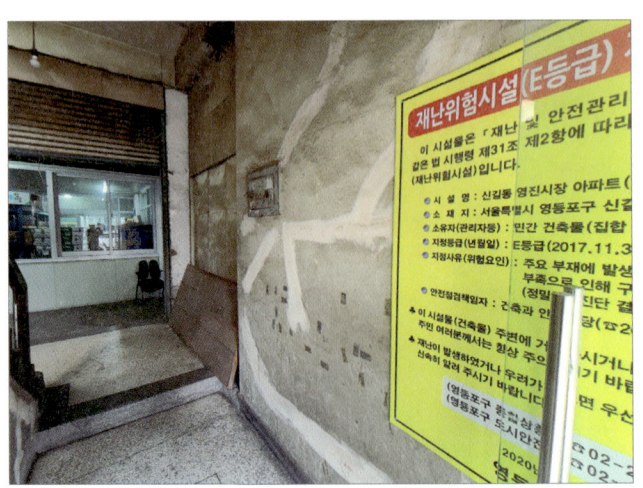

➤ 영등포구에 위치한 영진시장은 LH공사가 참여하는 재건축 사업인데 이곳도 재해에 버티기 힘든 재난위험시설로 분류되었다.

의미로 받아들여도 좋을 것 같다.

한편 재건축은 사업성이 좋아야 빠르게 진행될 수 있는데, 기존 상업지역 상가건물들의 높이를 보면 신축들에 비해서 높지 않다. 즉, 집합건물 재건축은 조합원 수 대비 많은 분양이 가능한 구조다. 대다수의 구역이 1+1 매물이 가능할 것이다. 수익성이 좋아서 진행만 되면 진척이 빠를 가능성이 높다. 또한 주택 수에 포함되지 않아서 다주택자들도 투자가 가능하고, 주택대출과 별도로 대출이 가능하다.

명일동의 투자처 하면 고덕주공 9단지 등 재건축 예정 아파트를 떠올리겠지만, 주양쇼핑과 같은 프라자 형태의 건물도 충분히 재건축 대상이 될 수 있다. 기존 높이보다 더 높이 건축이 가능하다. 기존 조합원 대비 더 많은 분양도 가능하다. 그러나 주양쇼핑에는 다른 비밀도 있다.

이미 90% 이상의 동의를 달성했지만 기존 법에 따라 100% 동의를 받지 못하여 지체되고 있던 곳들도 건축법이 개정되면서 빠르게 진행되는 곳들이 생기고 있다.

조금 전에 비밀이 하나 있다고 말씀드렸는데, 이번에도 또 서울시생활권계획이다. 9호선이 개통예정인 고덕 역세권 지구중심에 주목하자. 206페이지 지도의 분홍색 땅은 상업지역인데 지구단위계획구역으로 지정되었다는 것은 계획적으로 거점개발을 하겠다는 의미다.

이 중 주양쇼핑도 지구단위계획구역 내에 있는 사업지다. 생활권계획에는 역세권 기능을 강화하면서 자족적 상업 업무 기능을 강화하겠다는 문구가 있다. 실제로 강동구 끝자락인 고덕, 명일, 상일 등 택지개발지구에 삼성엔지니어링을 비롯한 양질의 일자리를 대폭 늘리고 이들의 배후 주거지로 고덕동, 명일동 구축 아파트의 재건축 사업을 설

➤ 주양쇼핑 재건축 조감도.

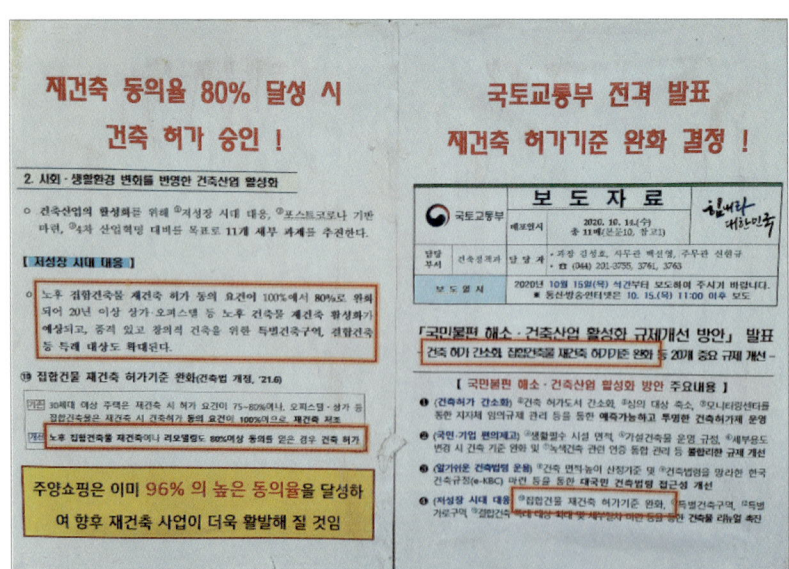

➤ 주양쇼핑 재건축 추진위는 국토교통부 보도자료를 그대로 인용하여 재건축 사업의 정당성을 홍보하고 있다.

➤ 강동구 주양쇼핑 건물.

정한 것이다. 늘어나는 유동 인구에 대비하여 고덕 역세권 상권을 다시 세팅하는 재건축 사업이 한창 진행되고 있다.

서울도시계획포털을 살펴보자. 구체적으로 어떤 개발을 할지 한눈에 파악할 수 있다. 지도를 확대해서 보니 상업지역이면서 지구단위계획 구역인 고덕 역세권 개발지가 구획별로 나뉘어 있어, 구체적인 계획이 나온 것으로 보인다.

실제 사례가 존재하고 앞으로 이런 식의 개발이 잘 진행될 것으로 보이니(이미 역세권고밀도 개발이라는 이름으로 진행되고 있다.) 우리는 다른 곳에서 기회를 찾으면 되지 않을까? 이미 주양쇼핑이라는 좋은 사례가 생겼으니 다른 투자처를 찾는 것도 중요하다.

207페이지 자료는 2021년 2월 온라인 강의와 8월 유튜브에서 소개한 사업지가 조합설립인가를 받았다는 내용이다.

특히 부품상가 재건축의 경우 조합설립 인가 한 달 전에 3억 미만의

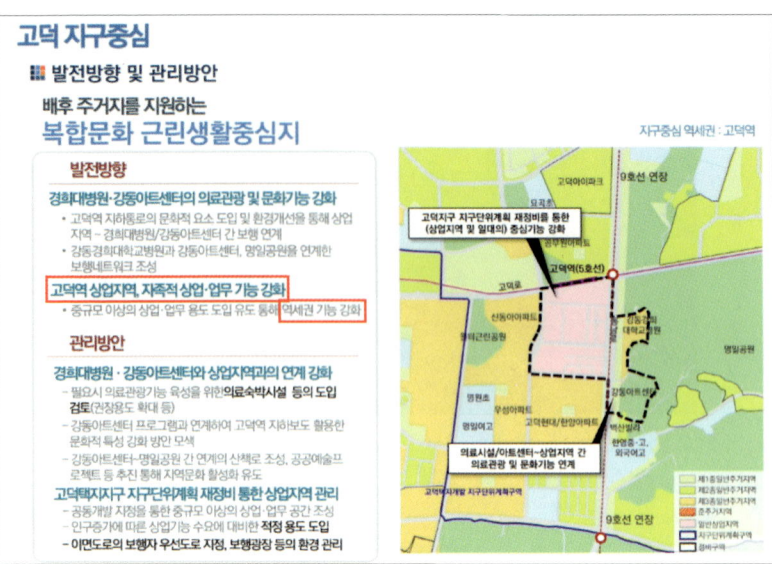

출처: 서울시생활권계획

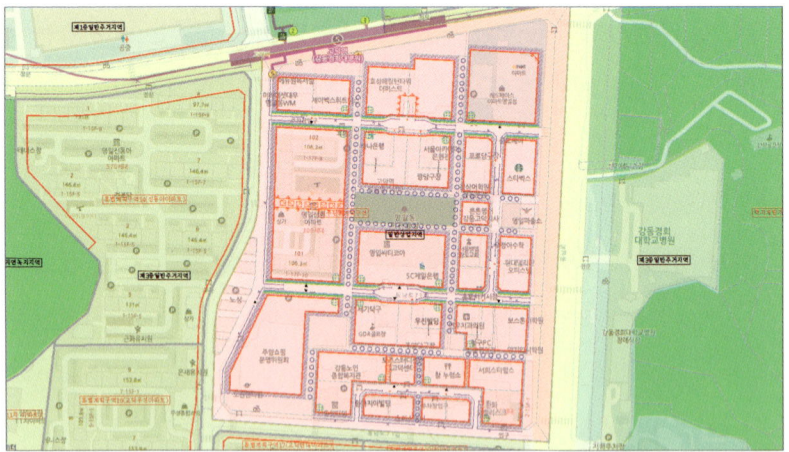

➤ 빨간색 범위 내에서 개발 사업을 권장한다는 의미다. 역세권 주변 재건축을 염두에 두어 새로운 상권을 만들겠다는 계획이기 때문에, 주양쇼핑상가의 재건축이 잘 되고 있는 이유다.

출처: 서울도시계획포털

매매가로 매수(다주택자도 상가대출이 별도로 나옴)한 뒤 바로 조합설립 인가를 받아 뛸 듯이 기뻐하는 '따소미'라는 회원님의 댓글이 인상적이다.

댓글들을 살펴보면 적중했다는 내용을 볼 수 있는데, 내 혜안이 대

➤ 동대문답십리부품상가 또한 빠르게 조합설립 인가를 받을 것이라고 전망했고 결국 예상대로 사업이 진행되고 있다.

출처: 네이버 서집달 카페

207

단해서일까? 아니다. 한 가지 대표적인 사례를 분석할 수 있으면 유사한 유형의 매물을 찾아 우리도 충분히 매수할 수 있다.

나는 강의에서 장한평중고차매매센터 개발 이후에 답십리부품상가를 개발하면 답십리고미술상가도 개발 압력을 받아 재건축할 것이며, 종국으로는 경동시장을 개발할 것이라도 설명했다.

참고로 답십리고미술상가 주상복합 아파트는 상업지역 덕분에 재건축 시 추가분담금으로부터 자유로운 매물이다. 청계천리버뷰자이가 들어서면 주변 환경도 개선되면서 시세가 많이 오를 것으로 보인다.

서울시가 제공하는 도시계획포털을 보면 장한평 역세권 지구단위 계획구역에서 답십리부품상가도 개발 범위에 포함되었다는 사실을 알 수 있다. 서울시의 최근 경향 중 하나가 상업지역 개발이라고 말씀드렸다. 또한 상가 재건축의 종류인 시장재건축 사업도 잘 밀어주는 편이다. 이미 길음시장, 새석관시장 등 시장재건축 사업에 투자하는 사람들이 있다. 놀랍지 않은가? 평소에 인상을 찡그리면서 보던 전통시장이 의외의 노다지가 될 수 있다. 특히 요즘 연신내 역세권 전통시장이 눈에 띈다. 시간이 난다면 이러한 시장 건물들을 모니터링해보기 바란다.

결국 쾌적한 주거지가 더 빛나지 않을까?

문재인 정부 임기 동안, 역세권 고밀도 개발지를 집중적으로 밀어주었다. 역세권은 하나의 거점이고, 생산력이 높은 20~40대 인구들을 역세권에서 살게 해주기 위해 개발한 것이다.

그래서 최근 역세권 모텔촌에 빠르게 주상복합 아파트들이 공급되

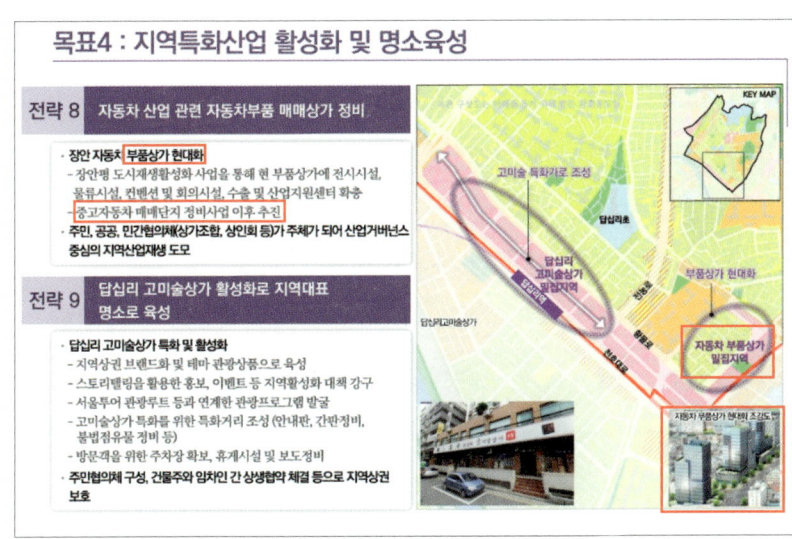

➤ 생활권계획에는 이렇게 구체적으로 사업의 시기까지도 언급되어 있다. 나는 도시계획을 충실하게 따랐을 뿐이다.

출처: 서울시생활권계획

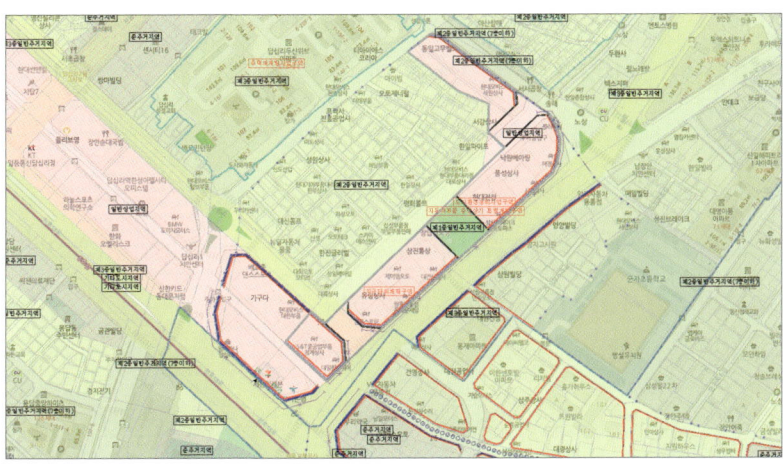

➤ 서울도시계획포털에서도 답십리부품상가를 볼 수 있다. 재개발 구역 범위가 구체적으로 표시되어 있다.

출처: 서울시생활권계획

고 있다. 도시환경정비사업(재개발), 가로주택정비사업, 소규모 재건축, 역세권 청년주택 등 다양한 방식으로 사업을 하고 있다.

혹자는 이런 사업들에 대해 비판의 목소리를 높이고 있다. 사람이 일만 하고 사는가? 여가생활도 중요하고, 자녀 교육도 중요하다. 저녁 있는 삶이 강조되는 시기, 점점 사생활이 보장되는 환경을 원하는 사람들을 위해 결국에는 주거의 쾌적성이 돋보이는 아파트가 더 부각될 수 있다고 한다. 그리고 그런 주거지를 보급하는 데 힘을 쓰는 게 옳지 역세권에 소형 평수로 가득 찬 닭장 아파트를 짓는 것은 비생산적이라고 주장하기도 한다.

여러분은 오른쪽 사진을 보면 무슨 생각이 드는가? 모텔촌에 아파트가 있어서 흉물스러운가? 꼴사나운가? 보여주기식 행정 같아 보이는가? 입지론에 의하면 모텔촌과 같은 유흥상권과 가까울수록 투자가치는 떨어진다고 알고 있을 것이다. 그러나 우리는 주거 트렌드를 고민할 필요가 없다. 인허가가 잘 나오는 게 어디인지만 고민하면 된다. 외관이 어떻든 내가 돈 버는 데에는 아무 지장이 없다. 단, 완성된 주상복합 아파트를 사는 게 아니다.

내가 어느 날 임장을 갔는데 모텔촌에 이런 주상복합 아파트들이 세워지면 거점개발지일 가능성이 매우 크다. 만약 현금이 넘쳐 흐를 대로 넘쳐서 20억 원 이상을 보유했거나, 신용상태가 매우 양호하다면 모텔 건물을 매수하라. 그렇지 않다면 월세가 잘 나오는 상가주택을 매수하라. 탈탈 털어도 가진 돈이 1억 원 내외밖에 없다면 25년 이상 구축 빌라라도 갭투자하라. 신축 사업을 하고 싶어 안달이 난 건설업자에게 분명 이렇게 연락이 올 것이다. "기존 매수한 금액의 3배를 줄 테니 저한

➤ 모텔촌에 있는 주상복합 아파트. 이곳에 아파트 인허가를 내주는 이유는 명확하다.

테 파시죠."

내가 매수한 날로부터 약 3~5년 뒤 거점개발지로 지정된 모텔촌과 허름한 빌라들은 씨가 마를 것이다. 나에게 있어 주거의 쾌적성은 투자에서 전혀 고려하지 않는 요소다. 혹자들이 주장하는 대로 주거의 쾌적성 때문에 역세권에 지어지는 고층 아파트들보다 강남권 신축 아파트가 더 빛이 날 거라는 이야기는 반은 맞고 반은 틀리다. 내 경험상 입지 좋은 아파트가 빛을 발하는 것은 부동산 장이 좋을 때나 해당하는 이야기다. 대치아이파크, 광장극동아파트 등 주거의 쾌적성이 좋은 아파트들이 오히려 하락장 때 여지없이 무너졌던 시절을 생각해보자. 이번에는 다를 것이라는 생각은 시장의 무서움을 모르는 철부지들의 생각이다. 부자들이 항상 하는 말이 있다. "역사는 늘 반복된다."

　내가 부동산에 '투자'하기로 마음먹었으면 무에서 유를 창출할 수 있는 매물만 찾자. 그 매물 주변에 집창촌이 있든, 모텔촌이든 상관없다. 그 매물이 반지하라도 상관없다. 신축 건물, 그것도 고밀도 개발이 가능한 건물인지 아닌지 따져라. 그리고 주변에 공사가 잘되고 있는지 정도만 따져라. 투자용 매물에 실거주성을 따지는 것은 무의미하다.

7장

이것만 알면
아무도 당신을 속일 수 없다

대중을 현혹하는 사람들

 '화가'라는 단어를 혹시 아는가? 그림 그리는 사람 말고 부동산 투자판에서 말이다. 재개발 요건에 충족되어 보이는 구역들을 마치 그림 그리듯이, 초기 재개발 지역이라고 선동하는 무리를 일컫는 단어다.

 나와 같은 사람들은 화가들이 그린 초기 재개발 구역들이 얼마나 허접한지 다 보인다. 재개발이 안 되는 이유를 나열하면 이걸로 5~6시간짜리 강의도 할 수 있을 정도다. 화가들이 예쁘게 그린 재개발 구역들은 실제로 다른 사업들이 추진되기도 한다. 역세권 고밀도 개발로 지구단위계획구역으로 이미 지정되었거나 가로주택정비사업, 도시재생사업들이 진행 중인 곳들도 있다. 그들의 단톡방에서는 다른 유형의 사업을 악의 축으로 규정하고 재개발 동의서를 찍는 것이 정의 구현이라도

➤ 재개발 열풍이 서울, 광역시 등으로 퍼지면서 투기세력들이 기승을 부리고 있다.

출처: 부산일보

되는 것처럼 말한다.

누군가는 받아들이기 어려울 수 있지만 서울이든 경기도든 지방이든 아파트 일변도로 개발하지는 않는다. 아파트 밀집 지역이 있으면 빌라 단지들도 있고 단독주택 단지들도 있다. 신도시의 깔끔한 상가들도 빌라촌이나 단독주택 밀집 구역들이다. 일부러 그렇게 만드는 것이다. 모두가 아파트에 살 수는 없으니 다양한 주거 환경을 원하는 사람들을 위한 배려다.

나는 이런 허무맹랑한 그림을 믿고 투자하는 사람들이 있다는 것에 매우 놀랐다. 2008년 하락장의 공포를 한 번이라도 경험해본 사람들은 사업성이 떨어지는 재개발 지역들은 쳐다도 안 본다. 하락장에서는 허리띠를 졸라매야 하기 때문에 추가분담금이 많이 나오는 사업지들에서는 강성 비대위들이 등장하기 쉽다. 게다가 화가들이 작업한 초기 재개발 구역의 대부분은 신축 빌라나 지분 쪼개기를 한 매물들이 많기 때문에 정상적인 사업지들보다 사업성이 필연적으로 나쁠 수밖에 없다.

김포 장릉 아파트 사건은 많은 시사점을 준다. 아파트의 사업성을 높이기 위해서는 반드시 높게 지어야 한다. 이럴 때 충돌하게 되는 것이 경관 규정이다. 2040생활권계획에서는 경관 규정을 완화해준다고 혹자는 말하지만, 내 경험상 서울시는 조건 없는 종상향, 용적률 인센티브를 준 적이 단 한 번도 없었다. 오세훈 서울시장이 강조하는 것도 임대주택과 기부채납이다. 높게 지어야 할 대외적인 명분을 주어야 한다는 것이다.

제2종 일반주거지역 7층 이하가 준주거지역 등으로 종상향하는 사례가 아예 없지는 않다. 바로 역세권 도시정비형 재개발이다. 그러나 역세권 도시정비형 재개발의 핵심은 역세권 범위 내에 포함되어야 하고, 임대주택 비율이 매우 높아야 한다. 2040생활권계획에 경관 완화 규정이 생긴다고 해도, 그에 반하는 기부채납을 요구할 가능성이 높다. 그렇지 않으면 건물을 지어도 기형적인 아파트가 될 수밖에 없다.

다음 글은 중화122구역 공공재개발 매물을 보유한 카페 회원의 글이다. 공공재개발이 되면 인센티브를 많이 받을 줄 알았는데 개발지 주변에 있는 초등학교 일조권 침해 때문에 일부 동은 5~7층짜리 단층으로 지어진다고 하소연했다. 규제가 완화되면 시원하게 15~25층으로

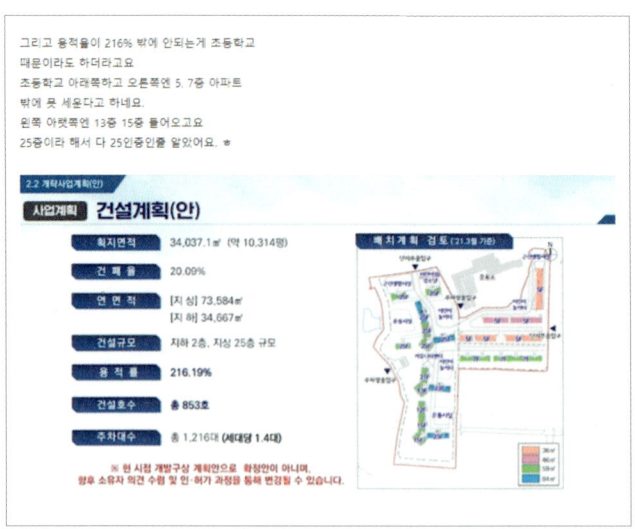

➤ 재개발, 재건축의 종상향, 용적률 완화 등은 언론에서 발표된 내용과 달리 기대한 것만큼 받기 어렵다.

출처: 네이버 서집달 카페

지을 수 있을 것 같지만 이게 현실이다. 그래서 재개발, 재건축은 어렵다. 더 이상 투자를 뉴스로, 단톡방 글로 배우지 말자.

혹자는 내 의견에 반박하는 근거로 여의도 시범아파트 관련 뉴스를 제시할 것이다. 최고고도지구에 묶여 있거나 제1종 일반주거지역 재개발 단톡방에서는 뒤의 뉴스 기사 내용을 거의 신성시할 것이다. 그리고 단톡방 회원들에게 이렇게 말할 것이다. "봤죠? 우리도 열심히 도장 찍고 구청에 민원도 넣으면 여의도처럼 풀어줄 거에요! 우리 자산은 우리 노력으로 만드는 겁니다!" 하지만 서울시에서 왜 여의도 시범 아파트 지구를 고밀도 개발하려고 하는지 그 이유를 알아야 한다.

이미 책에서 여의도 개발에 관해 언급했다. 아시아 금융의 중심지인

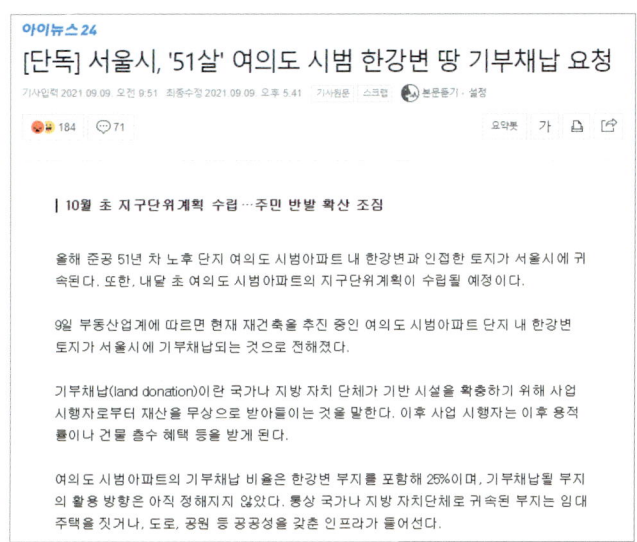

➤ 주는 것이 있으면 받는 것도 있다. 당연히 상업지역으로 종상향되면 기부채납도 당연하다.

출처: 아이뉴스24

홍콩을 뛰어넘어 여의도가 그 자리를 빼앗으려 한다. 그래서 국회의사당을 세종시로 이전하려고 하는 것이다. 국회의사당 부지를 이전하고, 아파트 고밀도 개발을 추진해 홍콩을 뛰어넘는 웅장한 금융 도시로 만들기 위해 인센티브를 부여해주는 것이다. 여의도는 서울시가 찜해놓은 거점개발지이기 때문이다. 거점개발사업의 하나로 아파트 재건축 시 인센티브를 부여해주는 것일 뿐이다. 물론 기부채납이 있어야 해주겠다는 입장이지만.

비밀 정보, 떠도는 소문을 좋아하는 대중들은 엄청난 도시계획을 가지고 있는 고수들이 단톡방에 존재한다고 믿는다. 내가 아는 부자들은 단톡방 같은 거추장스러운 것을 만들 시간도, 관리할 시간도, 들어갈 시간도 없는데 말이다. 어쩌다 화가들이 우연히 그린 초기 재개발 지역 가운데에서 권력자도 이곳만큼은 재개발을 한번 해볼까 마음먹는 우연이 혹시 일어난다면 재개발될 수도 있겠다. 부디 행운을 빌 뿐이다.

우리가 접하는 정보는 가공된 것들이 많다. 유튜브 영상뿐만 아니라 뉴스 보도자료, 신문기사도 가공된 정보다. 정보가 가공되었다는 것은 이미 사람의 손을 탔다는 의미다. 정보를 가공하는 사람들은 자신의 목적과 이득을 위해 움직인다.

결국 대중들은 특정 정보를 접하는 순간 정보를 가공하는 사람들의 논리에 사로잡히게 된다. 이 중에는 우리를 현혹하는 이들도 있다. 여러분들의 재산을 강탈하는, 포식자들에게 먹히게 만들려는 무리다.

==가공된 정보는 참고용일 뿐 결코 전적으로 신뢰해서는 안 된다.== 왜 그럴까? 나도 최대한 객관적으로 분석하려고 노력하지만 어쩔 수 없이 주관이 개입할 수밖에 없다. 기억에 오류가 있을 수도 있다. 이건 사람으로서 어쩔 수 없는 한계다. 기억의 오류나 주관의 개입이 있을 수 있고, 지극히 특정 목적에 좌우되는 자료를 만드는 일도 많다. 따라서 우리는 어떠한 정보라도 그대로 받아들이지 말아야 한다. 쇼핑하듯 정보를 수집해서는 안 된다!

나는 정보를 잘못 가공해서 사람들에게 퍼뜨리고 이용하는 자들을 '유리 감옥의 설계자'라고 생각한다. 이들을 만난 사람들은 유리 감옥에 갇혀 잘못된 의사결정을 하게 된다. 이런 자들은 정확한 분석으로 실력을 인정받기 어렵기 때문에 오히려 명성을 판다. 대중들은 TV에 나오면 실력자라고 생각하지만 반은 맞고 반은 틀린 얘기다. 실력이 있어서 캐스팅이 된 사람도 있겠지만 돈을 주고 출연해서 '명성'을 얻는 사람도 많다. 마음만 먹는다면 '인플루언서'도 조작할 수 있는 세상이다.

인플루언서의 명성으로 오르는 매물들은 절대 매수하면 안 된다. 주식에서 작전주처럼 작전이 빠지면 가장 먼저 폭락하기 때문이다. 처음에는 선동으로 돈을 버는 게 쉬울 수밖에 없다. 마치 화가처럼 지도에 재개발 구역을 찍찍 그려놓고는, 본인들은 선매수하고 초기 재개발 지역이라고 선동한 후에 몰래 폭탄을 던지고 나오면 그만이다. 이렇게 하면 상투잡이한 사람들은 피해를 보겠지만 세력들은 너무나도 손쉽게 돈을 벌 수 있다. 운이 좋아서 세력들과 한배를 탄다면 달콤한 수익에 빠져들 수밖에 없다. 물론 이런 수익은 결국 토해내게 되어 있지만.

일단 이런 세력질을 법적으로 막을 방법이 없다. 정부나 지자체에서 할 수 있는 것은 고작해야 현수막 정도를 거는 것뿐이다. 이 때문에 투자자는 스스로 배워야 한다. 알아야 한다. 그래야 야생에서 살아남을 수 있다.

대중은 가공된 정보(이미 늦은 정보, 세력들이 놓은 덫)에 현혹(즉 상투를 잡거나 사기당하게)된다. 그래서 대중은 한결같이 돈을 벌지 못하는 것이다. 반면, 수익을 독식하는 소수들은 어떨까? 부자들이 투자하는 과정과 결과를 역순으로 분석하면 순수한 정보가 있다.

가짜 정보의 덫에 빠지지 않는 법: 원문 해석하기

대중이 아닌 소수의 부자는 누군가에 의해서 가공된 정보가 아니라 가공되기 전 순수한 정보(출처가 명확한 정보, 정보의 원문)를 판단의 근거로 삼는다. 이들은 도시계획의 원문을 세세하게 분석하고 이슈가 있기 전

거품이 없는 상태의 매물을 아무도 모르게 살포시 선점한 뒤, 언론에 의해 1차 가공된 정보를 보고 몰려오는 대중에게 비싼 값에 던지고 나온다. 이들의 매수, 매도 타이밍은 대중의 그것과는 다르다.

우리 주변에는 대중과 반대로 가는 일류 기업들이 많다. 역세권 개발 소식 전에 상업지역이 될 땅을 미리 선점하는 스타벅스는 사실 땅 장사를 잘하는 기업이다. 삼성전자의 가전제품 전시장들 역시 이런 곳들의 냄새를 잘 맡고 땅을 미리 선점한다. 이런 전시장들의 특징 중 하나가 철근 콘크리트로 건물을 짓지 않는다는 것이다. 나중에 철거하기 편하게 하기 위해서다.

좀 더 이해하기 쉬운 사례를 들어보겠다. 2021년 4월 7일 오세훈 서울시장이 취임했다. 취임 전부터 2위와의 지지율 격차가 컸기 때문에, 이미 언론에서는 대중을 현혹할 만한 가공된 정보들을 무차별적으로 쏟아내기 시작했다.

"오세훈 후보가 당선되면 다시 강남은 불장이 될 것이다."

"막혀 있던 강남 개발에 숨통이 트였다."

"한강 변 고도 제한으로 막혀 있던 성수전략정비구역은 다시 50층 명품 아파트 인허가를 받을 것이다."

"구의동, 자양동, 이촌동, 합정동 등 한경변 높이 규정이 사라질 것이다."

"서울 전역의 2종 7층 이하의 제한은 사라질 것이다."

4월 7일 오세훈 서울시장 취임 후 인플루언서들은 마치 오세훈 서울시장을 직접 만난 사람처럼 행동하기 시작했다. 모 유튜버는 오세훈 서

제38대 서울시장 공약사업 목록

1. 상생도시

분야	번호	주요내용	소관실국	페이지
(1) 민생	1	전통시장 환경개선, 현대화, 특성화 추진	노동공정상생정책관	1
	2	경동시장 주차장 확보 및 가이드 마련	노동공정상생정책관	4
	3	안심 급여(체불임금, 하도급 불공정 신고센터 활성화)	감사위원회	7
	4	안심 배달 라이더	노동공정상생정책관	10
	5	안심 융자지원(4무 대출보증)	노동공정상생정책관	12

➤ 나 같은 사람은 오세훈 서울시장이 실제로 직접 쓴 원문을 찾으려고 한다.

출처: 서울시 홈페이지

울시장이 점찍은 재개발 지역이라는 과감한 표현도 서슴지 않았다. 그런데 지금까지 가공된 정보대로 되었는가?

오세훈 서울시장은 당선된 후 '모아주택'이라는 단어를 언급했다. 여러 필지로 나뉜 소규모 재건축, 가로주택정비사업을 연계 개발하겠다는 것이다. 그리고 제2종 일반주거지역(7층 이하)는 이런 사업지에서 우선 제한적으로 고도가 완화되었다. 여기서 우리는 두 가지 단서를 알아야 한다.

"가로주택정비사업, 소규모 재건축을 밀고 있네? 일반 재개발도 어려운 2종 7층 이하도 뚫어줄 수 있을 거야!"

"일반 재개발로 안 되는 지역은 오세훈 서울시장이 가로주택정비사업, 소규모 재건축을 추진할 수도 있겠구나?"

그간 언론이나 부동산 유튜버들에게서 듣고 보아온 오세훈 서울시장의 행보와 좀 다르지 않은가? 지금까지 우리는 이렇게 생각했다.

"민간재개발, 재건축을 팍팍 밀어주겠지? 가로주택정비사업 해봤자 나홀로 아파트여서 꼴도 보기 싫었는데 이참에 없애버리겠네! 아파트는 역시 대단지 뉴타운 개발이지!

"이참에 우리 민원 넣고 재개발해달라고 해보자! 고도지구도 폐지하자고 하고, 민심을 배반할 리 없겠지!"

우리는 '신속통합기획에 의한 민간재개발'에만 관심이 있다. 우리(대중)가 아는 범위는 딱 재개발 규제 완화 여섯 가지다. 부동산 전문가라고 하는 사람 중에 '신속통합기획'이 대체 무엇이고, 언제부터 시작된

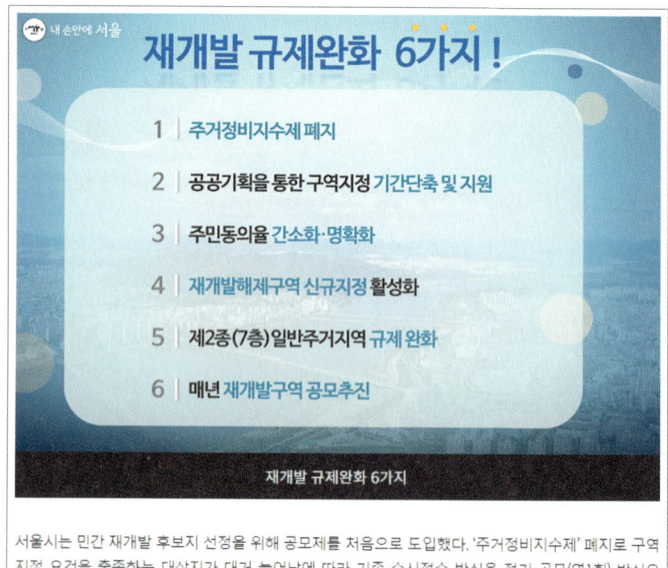

서울시는 민간 재개발 후보지 선정을 위해 공모제를 처음으로 도입했다. '주거정비지수제' 폐지로 구역 지정 요건을 충족하는 대상지가 대거 늘어남에 따라 기존 수시접수 방식을 정기 공모(연1회) 방식으로 보완해 무분별한 정비사업을 방지한다는 계획이다.

➤ 재개발 규제 완화 여섯 가지, 당근이 있으면 당연히 채찍도 있다는 점을 기억하라.

출처: 서울시 홈페이지

정책이고, 선정 이유는 무엇인지 꼼꼼하게 조사해본 사람이 대체 얼마나 되는지 잘 모르겠다.

도시재생사업지, 특히 특별경관지구, 역사문화환경 보전지역도 공모는 가능하다고 한다. 여기까지가 누구나 아는 상식이다. 그래서 도시재생사업지도 불장이 되었다. 화가 세력들이 도시재생사업지에도 그림을 그리고 있다. 그러나 간과한 사실이 있다. 이들 지역은 시 관계 부서, 국토교통부, 문화재청 등의 협의가 있어야 가능하다. 서울시에서는 밀어주고 싶어도 국토교통부나 문화재청이 반대하면 후보지가 될 수 없

작년 공공재개발 후보지 공모에서 제외됐던 도시재생지역등과 서울시 정책상 도시관리 및 보전이 필요한 지역(특별경관지구, 역사문화환경 보존지역 등)도 공모대상에 포함시켰다. 노후화·슬럼화되고 기반시설이 너무 열악한 주거지는 재개발 사업으로 실질적인 주거환경 개선이 이뤄질 수 있도록 문을 여는 것이다.

다만, 이들 구역은 자치구 사전검토 단계에서 자치구가 시 관계부서, 국토부, 문화재청 등과 사전협의를 거친 후, 협의결과를 반영해 후보지 추천 여부를 결정하게 된다. 시는 사전 협의절차가 있는 만큼 주민들의 신중한 신청을 당부한다고 설명했다.

➤ 우리는 도시재생사업지나 역사문화환경보전지역에도 재개발 공모가 가능하다는 것만 알고 있지 시 관계부서, 국토부, 문화재청 등과 사전협의를 거친다는 것까지 아는 사람은 별로 없을 것이다.

서울시는 연내 민간 재개발 후보지가 선정되면, 작년 1차 공공재개발 공모에 이어 2차 공공재개발 공모를 추진할 계획이다. 민간재개발 공모에서 탈락(미선정)한 구역은 2차 공공재개발 공모에 참여할 수 있다. 민간 재개발 후보지로 선정된 구역은 공공재개발 공모에 중복신청이 불가하다.

아울러, '재개발 활성화 6대 규제완화 방안'과 함께 투기세력 유입 차단을 위해 발표한 '재개발구역 투기방지 대책'도 병행한다.

➤ 신속통합기획 후보지에 선정되면 재개발 투기 방지 대책도 병행한다고 했다. 이걸 아는 사람이 몇이나 될까?

출처: 서울시 홈페이지

다. 재개발은 서울시 단독으로 하는 것이 아니다.

'신속통합기획에 의한 민간재개발'에 탈락한 지역들은 어떻게 될까? 크게 세 가지 길이 있다. 정부에서 주관하는 공공재개발이나 3080공공주도사업지, 오세훈 서울시장이 밀고 있는 모아주택(가로주택정비사업 연계 개발), 후보지 탈락 및 보존 결정…. '신속 통합기획에 의한 민간재개발'에서 탈락하면 일단 투기꾼들이 먹을 수 있는 게 별로 없다. 공공재개발이나 3080공공주도사업은 투기꾼들의 퇴로를 막아버리는 사업이다. 그리고 애초에 초기 재개발 지역이 '우리는 가로주택정비사업 따위는 안 한다'라고 선포했기 때문에 투자자들이 '모아주택'을 받아들일 가능성은 별로 없다.

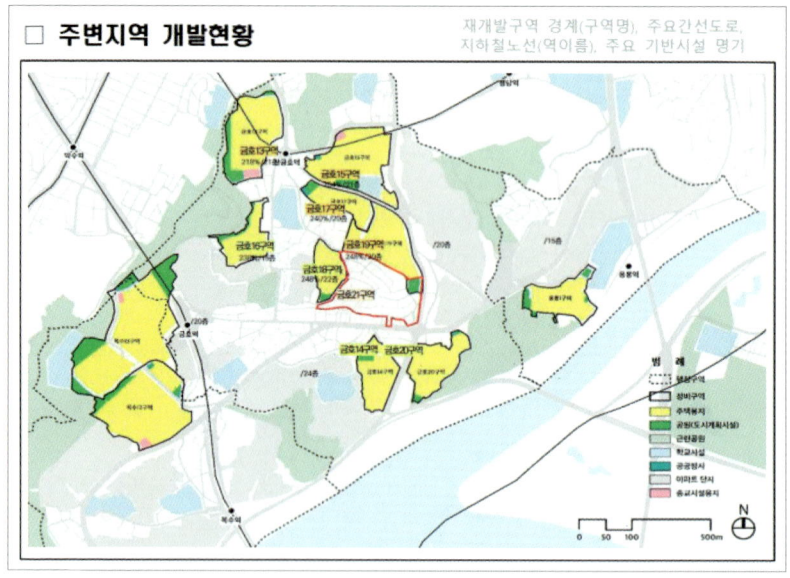

➤ 신속통합기획 재개발 신청서에 샘플로 명시된 금호21구역, 이게 왜 샘플로 나왔을까?
출처: 서울시 홈페이지

그렇다면 '신속 통합기획에 의한 민간재개발'에 선정되면 떼돈을 벌 수 있을까? 쉽게 설명해 우리가 원하는 '명품 아파트'를 만들 수 있을까? 제2의 헬리오시티라 할 만한 웅장한 요새 같은 아파트(중-대형 평수, 폐쇄형 대단지, 아파트 단지 주민만 이용하는 커뮤니티 시설 등) 말이다.

신속통합기획 재개발 신청서에 금호21구역이 있다. 왜 이걸 넣었을까? 바로 금호21구역이 신속통합기획 1호 사업지(정확하게는 시범사업지)이기 때문이다. 그렇다면 금호21구역이 왜 시범사업지로 선정되었는

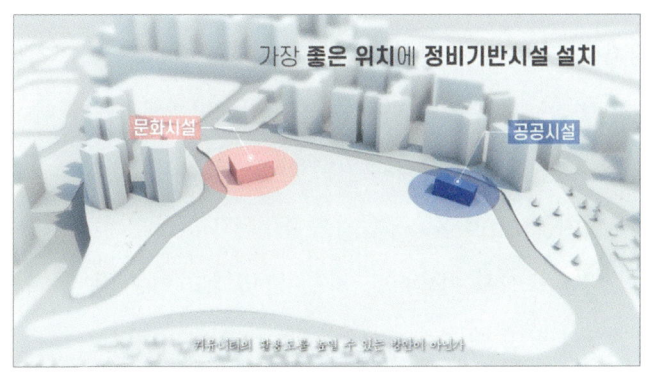

➤ 금호21구역 개발은 거점개발을 위한 배후 주거지 개발 사업이다.

출처: 서울시 유튜브 채널

지 이유를 알아야 한다. 서울시와 성동구가 금호21구역을 한강이 보이는 웅장한 명품 아파트로 만들어주고 싶었기 때문일까?

결론은 '아니오'다. 금호21구역을 개발하는 이유는 낙후된 지역을 개발함으로써 지역 단절성(닫힌 공간)을 극복하고, 공공시설을 주변 지역 사람들이 편하게 이용할 수 있게 하기 위해서다. 그리고 성동구에서 밀고 있는 거점개발지인 금남시장 개발을 위해 금호21구역을 건드리는 것이다. 금남시장이 주상복합 건물로 변화하면 새로운 상권을 이용할 수 있게 길을 터주는 사업이 바로 금호21구역인 것이다.

즉, 아파트 개발은 주된 목적이 아니라 거점개발사업의 연장선에 있다. 게다가 수많은 초기 재개발 지역들이 있는데 모든 사업지를 고를 수는 없다. 따라서 서울시는 가능한 한 거점개발지와 가깝거나 연계 개발이 가능한 지역을 유력한 후보지로 선정할 것이다.

여기서 입지를 보고 신속통합기획 신청 지역에 투자하거나 신속통합기획이 되면 웅장한 아파트를 지을 수 있다고 허무맹랑하게 떠드는 추진 위원장의 말만 믿고 투자하는 것은 굉장히 위험하다. 헬리오시티, 아크로리버파크와 같은 프리미엄 고급 아파트가 세상에 나왔을 때, 투자자들은 환영했지만 박원순 전 서울시장은 국회의원에게 집중 추궁당했다. 오세훈 서울시장도 전임 시장의 일을 반면교사로 삼아 투기꾼들의 움직임을 주시하고 있을 것이다.

사실 신속통합기획은 새로울 것이 없다. 이미 금호21구역, 흑석11구역, 공평15·16지구, 상계주공 5단지와 같은 시범사업이 잘 진행되고 있다. 우리는 (부동산 업자와 결탁한) 단톡방 방장이나 (신축 빌라나 파는) 자칭 부동산 전문가들의 허무맹랑한 소리를 믿는 게 아니라 금호21구역,

흑석11구역, 공평15·16지구, 상계주공 5단지가 왜 신속통합기획 시범사업지로 선정되었고 서울시가 어떤 식으로 개발할 예정인지 분석할 수 있어야 한다. 부자들은 이런 노력을 기울여서 선점하고 대중들이 몰려들 때 매도한다는 사실을 기억하라.

믿기지 않겠지만 신속통합기획은 박원순 전 서울시장이 최초 구상한 사업이다. 박원순 전 서울시장 생전에 했던 사업의 이름은 도시건축시범사업지다. 나는 선거 전부터 칼럼, 유튜브, 강의에서 우리 회원들에게 이렇게 말했다. 오세훈 시장이 당선되어도 정책이 드라마틱하게 바뀌는 것은 별로 없을 거라고. 서울시는 기존의 도시계획대로 잘 밀어주는 곳만 개발할 것이라고 말이다. 이건 오세훈 서울시장이 후보자일 때 작성한 공약집만 꼼꼼하게 조사했어도 알 수 있다.

우리는 이분법적으로 편협하게 사고한다. 박원순 전 서울시장은 도시재생, 보존만 하고 재개발은 무조건 막는 시장으로 알고 있다. 반면 오세훈 서울시장은 도시재생사업을 부정하고 재개발을 적극 권장한다고 생각한다. 이렇게 단편적으로 알고 있는 사람들은 오세훈 서울시장의 공약집이라도 보는 노력을 했을까?

준공업지역 개발은 대표적인 도시재생사업이다. 박원순 전 서울시장 재임 기간 가장 땅값이 많이 오른 지역이 서울 준공업지역이었다. 공업지대로 낙후되었던 성동구 준공업지역은 4차산업혁명과 관련된 신규 IT 일자리가 폭발적으로 늘었고, 젊은이들의 상권으로 빠르게 탈바꿈하면서 한강 이북에서 집객력이 가장 좋은 소비 상권이 되었다. 지저분한 공장지대가 서울에서 외지인을 가장 많이 끌어오는 '핫 플레이스'가 된 것이다. 물론 성수동 준공업지역 개발은 아직도 진행 중이다. 오세

> 4 박원순 시정 10년, 최대 피해지역
>
> ○ 규제에 묶여 있는 준공업지역 개발
> - 기존 제조업 부지의 면적 유지 중심의 구시대적 규제 유지
> - 산업구조와 도시공간의 변화에 걸맞는 다양한 용도 도입 실패

○ 철로상부: 수십년간 분절되었던 동일 생활권 회복
- 사람중심의 문화·녹지공간으로 조성: 단절에서 소통으로, 불균형에서 균형발전으로 상징성을 갖춘 공영개발
- 성공사례: 경의선숲길(연트럴파크), 경춘선폐선부지(경춘선숲길)

연트럴파크

경춘선숲길

➤ 오세훈 서울시장 후보 공약집에서도 도시재생사업 성공 사례를 소개했다.

출처: 오세훈 서울시장 부동산대책 공약집

훈 서울시장도 공약집에서 준공업지역 사업의 성공 사례를 잇고자 하는 의지가 강하다. 또한 연트럴파크, 경춘선숲길과 같은 도시재생사업에도 관심이 많다는 것을 알 수 있다. 이분법적으로 생각하지 말자. 이분법적으로 생각하는 순간 가짜 정보의 함정에 빠질 수 있다.

이미 오세훈 서울시장은 자신의 공약대로 움직이고 있다. 오세훈 시장 취임 후 대중들의 기대에 반했던 사건은 매우 많다. 대치은마, 잠실주공 5단지도 늘 그랬듯 이번에도 보완반려처분을 받았다. 아시아선수촌 아파트는 서울시에서 제안한 적극적인 소셜믹스(일반세대, 임대세대를

구분하지 않고 동 배치를 하는 방식) 때문에 아직도 시끄럽다. 반면 적극적인 소셜믹스를 받아들인 돈암6구역 같은 곳들은 즉시 건축 심의를 통과했다. 돈암6구역은 구릉지에 자리 잡고 있어 비록 입지는 좋지 않지만 서울시가 밀어주고 있어 진행이 빠를 것으로 판단했다. 그래서 건축 심의 직전에 추천했고 내 고객들은 단계별 프리미엄을 빠르게 먹고 매도할 수 있었다. 수익이 목적이라면 입지는 따질 이유가 전혀 없다.

내가 하고 싶은 이야기는 불나방처럼 달려들지 말라는 것이다. 특히 서울시장 선거, 대통령 선거와 같은 중요한 이벤트가 등장할수록 출처를 알 수 없는 뇌피셜과 뜬소문 정보가 그럴듯하게 포장되어 나온다. 현혹된 대중들은 막차라도 타겠다는 생각으로 주식 테마주를 사는 것처럼 부동산 매물들을 매수한다. 반면에 나처럼 도시계획 원문을 판단

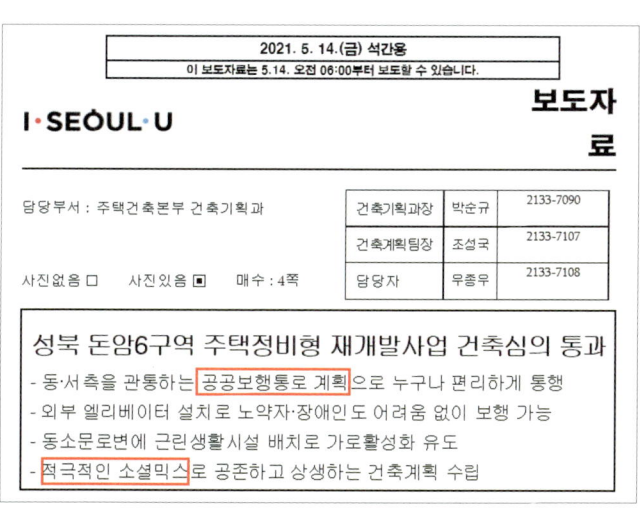

➤ 서울시 공문을 통해 권력자의 진심을 꿰뚫을 수 있어야 한다.

출처: 서울시 홈페이지

==하는 소수들은 최대한 흐름을 파악하고 진짜 정보를 파악한 후 확실한 곳에 매수한다.==

부동산 유튜버들이 오세훈 서울시장이 당선되기 전에 하루빨리 성수전략정비구역에 투자하라고 했지만 나는 여전히 준공업지역의 땅에 투자하라고 말했다. 오세훈 서울시장이 당선되어도 거점개발지는 성수동 준공업지역이고 성수전략정비구역은 거점개발지를 지원해줄 배후 주거지이기 때문이다. 게다가 공약집에 친절하게 준공업지역 개발을 강조하기까지 했다. 아직도 왕성하게 진행 중인 사업이니 오세훈 시장은 마침표를 본인이 찍고 싶을 것이다.

오른쪽 그림은 성수동 준공업지역의 단독주택 매물이다. 평당 약 8,000만 원. 놀라운 것은 재개발 지역이 아니라는 사실이다. 왜 그럴까? 용적률 400%의 땅이 되어버린 서울 준공업지역이기 때문이다. 기억하라! 높게 지을 수 있는 땅이 돈이 된다!

대체 얼마나 오른 것일까? 비슷한 구역의 2016년 단독주택 시세를 보면 평당 3,700만 원 정도다.(232페이지 그림) 우리가 아는 지식이 맞다면 단독주택은 재개발 호재가 없으면 절대 오르지 않는다. 오르더라도 지가의 상승분만 오른다. 그럼에도 불구하고 단기간에 매우 많이 올랐다. 비밀이 궁금하지 않은가? 2부에서 서울시생활권계획을 인용해 자세히 설명하겠다.

요즘 오세훈 서울시장의 행보를 보면 여의도 땅에 많은 관심을 가지고 있는 듯하다. 불필요한 충돌 없이 본인의 업적으로 삼을 수 있는 땅이기 때문이다. 한강 변 경관 규정과 상관없이 최근에도 여의도에 고층 건물이 들어서는 이유도 정책적인 지원 덕분이다. 그런 한편, 아시아의

> 재개발 지역이 아니면 단독주택은 무조건 싸다는 생각은 버리자. 오히려 상권이 활성화될수록 갑자기 비싸지기 시작한다.

출처: 부동산플래닛

금융중심지인 홍콩이 정치적으로 불안한 모습이다. 이러한 상황을 이용해 국회를 이전하면서까지 여의도에 아시아 금융중심지를 만들겠다는 원대한 계획을 품고 있다. 분명 임기가 얼마 안 남은 시점에서 마침표를 찍을 수 있는 굉장한 사업지이기 때문이다.

그래서 고객들에게 서울시장 선거 전에 강남 재건축이 아니라 여의

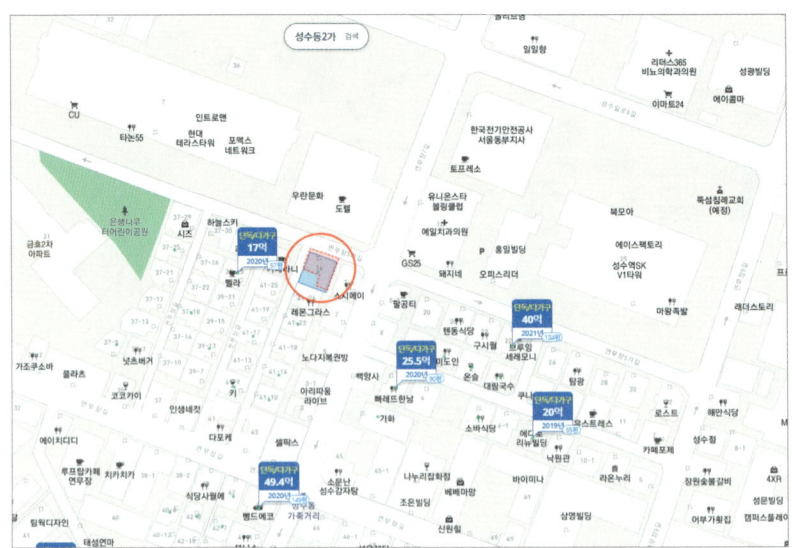

➤ 상권이 좋아지는 지역에서 단독 주택을 매수하면 5년 이내의 중단기 투자도 가능하다.

출처: 부동산플래닛

도 시범아파트 단지나 여의도 배후 주거지 사업지인 노량진1구역, 신길2구역처럼 빠른 곳에서 단계별 수익을 올리라고 했다. 실제로 강의, 칼럼, 컨설팅에서 언급한 뒤 건축 심의 등의 이슈가 나왔다. 가공된 정보가 아니라 도시계획의 원문을 해석할 줄 알면 빠르게 단기간에도 수익을 올릴 수 있는 것이 부동산 투자다. 영등포구 양평동에 2개의 공공

> ○ 미래가치 및 기대 수익률
> - 신탁회사가 관리하고 있으며 조합설립인가 단계입니다. 2020년 6월 1일부로 전매제한이 해제가 되었고 매매거래가 자유로운 편입니다. 박원순 서울시장이 생전에 여의도아파트지구단위 구역의 고밀도 재건축을 약속했으나 생전에는 실현되지 않다가 2021.3.교통환경영향평가 등 정비계획 용역을 발주하고 있습니다.
> - 새로 규정된 6.17 대책으로 실거주 2년을 해야 하는 부담이 있습니다. 그러나 단기 차익 실현 목적이라면 신규 대책과 무관합니다. 오히려 대단지 아파트라는 점, 9호선과 5호선 더블 역세권으로서 강남 접근성과 도심 접근성 모두 가능한 지역으로서 영등포구 내에서는 가장 사통팔달의 교통 요충지라는 점이 중요합니다.
> - 여의도금융중심지구단위계획구역, 구MBC부지 복합개발은 재건축 이슈와 직접적인 관련은 없지만 기대 심리에 의해 꾸준히 시세 상승을 유도하는 촉매제가 될 것입니다. 한편 2030계획에 의한 아파트지구 정비 지침은 도심내 업무 종사자가 실거주하기 위해 임대주택 의무화(임대 비율 의무화), 연도형 상가 배치(종상향 가능성 있음), 가로구역 내 공공보행통로 조성 유도를 계획하고 있습니다. (기존 대단지 아파트 재건축과 다름)

➤ 2021년 3월, 컨설팅을 해준 회원에게 여의도 시범아파트를 추천했고 보고서에 이렇게 적었다.

출처: 저자 컨설팅 보고서

재개발 구역이 지정된 이유도 같은 맥락이다.

최근에는 고객들에게 만약 여의도시범아파트 단지, 노량진뉴타운, 신길뉴타운에 투자할 타이밍을 놓쳤다면 동작구 다른 지역의 재개발, 재건축, 리모델링 단지들이 허가가 잘 날 것이니 관심 있게 보라고 언급하고 있다. 이곳들 또한 정치적인 사업지다. 더 확장되어 관악구 구릉지 재개발도 잘될 가능성이 있어 보인다. 구체적인 구역 언급은 하지 않겠다. 스스로 공부하시기 바란다. 내가 찍어주는 것을 따로 분석하지 않고 무조건 매수해버리면, 수익이 나더라도 약이 아니라 독이 되기 때문이다. 힌트는 거점개발지다.

7장의 결론은 부자들은 타인의 가공된 정보를 믿고 투자하지 않는다는 것이다. 이분법적으로 사고하지 말고 세상의 모든 정보를 연결 지어서 판단하라. 우리는 이분법적으로 사고하는 습관을 버려야 부자가 될 수 있다. 사고를 단순하게 만드는 것이 바로 유리 감옥의 설계자들이 노리는 점이다. 세상의 모든 정보를 연결 지어서 생각하지 않고 최대한 단편적으로 생각하고 한두 단어로 표현하려고 한다.

적어도 내가 아는 부자들은 (자기 성향대로 투표하더라도) 세상을 연결 지어서 판단하려고 노력한다. 신문은 《조선일보》를 읽고 짬이 날 때 김어준의 팟캐스트를 시청한다. 하지만 대중들은 다르다. 우파면 우파, 좌파면 좌파로 구분하는 것을 좋아한다. 그리고 어느 파가 더 정의롭고 더 도덕적인지에만 주목한다.

<mark>단순하게 정의할수록, 단순하게 사고할수록 나의 세계관은 좁아지고 더 큰 세계로 나아갈 수 없게 된다.</mark> 구한말 조선이 왜 무너졌는가? 세계관이 좁으면 세계관 밖에 있는 진짜 최강자의 존재 자체도 알 수 없다. 문호개방을 하기 전까지 조선의 세계관은 매우 편협했다. 세계의 중심은 중국(청나라)이고 청나라 황제는 하늘(천자)이었다. 그러나 현실은 어땠는가? 진짜 최강자는 해가 지지 않는 나라, 그레이트 브리튼(Great Britain)이라고 불렸던 영국이었고 강력한 무기와 자본력, 생산력을 바탕으로 전 세계를 호령했다. 조선이 적어도 영국이라는 존재와 그 실체를 빠르게 알았더라면 일제강점기라는 불행한 역사는 없었을 것이다. 적어도 우리는 그렇게 살면 안 된다.

지방 투자도 마찬가지… 도시계획에 따라서 투자하라!

점점 오르는 서울 집값에 투자할 곳이 없는 분들은 심각하게 지방 투자를 염두에 둘 때다. 더군다나 규제가 난무한 서울에서 치열하게 살아남은 투자자라면 지방 투자도 권장한다. 지방에 투자하기에 좋은 타이밍이기 때문이다. 한데 지방 투자를 하면 대중들은 입지가 좋고, 공시지가 1억 원 이하면서, 갭 가격이 착한 아파트를 찾는다. 그러나 나는 이런 식의 투자를 경계한다. 혹시나 하락장이 오면 그런 곳부터 크게 무너지기 때문이다.

지방 도시들도 도시계획이 있다. 그런데 대부분은 서울의 도시계획을 그대로 활용한다. 공무원들은 절대로 창의적으로 일하지 않는다. 실제로 부산의 도시계획을 분석했는데 서울 동대문구의 도시계획을 활용했던 흔적을 찾아냈다. 실제로 임장에 가봐도 그대로 '복붙'한 것처럼 똑같은 개발을 하고 있다. 지난 4년간 새로운 서울의 도시계획이 가시적인 성과를 거두는 중이다. 현재 시점에서는 서울의 도시계획의 안정성이 검증된 것이다. 지방 도시들이 스펀지처럼 빠르게 적용하고 있다.

이미 우리는 서울의 도시계획으로 훈련이 되어 있기 때문에 지방민들이 미처 알지 못한 시점에도 용도가 상향될 곳, 집창촌이 사라질 곳, 군부대가 이전할 곳, 상업지역 재개발이 잘될 곳, 역세권 고밀도 개발이 잘될 곳의 핵심 거점이나 주변 배후 주거지의 재개발, 재건축, 리모델링, 가로주택정비사업이 가능한 곳들을 선점할 수 있다. 어쩌면 뜻하지 않게 건물주가 될 수도 있다. 1부의 내용을 내 것으로 만들어 개발 순환 주기에 따라서 쉽고 편하게 전국을 대상으로 돈을 벌어보면 좋겠다. 2부에서는 서울시의 도시계획을 세부적으로 분석해보겠다.

2부

부자들의 이기는 공식, 도시계획을 알아야 한다

8장
싸움에서 항상 승리할 수밖에 없는 기술

나는 2019년 네이버 카페에 커뮤니티를 만들고 서울시생활권계획을 토대로 글을 쓰고 강의를 했다. 짧은 기간에도 불구하고 나름대로 '최초' 타이틀을 많이 가진 편인데 그중 하나가 서울시생활권계획을 최초로 칼럼에 녹이고, 강의를 했다는 것이다. 지금은 간간이 서울시생활권계획을 설명하는 인플루언서들도 있는 것 같은데, 행간의 의미를 잘 모른 채 줄줄 읽기만 하는 경우가 많아 아쉽다.

2019년에 아무도 추천하지 않았던 상계주공, 창동주공 재건축 예정 아파트들을 과감하게 추천할 수 있었던 것도 생활권계획을 해석한 그대로 얘기한 결과였을 뿐이다. 당시 상계주공, 창동주공은 용적률이 높고 시세가 낮아서 재건축이 어려우니 리모델링을 하는 방향으로 가야 한다고 말했던 사람들도 있었다. 그러나 현장은 그렇게 돌아가지 않는다. 1부에서 내가 지난 13년간 현장에서 느낀 일곱 가지 마인드 세팅을 소개했다.

1부를 읽고 생각의 변화가 생겼다면 이제는 야생과 같은 투자판에서 싸울 수 있는 기술을 익힐 때다. '서울시생활권계획', 이것이 하락장에서도 돈을 벌 수 있는 싸움의 기술이다.

생활권계획의 핵심, 강남북 균형 개발

서울시생활권계획은 박원순 전 서울시장이 만들었다. 하지만 오세훈 서울시장도 서울시생활권계획을 바탕으로 서울 각지를 개발하고 있다. 과거에는 일자리 중심지인 강남권을 중심으로 개발했다. 일자리가 많다 보니 당연히 강남권에 상업지역이 많을 수밖에 없었다. 비싼 땅이 강남권에 집중되어 있으니 강남 지역을 중심으로 키맞추기를 하면서 주변 아파트와 재개발 구역의 시세도 함께 올랐다. 사실 과거에는 강남과 강북의 시세 차이가 크지 않았는데 일자리를 중심으로 배후 주거지 개발이 활발해지면서 지금처럼 격차가 벌어진 것이다.

강북과 강남의 격차를 줄이기 위한 노력은 역대 서울시장들 모두가 했던 것이다. 다만 그 누구도 성공하지 못했을 뿐이다. 그런데 서울시생활권계획을 만든 박원순 전 서울시장은 그 방법을 알았던 것 같다. 한강 이북 지역에 일자리를 만들 수 있는 비싼 땅, 상업지역, 준주거지역을 대거 늘려주고 쓸모없던 준공업지역의 용적률을 400%로 상향했다. GTX를 비롯한 신규 전철 사업을 최대한 강남권보다는 비강남권에 집중하는 동시에, 강북 지역이 성장할 때까지 인위적으로(정치적으로) 강남권 개발을 억제했다.

그렇다면 어떻게 억제했을까? 지난 4년간 강남권에서 시원시원하게 인허가가 나오는 것을 본 적 있는가? 서울 끝자락에 위치하면서 대치 은마, 잠실주공 5단지보다 쌩쌩한 1987년생 도봉삼환아파트의 사례를 보자. 이 아파트는 2020년 10월 16일 안전진단 적정성 검토를 통과한 이후로 재건축에 속도를 내고 있다. 같은 서울이지만, 서울시는 동일한 기준으로 인허가를 해주고 있지 않다. 만약 투자가 목적이라면 서울 끝자락에 있더라도 인허가가 잘 나오는 지역에서 단계별 프리미엄을 빠르게 취할 줄 알아야 한다.

평생 거기 살라고 추천하는 게 아니다. 1~2년 단타를 치며 그다음 인허가가 나올 곳을 예측해 투자해야 한다. 공백 없는 투자, 결코 실패하지 않는 투자, 반드시 적중하는 투자, 이것이 나의 부동산 투자 철학이다. 과거 정부에서 강남 3구 위주로 개발을 했으니 이제는 비강남권 개발의 타이밍이다. 그리고 이변이 없는 이상 강남북 균형 개발은 2040 생활권계획에서 그대로 유지될 것이다.

부산, 대구, 대전과 같은 지방들도 마찬가지다. 과거에는 확장을 위하여 외곽 지역의 신도시 택지개발에 집중했다면 이제는 구도심의 고밀도 개발 타이밍이다. 서울시생활권계획을 해석할 줄 안다면 서울과 지방을 번갈아 보며 적절한 매수와 매도 타이밍을 잡을 수 있다.

초보에서 부동산 중수로 레벨업

1부에서는 진짜 부자가 되는 투자 원칙 일곱 가지를 배우면서 투자

마인드를 다졌다면, 2부에서는 권역별로 거점개발을 자세히 다루고자 한다. 1부에서 설명한 대로 서울시는 거점개발(강남북 균형 일자리 개발)을 하면 반드시 신규 노선 개발과 상권 개발, 배후 주거지 개발을 함께 진행한다. 이는 곧 우리의 투자처인 재개발, 재건축 등의 인허가를 빠르게 받을 수 있다는 의미다.

그래서 2부에서는 서울시생활권계획의 근간이 되는 생활권계획 해석 방법과 거점개발지 주변의 투자 매물을 고르는 방법을 알아볼 예정이다. 이 책에서는 동북권, 서북권, 서남권을 중심으로 다루겠다. 동남권은 명실상부 서울, 아니 전국에서 손꼽히게 비싸다. 뿐만 아니라 서울시는 향후 5년간 강남북 균형 개발에 집중할 것으로 보이기 때문에 굳이 무리해서 동남권에 투자할 필요가 없다. 돈이 많은 투자자가 강남권 거점개발지를 선점했기에 이미 시세가 반영된 곳도 많다. 동남권에 남은 저렴한 지역들은 저평가되었다기보다는 그 가격이 맞는 것이다. 우리가 돈을 벌기 위해서는 대장 아파트의 시세는 중요하지 않다. 가파르게 오를 수 있는 지역이 어디인지에 집중하자. 우리를 빠르게 100억 자산가로 만들어줄 수 있는 지역은 거점개발지라는 것을 명심하자.

9장

동북권

강남의 지위까지 노리는 광역중심지, 창동·상계

서울 동북권보다는 '노도강'이라는 단어가 많은 사람에게 더 친숙할 것 같다. 서울 25개 자치구 중에서 비교적 개발이 가장 덜 된 지역들이었고 지금도 이러한 이미지로 기억하는 사람들이 있을 것이다. 동북권은 생활권에 따라서 동북1권과 2권으로 나뉜다. 동북1권에는 중랑구, 동대문구, 광진구, 성동구가 있고 동북2권에는 노원구, 도봉구, 강북구, 성북구가 있다. 서울의 총 5개 생활권 중에서 이렇게 이질적인 자치구들이 하나로 뭉쳐 있는 곳도 없다. 생활권계획 관련 강의를 하다 보면 '마용성'이라는 신흥 상급지 중 하나인 성동구가 '노도강'과 같은 생활권이라는 것을 알고 놀라워하는 사람들도 많다.

노도강은 가장 일자리가 없는 지역이면서 서울시생활권계획이 실행되기 전까지 가장 비싼 땅이었던 상업지역(최근 광진구청장은 서울시에 정식으로 상업지역을 늘려달라고 건의했다. 잘될 수 있을지는 모르겠다)과 준주거지역이 적은 곳이었다. 그러나 현재는 서울시생활권계획 덕분에 과거에 비해 많이 늘어났다. 그래서일까? 동북권 지역이 양주시에서 서울로 편입된 이래로 최근 3년 동안 그동안의 한을 다 쏟아내는 것처럼 무섭게 시세가 올라가고 있다.

그리고 위상도 무섭게 올라가고 있다. 박원순 전 서울시장이 창동역 인근에 서울 최초의 K-POP 공연장인 '서울아레나'와 49층 랜드마크

- 2040계획은 확 바꾸자!: 도심을 중심으로 나머지 지역들이 집중하는 체계가 아닌, 개별적으로 특화된 중심지역이 수도권 배후지역을 포섭하고 보완하는 핵심지역으로 육성

 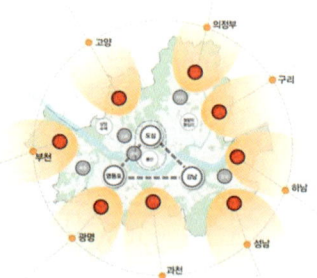

○ 창동역을 강북의 강남역으로!
- 분당과 성남의 유동인구를 끌어안는 강남역처럼, 동북지역과 북부수도권의 상업·업무활기를 창동역에서 부활

➤ 창동 상계 개발은 이제 정부에서 뒤엎기 어려운 사업이다.

출처: 오세훈 서울시장 부동산 정책 공약집

건물인 '씨드큐브 창동'을 인허가했다. 그리고 오세훈 서울시장도 자신의 공약집에서 창동역을 강북의 강남역으로 만들겠다고 이야기했다. 강남이라는 상징적인 단어를 언급한 것만으로도 정치적으로 과분한 사랑을 받는 지역이라고 말할 수 있다. 이러니 돈 냄새를 맡는 투자자들이 달려들 수밖에 없는 곳이다.

시간을 낭비하지 않고 공백 없이 수익을 만들고 싶은 투자자라면 앞의 세 가지는 반드시 따져봐야 한다. 이제부터 서울시의 계획을 최대한 객관적으로 보여주고자 한다. 투자의 판단은 스스로 내리기 바란다.

TIP

창동·상계에서 우리가 주목해야 하는 세 가지

❶ 평당 2,000만 원도 안 되던 창동주공, 상계주공들의 안전진단 통과가 왜 이렇게 잘되고 있는지?

❷ 평당 1,500만 원이던 창동주공, 상계주공이 1년 사이에 평당 3,500만 원이 되었는데 앞으로 얼마까지 더 오를 여력이 있는지? 그리고 지금 투자해도 늦지 않았는지?

❸ 창동주공 7개 단지, 상계주공 16개 단지(이미 재건축이 완료된 상계주공 8단지는 예외)가 모두 재건축 사업성이 좋은지?

광역거점개발과 재건축

2021년 9월 하계동 극동건영벽산과 상계주공 4단지 등이 재건축을 위한 예비안전진단을 통과했다. 특히 1988년 6월 준공된 극동건영벽산은 민간아파트다.

노원구는 재건축을 적극 권장하고 있다. 그 이유는 무엇일까? 최근 5년 사이 서울시 인구 감소 규모가 가장 컸던 자치구가 노원구여서다. 2018년에는 인구 감소 원인 분석 및 정책 대응방안 연구용역까지 실시했다. 전출 사유 1위는 바로 주택 문제다. 노원구는 아파트 수가 많지만 30년 이상 된 아파트들이 많기 때문에 녹물 문제, 주차 문제 등이 심각하다. 그러나 이것만으로는 근거가 부족할 수 있다.

상계주공, 창동주공 아파트의 재건축 사업은 주택 공급뿐만 아니라 도시의 체질을 개선하는 사업이다. 생활 서비스 이용이 편리한 신도시처럼 대폭 개조하는 것이 상계주공, 창동주공 재건축이다.

상계주공 5단지는 신속통합기획 시범단지(사실 도시건축혁신 시범사업지라는 말이 맞지만)다. 참고로 신속통합기획이란 정비계획 수립 단계에서 서울시가 공공성과 사업성의 균형을 이룬 가이드라인을 제시하고, 신속한 사업 추진을 지원하는 공공지원계획이다. 까다로운 심의 기간을 단축하고 주변 지역과 조화로운 건축 계획까지 제시하는 사업이다.

그렇다면 왜 상계주공 5단지를 먼저 재건축할까? 여기서 우리는 권력자의 눈으로 바라볼 필요가 있다. 그들은 노원구의 30년 이상 된 노후 아파트들이 토지 면적을 비효율적으로 차지한다고 생각한다. 하여 상계주공 5단지를 실험 모델로 삼고 성공적으로 진행되면 상계·창동→중계→하계 순으로 순차적으로 개발할 것이다. 다른 자치구, 특히

상계주공5단지 건축 계획

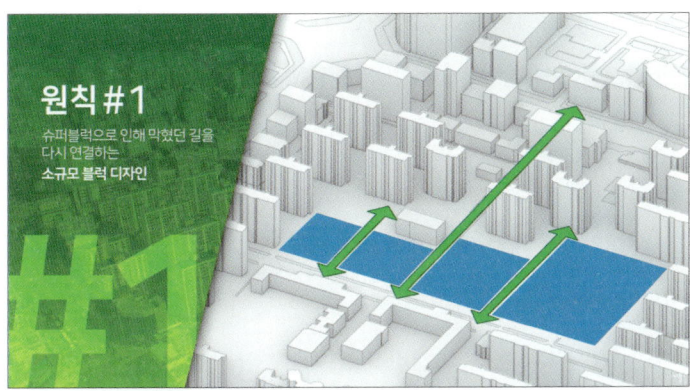

원칙 #1
슈퍼블럭으로 인해 막혔던 길을
다시 연결하는
소규모 블럭 디자인

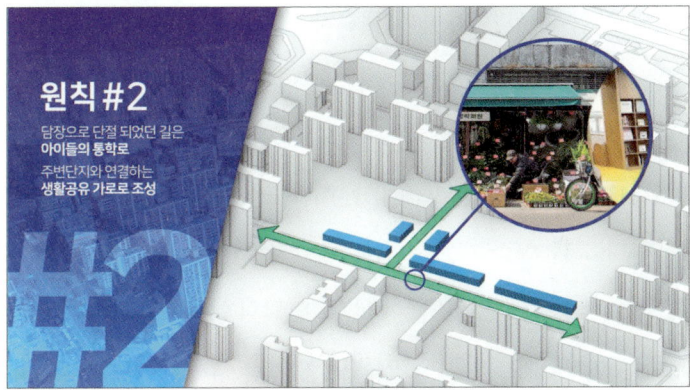

원칙 #2
담장으로 단절 되었던 길은
아이들의 **통학로**
주변단지와 연결하는
생활공유 가로로 조성

원칙 #3
지역사회에 필요한
생활 서비스 시설 계획

출처: 도시건축혁신 시범사업지

강남 3구에서는 억제하고 있는 통합 재건축 가이드라인까지 만들겠다고 하면서까지 말이다. 재개발, 재건축 투자를 해본 사람들은 알겠지만, 통합 대규모 개발이 이뤄지려면 정책적으로 엄청나게 밀어줘야 가능하다.

또한 창동·상계는 7광역 중심지 중 하나로 8만여 개의 일자리가 창출될 곳이다. 인구를 대폭 늘리려면 어떻게 해야 할까? 양질의 주거지를 공급해야 한다. 마곡지구에 대규모 신축 아파트들이 왜 공급되었는지, 상암DMC 주변으로 재개발 사업이 왜 활발한 것인지를 보면 답은 이미 나와 있다. 이곳은 과시용 사업지(정치인들의 업적을 알리기 위한 곳)이며 서울시가 전략적으로 개발하는 지역이다. 이 사업이 결과적으로 잘 될 필요는 없다. 실제로 예산이 투입되고, 삽을 파고 인허가가 잘 나오기만 한다면 당초 계획대로 되지 않더라도 단기 차익(2년)을 만들기에는 충분하다.

태릉우성아파트가 안전진단에서 최종 탈락했다고 노원구, 도봉구의 재건축이 몰락한 것은 아니다. 어쩌면 재건축 아파트 중에서 옥석 가리기를 할 수 있어서 다행이라고도 할 수 있겠다. 참고로 나는 회원들에게 "당장 속도는 태릉우성이 빨라 보일 수 있어도 창동주공이나 상계주공을 사는 게 낫습니다"라고 말했다. 다음 페이지의 지도에 동그라미를 친 곳이 바로 태릉우성아파트인데 서울도시계획포털에서 제공하는 지도를 보면 지구단위계획구역에 포함되지 않았다. 나는 강의나 칼럼에서 지구단위계획구역에 포함된 역세권 아파트를 매수할 수 있으면 매수하라고 강조했다.

서울도시계획포털에서는 유독 노원구, 도봉구 지역에 거대한 아파

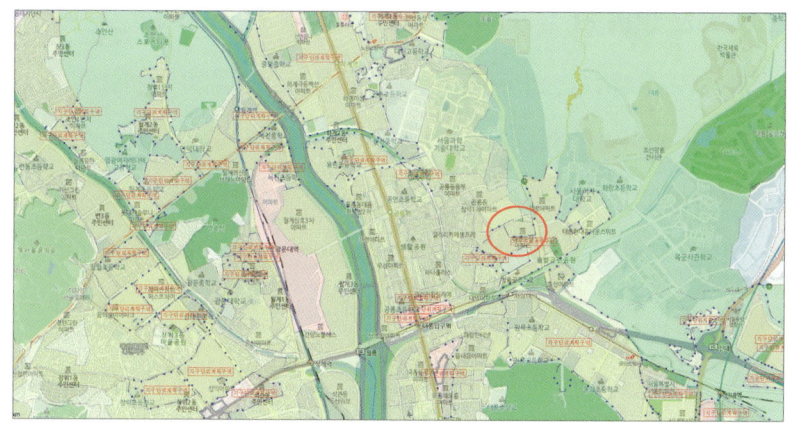

➤ 태릉우성은 지구단위계획구역에 포함되지 않았다. 나는 이번 안전진단 탈락의 힌트가 여기에 있다고 본다.

출처: 서울도시계획포털

트 단지들을 지구단위계획구역으로 묶여 있는 것을 알 수 있다. 무슨 의도에서 이렇게 묶었을까? 나는 통합 재건축을 할 때 큰 덩어리 단위로 개발할 것이라고 보고 있다. 지구단위계획구역으로 지정되었다는 것 자체가 곧 정부나 서울시가 침 발라놓은 땅이라는 의미다. 대중들은 실패 사례에 주목하고 겁을 먹거나 행동하지 않은 자신을 오히려 대견하게 여긴다. 그러나 지구단위계획구역으로 묶인 상계주공 5단지(일반아파트)와 하계 5단지(임대아파트)는 재건축 사업을 전폭적으로 밀어주고 있다. 게다가 상계주공 8단지는 벌써 재건축이 완료돼 포레나노원으로 거듭났다. 결국 지구단위계획구역에 있는 아파트들은 잘 움직이고 있음에 주목해야 한다. 부정적인 정보만 마음에 담으려고만 한다면 결코 성공한 사람이 될 수 없다. 부정적인 사람치고 부자가 된 사람을 보지 못했다.

돈이 되는 땅이 된 창동 역세권(높게 지을 수 있는 땅의 힘)

"작가님! 상계주공, 창동주공 통틀어서 대장은 어디가 될까요?"

"지금은 백화점이 있는 노원 역세권 쪽이 입지가 좋아서 대장이지만, 결국 GTX-C노선을 품은 창동 역세권 쪽 주공이 대장이 될 겁니다."

2019년 지역 분석 강의를 했을 때부터 나는 항상 이렇게 답했다. 그때 당시에는 상계주공 6단지나 7단지가 창동, 상계주공 통틀어서 시세가 가장 높았다. 강남 접근성이 좋은 7호선 노원 역세권을 이용할 수 있고 도봉구, 노원구 통틀어서 유일하게 백화점 상권을 품은 곳이기

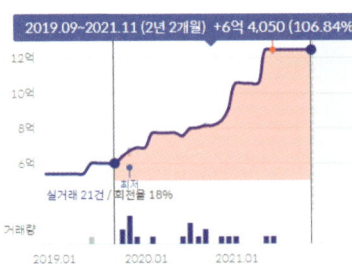

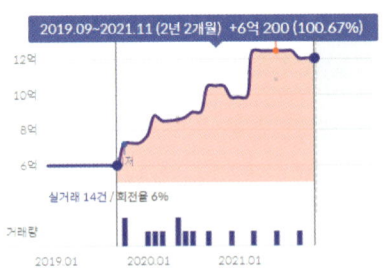

출처: 호갱노노

때문이다.

그러나 나는 2019년부터 일관되게 창동 역세권에서 대장 아파트가 나올 것이라고 말했고 그중에서도 특히 창동주공 19단지에 주목했다. 시세는 어떨까? 상계주공, 창동주공은 최근 3년간 서울의 부동산 시세를 이끌었다고 봐도 무방하지만 그중 창동 역세권 아파트의 상승세는 더 무섭게 올라갔다. 왜 그랬을까?

상승장에서는 나 역시 입지를 따진다. 그러나 기본적으로 땅을 봐야

창동 역세권과 노원 역세권

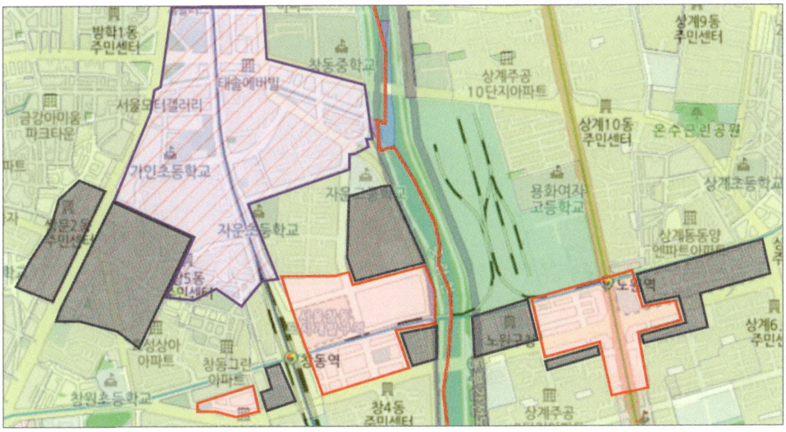

출처: 서울도시계획포털

- 빨간색 – 상업지역(건축 시 용적률 600~1,000%)
- 회색 – 준주거지역(건축 시 용적률 400~500%)
- 보라색 – 준공업지역(건축 시 용적률 400%)

한다. 2008년부터 시작된 하락장, 그 기간에도 수익을 내는 부동산에 관해 열심히 연구했다. 그 결과 많은 인구를 수용할 수 있는 땅이 결국 돈이 된다는 사실을 깨우쳤다. 같은 카페를 하더라도 월 매출이 더 잘 나오는 곳, 원룸을 짓더라도 10층 이상 지을 수 있는 곳, 이런 땅에 투자해야만 어떤 시장에서도 꾸준히 수익을 낼 수 있다. 각설하고 본론으로 넘어가겠다. 서울시생활권계획을 해석하기에 앞서서 매우 의미 있는 지도를 설명하겠다. 앞의 지도는 창동 역세권과 노원 역세권을 보여준다.

중랑천을 기준으로 도봉구 창동 역세권과 노원구 노원 역세권으로 나뉜다. 기존에는 노원 역세권이 창동 역세권보다 용도가 좋은 땅(높게 건축할 수 있는 땅)이 월등히 많았다. 그러나 박원순 전 서울시장이 ==강북 지역 거점개발사업==(강남 편중의 일자리를 서울 전역에 세팅해 용도가 좋은 땅의 비율을 강북과 강남에 대등하게 맞춰 땅값의 평균 시세를 맞추기 위한 노력)을 실행하면서 창동 역세권의 상업지역이 대폭 늘어나고, 존재하지 않았던 준주거지역을 대규모로 새롭게 지정했다. 게다가 기존에 200%도 받을 수 없었던 준공업지역의 용적률을 400%까지 늘려주면서 지난 3년간 유의미한 변화가 있었다.

가장 큰 변화

과거에는 창동역과 노원역을 통틀어 가장 비싼 땅인 상업지역이 노원 역세권에 편중됨으로써 노원 역세권 배후 주거지인 상계주공이 대체적으로 창동주공보다 시세가 더 비쌌다. 지금은 어떨까? 땅의 용도가 창동 역세권이 훨씬 좋아지면서 창동주공이 상계주공의 시세를 추월하거나 많이 따라잡은 상태다. 앞으로 이러한 격차는 GTX-C와 KTX가 창동역에 개통되면서 더욱 벌어질 것으로 예상된다. 이 책의 1부만 정독했어도 앞의 지적도를 보는 순간 창동역과 노원역 중에서 어느 곳이 더 비싼 땅인지 알아차려야 했다. 그렇다면 같은 값으로 상계주공과 창동주공 중에서 어느 곳에 투자해야 하는지 직감적으로 알 것이다. 그런데 부동산 투자는 이게 전부가 아니다. 이어서 더 자세히 설명하도록 하겠다.

서울시생활권계획 해석하기

창동 역세권 개발

서울시생활권계획에서 대규모 가용지를 활용하겠다는 문구에는 두 가지 의미가 있다. 이 의미를 이해할 수 있다면 창동이 창동 역세권개발을 통해 어떤 모습으로 거듭날 계획을 세우고 있는지 알 수 있다.

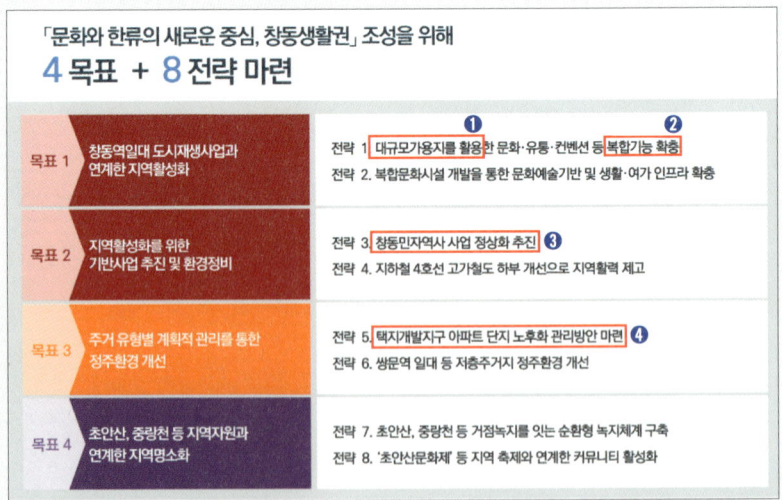

➤ 1, 2번은 상권 개발을 염두에 두는 문구이며, 3번은 신규 노선 개발, 4번은 거점지역의 배후 주거지 개발을 의미한다.

출처: 서울시생활권계획

왜 서울 변두리 도봉구 창동이 비싼 용도의 땅으로 변했을까? 서울시 생활권계획에 그 답이 있다.

❶ 대규모 가용지를 활용

서울 각지에는 공공기관의 부지, 유휴부지, 전철 차량기지, 버스 공용 차고지, 교도소, 군부대 등 저이용 부지가 꽤 있다. 창동상계개발지에 시립창동스포츠센터, 서울시설공단 공영주차장, 4호선 차량기지, 도봉운전면허시험장 부지를 활용하여 약 8만 개의 신규 일자리를 창출할 계획이다. 논이었던 강서구 마곡지구를 개발해 10만 개의 일자리를 창출한 사례가 있기 때문에 그 사례를 그대로 '복붙' 하는 셈이다. 마곡에 아파트를 짓고 일자리 창출과 9호선 개통, 주복합개발을 겸한 상권 개발을 했듯이, 창동··상계 광역거점개발지에서도 옛 마곡 개발의 향기가 난다.

서울시생활권계획을 읽다 보면 여러 지역에서 대규모 가용지를 활용하겠다는 추상적인 문구를 종종 볼 수 있다. 이는 둘 중 하나의 의미로 이해하면 된다. 서울시는 일자리를 만들고 싶어한다. 그리고 대규모 임대 단지를 만들고 싶어한다.

그렇다면 창동상계개발 광역거점지에 대규모 가용지를 활용하겠다는 의미는 둘 중 무엇일까? 당연히 일자리다. 8만 개의 신규 일자리를 만들겠다는 의미다. 이는 서울 사람들을 위한 일자리가 아니라 경기 북부 주민들을 위한 일자리다. 덕분에 창동의 유동 인구는 폭발적으로 늘어날 예정이며 이에 비례해 소비도 크게 늘 것으로 예상된다. 즉, 역세권 상가의 월세가 늘어나면서 상가의 매매가 또한 매우 오를 것이다. 직장과 가까운 곳에서 살고 싶은 사람들은 많은데 아파트는 한정되어 있기 때문에 향후 재건축이 완료된 신축의 수요 또한 매우 증가할 것이다.

대규모 일자리 창출은 고용 창출의 의미만 있는 것이 아니라 이 지역의 땅값을 폭발적으로 올려주는 힘이 된다. 마곡, 용산, 상암은 서울시의 이러한 의도대로 개발이 된 곳들이다. 이제 성공적인 1세대 사업지의 후속 작품이 서울 전역에서 개발 중이다. 사업이 100% 잘될까? 이는 우리에게 중요치 않다. 돈 버는 데 아무 문제가 없기 때문이다.

❷ 복합기능 확충

주상복합 개발은 일반주거지역에서 할 수 없다. 물론 제3종 일반주거지역에서 예외적으로 주상복합아파트 건축이 가능하지만 일반적인 개발 방식은 아니다. 그래서 복합사업을 하려면 상업지역, 준주거지역이 되어야 한다. 그런데 창동에는 용적률 400%가 된 준공업지역도 있다. 즉, 복합기능을 확충하겠다는 의미는 아파트나 지을 수밖에 없는 저렴한 땅인 일반주거지역들을 무차별적으로 상업지역, 준주거지역으로 용도 변경을 해주겠다는 의미다.

그리고 서울도시계획포털 지도에 이미 반영되어 있다. 단순히 비교하더라도 노원 역세권의 땅의 용도보다 창동 역세권의 땅의 용도가 좋다.

중랑천을 경계로 어느 땅이 더 좋은 땅일까?

➤ 고밀도로 개발할 수 있는 땅(상업지역, 준주거지역, 준공업지역)이 많은 쪽이 좋다고 할 수 있다.

출처: 서울도시계획포털

➤ 공사가 재개된 창동민자역사.

257

❸ 창동민자역사 사업 정상화 추진

사람들은 수년 동안 방치되어 흉물처럼 있는 창동민자역사 사업이 망했다고 생각한다. 과연 그럴까? 서울시생활권계획을 보면 '창동민자역사 사업 정상화 추진'이라고 쓰여 있다.

수원 역세권, 의정부 역세권, 금정 역세권, 청량리 역세권을 가보면 알겠지만, 모두 사업지역에 복합 개발을 했다. 마치 아주 많은 사람이 이용할 거라 생각하고 개발한 것처럼 보인다. 실제로 환승+쇼핑 형식으로 복합 개발을 했다. 모두 GTX 환승 역세권이라는 공통점이 있는데 향후 GTX가 개통되면 많은 사람이 이용할 것이다. 창동 역시 마찬가지다. 정부는 GTX 역세권의 위상에 걸맞게 개발하고 싶은 것이다.

창동상계 개발은 총 3단계로 진행한다.

1단계 : 창동 개발(49층 랜드마크타워가 핵심 거점이며, 현재 대림건설에서 시공 중)
2단계 : 상계 개발(2024~2025년 사이에 예산이 투입될 예정, 도봉운전면허시험장과 차량기지를 이전하여 일자리 창출)
3단계 : 창동 역세권 개발(2024~2025년경 진행 예정, GTX-C, KTX 창동 역세권 복합개발사업)

서울시생활권계획에서 말하고 있는 창동민자역사 사업 정상화 추진이라는 의미는 3단계 사업을 말한다. 즉, 시기적으로 아직 여유가 있다고 볼 수 있다. 정부의 예산은 단계별로 투입되기 때문에 조금 느리더라도 인내심을 가지고 지켜보는 것이 중요하다.

❹ 택지개발지구 아파트 단지 노후화 관리방안

　창동주공과 상계주공은 1980년대 전두환 정권이 마들평야를 갈아엎고 만든 택지개발지구 아파트 단지다. 어느덧 30년이 훌쩍 넘어 재건축 연한에 다다랐다. 서울시에서 관리방안을 체계적으로 마련하겠다는 의미이기 때문에 '사업 진척이 빠르겠구나' 정도로 생각하면 된다. 단순히 '때가 됐으니 재건축을 하는구나'라고 넘기면 안 되는 곳이다. 창동주공, 상계주공 재건축을 하고 싶지 않더라도 서울시로서는 반드시 개발을 해야 하는 이유가 있다. 뒤에서 설명하겠다.

서울시생활권계획 해석하기

GTX-C, KTX 역세권이 되는 창동역

최근 경향은 서울 관문 입지 개발이다. 관문 입지란 경기도 지역과 인접한 곳으로 기존 투자 공식에 의하면 서울에서 가장 입지가 안 좋은 곳이었다. 그러나 이런 지역을 개발해서 서울 외곽지역 주민과 경기도 주민들의 일자리를 확충하고, 서울 집중화 현상을 해결하여 서울 25개 자치구 균형 발전을 도모하는 것이다.

출처: 서울시생활권계획

❶ KTX 동북부 연장선, GTX-C (광역급행철도)

2020년 10월까지만 해도 예산이 없다는 이유로 동북부 KTX 연장을 국토부에서 회의적으로 생각했다. 물론 서울시는 동북부 KTX 연장을 원했다. 그러나 2020년 11월, 창동역에 GTX-C뿐만 아니라 KTX도 개통하기로 국회에서 확정되었다. 나는 11월 확정 전에도 창동역은 KTX 역세권까지 될 것이라고 강의한 바 있다. 앞으로 서울 북부, 경기 북부에서 강남으로 출근하거나 부산에 가는 KTX를 탈 사람들은 창동역에 집결하게 될 것이다. 서울 내에서도 집객력이 좋은 상권으로 거듭날 전망이다.

❷ 서울아레나 유치와 문화예술 관련 기업

녹지공간이었던 땅을 준주거지역으로 상향해 서울아레나 공사가 시작되었다. 어쩌면 BTS의 K-POP 공연은 서울 유일의 K-POP 공연장인 서울아레나에서 진행될 것이다. 문화예술 기업은 그런 의미이며 8만 일자리 창출에 포함되는 부분이다. 교통이 현격히 좋아지니 상권이 살아나는 건 당연한 일이다. 늘 그랬듯이 각종 세제 혜택을 유인책으로 두어 일자리를 채울 것으로 본다.

어떤 사람은 고양시에도 아레나가 조성되는데 공항 접근성, 수용 규모 면에서 서울아레나가 밀려서 결국 흐지부지한 사업이 될 것이라고 말한다. 그러나 이런 주장은 창동·상계 개발을 편협한 범위로만 생각하는 것이다. 창동·상계 개발은 K-POP 공연장을 시작으로, 8만 일자리 창출 사업과 함께 중랑천 개발 사업(지천 르네상스)까지 아우르는 대개발이다. 그들의 주장과 달리 서울아레나는 척척 진행에 속도를 내고 있다. 2021년 9월 14일 건축 심의까지 통과했으니 착공까지 이제 얼마 안 남았다.

내가 창동에 땅 한 평 투자했으면 고양시의 아레나 사업에 과민하게 반응할 필요가 없다. 앞에서도 말했지만 한쪽으로만 생각하는 사람들은 절대 성공할 수 없다. 편향된 생각으로 좋은 기회를 놓치는 것은 매우 어리석은 짓이다.

부정적인 사람들이 안 될 것이라고 말했던 창동민자역사 사업도 이를 정상화하기 위한 구체적인 계획들이 줄줄이 나오고 있다. 민자사업

➤ 창동민자역사 사업 정상화가 주요 과업이다.

출처: 서울시생활권계획

이지만 광역거점지이기 때문에 행정적 지원뿐만 아니라 재정적인 지원도 있을 것으로 보인다.

오세훈 서울시장이 세빛섬을 밀었을 때도 부정적인 사람들은 혈세를 낭비하는 흉물이라고 이야기했다. 그러나 세빛섬 같은 확실한 거점 개발지가 있기에 투자자들은 반포동의 재건축 아파트에 투자해 수익을 얻고 있다. 돈은 이렇게 버는 것이다. 서울아레나에 대한 근거 없는 논란을 제기하는 사람들을 볼 때마다 세빛섬이 생각난다. 서울시가 개발한다고 했고 구체적으로 행동으로 보여주고 있으면 그걸로 된 것이다.

서울시생활권계획 해석하기

노원구 상계동

서울시 강서구 마곡 광역중심지 개발은 약 10만 개 일자리를 창출했으며, 창동상계 광역중심지 개발은 약 8만 개의 일자리를 만들 예정이다. 신규 공급되는 일자리에 출퇴근 하는 사람들을 위한 상권 개발과 신규 주택 보급이 필요하기 때문에 1, 2번으로 나누어서 사업을 하는 것이다.

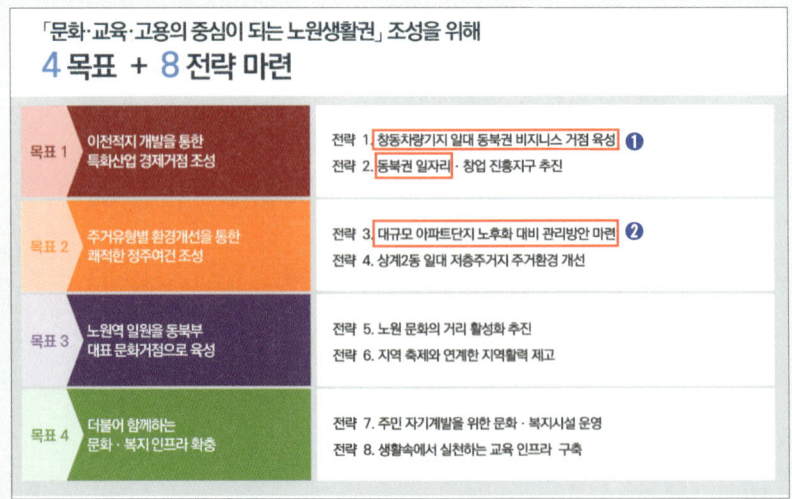

출처: 서울시생활권계획

264

서울시 자치구 중에서 인구와 아파트 수가 세 손가락 안에 드는 노원구는 정치인 입장에서 많은 표가 걸려 있는 지역이기도 하다. 재건축 시 대규모 주택 공급이 가능한 자치구다.

❶ 창동차량기지 일대 동북권 비즈니스 거점 육성, 동북권 일자리

창동·상계 2단계 개발에 따라 도봉운전면허시험장은 의정부시 장암역 일대로, 창동차량기지는 남양주시 일대로 이전할 계획이다. 시점은 2단계 개발이 본격화되는 2024~2025년도 경으로 예상된다. 중요한 것은 이전 시점이 아니라 이전 후에 일자리가 들어선다는 점이다. 대규모 일자리를 중심으로 상권 개발을 새롭게 진행해야 하고, 또한 배후 주거지 사업도 해야 한다. 그렇다면 과연 마땅한 땅이 있을까? 현재로서는 GTX, KTX 이용객들과 직장인들이 돈을 쓸 상권이 부족하다. 새로 유입된 사람들이 거주할 신축도 없다. 상계주공을 재건축하여 상권과 주거지를 동시에 충족시키는 개발만이 유일한 대안이다. 우리는 이 기회를 놓쳐서는 안 된다.

❷ 대규모 아파트 단지 노후화 대비 관리방안 마련

비슷한 연한이지만 상계주공을 먼저 만들고 창동주공을 만들었기 때문에 창동주공 역시 재건축을 염두에 두는 것이다. 상계주공, 창동주공은 통합 25개 단지다. 단지당 세대는 약 2,000세대 전후다. 만약 통합 재건축을 한다면 단군 이래 가장 큰 재건축 단지가 되는 것이다.

서울시생활권계획 해석하기

노원 역세권과 차량기지,
운전면허시험장 개발 사업

거점 근처를 유심히 봐야 하는 이유를 잘 보여주는 곳이다. 여기는 용도를 변경할 것으로 보인다.

목표1 : 이전 적지 개발을 통한 특화산업 경제거점 조성

전략1 창동 차량기지 일대 동북권 비지니스 거점 육성

- **창동차량기지** 일자리 창출 및 지역발전 견인 중심업무 거점 조성 ❶
  - 차량기지 이전을 통해 ICT융합 인프라, 지식형 R&D 등 특화산업 및 복합 상업·업무 거점으로 조성
  - 창업 기업 확산, 기업이전 유치 등을 통해 특화산업/경제 거점 조성
  - 지역 자족기반 역할 수행을 위한 컨벤션, 전시시설, 업무시설 등 도입
- **도봉면허시험장 부지를 활용한 역세권** 복합상업기능 도입 ❷
  - 부지매각을 통한 민자개발 추진을 통해 노원역 역세권내 복합상업, 중심업무시설(금융, 대기업 계열사 등) 유치
  - 기업지원 시설 및 업무·상업 복합 비즈니스 지원센터 조성

전략2 동북권 일자리·창업 진흥지구 추진
(창동 차량기지 등)

- **동북권 고용 극대화를 위한 취업·창업 제반시설 구축**
  - 취업알선센터, 직업훈련시설, 창업인큐베이터센터 등 취업 및 창업과 연관된 제반시설을 구축, 일자리 창출을 위한 종합적 지원 시행
- **동북권 내 대학·인적·기술적 자원과 연계한 첨단지식산업 조성**
  - 경제혁신 3개년계획, 경제비전2030, 시정 4개년 계획 등 상계 계획 및 정책, 지역특성을 바탕으로 지역육성

출처 : 서울시생활권계획

❶ 일자리 창출, 중심업무 거점

1부에서부터 계속 강조했던 것이 바로 '거점개발지의 의미'다. 도봉구, 노원구 통틀어서 창동·상계개발지는 서울시에서 지정한 거점개발지다. 정치적인 사업지로 그만큼 안전한 투자처라고 말할 수 있다. 또한 단계별 프리미엄을 빠르게 얻을 수 있는 곳이다.

❷ 복합상업기능 도입

개발할 수 없는 땅(녹지지역)으로 설정되어 있는 차량기지와 운전면허시험장을 이전하면 상업지역으로 용도가 변경될 것이라는 뜻이다. 즉, 노원구 전체에서 가장 비싼 땅인 이곳을 중심으로 노원구 전역의 땅값이 상승할 것이다. 하락장에서 가격이 떨어질 때는 이런 곳이 가장 마지막에 떨어진다. 그러니 거점 주변에 괜찮은 매물이 있는지 잘 찾아보길 바란다.

서울시생활권계획 해석하기

상계뉴타운

우리의 편견에는 상계뉴타운은 입지가 좋지 않다. 그럼에도 불구하고 서울시가 상계뉴타운 개발을 밀어주는 이유는 남양주와 인접한 관문 입지이면서 창동상계 광역중심지 개발의 배후주거지가 필요한 까닭이다.

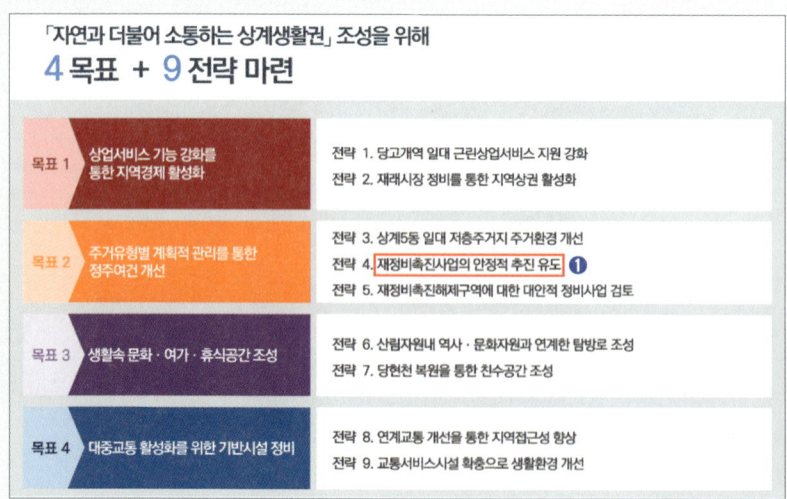

출처: 서울시생활권계획

❶ 재정비촉진사업의 안정적 추진 유도

재정비촉진사업의 안정적 추진 유도란 무슨 뜻일까? 비록 서울 가장 끝자락 뉴타운이지만 빠르게 개발하겠다는 의미다. 실제로 인허가가 잘 나오고 있으며, 고객들에게는 상계5구역을 가급적 배제한 후 상계1, 상계2구역 투자를 권장했다. 재개발에서 입지는 절대 중요하지 않기 때문이다. 우리는 전매제한 때문에 입주하지 않고 빠른 곳에서 단계별 프리미엄만 얻고 나오면 된다. 규제 덕분에 단타로 큰 수익이 가능해졌다.

어떤 재건축을 선택해야 할까?

이번에는 거점개발지가 있는 창동·상계 지역과 확실한 거점개발지가 없는 강남 3구 지역을 비교해보겠다. 정치인들이 거점개발지를 어떻게 바라보고 있으며 서울시는 어떻게 구분하고 있는지를 살펴보자.

개포동은 한때 '개도 포기한 동네'였지만 '개도 포르쉐 타는 동네'로 부상했다. 왜 개포동의 위상이 변했을까? 디에이치아너힐스, 개포프레지던스자이, 래미안블레스티지와 같은 고급 아파트들이 있기 때문이다. 사실 이 아파트들은 개포주공아파트들이 재건축된 것이다. 그것도 이명박 정권, 박근혜 정권 때 전폭적으로 밀어줬기에 가능했다.

여기서 투자자들은 선택한다. 대중들은 강남구에서도 입지가 안 좋은 개포동이 이렇게 변했으니 개포주공아파트 재건축이 완료된 시점

개포프레지던스자이 공사 현장

이 상급지인 대치동, 도곡동 투자 타이밍이라고 생각했을 것이다. 그러나 투자 머리가 있는 사람들은 다른 생각을 했다. 성산시영이나 미미삼(미성, 미륭, 삼호) 같은 아파트에 투자한 것이다.

2021년 10월 기준, 대치은마아파트 30평이 3년 동안 6억 3,000만 원 정도 올랐다. 3년 전 가격 17억 5,000만 원, 실투자금 12억 8,000만 원으로 투자해서 번 성적이다. 같은 기간 성산시영 20평은 3년 동안 4억 1,000만 원 올랐다. 2018년 10월 매매가 7억, 갭 4억 6,000만 원에 투자해서 말이다. 같은 기간 미미삼 23평도 3년 동안 4억 5,000만 원 올랐다. 3년 전 매매가는 5억 2,000만 원, 실투자금은 3억 3,000만 원이었다. 대치은마에 갭투자를 할 돈으로 미미삼 서너 채 정도 투자가 가능했다.

이런 것을 볼 때 부동산 투자판도 오징어 게임과 다를 바 없지 않은가? 투자에 도가 튼 사람들은 입지와 상관없이 서울의 주공아파트, 시영아파트인지 따졌을 것이다. 그렇지 않은 사람들, 특히 부동산을 인터넷에 떠도는 출처가 불분명한 정보로 배운 사람들은 입지를 보고 재건축 아파트에 투자할 것이다. 구체적으로 설명하기 어렵지만 입지를 따지지 않고 비강남권 주공, 시영아파트에 투자한 사람들은 이런 아파트들을 서울시에서 빠르게 재건축할 거라는 사실을 본능적으로 알았을 것이다. 물론 나는 조금 더 객관적인 자료(서울시생활권계획)로 증명해보겠다.

서울시생활권계획 해석하기

창동주공 재건축

서울시의 택지개발지구들은 재정비 연한이 돌아오면 서울시가 다시 개발하는 경향이 있다. 서울시가 지구단위계획구역을 지정한 것이 그 증거이며, 이런 지역에는 체계적인 도시계획과 용적률 인센티브 가능성이 있다.

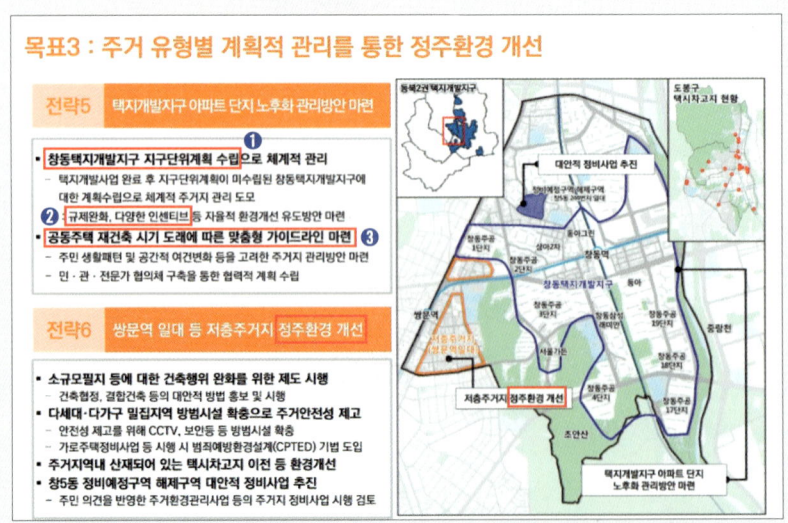

출처 : 서울시생활권계획

❶ 창동택지개발지구 지구단위계획구역 수립

택지개발지구는 원래 마을이 아니었던 곳을 택지개발을 해 주거지를 형성한 곳이다. 논, 밭, 산과 같은 녹지인 개발제한구역을 개발한 것이다. 예를 들면 별내신도시나 다산신도시 같은 곳을 생각하면 된다. 이러한 곳들이 벌써 재건축 연한이 돌아오고 있다. 서울시가 창동주공이 포함된 창동택지개발지구를 지구단위구역으로 지정한다는 의미는 결국 개발을 하겠다는 뜻이다. 중요한 건 서울시의 의지대로 개발하겠다는 의미를 담고 있다는 사실이다.

쉽게 말하면, 재건축을 하겠다고 할 때 적극적으로 지원하겠지만, 서울시가 원하는 방향대로 설계해야만 한다. 그렇다면 실거주를 염두에 두는 사람들 말고, 단순히 돈만 벌고 빠지겠다는 투자자들의 입장에서 본다면 인허가가 잘 나오는 곳이라는 느낌이 와야 한다. 실제로 창동주공들이 그 어렵다는 안전진단을 통과했다. 덕분에 내게 이 아파트를 추천받은 회원들은 단기간에 투자금도 얼마 안 들이고 큰 수익을 냈다.

❷ 규제 완화, 다양한 인센티브

서울시생활권계획에서 규제를 완화해주고, 다양한 인센티브를 부여하고, 행정적 지원을 하겠다는 지역이 몇몇 있다. 그런데 이런 곳치고 느린 사업지가 단 한 곳도 없다. 또한 이런 곳치고 입지가 좋은 곳이 없다. 정권과 코드가 맞는 지역들은 정권에 감사해야 한다. 이런 분위기를 감지하고 지난 4년간 편하게 돈을 번 투자자들도 마찬가지다.

❸ 공동주택 재건축 시기 도래에 따른 맞춤형 가이드라인 마련

```
- 노후 공동주택 재건축 실행 지원방안 수립용역 -
          과 업 지 시 서

가. 과업의 배경
 ○ 노원구는 1980년대 이후 상계동 등 총 15개의 택지개발지구로 조성된 대규모 공
   동주택 단지가 밀집한 지역으로써, 2017년 이후부터 택지개발지구 내 공동주택
   대부분 재건축 시기가 도래
    ○ 노원구 재건축 안전진단 대상 (30년이상 경과) : 서울시 1위
     - 2020년 : 39단지  59,124세대(서울시 전체 21.14%, 노원구 전체 46.55%)
     - 2025년 : 73단지  83,420세대(서울시 전체 12.63%, 노원구 전체 65.69%)
     - 2030년 : 124단지 112,320세대(서울시 전체 16.08%, 노원구 전체 88.44%)
 ○ 공동주택 노후화로 인한 유지관리비 증대, 주차장 부족 및 층간소음 등 생활여건
   열악함에 따라 재건축에 대한 주민요구 증대
 ○ 2018.3월 재건축 안전진단 기준 개정시 주거환경 대신 구조안정성 평가비중이 강
   화되었으나, 강남3구 등은 기준강화 이전 안전진단 완료로 순차적 사업추진하고
   있으며 실질적인 재건축 사업추진 불가 및 그로 인한 강남북 불균형 심화
```

➤ 노원구는 택지개발지구 아파트들을 지구단위계획구역으로 지정하여
  재건축을 지원하고자 한다.

출처: 나라장터 과업지시서

    공동주택은 아파트를 의미한다. 창동택지개발지구 내 아파트들은 당연히 창동주공이다. 물론 창동주공 이외에도 창동동아와 같이 민간 아파트이지만 연한이 도래한 아파트들도 포함된다. 이들의 재건축 시기가 도래하여 맞춤형 가이드라인을 만든다? 생소하지 않은가? 사유지인데 굳이 서울시가 가이드라인을 만들겠다는 것이. 1번 항목에서 창동택지개발지구 지구단위계획구역을 수립하겠다는 의미와 결을 함께하는 부분이다.

    결론을 내려보겠다. 인센티브(빠른 인허가, 택지개발지구+역세권+재건축=준

주거 상향 등)를 확실하게 줄 테니까 서울시 의도에 맞게 재건축하라는 것이다. 아둔한 사람은 정부를 욕하면서 될 때까지 버티고, 현명한 사람은 정부에 순응하여 이익을 취한다. 영악해 보이지만 실제로 부자들은 이렇게 행동한다. 나에게 이익이 되는 편이 항상 우리 편이다.

서울시생활권계획 해석하기

상계주공 재건축

'원활한 사업 추진'이라는 단어에 주목하자! 상계주공, 창동주공 아파트들이 연이어 안전진단 통과가 잘되는 이유가 바로 생활권계획에 고스란히 녹아 있다.

출처: 서울시생활권계획

❶ 택지개발지구, 공동주택, 일시적 재건축에 대응

서울시생활권계획 원문을 보면 유독 서울 가장자리 지역에 '택지개발지구'라는 단어가 많이 등장한다. 학창 시절 수업을 듣다 보면 시험에 잘 나오는 단어들은 선생님이 자주 언급하지 않던가? 우리도 '택지개발지구'라는 단어를 하찮게 넘겨서는 안 된다.

도봉구, 노원구, 중랑구, 양천구, 강서구 등 택지개발사업지들은 연한이 돌아오면 적당한 인센티브를 주면서까지 반드시 서울시의 의도대로 대규모 개발을 진행할 곳이다. 내 귀에는 "나중에 재건축 시 서울에 양질의 주거지를 대규모로 공급하겠다"라고 속삭이는 것처럼 들린다.

실제로 박원순 전 서울시장 때 '서울시 택지개발지구+역세권+임대 30% 수용 = 준주거지역'으로 상향하겠다고 가닥을 잡았다. 이렇게 되면 서울시가 원하는 대규모 주택 공급과 상권 개발을 동시에 할 수 있다. 원주민들이 수용한다면, 준주거지역 종상향을 받게 되고 결국 재건축 사업성이 크게 좋아진다. 즉, 추가분담금 없이 아파트를 공짜로 받게 될 수도 있다는 의미다. 도시계획에서 반복적으로 나오는 단어들을 우리는 유심히 봐야 하며, 어떤 의미를 내포하고 있는지 퍼즐을 맞추는 작업을 거쳐야만 생활권계획을 진정으로 해석한다고 할 수 있다.

공동주택은 상계택지개발지구 내에 있는 아파트뿐만 아니라 연립들을 의미한다. 여기에선 지구단위계획구역 내에 있는 아파트 단지들(상계주공, 미도아파트, 한양아파트 등)로 보면 된다.

'일시적 재건축에 대응'은 상계주공 16개 단지(8단지는 이미 재건축을 했고, 15단지는 공무원 임대 단지)가 따로따로 재건축하는 것에 대비하라는 의미다. '아파트만 완성되면 되는 것 아닌가?'라고 생각할 수 있지만, 서울시는 다른 목적으로 이곳의 재건축을 허가하는 것이다.

❷ 통합 재건축 가이드라인 마련, 균형 있는 기반시설 확충

'통합 재건축 가이드라인 마련'은 일시적으로(따로따로) 재건축하지 말고 서울시의 매뉴얼에 따라 한꺼번에(통합) 재건축하라는 의미다. 그래서 상계주공, 창동주공들이 안전진단을 신청하면 도미노처럼 허가를 받는 것이다.

'균형 있는 기반시설 확충'은 무슨 의미일까? 굳이 통합 재건축을 권장하는 이유다. 기반시설 즉, 상권이 필요했다. 창동·상계 개발의 가장 핵심 목적은 일자리 개발이다. GTX, KTX 개통은 일자리 개발의 부수적인 요소에 지나지 않는다. 8만 명의 일자리를 만들 계획인데, 문제는 이들이 점심 한 끼 먹을 곳이 부족하다. 차 한잔 마실 곳이 부족하고, 퇴근 후에 돈을 쓸 상권이 부족하다. 마곡, 상암, 용산 개발을 선례로 본다면 일자리 개발과 더불어 반드시 그에 걸맞은 상권 개발을 병행했던 서울시다. 그런데 창동·상계지역은 지역민들 정도만 이용할 수 있는 수준의 상권뿐이다. 그렇다고 새로운 상권을 만들 땅도 없다. 원래 창동역, 노원역 주변은 전형적인 베드타운 아파트촌으로 개발했기 때문이다.

만약 서울시의 의도대로 '택지개발지구+역세권+임대 30% 수용=준주거지역'으로 종상향을 해 상계주공, 창동주공 모든 단지가 준주거지역 주상복합아파트 단지들이 된다면 어떨까? 1, 2층 저층에 상가를 집어녛을 수만 있다면? 최근 서울시 트렌드대로 아파트에 울타리를 치지 않고 개방형 연도형 상가를 창동·상계 택지개발지구에 만든다면?

이런 모습이 완성된다면 은평뉴타운이나 위례신도시, 동탄신도시처럼 도시 전체가 쾌적한 모습으로 새롭게 변화할 것이다. 베드타운이라는 오명도 사라지게 될 것이 분명하다.

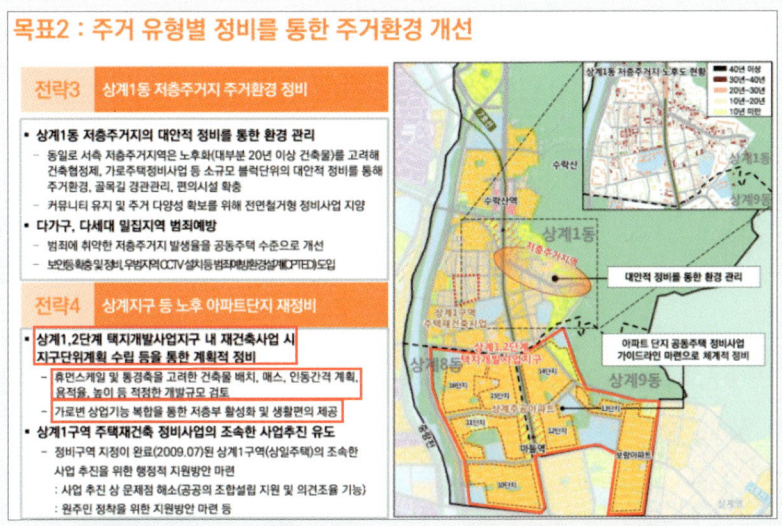

➤ 마들 역세권에 있는 상계주공들도 용도를 변경하여 저층에 상가를 집어넣는 주상복합 개발을 염두에 두고 있다는 사실을 알 수 있다.

출처: 서울시생활권계획

❸ 원활한 사업 추진

행정적 지원을 하겠다는 의미다. 사업이 지연되는 부분을 찾아서 제거하겠다는 것이다.

❹ 정비사업 진행이 어려울 경우 리모델링 활성화 구역 지정 검토

나에게 컨설팅을 받은 사람들은 2019년부터 상계·창동 택지개발지구 아파트들을 저렴한 가격으로 선점했다. 그렇다고 모든 단지를 추천하지 않았다. 창동주공, 상계주공 25개 단지 중에서 재건축 사업성이 좋은 곳(기준은 자체 사업성 분석 기준, 추가분담금이 5,000만 원 미만으로 나오는 곳)은 사실 10곳도 되지 않는다. 즉, 25개 단지 중에서 절반 이상이 사업성이 좋지 않다. 서울시도 이러한 부분을 알고 있기 때문에 리모델링까지 염두에 두는 것이다. 만약 나중에 추가분담금 때문에 큰 부담이 생긴다면 재건축 아파트도 무작정 사면 안 된다.

➤ 상계뉴타운 개발을 적극 권장하고 있다.

출처: 서울시생활권계획

❺ 안정적 시행을 위한 행정 지원

주민의 피로도까지 챙길 정도로 상계뉴타운(상계재정비촉진지구)의 안정적 시행을 위해 행정 지원을 강화하겠다는 의미다. 실제로 판자촌이 난무한 상계1구역은 서울시의 행정적 지원 덕분에 최근 빠르게 진행 중이다. 1, 2구역 모두 5구역보다는 속도가 빨라서 단기 차익을 남기기에도 좋다고 고객들에게 추천했지만 상계1구역이 사업시행 인가를 통과하기 전부터 사업성 측면에서 유리한 상계1구역이 상계2구역보다 나은 점이 있다고 말했다. 그리고 해제된 상계3구역을 서울시가 직접 서울시홈페이지에 공공재개발 후보지로 홍보했던 것을 보면 확실히 전략적으로 밀어주는 사업지가 맞는 것 같다.

그렇다면 상계뉴타운과 상계주공 중에서 기간 대비 어디가 더 수익이 좋을까? 한 곳만 투자해야 한다면 어디를 선택하면 좋을까? 이건 성향의 문제지만 지금은 상계주공 1단지에서 이슈가 생기면 상계주공 전체까지 영향이 미치기 때문에 상계주공아파트에 투자하는 것이 기간 대비 수익 면에서 우위로 보인다. 물론 여전히 투자금 자체(갭투자 기준)는 상계뉴타운보다 상계주공아파트가 더 적게 든다.

서울시생활권계획 해석하기

잠실

명실상부 잠실처럼 입지가 아무리 좋은 곳도 정치적으로 외면받기 시작하면, 수익을 내는 데에 도움이 안 된다.

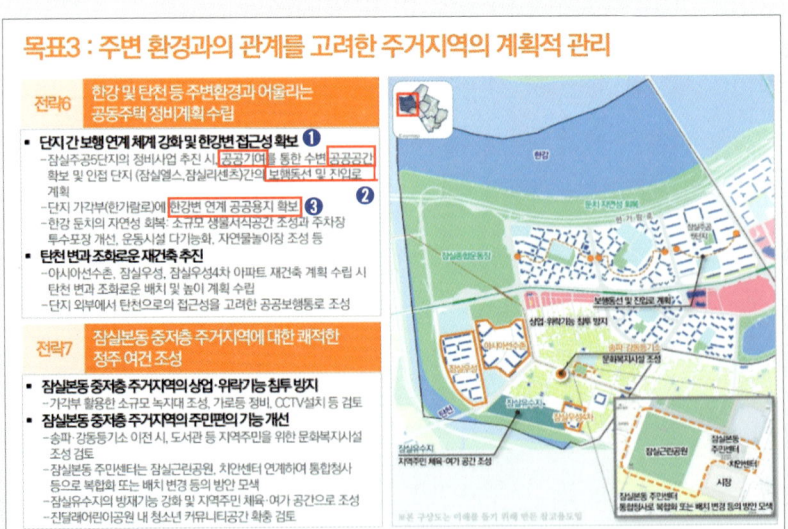

출처: 서울시생활권계획

앞에서 광역거점개발지 배후 주거지 사업지를 서울시가 어떤 시각으로 바라보는지 살펴보았다. 지난 2년간 빠르게 인허가를 받으면서 서울에서 가장 많은 상승을 보인 지역이 노도강이라는 기사가 연일 나오고 있는데, 단연 창동·상계 택지개발지구 아파트들이 1등 공신이다.

반면 정치적으로 도움을 받지 못하는 지역들, 다시 말해 서울시생활권계획의 큰 목적인 강남북 간의 균형 발전을 위해 인위적으로 눌려 있는 지역들의 도시계획을 설명하고자 한다. 참고로 그 원인은 1부에서 아크로리버파크를 비롯한 강남권 재건축 아파트 사례로 충분히 설명한 바 있다.

서울시생활권계획에서 한강은 서울시민이라면 누구나 누릴 수 있는 권리로 보고 있다. 개인의 사유지가 (서울시민이 누구나 누려야 할) 한강을 점유하는 것을 지양한다. 그래서 높이와 면적을 제한하는 것이다.

거점개발지의 재건축 아파트들은 기본적으로 안전한 투자처임에는 틀림없다. 그러나 서울시와 불협화음을 낸다면 사정은 다르다. 서울시가 개발하고 싶은 방향을 거스르면 결국 재건축은 계속 지지부진할 것이다.

그 대표적인 것이 잠실주공 5단지다. 잠실 역세권 재건축 아파트 중에서 현재까지 유일하게 재건축을 하지 못했다. 입지상으로는 잠실 재건축 아파트 중 가장 좋았지만 현재 결과는 어떠한가? 권력자에게 순응한 나머지 3인방(잠실엘스, 잠실리센츠, 잠실트리지움)은 실리를 얻고 명실상부 대한민국 30~40대 여성들이 가장 선망하는 아파트 중 하나가 되었다. 뒤늦게라도 정신을 차리지 않고 명품 아파트(임대주택이 100% 없고, 펜스를 친 폐쇄형 대단지 아파트)라는 고집을 부린다면 오히려 안 좋은 선례만 남길 수 있다. 우리는 잠실주공 5단지와 나머지 신축 재건축 아파트의 사례를 반면교사로 삼아야 한다.

❶ 공공기여, 공공공간

재건축을 하고 싶으면 서울시민을 위한 땅을 내놓으라는 것이며, 불이행 시 재건축 인허가를 내주지 않을 수 있다는 뜻이다. 서울시민에게 땅을 내놓고 재건축을 한 잠실엘스, 잠실리센츠, 잠실트리지움 3총사와 달리 잠실주공 5단지만 아직도 재건축이 안 된 이유이기도 하다.

❷ 보행동선 및 진입로

재건축 시 단지에 펜스를 만들 수 없으며 인접 주민들이 단지를 이용할 수 있어야 한다. 최근 오세훈 서울시장의 소셜믹스도 이런 개념으로 봐야 하는 것이다.

❸ 한강 변 연계 공공용지 확보

한강 뷰는 어느 단지의 점유물이 아니라 시민의 권리라는 뜻이다.

이미 서울시는 생활권계획에서 잠실주공 5단지 조합에게 경고하고 있는 셈이다. 세 가지 사항만 제대로 수용할 수 있으면 재건축에 제한을 두지 않겠다고 말이다. 박원순 전 서울시장이 강경하게 나갔다면 오세훈 서울시장은 일단 어르고 달래는 입장이다. 그러나 말 그대로 달래는 것일 뿐, 재건축 조합이 폐쇄형 대단지 명품 아파트를 달라는 식으로 헌법 위에 떳법을 주장한다면 결과는 뻔하다. 반면 잠실주공 5단지가 앞서 말한 세 가지 사항을 수용한다면 서울시가 다시 밀어줄 수도 있다.

　문제는 비거점개발지다. 입지는 누구나 부정할 수 없지만 비거점개발지의 재건축 예정 아파트들은 보다 가혹한 잣대를 들이대기도 한다. 그게 무엇인지 살펴보자.

서울시생활권계획 해석하기

압구정

2017년 이후 지난 4년간 시원하게 인허가를 받지 못하는 강남 3구, 아무리 입지가 좋아도 인허가가 지지부진하면 내 돈이 언제까지 물릴지 모른다.

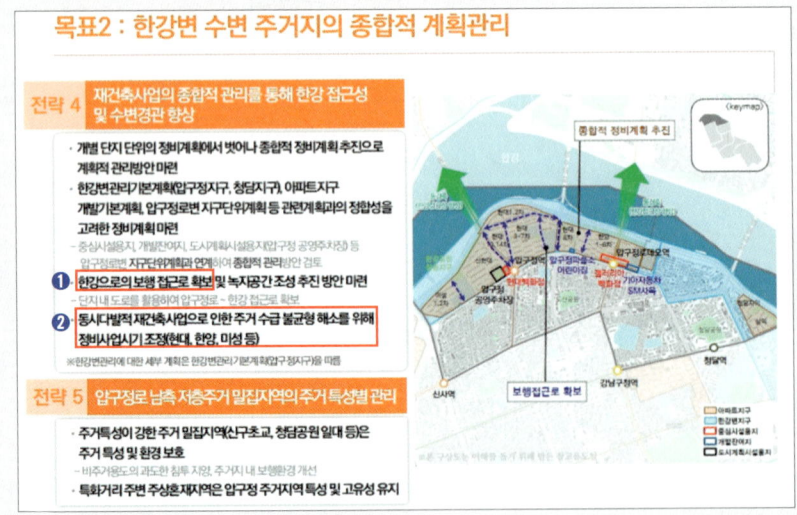

출처: 서울시생활권계획

❶ 한강으로의 보행 접근로 확보

마찬가지로 재건축된 신축 아파트들은 펜스를 만들 수 없고 시민이 단지를 이용하여 한강으로 접근할 수 있도록 설계해야 한다. 지역 단절성을 극복해야 한다는 뜻이다.

❷ 동시다발적 재건축 사업으로 인한 주거 수급 불균형 해소를 위해 정비 사업 시기 조정(현대, 한양, 미성 등)

서울시생활권계획에서 단지를 직접 언급하는 경우는 두 가지 이유다. 월계동신아파트처럼 재건축 사업을 적극 밀어주는 사업지이거나 아니면 철저하게 찍혀 눌려 있는 경우다.

앞의 송파구에서도 잠실주공 5단지를 직접 언급했다. 그러면서 잠실우성, 잠실우성4차, 아시아선수촌도 언급했다. 과거부터 지금까지 재건축 진행이 시원스럽게 잘 안 되는 곳이다. 그래서 실거주 수요 말고 외부 투자자(입주권에 관심 없고 단계적 프리미엄만 얻고 싶은 고수들)들의 관심 밖인 것이다. 소개하지 않았지만 잠실진주, 크로바 등 재건축이 비교적 잘 진행되고 있는 단지들도 과거 오세훈 시장 때 모두 기부채납 등의 제안을 받아들였던 곳이다. 사실 대규모 재건축은 시기를 조절하는 게 원칙이다. 다 같이 했다가는 실거주하는 주민들이 이사할 곳이 없기 때문이다. 상계주공, 창동주공 통합 재건축은 예외다. 그러나 이유 있는 예외인 셈이다. 상권(공공 네트워크)을 세팅해야 하니까.

그나마 잠실주공 5단지, 아시아선수촌 등은 사정이 낫다. 삼성-잠실이라는 거점개발사업지의 배후 주거지이기 때문에 재건축 자체를 불허하지는 않는다.

그러나 비거점 강남권은 사정이 다르다. 동시다발적인 재건축 인허가도 불허한 곳이어서 아파트의 준공 연한과 상관없이 인허가에 좀 더 엄격한 잣대를 들이대고 있다. 입지가 좋으니 이곳에 투자를 해야 할까? 나라면 차라리 이 돈으로 상업지역 건물을 사겠다.

특히 하락장에서는 이런 비싼 아파트에 투자했던 투자자들도 회의가 들게 마련이다. '건물이면 월세라도 잘 나오는데 괜히 다른 사람 말 들어서 한강 변 강남 아파트를 사서 맨날 시세만 쳐다보고 있지? 이제라도 후려쳐서 팔까?'

서울시생활권계획 해석하기

개포동, 대치동

그 유명한 은마아파트도 지난 5년간 상승률은 저조하다. 지지부진한 사업속도가 원인이다. 이번 신속통합기획에서도 은마아파트는 참여를 안 하기로 했다. 이런 선택이 과연 현명한 것인지는 독자 여러분께 숙제로 맡긴다.

출처: 서울시생활권계획

대치동은 어떨까? 마찬가지다. 명확하게 단지들을 언급하고 있다. 동시다발적인 재건축은 수급 불균형의 이유로 시기를 조절하겠다고 한다. 이쯤 되면 이런 말을 하고 싶다. 부동산 시장에서 13여 년간 일하면서 느낀 점이 있다. 국가에 대항해서 이긴 사례를 거의 보지 못했다는 것이다. 빠른 은퇴를 하고 싶다면 이 책을 읽는 분들만이라도 변화를 인지하고 현명하게 대처하셨으면 좋겠다. 만약 서울시장, 의회, 구청장, 국회의원, 대통령이 모두 바뀐다면? 그건 그때 가서 대처해도 늦지 않다.

뗏법이 통했던 시절이 있었다. 자신의 아파트 값을 올리기 위해 목동도 아닌 지역(신정동, 신월동)에 너도나도 '목동'이라는 명칭을 붙일 수 있었던 시절 말이다. 그러나 이건 호랑이 담배 피우던 시절 때의 이야기다. 이제는 더 이상 뗏법이 통하지 않는다. 내가 은마아파트 조합장이었으면 장기간 지체되어 무기력해진 조합원들을 위해서라도 이렇게까지 시간 끄는 고집을 피우진 않았을 것이다. 억울하고 화나지만 어쩔 수 없다. 이미 1부에서도 말했지만 포식자에 저항하지 말고 공생하거나 이용해야 한다. 부자 되는 방법은 재개발, 재건축 사업에서도 마찬가지로 적용된다.

서울시생활권계획 해석하기

잠원, 반포

'정비사업 시기 조정'이라는 키워드는 재건축 아파트에 있어서 치명적인 계획이다. 재건축 인허가를 내주더라도 전폭적으로 밀어주지 않고 찔끔찔끔 바늘구멍만 열어 주겠다는 의미이기 때문이다.

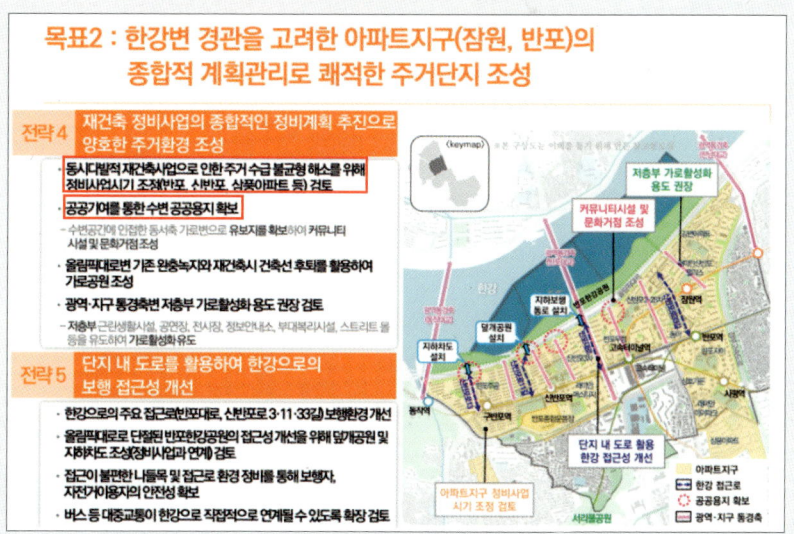

출처: 서울시생활권계획

서초구 반포동을 보겠다. 이번에는 다를까? 마찬가지다. 송파구, 강남구 계획과 다를 바가 없다. 강남구 송파구와 차이가 있다면 다행히 이전 정권 때 중요한 인허가를 받았다는 정도다.

왜 그랬을까? 이명박 정권, 박근혜 정권 때에는 거점개발지(4대강 사업과 한강르네상스 사업)의 배후 주거지였기 때문이다. 그러나 서울시생활권계획에 이런 문구가 있다는 것은 더 이상 권력자가 반포동을 거점 사업지로 여기고 있지 않다는 뜻이다. 그럼에도 불구하고 구 거점개발지였기에 마지막으로 아파트에 투자하고 은퇴하고 싶은 회원들(강남 진출을 끝으로 투자를 마무리하고 싶은 사람들)에게 추천하는 지역 중 하나다.

여기까지 읽었다면 느끼는 점이 있을 것이다. 다시 한 번 강조하지만 생존 능력 중에서 가장 중요한 것은 변화에 대한 빠른 '적응력'이다. 그리고 행동했으면 좋겠다. 특히 서울시가 관심 있게 지켜보고 밀어주는 곳이라면 말이다. 참고로 오세훈 서울시장도 취임 후 창동역을 강남역에 준하는 곳으로 만들겠다고 이야기했다.

지금이라도 창동주공, 상계주공에 투자할까?

2019년 내가 인터넷 커뮤니티를 처음 만들 당시에 평당 1,500만 원이던 창동주공, 상계주공이 2021년 기준 평당 3,500만 원이 되었다. 앞으로 얼마까지 더 오를 여력이 있는지 그리고 지금 투자해도 늦지 않았는지 살펴보고자 한다.

이는 가장 많이 받은 질문이다. 그리고 지금 투자하고 있는 사람도, 앞으로 투자할 사람도 가장 궁금할 부분이다.

2019년 노원구 오프라인 강의 때 창동주공, 상계주공은 송파구 구축 아파트의 시세를 넘을 것이라고 장담했다. 그 당시 이들의 평당가는 1,600만 원 정도였던 걸로 기억한다. 2021년 하반기 기준 평당 3,500만 원이 되었고, 유일하게 서울시로부터 재건축 구역지정을 받은 상계주공 5단지는 평당 7,000만 원을 넘었다.

개인적으로 나는 창동 역세권에 신축 아파트가 준공된다면 평당 7,000만 원에서 8,000만 원 정도 될 것으로 보고 있다. 물론 대공황이 와서 반토막이 나는 비극이 생길 수도 있지 않을까 노파심이 들 수도 있다. 그러나 노원구와 강남구는 보통 3배쯤 차이가 난다. 현재 압구정 재건축 예정 아파트와 노원구 재건축 예정 아파트인 상계주공 5단지의 평당 가격이 3배 정도 차이가 나니 지금 시세는 정상으로 보인다. 상계주공, 창동주공이 재건축되어 평당 7,000만~8,000만 원이 되면 압구정도 신축은 평당 2억 원이 될 것이다. 그런데 지금 평당 2억 원에 육박하는 재건축 예정 아파트들이 생기고 있다.

그렇다면 상계주공, 창동주공에 지금이라도 투자해도 될까? 해도 된다. 앞으로 더 오를 가능성이 크다. 대단지 아파트의 장점은 하나의 단

➤ 2019년, 나는 창동상계 재건축 아파트의 시세가 평당 3,000만 원까지도 가능하다고 전망했다.

출처: 저자 강의안

지에서 이슈가 생기면 주변 모든 단지에 긍정적인 영향을 준다는 점이다. 이제부터 시작인 곳들이어서 조합설립 인가 전까지만 투자해도 평당 1,000만 원씩 먹을 수 있을 것이다.

창동주공, 상계주공에 투자한다면 어떤 아파트를 사야 할까?

그렇다면 창동주공 7개 단지, 상계주공 16개 단지(이미 재건축이 완료된 상계주공 8단지는 예외)에 모두 투자가치가 있을까?

결론부터 말하면 그렇지 않다. 25개 단지별로 재건축 사업성이 다르다. 이제는 재건축 예정 아파트이기 때문에 절대로 입지만 보고 투자해선 안 된다. 기본적으로 소득수준이 높은 지역이 아니기 때문에 추가분담금이 많이 나오는 사실을 조합원들이 알게 되면 사업이 지지부진해지거나 공공재건축을 하자고 할 것이다. 공공재건축마저도 힘들다면 2·4

대책에 의한 공공주도사업지를 진지하게 고민해봐야 하는데, 이렇게 되면 조합 간 내분은 불 보듯 뻔하다. 현금 청산자가 속출할 수도 있기 때문이다. 현금 청산 규정이 사라진다고 하더라도 하락장이 오면 추가분담금이 많은 사업지는 장기간 표류할 수밖에 없다.

일단 기본을 설명하겠다. 1980년대 지어진 주공, 시영아파트가 좋은 이유는 뭘까? 이미 강동구 둔촌주공 사례가 있다. 택지개발지구 아파트는 본래 재개발로 인한 곳이 아니었다. 다시 말해 논, 밭, 산을 개발한 곳이었으므로 주변에 인프라가 없다. 그래서 단지 안에 학교, 공원, 상가, 복지관, 문화시설 등을 함께 세팅한다. 덕분에 초품아인 데다 단지 내에 노는 땅이 많다. 30년이 흘러서 재건축을 하려고 보니 자연스럽게 지분이 넓은 것이다. 그 옛날에는 기술이 부족해서 높게 짓지도 못했다. 물론 1990년대에 지어진 주공아파트들부터는 높이가 다르다.

그래서 기본적으로 월계시영, 성산시영, 가락시영(1990년대), 상계주공, 창동주공, 중계주공(1990년대), 번동주공(1990년대), 월계주공(1990년대), 신내시영(1990년대) 등이 택지개발지구가 아닌 곳의 아파트들에 비해서 땅이 넓다. 학교가 있으면 재건축이 힘들지 않을까? 강동구 둔촌주공의 사례를 보면 문제없다. 서울시에서 말하고 있는 택지개발지구 재건축 예정아파트들은 기존 학교를 포함하여 아예 판을 다시 만들고자 하는 계획이다. 이런 설명은 그 누구도 하지 않았다. 2019년 내가 인터넷 커뮤니티를 처음 만들고 강의할 때 언급하면서 사람들에게 알려주고 있다.

상계주공, 창동주공 모든 단지의 사업성이 다른 이유는 무엇일까? 지금 재건축된 상계주공 8단지 노원포레나 아파트의 층고는 기존 상계주공아파트보다 높지만 건물의 높이는 기존 상계주공 아파트들과 비슷하다. 상계뉴타운4구역 노원센트럴푸르지오도 그 옆에 있는 상계대림아파트와 높이는 비슷한데 층고는 다르다. 어느 단지는 2종 주거지역이고 어느 단지는 3종 주거지역이기 때문이다. 재건축 사업성을 단순히 용적률, 대지지분만으로 파악하면 안 되는 이유다. 또한 수락산 경관 규정에 막혀 있는 단지들도 존재한다. 그리고 시세는 비슷한데 평균 대지지분에서 차이가 많이 나는 단지들도 존재한다.

안타까운 점은 재건축 아파트 투자를 입지로 접근하여 사업성이 최악인 단지를 지금도 비싼 값에 사는 사람들이 있다는 것이다. 투자금은 비슷한데 사업성이 좋은 어떤 아파트 단지는 25평 신축을 공짜로 받고 추가분담금이 아니라 환급금을 약 4억 가까이 받을 수 있다. 반면에 어떤 아파트 단지는 25평 신축을 받으려면 추가분담금을 최소 3억 가까이 내야 하는 경우도 있다. ==투자를 책이나 유튜브로만 배우고 입지, 용적률, 대지지분, 가격만으로 재건축 아파트에 투자하지 마라.== 우리는 규제의 시대에 살고 있으니까.

10장

동북권

성동구 성수동, 영앤리치가 선호하는 동북권 최고의 입지

지난 4년간 부동산 유튜버들의 말을 믿고 입지 좋은 강남, 한강 변, 신축을 매수했던 사람들은 무차별적인 규제 때문에 환경이 바뀌어 재미를 보지 못했다. 그때 차라리 도시계획을 공부하여 서울시가 성수동 준공업지역을 밀어준다는 사실을 알았더라면 헐값에 건물을 사들여 단기간에 수백억 원의 차익을 남겼을 것이다. 마치 연예인들처럼 말이다.

최근에 유명 연예인 A 씨가 강남 B 아파트를 사서 돈을 벌었다는 소식 들어본 적 있는가? 건물주가 된 연예인의 이야기는 너무 많아 놀랍지도 않을 정도다. 재미있는 점은 도시재생사업이 활발한 지역의 건물들을 매수했다는 것이다.

성동구는 서울 25개 자치구 중에서 가장 일을 잘하는 자치구라고 생각한다. 일자리 개발, 역세권 고밀도 개발, 재개발(공공재개발 포함), 재건축, 리모델링, 가로주택정비사업, 소규모 재건축 사업, 도시재생사업(상권 개발), 주거환경개선사업까지 두루두루 균형 있게 그리고 왕성하게 잘해내고 있다. 한 가지 옥에 티라면 성수전략정비구역이다.

성동구는 광진구와 비교해야 한다. 예전에는 하나의 자치구였는데 분구가 되어 서로 다른 자치구가 되었다. 똑같은 한강 변인데 성수동은 과거부터 지금까지도 일자리 지역이고, 광진구는 여전히 배후 주거지역이다.

원래 광진구가 더 수준이 높은 동네였다. 땅값도 더 비쌌다. 좋은 상권도 광진구에 더 몰려 있었다. 하지만 지금은 성동구가 월등히 비싼

➤ 빨간 벽돌 다가구가 카페로 바뀌었다.

동네가 되었다. 이는 지형적인 한계로 어쩔 수 없는 부분이다. 아무리 아파트가 많더라도 용도 좋은 땅, 좋은 상권이 많은 곳이 우위를 점할 수밖에 없다.

성동구의 빨간 벽돌 다가구가 카페로 바뀌면서 땅값이 많이 올랐다. 어떤 유튜버들은 너무 낙후되었으니 여기도 재개발해야 한다고 주장하지만 평일, 주말 심지어 코로나 시국에도(이태원, 명동도 망하고 있는데) 장사가 잘되는 성수동 땅에 재개발을 하자고 도장 찍는 바보는 없을 것이다.

2021년 성수동 준공업지역 내에 있는 유명한 카페는 평당 3억 원을 넘었다. 이런 좋은 땅은 아파트를 짓기에 아깝다. 아파트는 2~3종 주거지역처럼 저렴한 땅에 지으면 된다. 광진구청에서 서울시에 상업지역을 늘려달라고 요구한 것도 무리는 아니다. 아차산 고도지구, 한강 변 고도지구, 역사문화지구, 미관지구 등 온갖 규제가 걸려 있는 구의동 자양동, 광장동 한강 변이 쉽게 재건축이 가능하지 않은 상황이기 때문에 앞으로 성동구와 광진구 간 격차는 더욱 벌어질 것이다. 물론 이러한 한강 변 규제는 성수전략정비구역과 용산구 이촌동, 마포구 합정동에도 그대로 적용되고 있다.

다음 페이지 지도에서 볼 수 있는 보라색 영역이 준공업지역이다. 용적률 400%를 받을 수 있는 준공업지역은 강남 3구에는 없는 땅이다. 땅값이 오르지 않고 이용 가치가 높지 않은, 즉 용적률 200%에 쓸모없는 땅을 국토교통부와 박원순 전 서울시장이 400%의 땅으로 만들었다. 권력자만이 가능한 조치다. 뿐만 아니라 일자리 사업과 상권 개발을 활성화해 마치 상업지역의 땅처럼 활용하게 해주었다. 강북 지역에

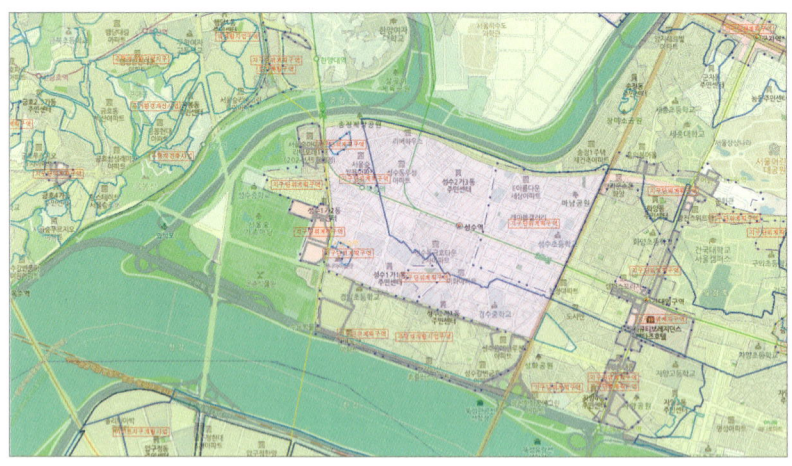

➤ 성수동의 땅은 대부분 준공업지역(보라색)이다.

출처: 서울도시계획포털

   상업지역처럼 활용 가능한 땅이 이렇게 넓게 있으니 한순간 성수동 같은 곳의 땅값이 강남 역세권만큼 비싸진 것이다. 이것이 광진구와 성동구의 차이를 만들었다. 땅값만 놓고 보면 성수동이 용산역 상업지역보다 비싼 땅이 되었다.

   성수동이 젊은 부자들이 좋아하는 땅이 된 이유는 전적으로 준공업지역(서울숲이라는 볼거리)의 힘에 있다는 것이 내 견해다. 물론 강남 접근성과 트리마제 같은 고급 아파트도 영향이 없진 않겠지만 밥 한 끼 먹으려고 줄을 서는 어마어마한 상권, 이웃 동네인 광진구도 탐내는 양질의 상권 덕분이라고 생각한다.

서울시생활권계획 해석하기

성수동 일자리 사업

성수동은 왜 동북권, 아니 서울의 상급지가 되었을까? 바로 서울 동북권에서 가장 많은 일자리 계획이 있는 곳이기 때문이다. 이 말은 후속개발도 빵빵하다는 의미다.

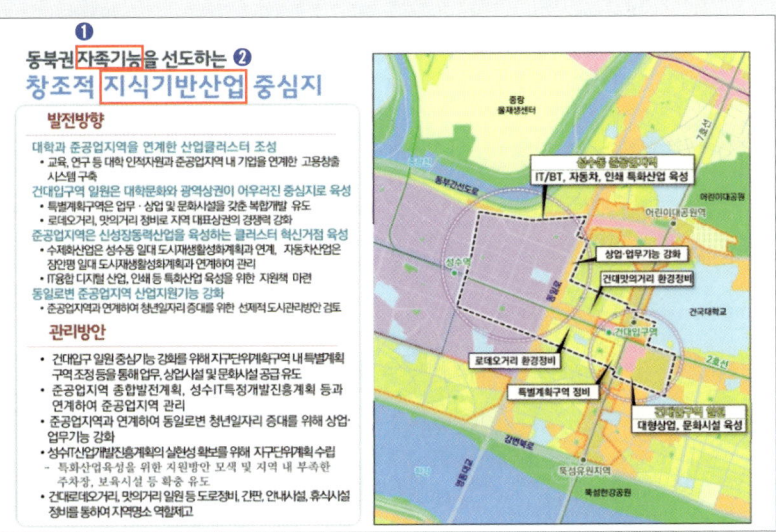

출처: 서울시생활권계획

❶ 자족 기능

강남에 의지하지 않는 자체적인 양질의 일자리를 만들겠다는 의미다. 서울시의 모든 거점은 기본적으로 일자리 개발이다. 즉, 일자리에 딸린 상권과 배후 주거지 개발도 함께 추진한다는 것을 잊지 말자.

❷ 지식기반산업

구로, 가산디지털단지를 능가하는 4차산업혁명의 IT 일자리를 만들 계획이다. 네이버나 카카오 같은 거대 IT 기업이 성수동에 들어온다면 어떻게 될까?

성수동 개발을 딱 잘라 정의하기는 어렵지만 편의상 1기와 2기로 나누어 보았다. 1기 개발은 서울숲을 찾은 외지인들이 먹고 마실 수 있는 서비스를 제공하여 기존 낡은 상권을 교체하는 작업이었다. 도시재생지역으로 지정하여 젊은이들에게 취직보다는 창업을 지원했다. 지하 카페를 리모델링하게 했고, 공연장을 만들고 파스타 가게도 만들었다. 의도적으로 〈다큐멘터리 3일〉 같은 곳에 노출했고 전략은 대성공이었다. 이미 삼청동에서 성공한 사례가 있었기 때문에 당시 서울시 입장에서는 어렵지 않았을 것이다.

그리고 2기 개발은 현재진행형이다. 외지인이 찾기 좋은 곳이 되었고 서울의 랜드마크가 된 성수동에, 2030을 위한 양질의 일자리 사업과 그들의 배후 주거지 사업을 건대입구역인 화양동과 구의자양재정비촉진지구까지 넓히는 사업을 진행 중이다.

서울시생활권계획 해석하기

성수동 주거지 개발 사업, 상권 개발 사업

나는 같은 성수동이어도 성수전략정비구역의 전망은 어둡게 본다. '한강 변 조망 확보'라는 키워드가 성수전략정비구역 등 한강 변 재개발 사업지에 결코 좋은 단어가 아니기 때문이다.

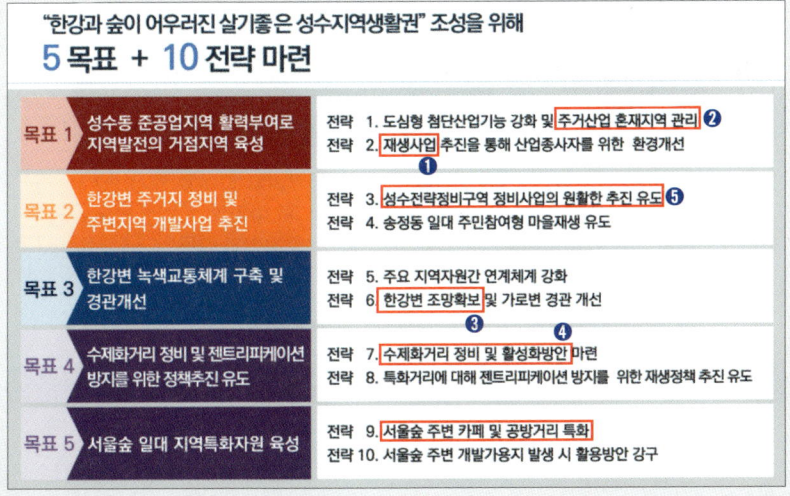

출처: 서울시생활권계획

❶ 재생사업

도시재생을 의미한다. 도시재생에는 두 가지가 있다. 주거 정비형 재생과 상권 활성화용 도시재생사업. 성수동은 후자다. 문래동도 상권 활성화용 재생사업지와 주거 정비형 재생사업이 혼합되어 있는데 상권 활성화용 재생사업지들은 빠르게 카페거리로 변하고 있다.

➤ 지지부진했던 성수1구역이 2020년 8월 조합설립 인가를 받고 1년도 안 된 2021년 3월에 건축 심의를 통과했다. 왜 이렇게 무섭게 속도를 내고 있을까? 바로 정치적으로 밀어주는 사업지이기 때문이다.

❷ 주거산업 혼재 지역 관리

마치 상업지역에나 어울리는 문구다. 준공업지역이 그런 땅이다. 서울시는 주공의 분리를 강조하고 있다. 준공업지역의 기존 공장을 경기도로 이전하고 이전한 땅에 상권이나 주거지를 세팅하여 정주 환경을 개선하고자 한다. 그래서 준공업지역 재개발, 재건축이 서울 모든 땅 중에서 가장 인허가가 빠른 이유다. 준공업지역을 빠르게 정주 여건이 되는 땅으로 변화시켜야 하기 때문이다.

❸ 한강 변 조망 확보

한강 뷰가 잘 보여야 하기 때문에 한강 조망을 가리는 그 어떤 건물도 건축하기 어려운 지역이다. 건축하더라도 판상형보다는 탑상형을 권장하고 동 간 배치도 통경축을 확보해야 하기 때문에 제한되는 것이 많다.

실제로 지난 4년간 한강 변 재건축이 잘되고 있는가? 한강 변이 좋은 입지인 것은 인정하지만 투자자들이 원하는 단계별 프리미엄을 먹기에는 그다지 좋지 않다.

❹ 수제화거리 활성화와 카페 및 공방거리 특화

성수동 거점개발은 더욱더 확장할 여지가 있다. 심지어 코로나 사태 때문에 기존 양질의 상권들(이태원, 홍대 클럽거리, 명동 등)이 무너지고 있는데도 성수동은 연남동과 함께 꾸준히 버티거나 오히려 활성화되고 있다. 이곳만큼은 계속 단독주택이나 다가구주택들이 팔려서 카페로 리모델링하고 있기 때문이다. 즉, 하락장에서도 강한 상권이라는 것이다. 돈을 벌고 싶은 사람들 기준에는 지금의 땅값도 저점이라는 의미다.

❺ 성수전략정비구역 정비사업의 원활한 추진 유도

얼핏 보면 긍정적인 의미로 보이겠지만 여러 자료를 종합적으로 살펴보면 절대로 그렇지 않다. 그래서 도시계획은 여러 자료를 연결 지어서 꼼꼼하게 봐야 한다. 이건 다음 항목과 연결해서 보다 자세히 설명하겠다.

출처: 서울시생활권계획

❻ 주거지역에 준하는 관리유도

준공업지역을 주거지역에 준하도록 관리한다는 것은 빠르게 정주환경을 회복하겠다는 의미다. 실제로 성동구뿐만 아니라 준공업지역이 있는 도봉구, 강서구, 영등포구, 구로구에서 재개발, 재건축 인허가가 빠르게 나고 있다. 도봉동 준공업지역 아파트인 도봉삼환아파트가 너무도 쉽게 정밀안전진단을 통과했다. 또한 성수1주택 재건축 구역도 최근에 빠른 인허가를 받고 있다. 규제가 난무하는 시대에 이런 현상은 정말 이례적인 일이다.

    준공업지역은 박원순 전 서울시장의 사업지이지만 오세훈 서울시장도 적극 개발하고 싶어한다. 또한 국토교통부에서도 적극적으로 개발을 지지하기 때문에 비교적 인허가가 잘 나온다. 그 어떤 개발이든 빠르게 현수막이 걸릴 수 있는 땅이어서 단기 투자로 먹고 나오기에 아주 좋은 곳이다. 가로주택정비사업 예정 빌라들도 일반 아파트보다 높은 시세 상승을 보이고 있다. 아마 이런 흐름은 전국의 모든 준공업지역에도 적용될 것이다.

송정동

성수전략정비구역이 원활하게 사업을 추진하려면, 시민을 위한 배려(한강 변 접근성 개선)가 선행되어야 한다. 따라서 전업투자자들 입장에서는 빠르게 돈을 벌 수 없는 곳이다. 게다가 토지거래허가제로 묶였으니 퇴로까지 차단된 셈이다. 차라리 나는 송정동에 눈이 간다. 왜 관심이 가는지는 본문에 자세히 소개하겠다.

출처: 서울시생활권계획

송정동은 재개발이 무너지고 도시재생지역이 되었다. 점점 늘어나는 1인 가구 덕분에 월세 수입을 잘 받을 수 있는 땅이다. 다시는 재개발 진행이 안 될 것이다. 원주민들이 원하지도 않을 뿐만 아니라 재개발해서 아파트 짓기에도 아까운 땅이기 때문이다. 유명 연예인들이 도시재생 예산으로 건물주가 되었다는데 아마도 송정동일 것으로 본다. 이제는 성수동의 카페가 송정동으로 퍼지고 있기 때문에 주택이 아니라 상가의 시세를 받을 수 있는 땅이 되고 있다. 입주권 하나와 바꿀 만큼 저렴한 땅이 아니라는 의미다. 요즘 신속통합기획 동의서를 걷고 있긴 하지만 재개발이 될 가능성은 쉽지 않아 보인다.

요즘 인스타그램 등에서 화제라는 송정동의 한 카페는 2018년 8월 단독주택으로 샀을 때만 해도 6억 5,000만 원이었다. 누군가에게 얼마에 팔리게 될지 궁금하다. 추산액은 약 50억 정도라고는 하지만 이 가격에도 쉽게 팔진 않을 것이다. 앞으로 이런 사업이 활발해질 곳이기 때문에 제2의 연남동을 꿈꾸는 사람들이 집중적으로 매수할 것으로 예상된다. 자신의 SNS에 특별한 경험을 남기고 싶은 사람들은 연남동, 익선동처럼 차 하나 지나가기 불편한 골목길에 있는 외진 카페들도 척척 잘 찾아간다. 송정동은 이런 사람들의 상권으로 변할 수 있다.

송정동의 서울시생활권계획을 보면 성수전략정비구역의 원활한 추진을 유도한다고 적혀 있다. 그런데 원문을 자세히 읽어 보면 개운한 느낌이 없다. 공공기여 및 수변 공공용지 확보 의무를 부과하고 있기 때문이다.

실제로 서울시가 이행하고 있을까? 서울도시계획포털의 지도를 보면 이미 성수전략정비구역 사유지에 길을 만들고 공공용지를 계획한

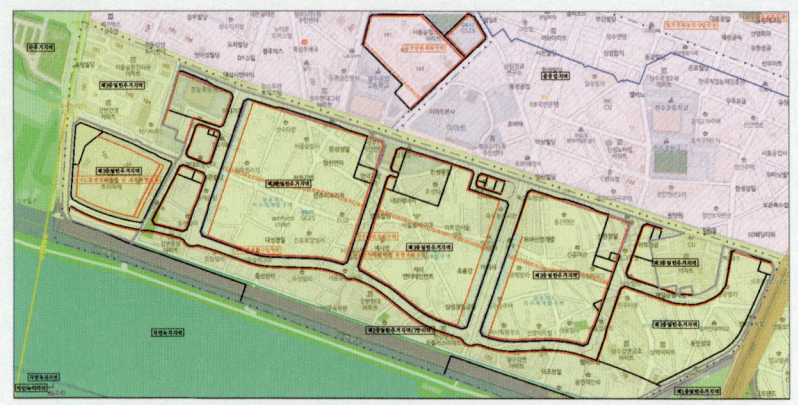

➤ 성수전략정비구역의 정비계획을 살펴보면 도로, 공원 등 공공기여 현황을 확인할 수 있다.

출처: 서울시생활권계획

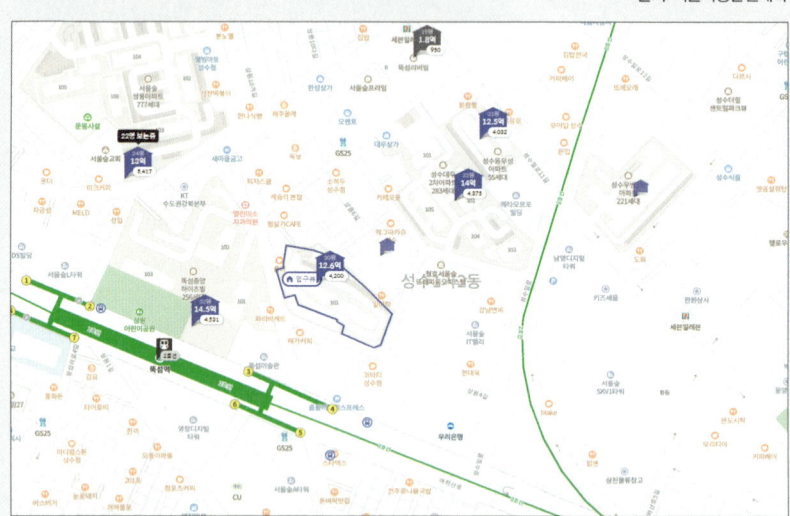

➤ 성수동 준공업지역 200세대 미만의 나홀로 아파트도 주목해야 한다. 소규모 재건축은 안전진단 의무가 없기 때문에 사업 추진 시 빠르게 수익을 올릴 수 있다.

출처: 호갱노노

흔적이 있다. 이것을 조합이 받아들이면 다음 인허가를 받는 거고, 그렇지 않다면 다음 인허가를 못 받는 것이다. 게다가 인플루언서의 말을 믿고 허겁지겁 비싼 돈(입주권이 나오는 매물이 평균 20억 원 정도) 주고 매수한 사람들은 지금 설상가상 토지거래허가구역으로 묶여 있다.

지금까지의 내용이 신선하긴 하겠지만 한 번에 이해하기 어려울 수 있다. 이제부터 아파트도 설명하도록 하겠다.

준공연도 30년 이상, 1만 제곱미터 미만, 200세대 미만의 공공주택은 가락현대 5차처럼 소규모 재건축이 가능하다. 성수동에도 그 기준에 부합하는 아파트가 있다. 바로 뚝섬현대다. 31평 단일 평수이며, 우리 운영진이 용적률 300% 기준으로 분석한 결과, 재건축 사업성도 좋은 곳이다. 만약 2040준공업지역 계획이 나온다면 재건축 시 400% 용적률도 가능할 것으로 예상된다. 게다가 소규모 재건축은 안전진단 의무가 없다. 또한 정주 환경을 신경 쓰는 준공업지역이어서 2022년에 신청하면 바로 재건축 인허가를 받을 수 있다.

같은 성수동 준공업지역의 동아아파트를 보자. 뚝섬현대아파트보다 훨씬 작은 평형이 16억 원이다. 재건축해보겠다는 현수막 하나 달았을 뿐인데 평당 1억짜리에 물건이 나오고 있다.

그리고 실제로 재건축을 하고 있는 장미아파트가 있다. 현대아파트보다 평형이 작은데 22억 원 매물이 나왔다. 성수동은 이런 곳이다. 현수막 하나로 10억 원짜리가 단숨에 20억 원이 되는 곳. 위상 자체가 달라졌다.

성수동이라는 거대한 거점이 있다면 그 주변에 재개발, 재건축, 리모델링, 가로주택정비사업 등이 있는지 살펴봐야 한다. 그런데 다른 거점들과 달리 준공업지역 자체가 정주 환경의 대상이어서 여력이 된다면 성수동 준공업지역의 모든 사업지가 투자의 대상이 된다. 뭘 하든

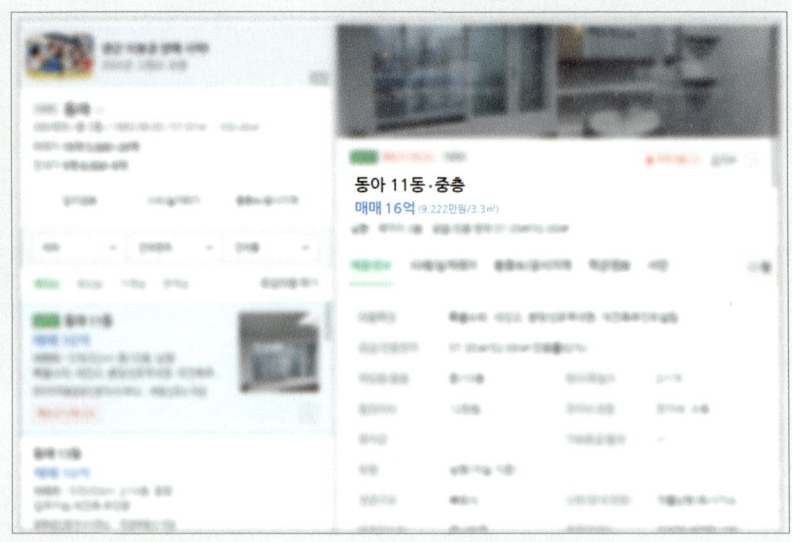

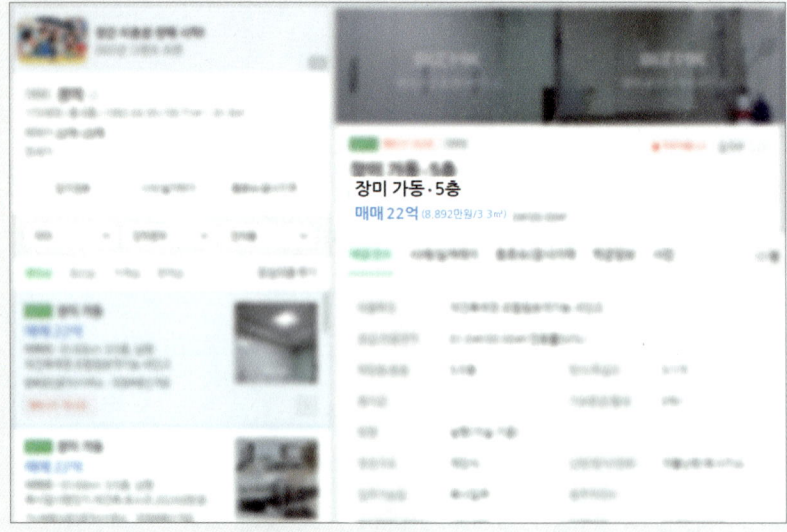

출처: 네이버 부동산

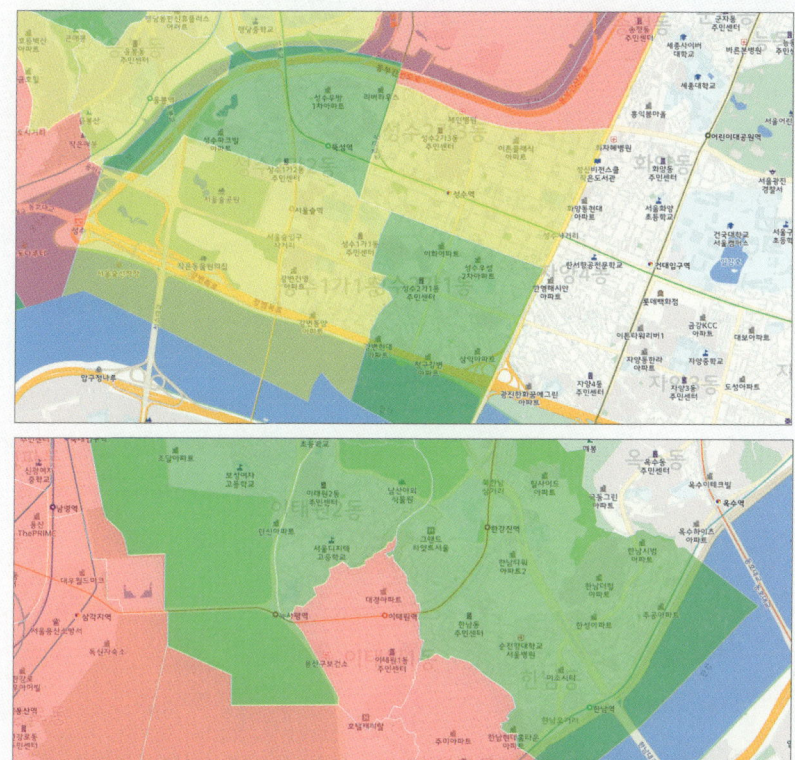

➤ 빨간색은 쇠퇴상권, 노란색은 확장상권, 초록색은 상권이 강한 곳이다. 성수동은 상권이 좋아지고 있고, 이태원은 쇠퇴하고 있다.

출처: 우리마을가게 상권분석서비스

진척이 빠를 것이다. 그리고 코로나 쇼크에도 안정적인 수입을 얻을 수 있는 상권이다. 왜 그렇게 되었을까?

성수동은 낮에는 일하는 사람들을 위한 상권(거점개발지, 일자리 사업지의 배후 상권)이고 밤이나 주말에는 서울숲과 카페거리를 찾는 커플을 위한 상권이기 때문이다. 외국인 관광이나 유흥, 클럽과 같은 특수한 목적에 의해 형성된 상권과 다르게 매우 안정적인 상권이기 때문에 경제위기 속에서도 무너지지 않는 것이다.

만약 자금이 충분하다면 단독주택을 매수하여 공공의 자금으로 리모델링을 할 수 있다. 매수할 때는 주택의 시세였는데 매도 시에는 상가의 시세가 될 곳 말이다. 안정적인 월세와 함께 차후 매도 시 시세 차익도 많이 남길 수 있다면 이것보다 더 완벽한 부동산 매물이 어디 있을까?

준공업지역을 밀어주는 서울시, 재건축 투자도 가능하다

회원들로부터 질문을 많이 받는 내용 중 하나는 어느 지역이 재건축 인허가를 잘 받는 편이냐는 것이다. 주저하지 않고 '준공업지역'의 아파트라고 하겠다. 특히 주로 구로구, 금천구, 영등포구, 성동구, 도봉구, 강서구에는 준공업지역 아파트가 많다.

이 중 주목할 만한 아파트를 소개하겠다. 소개할 지역은 서울 동북권 가장 끝자락, 도봉구 도봉동이다. 많은 사람이 모르겠지만 도봉동에도 준공업지역이 있다. 최근 준공업지역 용적률 인센티브를 주겠다는 발표가 있었고, 2040계획에는 좀 더 파격적인 인센티브가 실릴 것으로 예측된다.

실투자금액 약 2억 원으로 1년간 3억 1,200만 원의 상승이 있었다. 비록 35년 차 아파트지만 다른 재건축 아파트에 비해 말끔한 외관을 보이는 도봉삼환은 지난 1년간 안전진단을 모두 통과하여 명실상부 재건축

➤ 도봉동에도 준공업지역 재건축 예정 아파트들이 있다.

출처: 서울시생활권계획

➤ 도봉삼환아파트, 외관상 크게 낡아 보이진 않는다.

예정 아파트가 되었다. 빠른 인허가 덕분에 1년간 인허가에 따른 단계별 상승이 가팔랐다.

입지론을 향한 맹신을 버리라고 여러 번 강조했다. 돈을 벌기 위해서는 결코 지역이 중요하지 않다. 서울시생활권계획에 따라 인허가가 잘 나오는 준공업지역 재건축 예정아파트 및 재개발, 가로주택정비사업지를 공략한다면 빠르게 인허가에 따른 프리미엄을 먹을 수 있다. 입주권 받을 생각하지 말고 빠르게 현수막 효과만 노리고 나와도 충분하다.

11장

서북권

상암,
거점개발은 쓰레기통에서 장미꽃을 피운다

 "쓰레기통에서 장미꽃이 피기를 바란다"라는 말을 들어본 적이 있는가? 1952년 영국 언론 《더타임스》가 "한국에서 민주주의를 기대하는 것은 쓰레기통에서 장미꽃이 피기를 바라는 것과 같다"라고 보도했던 것이 그 유래다. 즉, 현실적으로 가능성이 전혀 없다는 말이다. 그러나 2021년 기준으로 본 한국의 모습은 그 비관적인 전망을 비웃는 듯하다. 이제 우리나라는 민주주의가 성공적으로 정착한 나라 중 하나이며, 경제력, 군사력, 문화적인 영향력 면에서도 세계적으로도 인정받는 강국이 되었다. 이제 "쓰레기통에서 장미꽃 피기를 바란다"라는 저주에 가까운 말은 불가능할 것 같은 역경을 이겨내고 반드시 해낸다는 강한 의지의 상징이 되었다.

 나는 이 말을 듣거나 볼 때 떠오르는 곳이 하나 있다. 바로 상암동 하늘공원이다. 상암동 하면 어떤 이미지가 떠오르는가? 월드컵의 함성? 싸이 등 유명 가수들이 여는 콘서트?

지금의 상암동은 상전벽해라 할 만큼 그 면모가 달라졌지만, 내가 어렸을 때만 해도 아무것도 없는 곳이었다. 쓰레기처리장이 있던 곳이어서 근처만 지나가도 악취가 심했다. 그래서 주변에 변변한 주거지도 없었고, 당연히 상권도 없었다. 주택을 보급하기에 그야말로 좋지 않은 땅이었지만, 지금은 서울시에서 주도적으로 개발한 월드컵 단지들이 있다.

이곳도 마찬가지로 서울시가 공을 들인 택지개발사업이라고 볼 수 있다. 서울시설공단에서 관리하는 상암월드컵경기장, 시립 하늘공원, SH상암월드컵 단지, 성산시영아파트까지 언급한 지역들 모두 서울시장들의 정치적 사업지였다. 그중에서 가장 백미는 단연 상암동이다. 서울 마포구에서도 서민의 주거지였던 성산동과 상암동은 문재인 정권 4년, 그리고 향후 10년 이상 마포구를 대표하는 랜드마크 지역이 될 것이다. 마포래미안푸르지오와 그 주변은 몇몇 재개발 사업을 끝으로 더 이상 큰 확장이 없는 곳이다. 왕이 왕자에게 권력을 이양하듯이 앞으로 마포구의 대세는 서북권 유일의 광역거점사업지인 상암동이 유력해 보인다.

서울 서북권은 은평구, 서대문구, 마포구 3개의 자치구로 구성되어 있다. 광역거점개발지인 상암수색거점을 중심으로 GTX-A 노선이 있는 연신내 지역까지 종으로 뻗어 있는 군소 거점개발지들이 있다. 북한산국립공원, 인왕산, 안산, 한강, 홍제천 등 자연 장애물 때문에 개발이 어려울 것처럼 보이겠지만 결코 그렇지 않다. 동북권의 강북구 지역이 비슷한 지형이면서 개발이 잘 진행되지 않는 것과는 대조적이다. (강북구는 근현대사의 본고장이라 보존, 존치에 중점을 두는 것 같다.)

지형적으로 개발이 쉽지 않음에도 불구하고 요즘 서북권이 잘 나가는 이유를 알아보겠다.

혐오시설에서 관광명소가 되기까지

예전의 월드컵공원은 한강 변에 위치한 난지도라는 섬이었다. 그러나 서울의 확장 개발 과정에서 쓰레기매립장으로 전락했고 세계 최고 (98m)의 쓰레기산으로 바뀌었다. 쓰레기산 주변으로는 메탄가스와 침출수 등이 흐르는 그야말로 쓸모없는 땅 그 자체였다.

월드컵공원 사업은 우리나라 도시개발의 반성에서 시작되었다.

➤ 1978년부터 15년간 1,000만 서울시민의 쓰레기매립지로 쓰였던 난지도.

출처: 서울의공원

➤ 현재의 상암 월드컵공원과 주변 지역.

출처: 서울의공원

1996년부터 안정화 사업을 추진했고, 다양한 동식물이 살 수 있는 생명의 땅으로 복원되었다. 그리고 2002년 5월 월드컵공원으로 새롭게 태어났다. 사실 이런 복잡한 역사까지 알 필요는 없다. 우리는 단지 혐오시설, 저이용 부지였던 곳이 권력자의 관심을 받으면 어떻게 바뀔 수 있는지, 투자가치가 있는 땅이 될 수 있는지만 알면 된다.

쓰레기산이었던 혐오시설을 평일 주말 가리지 않고 사람들로 북적이는 명소로 탈바꿈한 것이 제1기 상암동 도시재생사업이다. 그리고 상암동의 성공 사례는 훗날 일원동 에코파크, 성수동 서울숲, 마포구 당인리 발전소 일대 공원화 사업, 송정동 중랑물재생센터 공원화 사업 등의 롤모델이 된다.

도시재생을 통해 죽어 있던 지역에 생기를 불어넣으면서(물론 잠실올림픽주경기장이 아니라 상암월드컵경기장을 메인 경기장으로 활용하여 인위적으로 사람들을 오게 하고 스포츠방송 등 언론의 힘도 이용했지만) 사람들의 부정적인 인식을 단숨에 지웠다. 한강 뷰가 조망되는 연인들의 데이트 코스가 된 것이다. 그런데 또 필요한 것이 있었다. 바로 상권 개발이다. 볼거리가 있으니 당연히 머무를 곳도 필요하다. 게다가 상암동도 디지털미디어 산업의 거점개발지이기 때문에 이곳에 출퇴근하는 사람들의 회식 장소가 필요한 것은 당연했다. 이곳에서 밥을 먹지 않는다면 일부러 홍대 상권까지 가야 한다. 제2기 상암동 도시재생은 이렇게 시작했다.

거점개발지의 위력은 상권에서도 증명되고 있다. 디지털미디어시티역에서 월드컵공원 쪽 방향으로 나오면 노후 주거지들이 많은데 재개발 사업을 하지 않고 상가주택화 했다. 일자리 배후 상권이기 때문에 한밤중인데도 성업 중인 상가들이 많다.

데이터로도 증명되고 있다. 상암동 상권은 코로나 시국에도 버티는 상권이다. 게다가 수색증산뉴타운과 가재울뉴타운이라는 어마어마한 배후 주거지들도 있다. 현장을 답사하던 중 신축 뉴타운 아파트 주민들이 '배달의민족'과 같은 어플에서 음식을 엄청나게 주문하고 있음을 짐작할 수 있었다. 그 어느 때보다 배달 오토바이가 활발하게 움직이고 있는 모습을 직접 보았기 때문이다. 특히 가재울뉴타운은 서울의 뉴타운 사업지 중에서 가장 성공적으로 사업을 마무리한 곳이다. 직권 해제, 조합 내분 등으로 반토막 나버린 다른 뉴타운 사업지들과 큰 차이가 있다.

서울 동북권 성수동과 너무도 유사하지 않은가? 서울숲과 월드컵공원, 성수동 카페거리와 상암동 먹자골목, 공무원들은 창의적으로 일하지 않는다. 그래서 나와 같은 사람들은 도시계획에 따라 비슷한 사례가 나오면 그에 맞는 투자를 할 수 있다.

서울 서북권 유일의 광역중심지가 된 상암동, 대체 왜?

사실 상암동은 우리가 흔히 생각하는 입지론 기준으로는 그렇게 좋은 곳이 아니다. 마포구라면 입지가 좋은 공덕동이나 합정동이 거점개발지로 적합해 보이는데 말이다. 왜 하필 상암동이었을까? 상암동은 서울시가 작정하고 계획한 도시다. 그런데 상암동 개발은 완성이 아니라 아직도 절반 가까이 남아 있다. 다음 페이지에서 더 자세히 알아보도록 하자.

서울시생활권계획 해석하기

상암DMC 1

상암동을 보면 계획도시 같다. 서울의 광역중심지이면서, 고양과 인접한 관문 입지이고, 서울시의 택지개발사업지이기 때문에 마포구 하면 상급지로 여겨지는 공덕동보다 더 관심이 가는 지역이다.

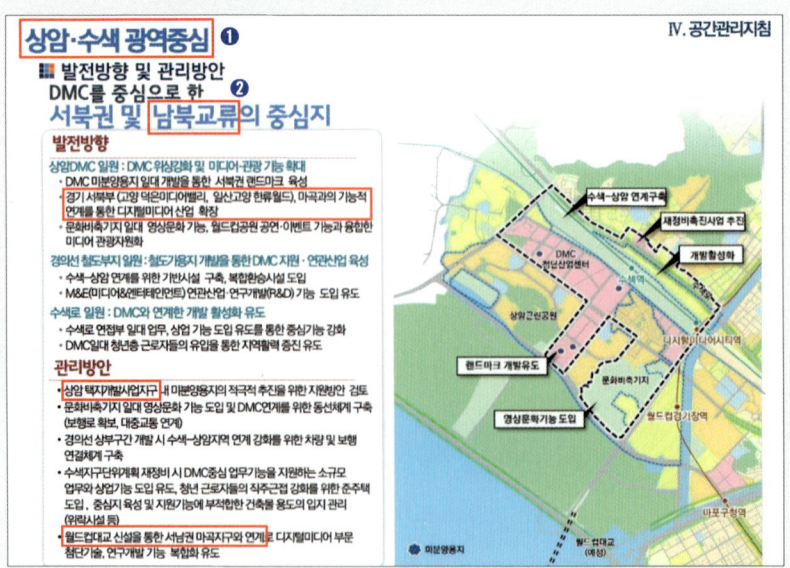

출처: 서울시생활권계획

❶ 광역중심

서울시생활권계획을 살펴보겠다. 수색-상암 개발은 광역중심지 개발(거점개발지)이다. 상암동은 서북권 3개 자치구가 닿아 있는 곳인데, 좀 더 시야를 넓히면 한강이라는 자연 장애물을 넘어 한강 이남과도 닿아 있다. 이런 지형적인 한계를 극복하기 위해서 '월드컵대교 신설'을 통해 서남권 마곡지구와 연계하는 계획을 실행했다.

상암동도 택지개발사업지구다. 애초에 서울시가 전략적으로 개발한 땅이라는 의미다. 이런 곳들의 좋은 점은 앞으로 더욱 확장될 가능성이 있다는 것도 있지만 서울시의 인허가 자체가 매우 잘 나온다는 것이다. 우리는 깨우쳐야 한다. 꼭 거주할 것이 아니라면 돈을 벌기 위해선 지역이 크게 중요치 않다는 것을.

❷ 남북교류

남북교류의 의미는 무엇일까?

여기서 '남'은 마포의 구도심인 공덕을 의미하지 않는다. 공덕동 일대가 마포구의 중심지 역할을 한 것은 이 주변의 유의미한 일자리가 종로, 중구 등 도심권밖에 없던 시절의 이야기였다. 반면 이제는 강남 접근성을 차치하더라도 자족도시의 기능을 부여한 상암동 자체의 일자리와 한강 이남의 여의도, 영등포, 마곡, 용산과의 연계가 훨씬 중요해졌다. 특히 마곡의 LG전자 10만 일자리(협력업체 포함)-상암DMC 미디어 일자리 - 일산 미디어 일자리 간의 연계가 서울 서북권 경제를 책

임지는 메인 일자리가 될 것이다. 우리는 이 지역의 연계 개발과 산업 벨트를 주목해야 한다.

상암 수색 광역거점개발(일자리 개발)은 결국, 기존 서울시의 거점개발 공식에 따라 다음과 같이 정리된다.

1. 상암동 DMC 개발을 통한 양질의 일자리 보급: 일자리 개발
2. 기존 3개 노선과 근로자들을 위한 신규 2개 노선(원종홍대선, 강북횡단선) 개통: 교통망 개발
3. 디지털미디어시티역 배후에 있는 주거환경개선지구의 도시재생사업: 상권 개발
   - 역세권 배후 주거지를 재개발하지 않고 상권을 개발하는 사업
   - 역세권 유휴부지는 역세권 고밀도 개발(1인 가구를 위한 오피스텔, 주상복합아파트)을 하여 부족한 상권을 보완하는 사업 시행(롯데몰 부지 개발, 디지털미디어시티역 콤팩트 시티 개발)
4. 가재울뉴타운, 수색증산뉴타운, 성신시영 재건축, 상암월드컵단지 리모델링 사업: 배후 주거지 사업
   - 상암DMC 거점개발의 핵심이 일자리 사업이라면, 서대문구 가재울뉴타운, 은평구 수색증산뉴타운, 성산동 택지개발지구 성산시영아파트 재건축, 리모델링 연한이 돌아오는 상암월드컵 SH단지들은 늘어난 일자리에서 근무하는 근로자들을 위한 일자리 배후 주거지 개발이다.
   - 즉, 조합 측에서 무리한 요구만 하지 않는다면, 조합 간 내분이 없다면 인허가가 매우 잘 나오는 사업지들이다. (빠른 단계별 상승 가능)
   - 이는 마치 강남 역세권, 논현동, 신사동에 일자리를 개발하고 지하철 2, 3, 7호선을 깔아주면서 대형 상권을 세팅하고, 그 주변 배후 주거지를 만든 택지개발사업(계획도시 사업)과 매우 유사하다.

TIP

오세훈 시장의 생각은?

지금까지 2030서울생활권계획이 각종 개발 사업과 매우 긴밀하게 연결돼 있었음을 확인했다면, 앞으로 오세훈 서울시장의 기획을 제대로 확인해볼 수 있는 자료는 2040서울생활권계획일 것이다. 그러나 후보 시절 공약집을 보면 어느 정도 방향을 알 수 있다.

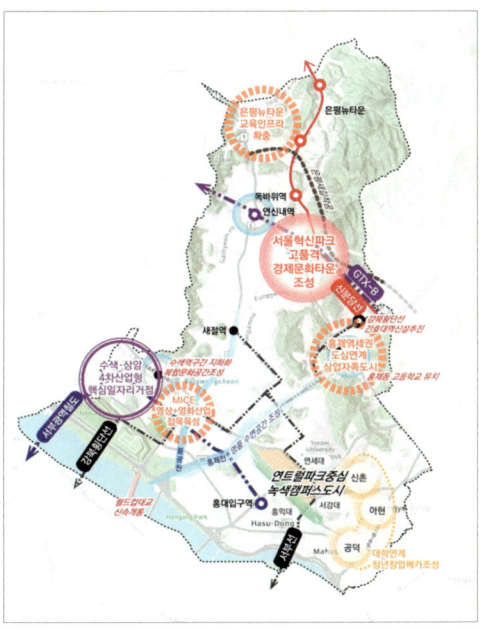

출처: 오세훈 서울시장 부동산 대책 공약집

앞 그림은 오세훈 서울시장의 후보자 시기에 낸 공약집이다. 그중에서도 서북권 도시개발계획인데 서울시생활권계획과 비교했을 때 크게 변경된 부분은 없다. 수색-상암을 핵심 거점으로 삼고, 보라색 굵은 글씨로 표시했다.

정치인들의 공약이 나오면 기존에 있던 개발지를 중심으로 보는 것이 안전하다. 중심부 개발이 있으면 주변부 개발도 잘된다. 무리하게 기존 도시계획과 다른 새로운 공약에 언급된 지역들에는 투자할 필요가 없다.

서울도시계획포털로 거점 확인하기

상암동 일자리를 중심으로 한 배후 주거지 개발은 무려 두 개의 뉴타운(수색증산뉴타운, 가재울뉴타운)이 있다. 수색증산뉴타운의 경우 입지가 좋지 않으면서 구릉지 지형이라 땅의 용도가 좋지 못한 점에도 불구하고 개발 속도가 빠른 편이다. 거점개발의 일환이기 때문에 인센티

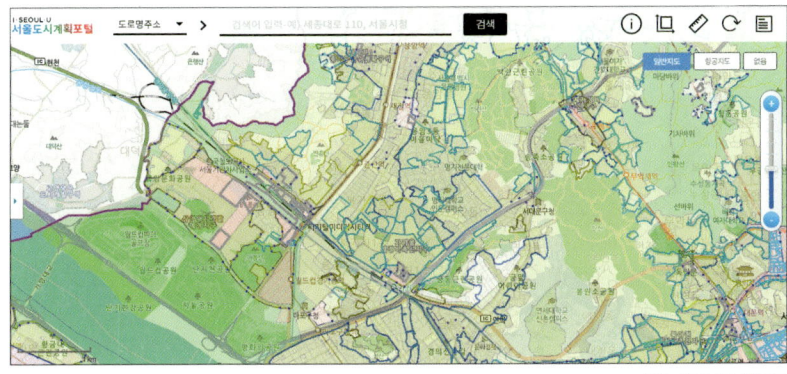

출처: 서울도시계획포털

➤ 상암DMC 일대 개발계획, 수색증산뉴타운 등 사업지들이 매우 풍부하다.

출처: 아파트 정보 플랫폼 아실앱(APP), www.asil.kr

브가 있었을 것으로 추정된다.

거점개발지의 배후 주거지들은 재개발이 무너져도 부활할 가능성이 크다. 대표적인 예가 증산4구역, 수색14구역이다. 국토교통부의 공식 유튜브에서도 증산4구역 개발을 적극 지원하고 있음을 보여준다. 지도를 보면 상암DMC 일대는 참 독특한 곳이다. 핵심 거점개발지는 마포구에 있지만 뉴타운 사업지로 수혜를 입는 곳은 은평구(수색동, 증산동)와 서대문구(북가좌동, 남가좌동)다.

오른쪽 지도에 빨간색 원으로 표시한 부분은 재개발 구역이 아니라 주거환경개선구역이다. 신기한 점은 보통 주거환경개선구역이나 도시재생지역들은 땅의 용도가 좋지 못하여(제1종 일반주거지역, 제2종 7층 이하 주거지역, 응봉동, 삼양동, 도봉동 등) 사업성 문제로 재개발이 무산되거나 재개발 시도조차 힘들어서 주거환경개선사업, 도시재생사업으로 대체하는 것이 일반적이다.

그런데 지도에서 표시된 구역은 제3종 일반주거지역이다. 즉, 노후도가 충족된다면 재개발도 가능하다. 그럼에도 불구하고 왜 주거환경개선사업을 할까?

이미 설명했지만 모든 도시 개발은 아파트 일변도로 이루어지지 않는다. 일자리 지역이 있으면 배후 주거지도 있어야 하고 양질의 상권도 세팅해야 한다. 신도시에서는 일부러 빌라 단지나 단독주택 밀집 지역들을 만들고 저층부에는 연도형 상가를 배치한다. 서울에서 도시재생사업으로 노후 주택들을 개량하고자 하면 저리로 대출을 받을 수 있다. 서울 곳곳에서는 집수리지원사업을 통해 상권 활성화를 도모하고 있다. 대표적인 지역이 우리가 잘 아는 연남동이다.

출처: 국토교통부 공식 유튜브

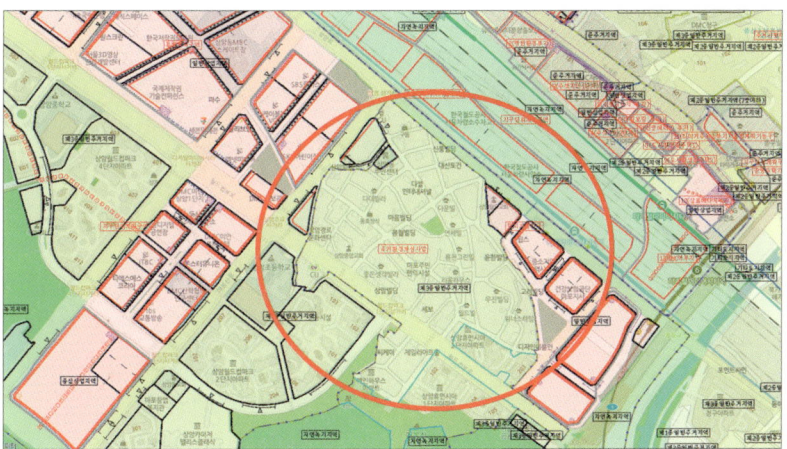

➤ 원 표시 내 구역은 오래된 단독주택, 다가구주택이 상가주택으로 빠르게 전환되고 있고 장사가 매우 잘되는 곳이다.

출처: 서울도시계획포털

    서울시는 상업지역을 중심으로 이미 구획을 정리했다. 이걸 힌트 삼아 롯데몰(지도 오른쪽 하단에 파란색 동그라미로 표시한 곳) 공사가 임박했다고 회원들에게 알려주기도 했다.

➤ 연남동 카페거리도 도시재생사업의 성과다.

출처: 집수리닷컴

이렇게 2021년 4월, 구체적인 세부개발계획도 나왔다. 상암-수색 지역은 지상철 때문에 지역 단절성 문제가 있는데, 입체적 보행 연결 통로를 설치해서 보다 규모 있는 복합 개발이 가능하도록 획지도 통합했다.

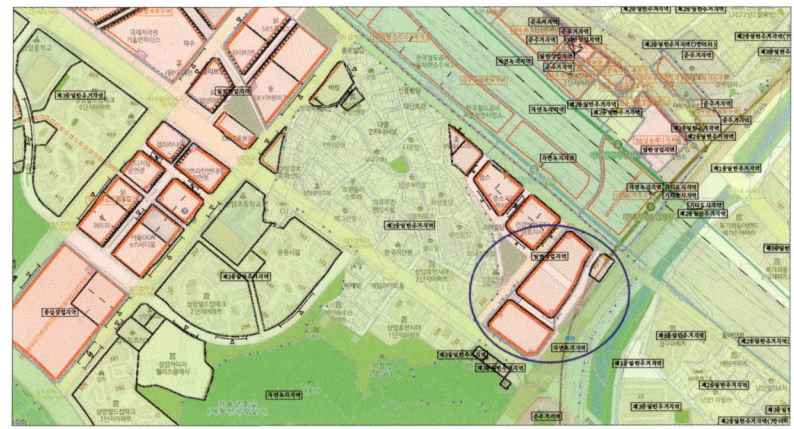

출처: 서울도시계획포털

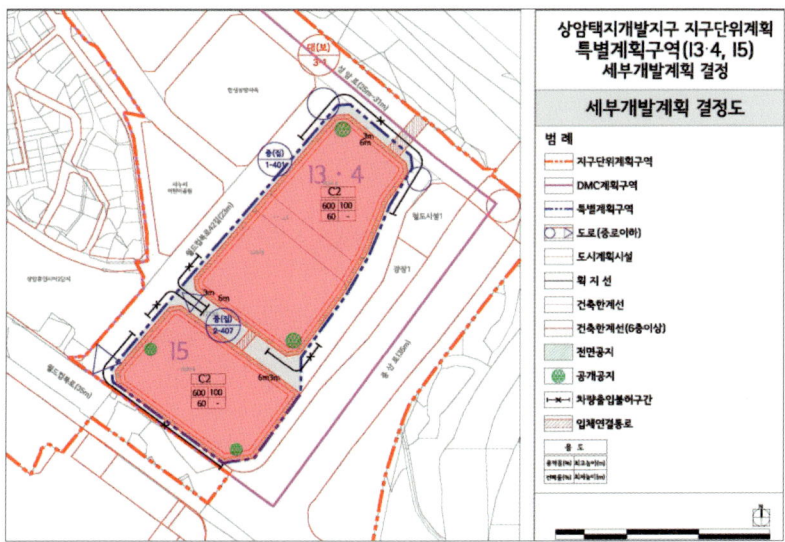

➤ 상암DMC 롯데몰 개발부지.

출처: 상암택지개발지구 지구단위계획 공문

서울시생활권계획 해석하기

상암DMC 2

마포구 광역중심지(상암)와 강서구 광역중심지(마곡)를 이어주는 거대한 사업에 주목하자! 대중들이 마포구의 입지 좋은 신축 아파트인 마포래미안푸르지오 등에 관심을 가질 때 우리는 고수들처럼 고요히 잠들어 있는 상암동 일대를 살포시 매수하자.

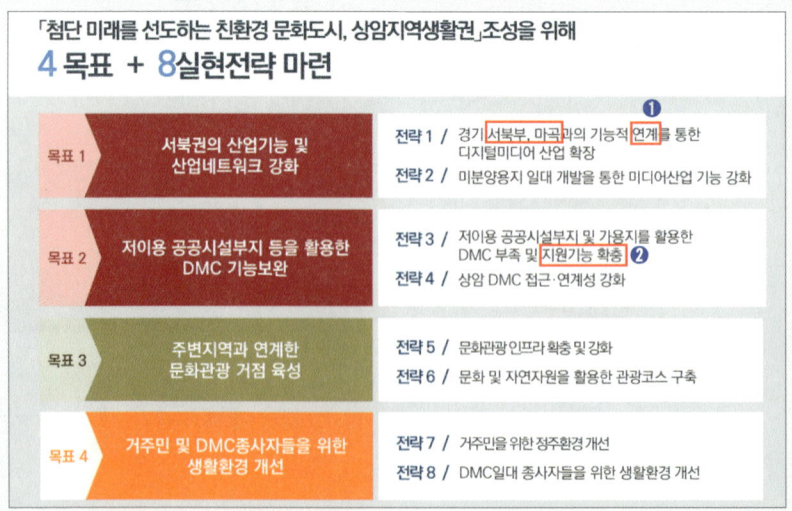

출처: 서울시생활권계획

상암DMC라는 광역거점은 은평구, 서대문구까지 아우르는 서북권 대표 사업지다. 더 나아가서는 고양방송영상밸리 거점개발과 연결되는 광활한 일자리 벨트이기도 하다. 서북권에 투자를 한다면 반드시 상암DMC를 중심으로 해석해야 한다. 지금부터 생활권계획을 살펴보겠다.

❶ 경기 서북부 마곡과의 기능적 연계

서울시는 기존에 시도하지 않았던 서울 관문 입지 개발에 관심이 많다. 그래서 아무리 하남미사신도시 시세가 많이 올라갔다고 해도 서울의 고덕동 일대의 시세를 넘을 수 없는 것이다.

상암동을 광역거점개발지로 둔 이유도 서울과 경기도를 잇는 관문 입지이기 때문이다. 서울시민을 위한 개발과 함께 서울과 닿아 있는 경기도 주민들의 일자리와 상권을 서울 관문 입지에 마련하는 것이다. 서울과 경기도를 오고 가는 광역버스를 떠올린다면 이해가 빠를 것이다. '광역거점개발'의 핵심은 일자리 사업인데(상권, 대중교통, 배후 주거지 사업은 일자리 개발에 종속되는 사업) 누구를 위한 일자리인지가 진짜 중요하다.

최대한 쉽게 설명을 하자면 굳이 강남까지 출퇴근을 하지 않더라도 양질의 연봉을 받을 수 있는 일자리를 서울 관문 지역에 인위적으로 세팅하는 것이다. 서울 외곽에 거주하는 사람들과 경기도 주민들이 관문 입지에 있는 새로운 일자리 사업 덕분에 강남 중심으로 몰렸던 소비를 서울 외곽 지역으로 분산하면서 상권(상업지역)의 활성화를 기대할 수 있다. 이는 관문 입지의 상업지역 시세를 올리는 데 중요한 역할을 한다. 결국 비싸지는 상업지역 덕분에 상업지역 배후 주거지인 아파트

➤ 고양 장항지구 – 대곡 역세권 개발 – 연신내&불광 역세권 개발 – 수색&상암DMC 개발 – 마곡지구 개발은 하나의 일자리 벨트로 이해하는 것이 좋다.

출처: 네이버 지도

의 시세도 안정적으로 키맞춤이 되는 것이다. 1부에서 언급한 땅값이 오르는 공식을 참고하자.

우리는 교통 호재도 다른 도시계획과 연결 지어서 해석해야 한다. 왜 월드컵대교를 2021년 9월 1일에 개통했을까? 이유는 이렇다. 상암동을 대한민국 미디어 거점의 중심지로 개발하고, 부수적인 미디어 관련 업종을 경기도 서북부 지역인 고양시에 세팅하며, 또 다른 광역거점 중 하나인 마곡지구의 IT 기술과 연계하기 위해서다.

월드컵경기장, 하늘공원, 월드컵단지라는 1세대 택지개발사업으로 상암동 지역에 관한 안 좋은 편견을 지우는 작업을 했다면 이제는 남아 있던 부지를 활용하여 2세대 확장 사업을 계획하고 있는 것이다. 즉, 상암DMC 개발은 지금도 확장성이 매우 강한 광역거점개발지라는 의미다. 묘하게 벌써 SH월드컵단지들의 리모델링 연한이 돌아왔다. 과거에는 월드컵단지들의 높이가 높지 않았다면 최근 상암DMC 상업지역 건물의 높이를 보면 고도가 변했다는 것을 알 수 있다. 어쩌면 리모델링이 아니라 재건축을 기대해봐도 좋지 않을까? 어차피 용도 변경은 공익이라는 명분만 있다면 서울시장에게 너무도 쉬운 일이니까.

❷ 지원기능 확충

지원이란 늘어나는 일자리에 대비하여 이들이 밥 한 끼 먹을 상권을 만들어주겠다는 의미다. 상암동은 지금도 집객력이 좋은 장소지만 앞으로 더욱 기대되는 곳이다.

상암동 상권의 집객력(인구, 인파, 트래픽 등)을 정리해보면,

1. 평일에는 DMC에서 근무하는 인구가 많고, 주말에는 관광명소(하늘공원, 한강, 축구 관람)를 찾는 사람들이 많다.

2. 수색증산뉴타운, 가재울뉴타운이 완성된다면 평일, 주말 구분 없이 수요가 많아질 것이다.

3. 자족도시+거점개발지인 상암동 자체의 일자리도 더 늘어나겠지만, 상암동과 연계하는 지역(고양시, 마곡)의 유동 인구로 더 많은 수요가 몰릴 것이다.

4. 기존 3개 전철 노선과 신규 2개 노선 때문에 환승 인구가 폭발적으로 늘어날 것이다.

5. 상암동 주변에서 가장 큰 규모의 쇼핑 시설인 롯데몰이 들어서면서 마포구, 서대문구, 은평구, 고양시의 수요가 몰릴 것이다.

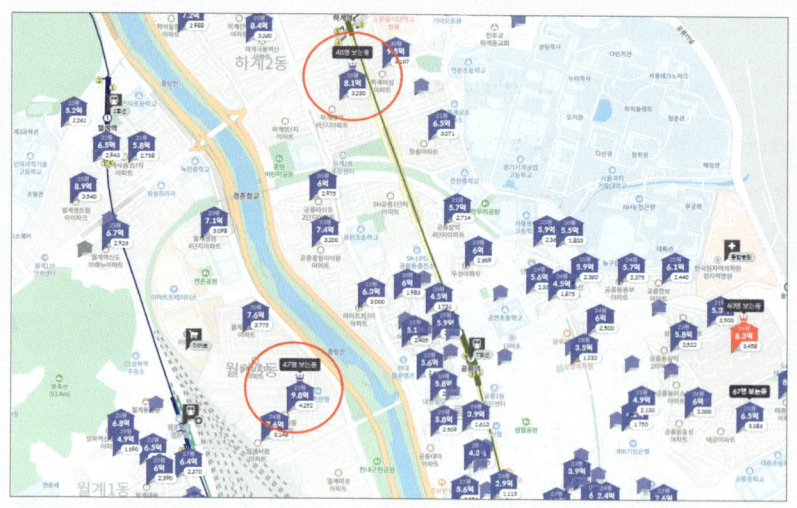

➤ 하계장미아파트 평당 3,230만 원 vs 월계미성미륭삼호 평당 4,252만 원. 왜 이런 차이가 생겼을까?

출처: 호갱노노

상암DMC 롯데몰 개발 사업은 매우 큰 의미가 있다. 집객력을 높이는데 양질의 쇼핑 상권의 힘을 무시할 수는 없다. 이게 부동산 시세에 영향을 줄까? 분명히 준다!

근거를 살펴보자. 원래 노원구는 중계동 다음 하계동 순으로 서열이 매겨져 있었다. 서울 2등 규모의 학원가가 된 은행사거리가 있는 중계동이 1등, 중평 학군과 2002아울렛, 홈플러스가 있는 하계동이 2등인 것은 당연했다. 그러나 월계동에 이마트 트레이더스가 생기면서 상황은 달라졌다. 노원구 사람뿐만 아니라 도봉구, 강북구, 성북구, 심지어 경기 북부 사람들이 주말만 되면 이마트 트레이더스에서 장을 본다. 그래서 예비 안전진단 통과도 못 한 미미삼(월계시영고층아파트)이 재건축 아파트 중에서 상계주공 5단지를 제외하고 여전히 1위인 것이다. 땅값이 오르는 열쇠는 상업지역에 있다는 것을 언제나 명심하라.

그래서 상암동에 한순간 상업지역을 대거 개발할 수밖에 없다. 기존의 상권은 어디일까? 주거환경개선구역이다. 제3종 주거지역임에도 딱히 재개발 계획이 없는 이유다. 상암DMC 개발은 인접한 연신내·불광 도시계획과도 연결된다.

출처: 서울시생활권계획

❸ 연신내, 불광(신성장 산업)

연신내와 불광은 은평구의 핵심 거점개발지다. 현재는 이렇다 할 일자리가 없는 은평구지만, GTX-A노선과 신분당선을 신설하는 것만 봐도 신규 일자리를 만들 거라는 예감을 느껴야 한다. 이러한 이유로 연

> **Ⅰ 과업개요**
>
> 1. 과 업 명 : 연신내·불광지역 일대 등 전략산업 육성 및 사업화 방안 마련
> 2. 과업기간 : 계약일로부터 15개월
> 3. 수행기관 선정방법 : 일반경쟁입찰(협상에 의한 계약)
> 4. 과업의 배경 및 목적
>
>   ○ 연신내·불광지역 일대('25년 GTX-A 노선예정)는 지역중심으로 역할이 필요하나 타 권역에 비해 사업체, 종사자수, 산업적 기반이 미약하므로 지역경제를 견인하고 주거지 위주 지역적 특성을 극복할 전략산업 육성 필요
>
>   ○ 서울시의 "고품격 경제문화타운 혁신파크 조성"을 위한 "서울혁신 파크 부지활용 기본계획 및 타당성 조사"(공공개발기획단)와 연계하여 사업 컨텐츠 설정을 위한 전략산업 육성 및 사업화 방안 마련 필요
>   - 정부정책을 반영하는 "8대 혁신·선도산업"과 "ICT 기반 핵심기술 기반 응용 산업" 등 도입
>   - 마곡·상암·수색~연신내·불광~고양을 연결하는 산업경제의 중심축과 경제정책 목표추진(서울미래 혁신 프로젝트, 경제비전 2030, 서울형 유망 산업, 글로벌 TOP5 창업도시 등)
>
>   ○ 신분당선 서북부 연장('25년 연장예정)에 따라 신규 조성되는 역세권인 기자촌 사거리는 은평뉴타운 주거지역내 위치하여 직주 근접 실현 위한 도입시설 마련 필요

➤ 2021년 9월 연신내역, 불광역 전략상업 육성방안을 마련하는 용역 발주가 있었다.

출처: 나라장터 과업지시서

신내 역세권, 불광 역세권, 독바위 역세권 주변의 재개발, 지역주택조합 사업이 활발하다. 서울 서북권 가장 끝자락 주민들을 위한 일자리를 상암에 세팅하겠다는 의미다. 결국 연신내, 불광에는 상암DMC의 하청업체들이 입점하게 될 것 같다. 그렇게 되면 연신내, 불광 역세권은 지금보다 더 젊어질 것이다.

❹ 미공급 토지 개발

당연한 일이지만 한강 변에는 자연녹지지역이 많다. 한강 변을 따라 고양 킨텍스 방향으로 가다 보면 한강 변 녹지공간을 볼 수 있고 그 주변에서는 화원과 비닐하우스(농업)도 종종 볼 수 있다. 현재로서는 개발이 불가한 땅이지만, 선점하고 있다. 킨텍스 쪽 녹지공간도 그렇고 상암동 쪽도 그렇고 이미 개발계획은 나온 상태다.

그래서 회사 소속이었을 때 이러한 토지 개발에 관련된 고액 컨설팅도 종종 하곤 했다. 그린벨트인 미공급 토지를 일자리 창출이라는 명분으로 개발하려고 하는 것이다. 이 세상에 절대적인 것은 없다. 대한민국의 상징 백두대간을 개발하지 못하게 막는 것은 상식적인 결정이지만, 폐광 후 지역경제가 무너지는 것을 막기 위해 오투리조트, 하이원리조트, 카지노 등의 개발 허가를 내줬다. 명분이 있으면 가능하다.

출처: 서울시생활권계획

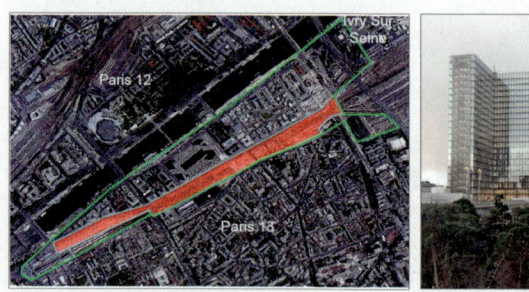

➤ 프랑스 '리브고슈'도 원래 흉물처럼 방치된 철도 부지 위에 인공부지를 개발한 사업이다. 프랑스 대표 국립도서관을 이곳에 설치하여 사람들이 찾는 관광명소가 되었다.

출처: 파리시 홈페이지

❺ 철도상부 가용부지를 활용

콤팩트 시티 사업이 유의미한 사업이라는 점을 칼럼(유럽과 미국의 사례 비교)과 강의를 통해 언급한 것은 아마도 내가 최초일 것이다. 태생적으로 슬럼화가 불가피한 지상철 인근을 개발하여 장애물로 지역 간 단절을 해소하고 공간을 활용하는 사례는 유럽과 미국을 시작으로 세계적으로 퍼지고 있다. 유럽과 미국의 사례를 봤을 때 그 효과는 매우 놀랍다. 역세권 고밀도 개발이 1세대 트렌드였다면 콤팩트 시티 사업은 2세대 트렌드가 될 것이다.

현재의 의정부 역세권 또한 비슷한 개념이다. 서울 동북권에는 북부간선도로에 콤팩트 시티 사업을 할 예정이다. 디지털미디어시티역도 국토부가 25년 완공을 목표로 하고 있다. 콤팩트 시티 사업과 시기를 맞추기 위해서 롯데몰을 허가해준 것이다.

❻ 근린 상업 시설 부족 기능 도입

이제는 척척 알아들어야 할 것 같은데, 상권을 개발하겠다는 의미다. 그렇기 때문에 롯데몰은 반드시 완공될 것이다.

❼ 공공임대주택

공공기관의 부지를 이용하여 임대주택을 보급하는 사업은 이미 선례가 많다. 서울동부지방법원검찰청을 이전하여 임대주택을 보급하는 구의자양재정비촉진지구, 영등포교도소를 이전하여 공사 중인 고척아이파크, 마장 역세권 한전 부지를 활용한 임대주택 공급, 태릉골프장 개발 등이 있다.

사람들은 임대주택이라고 하면 꺼리는 경향이 있는데, 그럴 필요가 없다. 인구가 늘면 상권이 활성화된다. 결국 주변 땅값도 오른다. 굳이 내가 거주하지 않고 돈만 벌겠다는 전략이라면 임대주택이든 뭐든 따질 것 없이, 인구가 늘어나면 인프라 보급 개발을 하는 게 투자자에게는 수익 면에서나 빠른 인허가 면에서나 이득이다.

상암동 일자리의 성격은 우리가 알고 있던 그런 일자리가 아니다. 기술과 감각을 요하는 일이다. 즉, 젊은 근로자들이 필요한 일자리다. 20~30대의 일자리라는 의미인데 젊은 1인 가구를 위한 주택 보급이 필요하다. 의외로 20~30의 소비력은 대단하다. 한 달에 200만 원을 벌지만, 저축 없이 200만 원을 그대로 쓰는 1인 가구가 많기 때문이다. 요즘 상권 조사를 해보면 1인 가구가 많은 지역, 특히 일자리가 있는 지역의 상권만이 코로나 시대에도 버티고 있다. 덕분에 월세가 줄지 않았고, 상가의 매매가 또한 기존의 가격을 유지해서 그 주변 주택의 시

➤ 관광 인프라를 확충하면 사람들이 모여든다.

출처: 서울시생활권계획

세 또한 방어되고 있는 경우가 많다.

　난지한강공원, 하늘공원, 노을공원, 일산 한류월드, 상암월드컵경기장, 상수동 카페거리 등 볼거리가 늘어난다는 것은 좋은 징조다. 외지인의 방문이 많다는 것은 돈을 써줄 사람들이 많다는 의미다. 괜히 명동, 강남역 상업지역의 땅값이 가장 비싼 것이 아니다. 공간 대비 집객력이 가장 좋기 때문이다. 녹지가 부족한 서울에서 더군다나 5개 노선이 생기는 이런 곳에 휴식 공간이 있다는 점은 매우 큰 장점이다.

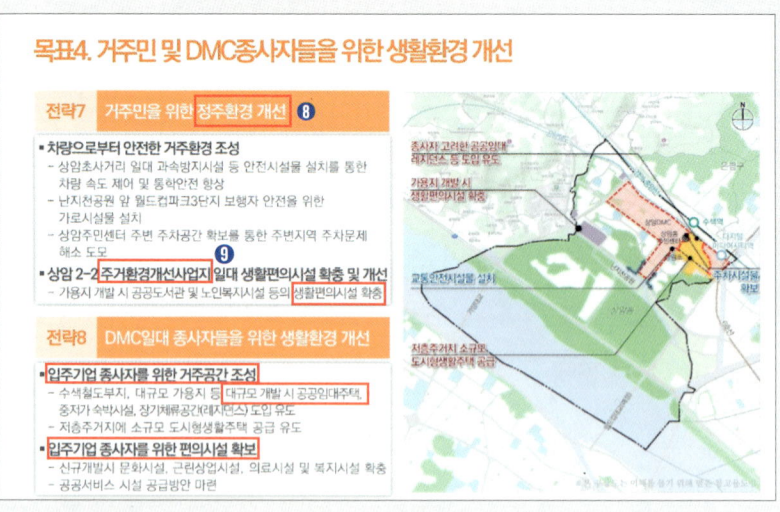

출처: 서울시생활권계획

❽ 정주 환경 개선

서울시생활권계획에서 이런 문구를 종종 볼 수 있는데 이런 곳들은 재개발, 재건축과 거리가 멀다. 대부분 주거환경개선사업이나 도시재생을 하는 곳이다. 즉, 상암DMC에서 일하는 사람들을 위한 생활여건을 개선하겠다는 의미다. 현재로서는 가장 부족한 부분이 상권이다.

❾ 주거환경개선사업지 생활 편의시설 확충

앞의 지도에서 노란색으로 표시한 지역도 마찬가지다. 사실 3종주거지역은 아파트를 지으면 30층 이상 가능하기 때문에 재개발 사업을 했어도 되는 땅인데 현재는 주거환경개선지구로 지정되었다.

이곳은 명동처럼 가두리 상권이면서 현재로서는 지역에서 유일한 좋은 상권이다. 하늘공원, 월드컵경기장을 찾은 외지인들과 이곳의 종사자들은 식사를 하려면 주거환경개선사업지에 있는 유일한 상권을 이용해야 한다. 일 끝나고 회식 때문에 홍대까지 갈 수는 없으니까.

출처: 서울시생활권계획

⑩ 공동주택 노후화에 대비한 주택 관리

마지막으로 주거지 정책이다. 성산시영아파트는 오래전 강의에서도 소개한 곳이다. 재건축 사업성이 준수한 편이며 서울시생활권계획에서 재건축을 매우 긍정적으로 바라보고 있기 때문이다. 주민들 간의 의견 일치만 잘 된다면, 조합이 서울시에 무리한 요구를 하지 않는다면, 인허가는 충분히 잘 받을 것이다. 한강 변 대단지이기 때문에 양질의 주거지를 공급한다는 측면에서도 마포구에서 주의 깊게 관리하려 할 것이다.

한강 변 초기 재개발 투자, 과연 적절할까?

유독 합정동, 당인동, 망원동 지역에 초기 재개발 선동이 많다. 입지가 좋은데 가격이 저렴하다는 이유에서일 것이다. 과연 잘될까? 나는 회의적이다. 이미 상권이 퍼지면서 월세를 많이 받기 시작한 땅이 되었기 때문이다. 서울시생활권계획에서도 적극적으로 사업을 권장하고 있고 심지어 연예인들도 자신의 명성을 이용한 상가 투자로 한때 재미를 좀 본 동네다. 따라서 빌라 갭투자를 제외하고는 원주민들 입장에서 아파트 입주권이 매력적으로 와닿지 않을 것이다. 2020년 같았으면 가로주택정비사업을 고려해서 연립주택이나 구축 나홀로 아파트 정도를 매수하면 좋았을 텐데 이미 현수막을 단 사업지들이 나타나면서 타이밍을 놓쳤다.

➤ 생활권계획에서 재개발을 암시했던 토정로 남쪽 지역은 노후도가 많이 무너졌다. 이곳은 한강 변이지만 3080공공주도사업지가 아니면 사실상 재개발을 할 수 있는 방법이 없다.

출처: 부동산플래닛

공덕동, 도화동 등에는 재건축 예정 아파트 단지들이 있다. 대체로 대지지분이 좋아 사업성은 준수하나, 이곳에는 이렇다 할 거점개발지가 없어서 해당 단지의 이슈만으로 시세를 이끌어야 한다. 거점이 아니기 때문에 서울시가 인센티브를 부여할 명분이 없다.

서울 서북권 유일의 광역중심지인 상암동은 정책적인 개발이 아니었다면 아직도 쓰레기처리장으로 남았을지도 모른다. 그러니 아직 저렴할 때 유일한 상권인 주거환경개선지구의 주택을 매수해서 리모델링 후 상가주택으로 전환하면 좋을 것이다. 자금이 부족하다면 몰라도 그렇지 않다면 굳이 효율성이 떨어지는 주택 투자보다는 상가 투자에 적격인 지역이다. 유일한 가두리 상권이기 때문에 앞으로 더 좋아질 집객력을 감안할 때 평당 3억 원이어도 이상하지 않을 것이다.

다만 배후 주거지 사업을 지원하기 때문에 수색증산뉴타운, 가재울뉴타운의 인허가가 잘 나오고 있는 것은 사실이다. 자치구를 불문하고 이 주변 아파트들의 이름에 'DMC'를 붙이는 단지들이 점점 늘어나고 있다. 마치 성동구 아파트들이 단지 명에 '서울숲'을 넣는 것처럼. 앞으로 DMC라는 이름이 주는 프리미엄과 상징성은 더욱 커질 것이다. 확장성 여부가 이렇게 중요한 것이다. 공덕동, 아현동, 도화동에 투자하겠는가? 합정동, 당인동, 망원동에 투자하겠는가? 상암DMC, 성산동에 투자하겠는가?

12장

서북권

GTX의 힘,
연신내·불광 지역중심 개발

 서울 은평구는 서울 서북권의 관문 입지다. 말 그대로 경기도 고양시를 비롯한 경기 북부 주민들의 관문과도 같은 곳이다. 북한산국립공원을 비롯한 구릉지의 특성 때문에 그동안 개발의 불모지라는 오명을 안고 살았다. 그래서 땅의 시세가 좀처럼 오르지 않았는데, 달리 생각해보면 서민의 재개발 투자처라고 생각할 수 있겠다. 가격은 서울 다른 사업지들보다 저렴한데, 은평구 전역에 군소 거점들이 많은 편이어서 입지와 지형적 단점에도 불구하고 단계별 인허가가 잘 나오기 때문이다. 그렇다면 우리는 서울시가 밀어주는 이유를 알아내서 선입견을 떨치고 투자를 해야 한다.

 은평뉴타운은 1기 뉴타운 사업지다. 임장해보면 북한산 자락에 아담한 아파트촌이 형성되어 있다. 신기한 점은 아파트의 높이인데, 북한산

➤ 은평뉴타운, 주상복합처럼 되어 있지만 마찬가지로 높이는 낮다.

과 가까이 있기 때문에 도시 미관상 높이 짓지 못했다. 최근 북한산 근처의 고도가 완화되었다는 점을 감안하더라도 다른 지역의 높이와 현격하게 차이가 있다. 또한 경기도 고양시의 아파트들과는 비교할 수 없을 정도로 차이가 있다. 물론 서울과 경기도는 용적률 기준과 고도 기준이 다르다.

그럼에도 불구하고 가톨릭대학병원, 롯데몰 주변 상권(상업지역)의 건물 높이는 은평뉴타운 아파트의 높이와 차이가 크다. 즉, 지난 몇 년 동안 이곳 상업지역의 땅을 매수했다면 은평뉴타운 아파트에 투자하는 것보다 수익이 컸다. 그 당시에는 상업지역이 아니었기 때문에 저렴한 가격에 매수가 가능했다. 같은 동네라도 투자 방향에 따라서 희비가 엇갈리는 것이다. 결론을 말씀드리면 새롭게 만들어지고 있는 고양시 주

➤ 은평뉴타운을 벗어나면 북한산 조망권은 상관없이 역세권 고밀도 개발을 하기 때문에 가능한 한 건물을 높게 짓고 있다.

민들의 소비를 유도하기 위해서 은평뉴타운 근처 롯데몰 상권을 세팅한 것이고 이는 서울생활권계획에 따른 용적률 특혜인 것이다.

광역교통망인 GTX는 서울 관문 입지와 경기도에 가장 많은 특혜를 주고 있다. 즉 서울 도심 강남권에는 GTX 역사가 별로 없는데, 이는 그동안 투자의 대상이 아니었던 서울 관문 입지와 경기도 지역에 기회를 부여하는 것이다. 그래서 지난 5년간 학군, 학원 같은 교육 프리미엄이 끼어들 자리가 없을 정도로 서울과 경기도에는 전례 없는 교통 호재가 많았다. 아파트에 투자한 경우에도 학군지보다는 거점개발지에 투자하는 것이 유리했고, 앞으로 하락기(제2의 리먼 브라더스 사태)가 오더라도 버틸 수 있을 것이다.

강북구에도 공공재개발 사업지가 별로 없지만 은평구도 8곳이 신청

했는데 모두 탈락했다. 얼핏 보면 둘 다 북한산 자락이어서 재개발의 불모지처럼 보이겠지만 은평구는 사정이 다르다. 강북구에 비해서 군소 거점들이 압도적으로 많기 때문에, GTX-A와 신분당선이라는 신규 노선사업이 있기 때문에 은평구 내에서 거점과 관련된 사업지들은 진척 속도가 매우 빠르다. 이에 비해 은평구에서 공공재개발에 신청해서 탈락한 곳들은 사실 은평구 거점개발사업지와 별로 관련이 없는 곳들이다. 예산으로 하는 사업인데 굳이 허가를 해줘야 하는 명분이 없었던 것으로 보인다.

강북구와 은평구는 같은 북한산 자락의 자치구지만 은평구는 서울의 관문 입지이면서 강북구보다 중요 거점이 많아 거점지의 민간 사업이 활발하다는 점을 주목해야 한다. 이렇기 때문에 같은 북한산을 끼고 있는 사업지임에도 불구하고 은평구는 최근 높은 건물이 많아졌다. 이에 반해 강북구는 그렇지 못하다. 은평구는 거점개발지가 있기 때문에 상대적으로 매우 많은 혜택을 받는 것이다.

➤ 은평구, 강북구 모두 북한산 자락에 있는데 재개발 사업은 압도적으로 은평구가 많다.

출처: 네이버 지도

➤ 왼쪽 사진은 연신내 역세권, 오른쪽 사진은 가오리 역세권. 중요 거점에 따라 건축물의 높이 차이를 만든다. 구릉지에 자리 잡아도 말이다.

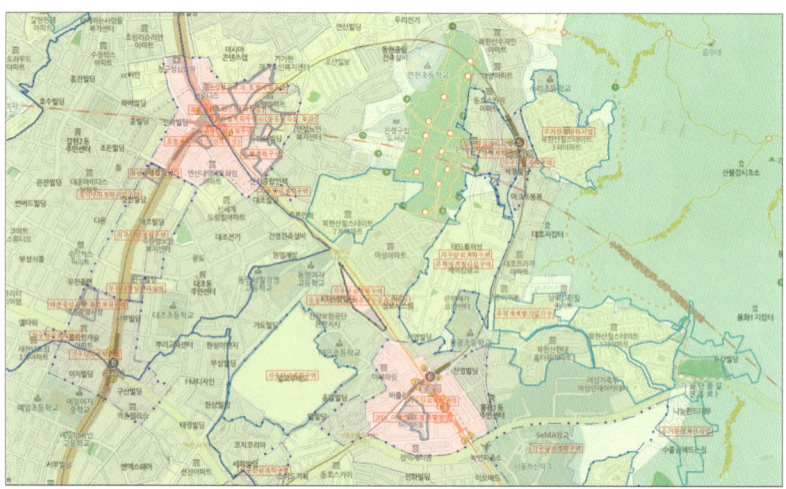

➤ 역세권을 중심으로 이렇게 복잡한 표시가 있으면 여기는 돈이 되는 땅이라고 생각해야 한다. 연신내역, 불광역, 독바위역 모두 개발계획이 활발하다는 것이다.

출처: 서울도시계획포털

특히 연신내 역세권과 불광 역세권은 서울의 위계상 지역중심지다. 개발 규모가 작으면 투입되는 예산의 규모가 같은 상업지역이더라도 용적률이 낮다. 이것 빼고는 우리가 단계별 승인을 받아 빠르게 돈을 버는 데 아무런 문제가 없겠다.

참고로 연신내 역세권은 박원순 전 서울시장의 주력 사업지였고(그렇다 하더라도 현재의 서울시가 여전히 개발을 잘하고 있다.) 불광 역세권은 오세훈 서울시장이 관심을 두는 곳이다. 반면에 독바위 역세권은 6호선뿐이었지만 신분당선 연장에 관한 기대감 덕분에 이제는 간과하면 안 되는 곳이 되었다. 연신내와 불광은 일자리+상권의 중심지가 될 것이고, 독바위 역세권은 배후 주거지 사업지가 될 것이다.

서울시생활권계획 해석하기

연신내·불광

개발이 쉽지 않아 보이는 구릉지 일대인 연신내, 불광에 많은 예산을 투입하여 개발하는 이유는, 고양시와 인접한 서울의 관문 입지이면서 박원순, 오세훈 서울시장 모두가 주목한 지역거점이기 때문이다.

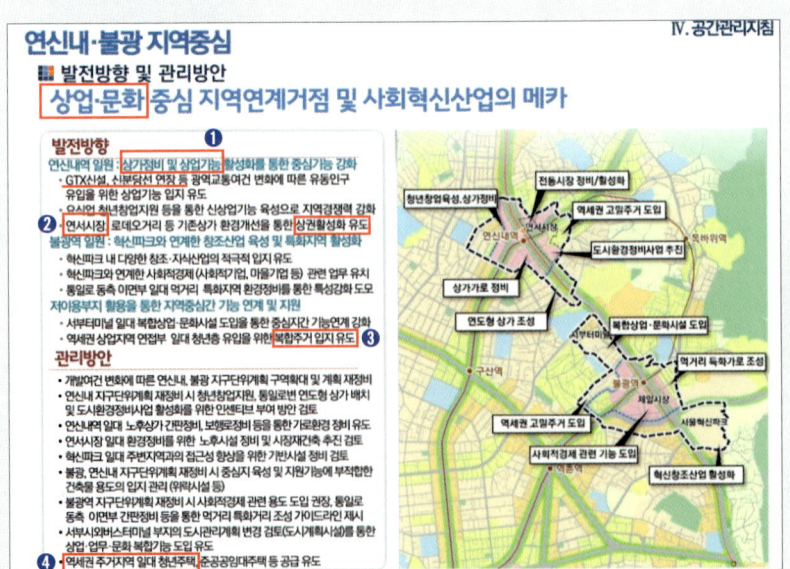

출처: 서울시생활권계획

은평구는 광역중심지(우리가 우선 고려해야 할 거점개발지)가 없지만 GTX-A노선이 있어, 결코 간과해서는 안 되는 지역이다. 최근 땅값이 빠르게 올라가는 지역이니 알아 두면 분명 큰돈이 될 것이다.

지금부터 연신내와 불광 지역을 중심으로 생활권계획을 해석해보겠다.

❶ 연신내역 상가 정비 및 상업 기능

연신내역은 GTX-A노선 역세권이다. 지금도 더블 역세권이어서 서울 변두리 지역치고는 유동 인구가 꽤 많은 편인데, GTX-A 덕분에 강남에 좀 더 빠르게 갈 수 있고 연신내의 배후 주거지인 고양시의 수요도 받을 수가 있어서 유동 인구가 더욱 늘어날 전망이다. 더불어 상암DMC와 연계하여 역세권 고밀주거 도입 사업의 하나로 역세권청년주택을 대거 짓고 있다. 맛집과 카페에 과감하게 돈을 쓰는 20~30대 인구가 입주하게 되면 기존에 낡고 쇠퇴한 상권을 새롭게 정비할 만한 충분한 명분이 될 것이다.

❷ 연서시장 상권 활성화

최근 서울시가 잘하는 유형의 사업 중 하나가 상가 재건축, 시장 재건축이다. 원래 상권이 강하면 개발이 힘들다. 그렇다고 해도 기존의 낡은 상권은 앞으로 높아질 GTX-A노선 역세권의 위상과 어울리지 않는다.

만약 연신내 역세권의 거주민 다수가 젊은 세대로 바뀐다면 어떻게 될까? 연서시장을 이용하는 사람이 크게 줄어들 것이다. 돈을 벌 수 없는데 끝까지 반대하는 것은 무의미하다. 서울시생활권계획은 연서시장 재건축을 권장하고 있고, 실제로 임장해봐도 추진하고 있다는 사실을 알 수 있다. 상업지역이며 조합원의 수가 적은데 향후 재건축되면 높은 주상복합 아파트가 GTX-A 연신내역과 연결되는 형식으로 개발될 가능성이 크다. 아마도 조합원들에겐 1+1매물이 당연시되지 않을까? 추가분담금 걱정도 없을 것이다. 상업지역 고밀도 재건축, 재개발은 투자자 입장에서 장점이 많다. 빠르기만 하면 말이다.

❸ 복합 주거입지 유도

만약 서울시생활권계획이나 서울시의 공문에서 이런 단어를 봤다면, 빨리 용도지역을 확인해야 한다. 기존의 상업지역들은 더욱 범위가 늘어나고 용적률 인센티브를 받을 것이며, 일반주거지역이라면 상업지역, 준주거지역으로 용도를 변경해주겠다는 뜻이기 때문이다. 원칙적으로 주상복합은 상업지역, 준주거지역에서만 가능한 개발사업이다. 투자자의 입장으로 보면 땅값이 빠르게 올라갈 수 있는 지역이라는 것이다.

❹ 역세권 주거지역 일대 청년주택

연신내, 불광 역세권 주변에는 1인 가구용 신축이 많이 지어지고 있다. 과거 건물과 신축의 높이를 비교해보면 차이가 크다. 또한 도시형 생활주택이라서 일조권, 주차장 의무, 단지 내 녹지 조성 의무 같은 것들이 거의 없다. 디벨로퍼 투자자들에겐 매우 매력적인 곳이다. 뿐만 아니라 서울에서 가장 큰 규모의 역세권 청년주택을 짓고 있다. 서울시에서 아예 작정하고 2030 세대를 위한 도시로 만들고 있는 것이다. 2030 세대들이 정착하는 곳은 기회의 땅이다. 합정, 상수, 성수, 익선, 삼청 등 2030들 덕분에 상권이 살아나면서 금싸라기 땅이 안 된 곳이 없다. 우리는 재개발이 아니면 노후 주택으로는 돈을 벌 수 없다는 생각을 버려야 한다.

서울시생활권계획 해석하기

응암동

연신내, 불광 등 중심지 개발은 은평구 전체에 어떤 영향을 주었을까? 땅값이 오르면서 해제되었던 재개발 구역들이 다시 살아나는 중이다. 2030서울시도시계획대로 서울 25개 자치구 균형 발전이 가시화되고 있다.

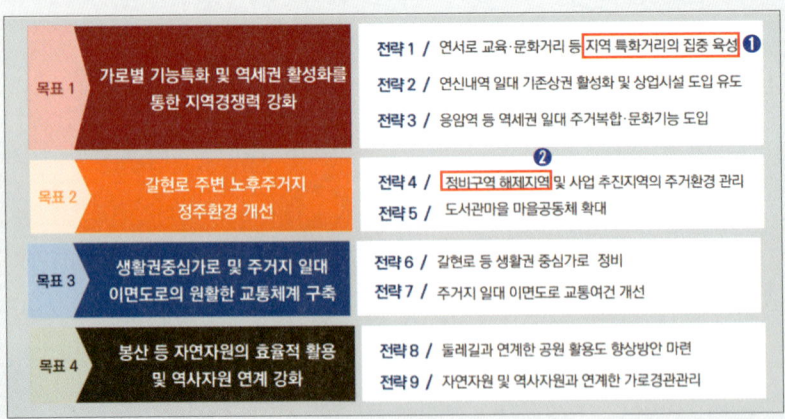

출처: 서울시생활권계획

❶ 지역 특화 거리의 집중 육성

만약에 내가 재개발 투자를 하려고 점찍어둔 지역의 도시계획을 살펴보았는데 이런 문구를 발견했다면 과감하게 포기하면 되겠다. 아무리 입지와 가격이 매력적이어도 말이다.

도시재생에는 두 가지 유형이 있다. 낡은 주거지를 개선하는 유형과 기존에 죽은 상권을 다시 살리는 유형이다. 맛집거리, 카페거리 등을 만드는 것이 두 번째 유형인데 이런 곳은 땅 투자(용도지역이 좋은 상업지역, 준주거지역, 준공업지역 땅), 상가 투자, 건물 투자를 하면 단기간에 큰돈을 만질 수 있다. 투자금은 비슷한데 주택 투자와는 비교할 수 없는 수익을 맛볼 수 있다. 은평구는 군소 거점이 많은 편이라고 말씀했는데 이런 사업을 하기 위해서 미리 지정한 것이다.

❷ 정비구역 해제지역

재개발에서 해제되면 프리미엄이 빠지면서 신축 빌라 사업지가 되거나, 의지 있는 몇몇 분들이 가로주택정비사업을 추진하거나, 아니면 재개발을 재추진하거나 셋 중 하나다. 일반적으로는 신축 빌라 사업을 한다고 보면 된다. 그런데 도시계획에서 개발 해제구역을 언급했다면 은평구 관내에 어느 곳이 해제되었는지 리스트업을 하고 임장을 통해서 옥석을 가려야 한다.

재개발을 추진하거나(민간이든 공공이든) 새로운 방식으로 무언가를 할 의도이기 때문이다. 결론적으로 해제 이후에 시세가 빠졌기 때문에 소액으로 돈을 쉽게 벌 수 있다는 의미다.

그렇다면 해제구역 중 어디가 가장 유력할까? 첫째, 백사마을, 정릉골처럼 노후도는 매우 심각한데 개발의 여력이 부족한 곳을 공공이 이끌 가능성이 있다. 둘째, 자치구 내 거점개발지의 배후 주거지 중에서 해제구역을 임장해 노후도, 주민의 의지 및 수준, 비대위의 존재 여부, 초기 재개발 선동세력의 유무를 파악하면 된다. 집창촌이 있든, 군부대가 있든, 학교가 별로 없든 입지는 결코 중요하지 않다. 거점개발지 근처인지만 보면 된다.

서울시생활권계획 해석하기

연신내

연신내의 개발계획에서는 건설사가 좋아하는 문구가 눈에 들어온다. 바로 '유동 인구 유입'이다.

출처: 서울시생활권계획

❶ 청년창업 지원

2030 젊은이들은 보통 일자리도 가깝고 대형 상권이 있는 도심권이나 강남권을 주거지로 선호한다. 그런데 창동-상계, 연신내-불광, 망우-상봉, 가산-독산, 공항동 같은 관문 지역들은 하나같이 청년층을 겨냥한 일자리, 상권, 주거지, 교통 개발계획이 있다. 서울 전역을 자족도시화하려는 의도다. 연신내-불광도 청년을 위한 편의시설 문화시설이 늘어나면서 외지인들도 찾아오는 도시로 개발되었으면 좋겠다.

❷ GTX-A 이용 인구 및 유동 인구 유입을 위한 역 주변 상업 시설 입지 유도

연신내 역세권 주변에 고밀도 상업지역 개발을 할 예정이니 다른 종류의 허가를 불허하겠다는 의미다. 명분은 늘어나는 유동 인구인 것이고, 이런 문구는 건설사에서 좋아한다.

구산동, 갈현동

서울시생활권계획에서 대안 사업으로 가로주택정비사업을 권장하고 있다면, 상대적으로 인허가가 잘 나오는 곳으로 볼 수 있다.

출처: 서울시생활권계획

❶ 해제지역 대안 사업 추진

재개발을 염두에 두었다는 것 자체가 지역이 슬럼화되고 있다는 의미다. 그런데 이런저런 이유로 해제가 되었다면 서울시 입장에서는 주거복지 차원에서 대체사업을 계획할 수밖에 없다.

최근의 경향은 해제지역에 가로주택정비사업을 비롯한 소규모정비사업을 하는 것이다. 서울시생활권계획에서 대체사업으로 가로주택정비사업을 권장하고 있다면, 인허가가 잘 나온다. 강북구 산동네에도 전면 철거형 정비를 지양하고 소규모 단위 개발을 권장하고 있는데, 실제로 재개발 지원보다는 가로주택정비사업이나 소규모 재건축 지원이 더 잘되고 있는 편이다. 이런 곳들은 소액으로 빠르게 단계별 프리미엄을 먹고 나오면 된다.

❷ 정비사업 추진 지역의 조속한 추진 유도

은평구 끝자락 갈현동에는 기존 재개발 구역이나 초기 재개발 구역들이 있다. 그러나 유일하게 잘 진행되는 곳이 갈현1구역이다. 큰 이변이 없다면 곧 관리처분 인가를 받을 예정이어서 매도 타이밍이 매우 중요한데, 갈현1구역에 관한 서울시의 입장은 바로 '조속한 사업 추진 유도'다. 재개발은 사람이 하는 것이어서 변수가 많다. 그래서 아파트 투자보다 어렵다. 만약 재개발 투자에 입문하고 싶은데 용기가 나지 않는다면 이렇게 정치적으로 밀어주는 곳에 투자하기 바란다.

서울시생활권계획 해석하기

연신내, 불광역세권

최근 서울에는 전례가 없을 정도로 교통 호재가 많다. 더불어 역세권 중심으로 개발을 한다. 이제는 학군지 같은 요소는 투자에 있어서 전혀 고려할 대상이 아니다. 투자의 공식이 바뀌었다는 사실을 기억하라.

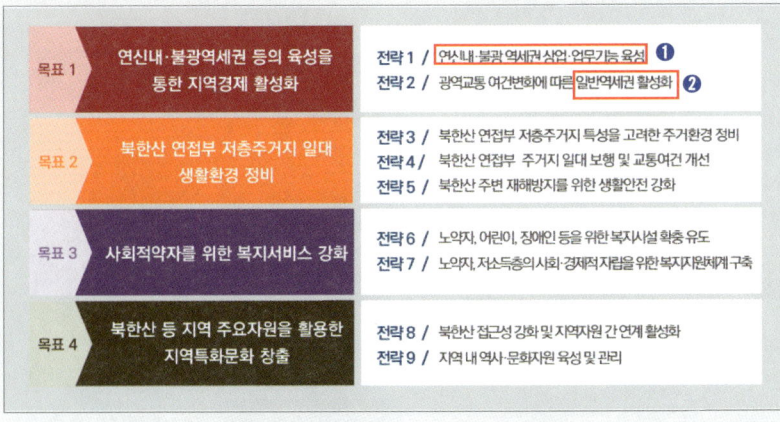

출처: 서울시생활권계획

❶ 연신내·불광역세권 상업, 업무기능 육성

연신내 역세권 도시계획과 크게 다르지 않다. 서울시가 GTX-A 역세권으로 연신내역뿐만 아니라 불광역도 거점으로 인식하고 있다는 것만 확인하면 된다.

❷ 일반 역세권 활성화

불광역은 더블 역세권 환승역이다. 그렇다면 일반 역세권은 어디를 의미하는 것일까? 바로 고립된 입지에 있는 독바위 역세권을 의미한다. 지금은 아니지만 향후 신분당선 연장으로 더블 역세권이 될 예정이다. 즉, 연장 호재가 터지기 전에 마치 연장이 예정되어 있었던 것처럼

출처: 서울시생활권계획

➤ 서울시는 2021년 9월에 서울혁신파크 부지 활용 기본계획 및 타당성 조사 용역 발주를 했다.

출처: 나라장터 과업지시서

서울시의 도시계획은 말하고 있다.

  서울혁신파크가 뜨거운 감자다. 오세훈 서울시장의 상징과도 같은 사업인데 2021년에 다시 개발하고 싶다는 뜻을 밝혔다. 게다가 불광동 편에서도 연서시장 재건축을 또 언급하고 있다. 이쯤 되면 진짜 하고 싶어서 안달이 난 사업지인 셈이다.

출처: 서울시생활권계획

❸ 독바위 역세권 근린상업 기능 강화

독바위역은 임장을 해보면 전혀 역이 들어설 곳이 아닌 곳에 역이 있는 느낌이다. 안방에서 전철 지나가는 소리가 들릴 것만 같다. 물론 정말 그렇지는 않을 것이다. 지나칠 정도의 초역세권인 지역이 바로 독바위역이다.

입지적으로도 고립되어 보이는 동네에 최근 변화가 생기고 있다. 역세권에 준주거지역으로 용도가 변경되면서 1인 가구 오피스텔이 들어서고 상권이 정비되고 있다. 독바위 역세권 재개발 지역의 용도도 준주거지역, 3종 주거지역으로 바뀌었다. 평균 7~15층으로 높게 지을 수 없거나, 최대한 잘 지어봐야 25층밖에 안 되는 2종이었던 땅을 변경한 것이다. 굳이 재개발 지역에 말이다.

➤ 독바위 역세권 모습, 주거지 근처에 지하철역 출구가 있다.

　도시계획을 조사한 결과, 서울시의 의도대로 신분당선 연장이 유력해 보였다. 그렇기 때문에 역세권 주거지 사업도 함께 이루어진다. 1인 가구와 아파트 개발을 동시에 진행함으로써 균형 있는 주거지 사업을 하는 것이다.

❹ 주거복합

　상가와 주거지를 복합하는 주상복합을 의미하는데, 이런 개발은 상업지역 준주거지역에서 할 수 있는 것이다. 그래서 용도를 변경했던 것이다. 그냥 개발해도 되지 않을까? 독바위 역세권을 임장하면 단번에 느낄 것이다. 주민들을 위한 슬리퍼 상권이 열악하다는 것을 말이다. 그런데 개발할 땅이 부족하다 보니 북한산 자락임에도 불구하고 고밀도 주복합 개발을 통해서 가로변 상권 세팅까지 염두에 두었다.

독바위 역세권은 서울시에서 적극 밀어주는 불광 역세권 호재를 공유하게 되었는데 사업성 또한 용도 변경으로 크게 개선되어 주민들의 동의를 구하기가 한결 수월해졌다.

❺ 독바위역-불광역 연계구간 교통정체 해소 및 도로이용 효율 향상을 위한 능률차로제 시행구간 지정 검토

중요한 길목인데 길이 좁아서 상습적으로 정체되는 구간이 있다. 이럴 경우 도로 확장 공사를 하는 게 보통인데, 일부는 확장 사업을 하고 일부는 재개발을 유도하여 확장공사 없이 도로를 확보하곤 한다. 서울시 입장에서 손 안 대고 코를 풀 수 있는 상황이다.

기존에 같은 사례가 있었을까? 성동구 금호동 금호23구역이 이런 경우다. 커뮤니티에서는 공공재개발 후보지로 금호23구역이 유력하다고 주장했는데, 근거는 서울시생활권계획에서 상습적으로 정체되는 금호로 장터길을 재개발이라는 수단을 통해 돌파구를 마련하겠다는 의도가 드러났기 때문이다. 따라서 독바위 역세권 재개발이 잘 진행될 것이라고 주장하는 근거도 이와 일맥상통한다. 도시계획은 이처럼 연결 지어서 해석할 줄 알아야 한다.

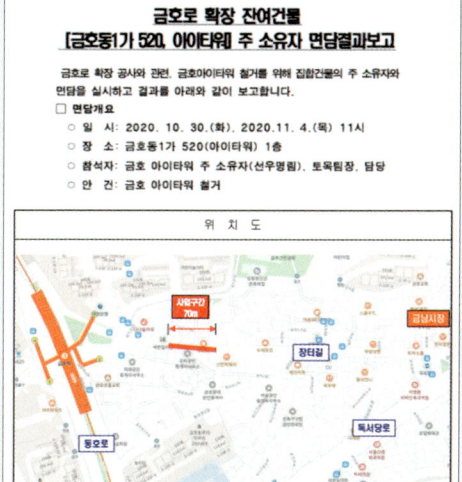

➤ 공공재개발 후보지에 관해 나는 금호로 확장 사업 때문에 금호23구역이 선정될 것이라고 전망했고, 예측이 적중했다.

출처: 성동구청

➤ 마찬가지로 신분당선으로 인해 더블 역세권이 되는 독바위 역세권도 주거지 개발 사업이 활발해질 것으로 전망한다.

출처: 서울시생활권계획

❻ 해제지역 주거환경관리사업, 가로주택정비사업

　재개발, 재건축 해제지역은 주거환경관리사업, 가로주택정비사업을 권장하고 있는데, 일반적으로 이런 곳에서 가로주택정비사업을 하면 사업성을 차치하고라도 인허가가 잘 난다.

　다만, 독바위 역세권 수리마을 주거환경개선사업지는 우리가 주목할 필요가 있다. 북한산 자락이라 제1종 주거지역이지만 예전에 재개발을 추진했던 전적이 있기 때문이다. 물론 사업성이 안 나와서 해제되었지만 노후도는 여전히 좋다. 일반적으로 제1종 주거지역이 재개발을 하면 인센티브를 준다. 예를 들어 제2종 주거지역으로 종상향 정도는 해주니 말이다. (정릉6구역 같은 경우는 정비구역에서 해제되어 제2종 일반주거지역에서 제1종 일반주거지역으로 환원했다. 반대로 해석하면 정비구역으로 지정되면 1단계 종상향은 해준다는 의미다.)

　다만 수리마을의 경우 가로주택정비사업을 해도 되겠지만, 연신내·불광 거점개발사업 덕분에 이 근처 땅값이 오르고 있어서 사업성이 점점 개선되고 있고, 신분당선 호재 덕분에 재개발을 다시 추진해도 좋지 않을까 싶다. 물론 주거환경개선구역을 해제한 후에 새롭게 구역 지정을 받아야 해서 시간이 오래 걸리지만, 서대문구 사례를 봤을 때 원칙적으로 주거환경개선구역도 아파트 개발이 가능하다. 물론 공익성이 담보되어야 하지만 말이다.

　따라서 수리마을은 첫째, 주변 개발에 자극받은 주민들이 재개발을 재추진하거나 둘째, 은평구에서 공공재개발이나 민간재개발의 길을 열어주는 것이 가장 이상적이다. 그렇지 않으면 독바위 역세권 재개발이

수리마을 주거환경개선지구

➤ 준주거지역으로 용도가 변경된 독바위 역세권 재개발지역과 독바위 역세권 고밀도 개발지역이다. 구릉지에서 준주거지역으로 변경해준 것은 굉장히 특이한 케이스다. 초역세권 아니면 어렵다는 이야기다.

출처: 서울도시계획포털

잘되는 것을 보고 시세차익을 노리는 초기 재개발 선동 세력들의 먹잇감이 될 수도 있다. 실제로 최근에 지역주택조합 사업이 활발한 것을 보면 은평구가 예전의 위상이 아니라는 것을 알 수 있다.

출처: 집수리닷컴

➤ 연신내역, 불광역, 독바위역 주변만 유독 재개발, 재건축 사업지가 많다.

출처: 은평구청

은평구는 아파트보다는 재개발 투자처!

　동북권 재개발의 성지가 동대문구라면 은평구는 서북권 재개발의 성지다. 입지는 여전히 변두리에 있어서 아파트 매수자들에게 관심을 덜 받는 지역이지만 덕분에 서민들이 돈을 벌기에는 이만한 곳이 없다. 뿐만 아니라 미래가치와 비교했을 때 시세 상승의 여력이 커 보여서 진심을 다하는 지역주택조합 사업지들도 많다. 불광5구역을 추천했을 당시 조합의 내분으로 불안해 보인다는 사람들도 있었지만, 최근 인허가로 단계별 프리미엄을 빠르게 얻은 고객들도 있다.

　불광5구역, 독바위 역세권개발 외에도 지면에는 소개하지 않았지만 불광1 재건축구역까지 있어 확장성 있는 사업지가 되고 있다. 확장성이 좋은 곳은 땅값도 가파르게 상승한다. 다만 투기꾼 무리가 이렇게 좋은 곳을 선점하지 않길 바랄 뿐이다.

　원래 아파트나 주거지가 아닌 곳들에 좋은 역세권 신축이 들어서면 굉장히 잘 상승하는데 우리는 은평구의 가치를 은평뉴타운, 수색증산뉴타운의 시세로 판단하지 말고 연신내 역세권, 불광 역세권의 땅값으로 판단해야 한다.

13장

서남권

김포공항 주변이 심상치 않다

➤ 김포공항 주변 미개발지, 비행기가 위 사진처럼 가깝게 보이는 곳은 고도 제한이 있는 곳이다.

나는 스스로 '땅 보는 사람'이라고 소개한다. 땅을 자세히 관찰하면 얻을 수 있는 정보들이 가득하다. 한 지역만 갔을 때는 왜 이런 식으로 개발하는지 이해를 못 하다가 다른 지역까지 임장을 하고 나서 연결고리들을 이어갈 때 비로소 깨닫는 일이 많다.

나는 이런 재미를 느낄 때마다 도저히 잠을 잘 수 없다. 어린 시절 어려운 퍼즐을 맞추었을 때 그 쾌감을 기억하는가? 성취감만큼 일에 있어서 강력한 동기부여가 되는 것도 없다. 회원들을 위해 칼럼을 쓰다 보면 미처 지나쳤던 공문들을 다시 살피게 되고, 연결고리를 찾으면서 권력자의 숨은 뜻이 보이기 시작한다.

강서구는 특히 이 연결고리를 잘 이해하고 살펴봐야 한다. 마곡지구,

➤ 2021년 하반기, 강서구가 부동산 트렌드 지역이 되었다.

출처: 네이버 뉴스 검색

노량진뉴타운, 여의도 외에는 오랫동안 변두리 이미지가 강했지만 최근 들어서 빠르게 변화하고 있는 곳이다. 특히 김포, 인천의 관문 입지인 강서구의 변화가 두드러지고 있다. 우리와 같은 대중들은 귀인이 나타나서 귀중한 정보를 알려줄 가능성이 희박하기 때문에 서로 단절된 정보들을 연결해서 분석하고 권력자의 숨은 의도를 찾는 훈련을 해야 한다. 진짜 부자가 되고 싶다면 꼭 해야 하는 일이니 이 책을 읽은 뒤에 반드시 실행했으면 좋겠다.

매년, 매분기 화제가 되는 지역이 있다. 2021년 들어서 8주 연속으로 상승률이 높은 지역은 강서구였다. 2021년 9월 기준이었으니 2021년 7월부터 갑자기 급등한 것이다. 우리는 이렇게 단기 차익을 낼 수 있었을까? 권력자의 의도를 알면 충분히 가능하다. 남들이 눈치채지 못하게 살포시 선점하는 것 말이다.

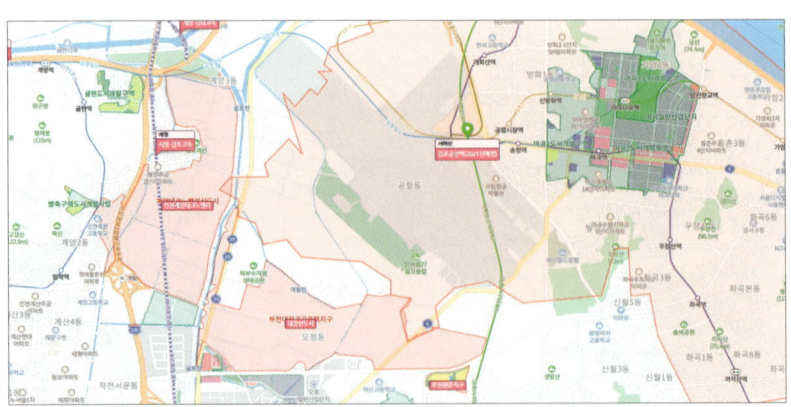

➤ 김포공항을 중심으로 인천계양테크노밸리, 부천대장지구, 강서구 마곡지구가 주변을 에워싸고 있는 것처럼 보인다.

출처: 네이버 지도

앞의 사진은 김포공항을 중심으로 한 네이버 부동산 지도다. 김포공항을 중심으로 왼쪽에는 인천계양테크노밸리, 아래쪽에는 부천대장공공주택지구, 오른쪽에는 마곡지구가 자리를 잡고 있다.

이 지도를 보는 순간 단번에 "거점개발지구나!" 하고 떠올릴 수 있어야 한다. 부천대장지구는 3기 신도시다. 총 공급 세대는 약 2만여 세대이고 자족도시 개념으로 만들어졌다. 부천시의 새로운 거점이라고 보면 된다. 인천계양테크노밸리 역시 3기 신도시로, 17만 290세대를 공급할 예정이다. 마찬가지로 자족도시다. 일자리와 주거지 모두 보급하는 곳이고 마곡신도시에 입주한 대기업의 하청업체들을 위한 거점 지역이 될 가능성이 크다.

여기서 또 한 가지 주목해야 할 것이 있다. 바로 김포공항이다. 공항은 원래 악재나 마찬가지다. 비행기의 소음은 주거의 쾌적성을 저해한다. 그뿐이겠는가? 비행기의 항로를 방해해서는 안 되기 때문에 높게 건축할 수도 없다. 게다가 김포공항은 유사시 적군에게 테러 공격을 당할 수 있기 때문에 주변에 군부대가 지키고 있다. 건축하면 높게 지을 수 없는 땅에 군부대까지 있다는 것은 굉장히 치명적인 단점이다. 그런데 가장 큰 변수가 생겼다.

오세훈 서울시장의 공약집에서는 '김포공항'을 거점사업지로 점찍었다. 오세훈 서울시장이 다시 취임했을 때 많은 사람이 한강 변 재개발을 봤지만 나는 강서구 방화동을 봤다. 서울의 거점인 마곡지구와 인천의 새 거점사업지인 인천계양테크노밸리, 부천의 새 거점사업지인 부천대장지구의 관문 입지에 해당하는 곳이 김포공항이다. 서울시장이라면 이곳을 이대로 방치하는 것은 말도 안 되는 일이고, 이미 오세훈 서

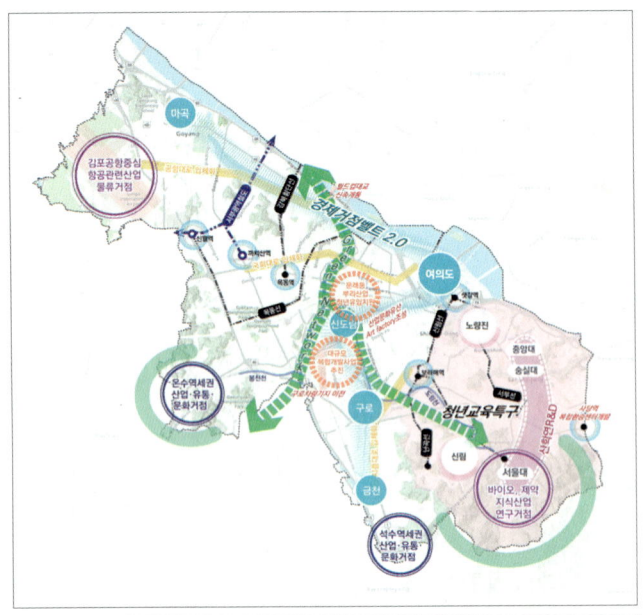

➤ 오세훈 서울시장은 김포공항을 물류거점으로 만들고 싶어한다.

출처: 오세훈 서울시장 부동산대책 공약집

울시장은 거점개발지로 키우겠다고 했다. 그리고 취임한 지 6개월도 안 되어서 놀랄 만큼 빠르게 구체적인 발표가 나오기 시작했다.

김포공항을 도시재생혁신지구로 지정하고 2021년 9월 공청회를 열었다. 부동산 유튜버들은 한강 변 재개발, 재건축 사업을 시원스럽게 추진하지 않는 오세훈 서울시장이 느리다고 비판했지만 전혀 그렇지 않다. 내가 볼 때는 공약대로 척척 잘하고 있다. 오세훈 서울시장이 '한때 한강르네상스를 밀었으니 똑같이 할 거야'라고 생각하고 투자하는 사람들이 잘못된 것이다. 왜 이런 주장을 하는지 의문이 든다면 잠깐 이 책을 덮고 오세훈 서울시장이 후보자 시절 자신의 블로그에 올려 놓은 공약집을 검색해서 다운로드해보자. 원문을 읽지 않는 것은 투자자로서 기본이 아예 안 되어 있다고 할 수 있다. 우리가 자주 보는 뉴스, 유튜브, 블로거의 칼럼은 원문이 아니다. 반드시 원문을 보고 내용 정리를 해보자.

3기 신도시 중 무려 두 곳이나 김포공항과 가까이 자리를 잡았다. 투자자라면 여기서 힌트를 발견해야 한다. '어쩌면 김포공항이 진짜 이전할 수도 있겠구나! 이전을 안 하더라도 고도 제한을 완화하거나 군부대 이전이라도 하겠구나!' 이런 가정이 머릿속에 있어야 한다.

그 후 부천대장지구에 임장을 갔고, 결국 내 말이 옳았음을 확신했

➤ 대장지구에 있는 군부대, 비어 있는 초소를 보니 이전한 흔적이 보인다. 개발이 시작된다는 강력한 증거다.

> ○ 미래가치 분석 및 기대 수익률
> - 방화역세권+택지개발지구의 아파트에 포함되어 있습니다. 즉, 재건축 시 지구단위계획구역 하 통합 관리에 들어갈 가능성이 있으며, 안전진단 통과 시 지구단위계획구역 내의 모든 아파트(**방화6단지, 방화동성, 방화개화, 삼익삼환방화4단지, 방화청솔3단지**)가 순차적으로 통과할 가능성이 높습니다.
> - 통합 재개발 및 준주거지역 종상향 가능성) 생활권계획 상 방화1택지개발지구는 주거지역 근처 근린시설을 확보하는 방안을 검토하도록 되어 있으나, 마땅한 개발 가능한 부지가 없기 때문에 결국 기존 아파트의 재건축으로 인프라 세팅을 할 가능성이 있습니다.

➤ 2021년 나는 김포공항의 변화를 눈치챘고, 컨설팅 회원들에게 방화동 재건축 예정 아파트를 추천했다.

출처: 저자가 쓴 컨설팅 보고서 일부

다. 군부대 막사를 철거하는 인부들의 모습이 보였다. 초소에는 군인들이 없다. 군부대가 이전한 것이다. 부동산 투자의 불모지로 여긴 김포공항 근처에 서서히 생명이 싹트고 있다. 이제 웅크렸던 날개를 펴고 날아오를 일만 남았다.

원문을 정확하게 보는 습관을 들였으면, 강서구가 왜 두 달 동안 급등했는지 정확한 이유를 파악할 수 있었을 것이다. 그리고 누구보다 빠르게 선점할 수 있었을 것이다. 원문은 거짓말을 하지 않는다. 원문을 가공하는 비전문가들이 거짓말을 할 뿐이다. 정확한 데이터를 추적하려고 노력한다면 부는 절대로 나와 거리가 먼 것이 아니다. 부록에서 자세히 다루겠지만 10년 안에 100억도 가능하다.

낙후된 곳은 개발할 곳이 많은 곳이다

서울 서남권에는 강서구, 양천구, 동작구, 영등포구, 구로구, 금천구, 관악구 총 7개의 자치구가 있다. 동북권 다음으로 많은 자치구를 포함하고 있는데, 동북권과 서남권은 서울에서도 가장 많은 사람이 거주하면서도 가장 많은 서민의 거주 지역이라는 공통점이 있다.

비록 가장 낙후된 곳이지만 달리 생각해보면 개발할 곳이 많다는 의미도 된다. 즉 공급을 많이 할 수 있는 지역, 확장성이 강한 지역, 조금만 개발해도 확 티가 나는 지역이다. 그래서 권력자의 치적으로 삼기에 적당한 곳이다. 비록 입지는 좋지 않지만 서민 투자자의 입장에서 왜 투자하기 좋은 지역인지 생활권계획을 통해 강서구, 구로구 거점개발 사례를 설명하겠다.

서울 택지개발의 교과서, 광역중심지 강서구 마곡지구

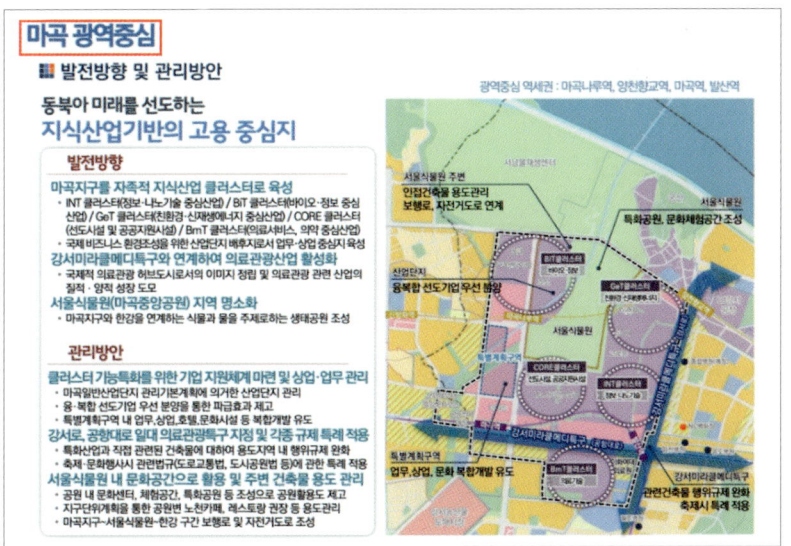

➤ 마곡지구 개발은 다른 광역중심지 개발의 성공적인 모델이 되었다.

출처: 서울시생활권계획

사실 서울 외곽 지역은 택지개발사업으로 이뤄지지 않은 곳이 없다. 그러나 우리가 태어나기도 전에 이뤄진 개발이니 논외로 하고 비교적 최근 유의미한 서울시의 택지개발 성공 사례를 찾는다면 단연 강서구 마곡지구 개발이다. 마을이 아닌 논, 밭, 산을 개발해서 일자리+상권+대중교통+주거지를 균형 있게 잘 완성했다. 게다가 강서구 마곡, 염창, 등촌은 한강 변으로 넓은 준공업지역이 자리를 잡고 있다.

원래 강서구 준공업지역은 지역 일자리라고 말하기도 어려울 정도로 슬럼화되고 있었다. 최근에 CJ 부지를 이전해 개발한다고 하는데 사실 이것 말고는 뚜렷한 일자리가 없던 곳이었다. 나는 2020년 준공업지역을 분석하는 강의에서 가양시영 단지 중에서 재건축 사업성이 뛰어난 세 개의 단지를 순서대로 추천했다. (내 강의를 수강한 사람들에게만 공개할 수밖에 없는 점 양해하기 바란다.)

마곡의 택지를 개발하면서 자연스럽게 죽어 있던 준공업지역까지 연계하여 개발했고, 이 계획의 정점은 결국 서남권 최대 물류기지가 될 김포공항이다. 공항은 항공물류의 핵심이다. 그래서 김포공항 주변에는 유명한 물류회사의 창고가 많다.

이미 1부에서 강서구 마곡지구 개발의 과정을 언급했다. 서울시의 광역거점개발 공식(일자리+상가+지하철 등 대중교통+배후 주거지)의 좋은 선례를 만들었고, 마곡지구 개발은 서울시가 추진하는 다른 거점개발 사업의 교과서가 되었다. 뿐만 아니라 지금은 전국으로 공식이 퍼지고 있다. (원래 정부가 일하는 방식이다. 중앙정부의 정책은 가장 먼저 서울시에 적용하고 결과가 좋으면 지방으로 퍼진다.)

마곡의 도시계획을 보면 하나부터 열까지 모두 일자리와 관련되어 있다. 투자자라면 LG전자의 10만 일자리가 누구의 일자리인지 확인해야 하며 앞으로 확장성이 충분한지 파악해야 한다.

마곡의 일자리는 강서구 주민을 위한 일자리이면서 인근 경기도 주민의 일자리이기도 하다. 서울시의 광역사업지들이 서울 변두리에 위치한 점이 이를 잘 보여주는데, 서울 관문 입지에 일자리 개발을 하여 경기도 택지개발지(신도시개발지)와 시너지를 공유하는 것이 그 의도다. 따라서 마곡지구의 일자리는 김포신도시, 부천대장신도시, 검단신도시의 주민들을 위한 것이기도 한 것이다.

원래 마곡지구의 개발은 논밭 등 녹지지역이었던 곳을 개발했으며 현재는 준공업지역 개발도 함께하고 있다. 서울시는 블록마다 지구단위계획구역을 지정하여 난개발을 막고 체계적으로 빠르게 도시의 모습을 형성할 수 있는 개발을 유도하고 있다.

그렇다면 마곡에 투자해도 될까? 앞으로 더욱 확장성이 있기 때문에 투자해도 무방하지만, 같은 값이면 마곡거점개발지 주변에서 이미 완

➤ 마곡지구와 인근 준공업지역(보라색 표시).

출처: 서울도시계획포털

성된 아파트가 아니라 향후 인허가가 빨리 되어 단계별 프리미엄을 얻을 수 있는 가양시영 단지나 방화재정비촉진지구(일명 방화뉴타운)에 투자하는 것이 기간 대비 나은 선택으로 보인다. 실거주 목적이 아닌 오직 투자 목적이라면 이런 대안이 있는데도 김포한강신도시, 검단신도시의 신축 아파트를 매수하는 것은 최악의 선택이다. 개인적으로는 일생일대의 기회인 청약을 이런 신도시에 사용하는 것도 별로 추천하지 않는다.

마곡 광역중심지도 좋지만 앞으로 확장될 곳을 선택하라

투자자의 좋은 덕목을 꼽는다면 분석력이 빠질 수 없다. 이 분석력으로 돈을 벌어야 한다. 그것도 남들과 같은 기간에 남들보다 큰 성과를 만들 수 있어야 한다. 가끔 우리 회원들 중에서도 청산유수인 분들이 많은데 그래서 돈 많이 벌었냐고 물어보면 "벌긴 벌었는데 왜 커뮤니티에서 고객들에게 언급한 지역들이 단기간에 많이 오르는지 모르겠다"라고 얘기한다. 아직도 과거의 영광(공식)에 사로잡혀 있기 때문에 점점 감각이 무뎌지는 것이다.

사자는 사냥(투자)을 할수록 노련해지고 강해진다. 세금이 무서워서, 이미 벌여놓은 매물이 많아 정리를 못 해서 투자를 못 하면 사냥을 포기한 사자와 같다. 이건 투자의 세계에서도 마찬가지이니 내가 꾸준히 투자하려면 어떻게 해야 할지 고민해보기 바란다.

단적인 예로 2021년 6월에 김포공항과 그 주변 개발지에 관한 칼럼을 썼다. 물론 강의에서는 2020년부터 언급했지만 정확한 투자 타이밍

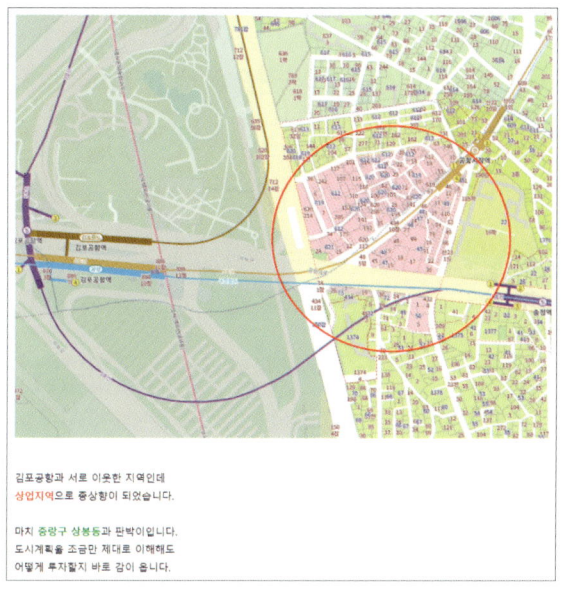

➤ 2021년 6월에 쓴 칼럼. 고도 제한이 가장 강하게 받을 것 같은 공항시장 주변 전체가 고밀도 개발이 가능한 상업지역으로 지정되어 있다.

출처: 네이버 서집달 카페

은 2021년 봄이라고 나름대로 분석했기 때문에 6월 정도에 칼럼을 쓴 것이다.

그리고 서두에 밝힌 것처럼 2021년 6월 이후에 마치 짜고 치는 양 언론에서 관련 호재들을 내놓기 시작했고, 추천 매물들의 시세가 단기간에 폭등했다. 그래서 2021년 서울 상승 1위의 타이틀을 유지하던 노도강의 지위를 최근 8주간 강서구가 빼앗아갔다.

내가 노도강을 추천하다가 강서구를 추천했던 것이 정확히 이 시점이다. 평소 시간을 죽이는 투자를 싫어하기 때문에 아무리 미래가치가 좋더라도 절대로 오래 선점할 이유가 없다고 생각했는데, 2021년 9월 서울시가 '김포공항 개발과 관련한 공청회'를 열었다는 소식이 나왔다. 사실 공청회는 형식이고 이미 내부적으로 결정되었을 것이다. (보통 용역 발주 후 연구 결과를 발표하는 식이다.) 김포공항 때문에 투자자들의 무덤이었던 공항동이 이제는 김포공항 덕분에 날아오르고 있다.

프리랜서로 전향한 2019년, 나는 동북권에도 관심이 있었지만 강서구 김포공항 주변도 관심을 갖기 시작했다. 회사에 소속되었을 때보다 내가 관심이 있는 곳을 자유롭게 분석할 수 있게 되면서 서울시생활권계획에 따라 빠르게 개발할 곳들을 찾기 시작했고, 강서구도 당연히 조사 대상이었다.

그러나 2019년을 기준으로 창동-상계 개발이 너무 가시적으로 보

3-7	신성장거점 김포공항 육성·관리방안 마련
◆ 김포공항은 서울시의 국제관문으로 주변지역에 미치는 영향이 큰 시설로 기능재정립 및 주변지역과 연계한 유휴부지의 합리적 활용방안 마련	

☐ 추진배경
　○ 김포공항은 국제교류축의 중요 관문임에도 공항위주의 단일기능 개발 치중
　○ 해외 주요도시는 국제공항의 기능적 연계·분담으로 국가 및 도시경제 성장의 동력을 창출하고 있으나 김포공항은 저이용됨으로써 기능 약화

☐ 주요내용
　○ 국제공항의 기능적 연계·분담방안 검토를 통한 김포공항 위상 재정립
　　- 인천공항(국제 허브공항)과 기능분담 및 노선다변화 등
　　- 남북 평화 무드와 연계, 공중길 운항 대비
　○ 공항 내 유휴부지 활용한 복합용도 도입 등 김포공항 육성·관리방안 마련
　　- 주변지역과 연계한 용도도입 및 시설복합화 등을 통한 지역활성화 도모
　○ 계획 실현을 위한 단계적 실행방안 및 지역 주민 지원대책 마련
　　- 중앙정부와 협력을 통한 제도개선 등 적극적 주민 지원방안 강구

〈용역 개요〉
◆ 용 역 명 : 신성장거점 김포공항 육성·관리방안 마련
◆ 용역기간 : '18. 4. ~ '19. 2.(10개월)　◆ 사업비 : 262백만원

➤ 2018년 11월, 서울시 주요업무 추진실적 보고서에 언급된 김포공항 육성 방안.

출처 : 나라장터 과업지시서

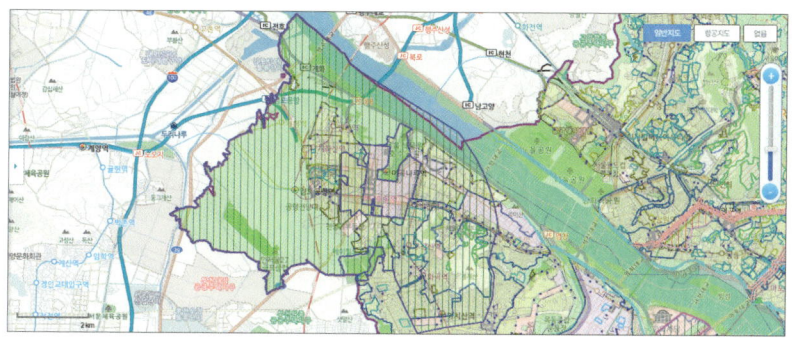

➤ 강서구의 비행고도제한지역 표시.

출처: 서울도시계획포털

여 강서구는 나에게도 1순위에서 잠깐 벗어난 곳이 되었다. 이는 김포공항 주변 개발이 느리다는 의미가 아니라 이곳이 아니어도 그 당시에 돈을 벌 수 있는 곳들이 서울에 많았기 때문이다. 결과적으로 그 판단은 옳았다. 2019년에 가능성을 확인했고, 2020년 커뮤니티 오프라인 모임에서 처음으로 김포공항 주변을 언급했다. 다만 서울 다른 지역에 투자할 곳이 많으니, 1년 동안 수익을 보고 2021년 봄, 여름 정도에 공항동과 방화동에 투자하면 좋겠다고 했다.

강서구는 앞의 지도에도 잘 나와 있는 것처럼 비행고도제한지역이다. 높이 지을 수 없다 보니 재개발이든 재건축이든 막대한 추가분담금이 나올 수밖에 없다.

사실 김포공항 때문에 저공비행을 하는 지역은 강서구만이 아니다. 양천구, 구로구, 금천구 들이 대표적이다. 그런데 김포공항과 멀리 떨어져 있는 금천구부터 높이가 완화되고 있었다. 서울시 도시계획을 살펴보니 고밀도 개발을 하겠다고 나와 있었다.

서울시의 노력만으로 풀 수 없는 문제인데 변화가 일어나고 있다. 수도방위사령부와 직접 협의하여 고도를 완화한 구로구는 이미 고층의 고척아이파크를 짓고 있다. 고척아이파크는 완공되지 않아서 높이를 확인할 수 없다면, 독산동으로 임장을 가서 독산이편한세상더타워의 높이를 확인해보면 좋겠다. 신정뉴타운 신축들의 높이가 이전과는 다르다. 심지어 김포공항 주변의 땅들도 대폭 상업지역이 늘어나서 고밀도 오피스텔을 짓고 있다.

그리고 2021년 6월에 쓴 칼럼에서 정식으로 알렸다. 강서구 방화동 공항동은 그간 투자의 불모지로 알려졌지만 ICAO는 공항 주변 고도 제한과 관련한 국제 기준 개정을 추진 중이며 2022년까지 개정안을 작성해 2024년에 발효, 2026년부터 적용하기로 했다. 핵심은 전 세계 공항 주변 도시들의 슬럼화를 막기 위해 고도를 완화하겠다는 것이다.

그런데 서울시는 2024년 발효 시점보다 빠르게 고밀도 개발을 하고자 한다. 마치 이미 고도가 풀린 지역처럼 말이다. 대기업인 롯데가 눈치 빠르게 김포공항 쪽에 롯데몰을 선점한 것도 포인트다. 부자들은 먼저 행동한다는 점을 기억하라! 따라서 우리도 2024년이 오기 전에 선점해야 한다. 선동꾼들은 아마 2022~2023년쯤에 미리 사람들을 선동할 것이다. "곧 공항 근처의 고도가 풀리는데 가격이 싸다"라고 말이다.

이제 망설일 이유가 없다. 우리는 공항동, 방화동에 있는 사업지 중에서 사업성 분석을 하여 가장 사업성이 좋은 매물을 선점하면 된다. 그래서 2021년 봄부터 컨설팅 회원들에게 이 지역에서 추가분담금은 커녕 환급금이 나올 수 있는 재건축 예정아파트 단지를 소개했고, 사업의 속도가 빠르면서 그나마 사업성이 좋을 것으로 예측되는 방화재정

➤ 김포공항과 가까운 지역인데도 최근 갑자기 고층 건물이 세워지고 있다.

비촉진구역 매물을 집중 매수시켰다. 그리고 반년 만에 강남보다 기간 대비 더 좋은 수익을 기록하고 있다. 투자는 이렇게 해야 한다.

서울시에서 확실히 밀어주는 거점(마곡) 주변의, 그리고 여(박원순 전 서울시장), 야(오세훈 서울시장) 모두 관심을 두고 있는 확장성 강한 사업지 (김포공항) 주변의 배후 주거지 개발용 땅이 가장 좋은 투자처다. 더불어 분석 능력을 갖춰 가장 빠르게 인허가가 될 곳을 찾을 수만 있다면 그 야말로 베스트다. 우린 어차피 입주권을 받으면 안 되기 때문에(전매제한 때문에 입주권을 받는 투자를 하면 큰일 난다.) 단계별 프리미엄만 빠르게 얻으면 된다. 가장 최악은 재건축이든 재개발이든 이런 분석 없이 입지만 분석해서 투자하는 것이다. 입지는 완성형 아파트 구매 시, 실거주 아파트 구매 시에만 따지면 된다. (물론 상계주공, 창동주공 내에는 입지도 좋고 사업성도 좋은 특별한 경우도 있다.)

서울시생활권계획 해석하기

공항지구 중심 개발

비록 서울시의 도시위상으로는 지구중심지이지만 여야정치인 모두 치적으로 만들기에 충분한 생활권계획이다. 오세훈 서울시장은 이 지역을 4차산업혁명의 물류 중심지로 육성하고 싶어하고, 이재명 대통령 후보는 김포공항을 이전하여 신도시를 만들겠다고 공약을 걸었다.

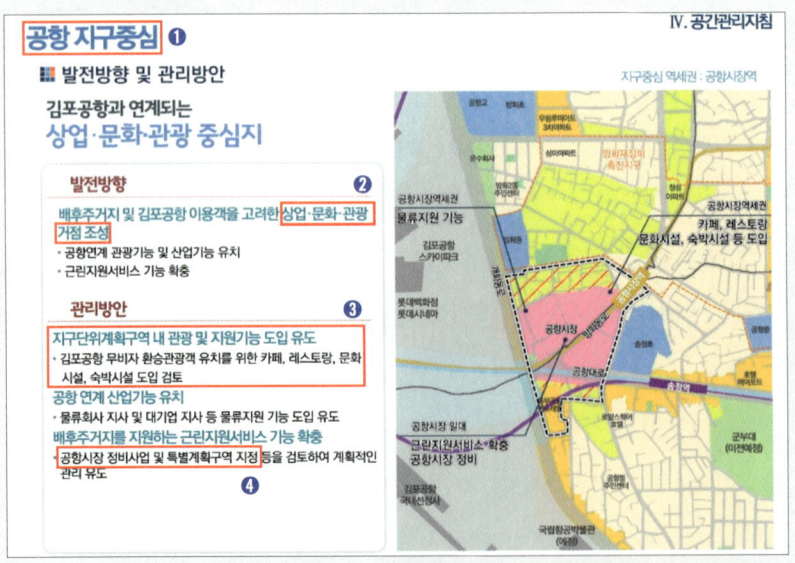

출처: 서울시생활권계획

마곡지구가 10만 일자리를 창출할 목적의 광역중심지라면 김포공항은 지구중심지다. 우리는 생활권계획의 위계 서열상 광역중심지가 더 위상이 높다는 것을 알고 있다. 이런 식의 비교라면 사실 김포공항은 상대가 되지 않지만, 그렇다고 돈을 벌 수 없는 것은 아니다.

　이미 도시 기반이 완성되어 가고 있는 마곡지구는 슬슬 투자의 대상보다는 실거주 지역으로 접근하는 것이 더 좋아 보인다. 대신에 가양 재건축 예정 단지나 마곡이 확장하는 또 다른 일자리 지역인 김포공항 주변 공항동, 방화동이 서민에게 더 나은 투자처가 될 수 있다. 게다가 김포공항 주변으로 인천과 부천의 3기 신도시들이 걸쳐 있지 않은가? 지구중심지이지만 스케일이 좀 다르다. 너무 밑바닥이었던 지역이 호재에 의해 시세가 한 번 급등하면 그 상승률은 상상도 못 할 정도다. 우리는 서울 동북권에서 광운대 역세권 개발의 위상을 통해 미미삼(월계시영아파트)이 얼마나 많이 상승했는지 배웠다. 사실 광운대 역세권 거점개발지도 서울시생활권계획 위계 서열로는 지구중심지다.

❶ 공항지구 중심

　규모, 인센티브, 예산의 규모가 광역중심지보다 작지만 서울시가 군소지역 거점으로 지정하여 똑같은 개발 공식에 따라 빠르게 개발할 수 있는 거점개발지인 점은 분명하다.

❷ 상업, 문화, 관광 거점 조성

【ICAO 국제기준 개정 추진 일정】
○ 2015년 1월: ICAO 내 전담조직(TF) 신설
　　　　　　공항 주변 고도제한(장애물 제한표면) 국제기준 개정 추진
○ 2022년: 개정안 마련 -〉 항행위원회 제출
○ 2024년: 발효
○ 2028년: 모든 체약국 적용

【국토교통부 국제기준 개정 추진 일정】
현재 국토교통부 공항안전환경과에서
2019. 9월부터 2020. 12월까지 ICAO 장애물제한표면 개정에 따른 국내 적용방안 연구 용역을 진행중임.
용역은 ICAO 국제기준 개정일정에 맞춰 계속 진행할 것임.

➤ 김포공항 주변의 고도제한을 완화하는 움직임이 포착되고 있다.
출처: 강서구청

　김포공항을 주로 이용하는 사람들이 누구일까? 대부분 제주도 이용객일 것이다. 그런데 상업, 문화, 관광의 거점으로 만들겠다고 한다. 복합적인 기능을 부여할 예정이며 제주도 이용객뿐만 아니라 다른 목적으로 외지인을 찾아오게 만들고 싶다는 의미다.

　테마파크? 그럴 수도 있지만 웅장하게 만든 롯데몰이 힌트다. 여기서 말하는 관광은 여행의 개념보다 지역 명소의 의미가 크다. 대장신도시, 김포신도시, 검단신도시, 능곡 주민들이 쇼핑과 볼거리를 위해서 일상적으로 방문할 수 있는 복합 개발을 염두에 둔 것이다. 이처럼 서울시는 아직 고도완화 개정안이 발효될 2024년이 되지 않았음에도 불구하고 고도 제한이 완화되는 것을 고려한 도시계획을 세웠다.

❸ 지구단위계획구역 내 관광 및 지원기능 도입 유도

이미 김포공항역은 5호선, 9호선, 공항철도역, 김포골드역 등 총 네 개 노선이 지나가는 지역이다. 지구단위계획구역은 서울시가 계획적인 관리와 개발을 위해 지정한 땅이다. 최근 흐름으로는 반드시 용도를 변경해주고 고밀도 사업을 진행하며 일조권 침해 등 건축법의 제한을 완화해준다. 즉 건축업자들이 좋아하는 땅이라는 의미이며 상업지역, 준주거지역 용도 변경을 크게 받았으니 이곳을 중심으로 주변의 땅값이 오를 것이다. 이 말의 의미는 방화재정비촉진지구의 사업성도 개선되어 잘될 것과 다르지 않다. 거점개발지이기 때문에 배후 주거지 사업 차원에서도 방화재정비촉진지구 사업이 원활하게 진행되도록 행정적 지원을 아낌없이 할 가능성이 크다. 우리는 (입지가 좋은 곳보다는) 여기서 방화재정비촉진지구 중 개발이 빠른 곳을 살포시 선점하면 된다.

❹ 공항시장 정비사업 및 특별계획구역 지정

공항 주변 세대가 바뀌고 있다. 강남선인 9호선이 뚫리고 지구단위계획구역 내 상업지역, 준주거지역을 중심으로 1인 가구를 위한 신축 주거지 사업이 원활하게 이루어지며 한순간에 2030 세대들이 넘치고 있다. 공항시장의 상권이 쇠퇴했던 시기에는 2030 세대들은 눈을 씻고 찾아볼 수 없을 정도였다.

신축 오피스텔, 고층 원룸에 거주하는 2030 세대들은 공항시장을 이용하기보다는 롯데몰을 이용할 것이다. 시장 상인회에서 시장 재건축을 반대할 이유가 점점 사라진다는 의미다. 이전에도 추천했지만 특히 소액투자자, 다주택자들은 최근 서울시 개발 트렌드 중 하나인 시장 재건축, 상가 재건축에 도전해보기 바란다. 공항시장 재건축이 과연 될까? 만약 안 되더라도 상관없다. 지금 선점하여 현수막만 달고 나오면 수익은 상당할 것이다.

서울시생활권계획 해석하기

방화뉴타운 등 주거지 개발

비록 방화뉴타운 일대는 김포공항으로 인해 고도가 완전히 자유롭지 않지만, 점차 규제를 완화할 뿐만 아니라 오히려 인허가를 빠르게 해줄 가능성이 높다.

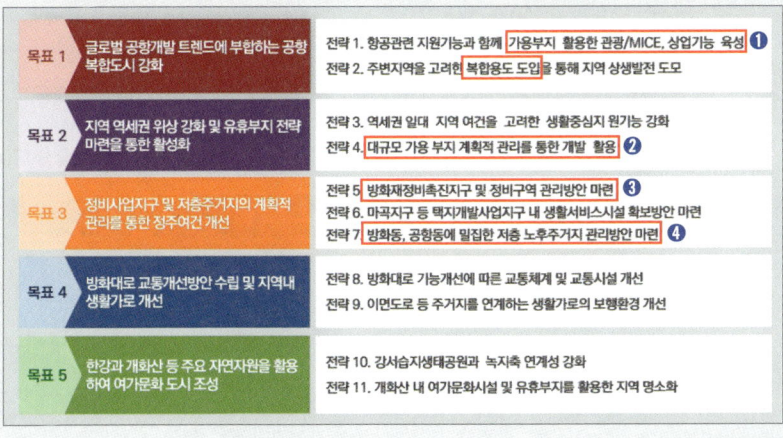

출처: 서울시생활권계획

❶ 가용부지 활용, 상업기능 육성

서울 서북권 파트의 상암DMC 관련 계획에서 가용부지를 활용하 겠다는 언급이 있었다. 여러 부지가 많지만 이 중에서 대표적인 것은 'DMC 롯데몰 사업(상권 개발)'과 디지털미디어시티역과 수색역으로 인 해 단절된 은평구, 마포구를 하나로 잇는 '콤팩트 시티 사업(주상복합 개 발)'이다.

김포공항에서 상업 기능을 육성할 목적으로 상업지역 용도 변경을 통해서 가용부지를 활용한 사업은 무엇일까? 이미 나왔다. 바로 롯데몰 김포공항점이다. 이게 끝일까? 그렇지 않기 때문에 계속 김포공항 개발 과 관련한 보도자료가 나오는 것이다. 종국적으로 마곡은 일자리 거점 개발지이고, 김포공항은 일자리와 쇼핑관광 사업이 어우러지는 거점개 발지가 된다. 방화재정비촉진지구에 들어설 신축 아파트들은 비록 서 울 외곽에 있지만 좌우에 엄청난 거점이 생기는 것이다.

❷ 대규모 가용부지 계획적 관리를 통한 개발 활용

김포공항 주변에는 송정역, 공항시장역, 개화산역, 방화역이 있다. 역 주변으로 가용부지를 활용하여 상권을 만들겠다는 의미다. '계획적 관리'를 하겠다는 것은 지구단위계획구역으로 설정하겠다는 의미인데 이것은 기존 제2종 일반주거지역을 준주거지역이나 상업지역으로 용 도를 변경하겠다는 뜻이다.

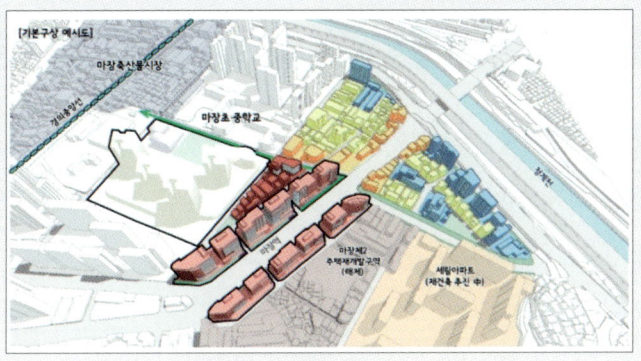

마장역세권 부지 전국 최초 필지단위 개발 구상

마장역세권 부지는 마장동 791-1번지 15만6805㎡ 규모다. 우선 지구단위계획구역에 포함된 한전물류센터 부지(3만9567㎡)는 용도를 준주거지역으로 상향해서 주거, 판매, 공공시설 복합개발을 가능케 했다.

역세권 특별계획구역 3곳은 세부 개발계획 수립시 준주거지역으로 용도 상향을 가능토록 했다. 마장로 남측엔 별도 특별계획가능구역 3개소를 지정해서 개발계획 수립 과정에서 준주거지역으로 상향할 수 있는 근거를 마련했다.

➤ 마장 역세권 지구단위계획구역처럼 역 주변으로 개발계획이 정해지면 준주거지역, 상업지역으로 종상향을 하고 역세권 고밀도 개발을 하는 것이 일반적이다.

출처: 성동저널

특히 지구단위계획구역 내의 단독주택, 다가구주택의 소유주나 건물주, 토지주들에겐 엄청난 로또다. 그래서 내 고객들은 이런 식의 투자를 일찍부터 해왔다. 아직은 용도가 변경되지 않아서 저렴한 단독주택을 미리 매수하는 전략이다. 그렇다면 들어맞은 경우가 있을까? 무수히 많다. 이 중 대표적인 사례가 성동구 마장 역세권이다. 마장 역세권 지구단위계획구역은 역세권 고밀도 개발이며, 준주거지역 종상향 가능성도 있다고 수차례 언급했다. 그리고 2021년 1월, 언론에 보도되었다. 마장 역세권은 앞으로 '최고 80m'까지 건축할 수 있는 땅이 되었다.

❸ 방화재정비촉진지구 및 정비구역 관리방안 마련

그간 고도제한에 막혀 사업성이 저조해서 해제된 곳도 있고, 지지부진한 곳도 있지만 마곡지구 덕분에 땅값이 꾸준히 올라서 이제는 다시 속도를 내고 있다. 더욱이 김포공항이 거점개발지로 부상하면서 작년까지 있었던 비대위의 모습이 종적을 감췄다. 서울시에서도 이곳을 반드시 개발해야 하는 이유가 있다. 차후에 설명하겠다.

❹ 방화동, 공항동에 밀집한 저층 노후 주거지 관리방안 마련

저층 노후 주거지는 재개발 투자의 대상이라서 주의 깊게 조사해야 한다. 그런데 뉘앙스에서 재개발보다는 도시재생의 느낌이 난다. 군부대도 이전했고 고밀도 역세권 청년주택 개발계획까지 나왔는데(강의에서 얘기한 내용이 그대로 적중한 케이스다.) 저층 주거지의 재개발 노후도까지 무너지고 있다.

서울시는 도시계획을 만들 때 아파트 일변도의 계획을 세우지 않는다고 여러 차례 강조했다. 그렇다면 여기에서 언급하는 곳들은 재개발보다 신축 빌라 사업을 더욱 권장할지도 모른다. 만약 아파트 개발을 원한다면 가로주택정비사업처럼 소규모 필지 단위의 사업이 인허가를 받을 수 있을 것이다.

사실 애초에 이런 곳은 저렴하다고 매수하면 안 된다. 물론 타이밍이 맞는다면 화가라고 불리는 세력들의 선전 덕분에 미리 들어간 사람은 돈을 벌겠지만, 단톡방 정보를 믿고 막차를 탄 사람들은 심하게 물리게 된다. 이러면 결국 재개발은 안 되고 투자금을 잃게 된다. 또한 매매가가 오르면서 전세 및 월세가 오르기 때문에 서민 실거주 원주민들까지 피해를 입는 투자 방식이다. 나는 이런 방식을 범죄에 가까운 투기라고 생각한다.

서울시생활권계획 해석하기

공항복합도시

김포공항 거점개발은 서울 부동산의 새로운 다크호스가 될 수 있을까? 복잡하게 생각하지 말고 관문 입지 개발의 힘을 믿어보자.

출처: 서울시생활권계획

❶ 글로벌 공항 개발 트렌드에 부합하는 공항복합도시 강화

국제공항의 위상을 인천공항에 빼앗긴 서울시는 어느 정도 그 위상을 회복하고 싶어한다. 적어도 마곡과 김포공항 물류 일자리를 위한 국제선 노선만큼은 다시 찾아오고 싶을 것이다. 그러기 위해서는 환경을 미리 조성해야 한다.

홍콩 사태로 흔들리는 아시아 금융중심지의 위상을 여의도로 가져오기 위해, 지금 여야를 가리지 않고 한강 변임에도 불구하고 고밀도 상업지역을 개발하고자 한다. 그런데 여의도 시범아파트처럼 점점 노후화가 심해지는 모습을 국제사회에 보여주고 싶을까? 아무도 정체되

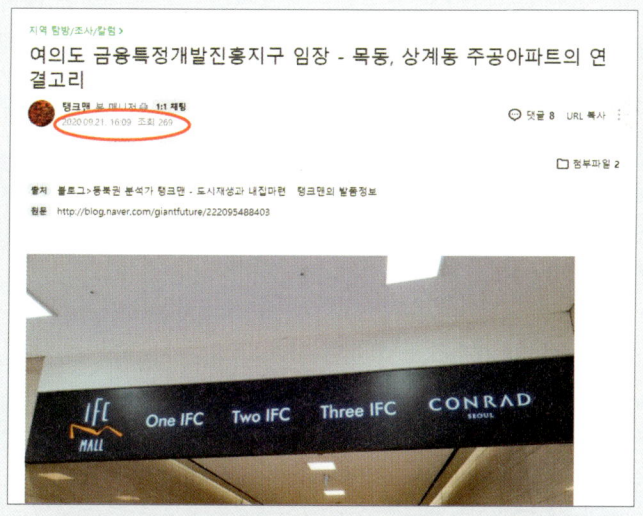

➤ 서울시는 국제 경쟁력을 위한 거점개발사업에 관심이 많다. 2020년 9월부터 커뮤니티 등에 여의도 시범 아파트 관련 칼럼을 썼다. 김포공항 개발도 국제 경쟁력을 위한 거점개발이다.

출처: 네이버 서집달 카페

어 있던 여의도 시범단지를 추천하지 않았을 때 나는 개발의 시기가 임박했다고 판단해 2020년 말부터 추천하기 시작했다. 김포공항도 마찬가지다. 도심공항으로의 기능을 강화하고 비즈니스 공항으로 변하기 위해 글로벌 공항 개발 트렌드에 부합하는 개발을 미리 준비해야 한다.

❷ 기능 복합

여러 용도가 가능하도록 기능을 복합하는 것은 주로 상업지역에서 하는 개발이다. 즉, 주상복합 시설을 많이 유치하겠다는 의미다.

대표적인 예가 어디일까? 광운대 역세권 개발 사업이다. 자연녹지지역이었던 광운대 역세권 철도 부지 및 그 인근이 상업지역으로 바뀌고, 대한민국 최초의 이마트 트레이더스가 입점했다. 그리고 2022년 현대산업개발이 광운대 역세권을 고밀도 복합 개발 할 계획이다. 그린벨트 해제 후에 상업지역 용도 변경은 어렵지만 명분만 있다면 강남구 세곡동 사례처럼 서울시장의 권한으로 쉽게 할 수 있는 일이다. 고도가 막혀 있는 공항에 상업지역을 늘려 개발사업을 한다는 것이 쉬운 일은 아니지만, 서울시는 물이 들어왔을 때 노를 젓고 싶은 것이다.

❸ 서남권 도시 물류거점 육성

코로나19 때문에 여행객이 급감했지만 매일 항공편은 운항된다. 사람보다는 짐을 싣고 전국 각지로 배송을 하는 것이다. 김포공항 주변에는 택배회사들의 물류 창고가 많다. 또한 조금만 벗어나면 경기도 부천, 김포, 인천이다. 제조업 회사들이 많다는 의미다.

향후 공항 주변이 개발되면 공항의 역할뿐 아니라 물류 터미널로서의 역할까지 수행할 예정이다. 지금보다 더 늘어나는 일자리는 누구를 위한 것일까? 그리고 지역 소비는 어느 정도로 늘어나게 될까? 상가의 시세는 지역 소비에 비례하여 오르고 상가의 시세가 오른 만큼 배후 주거지의 시세도 오른다. 이것이 땅값이 오르는 공식이다.

고도 제한의 원흉인 김포공항을 개발한다면 주변 위성도시들에도 호재다. 공항을 거점으로 마곡과 공항의 일자리를 지원할 하청업체가 필요하다. 이런 업체들은 가까이 있으면 좋다. 전 인천시장의 지역구인 인천시 계양구 계양테크노밸리 개발부지(현재 녹지지역)에 서브 일자리를 만들고 늘어나는 일자리 근로자들을 위한 배후 주거지 사업을 부천

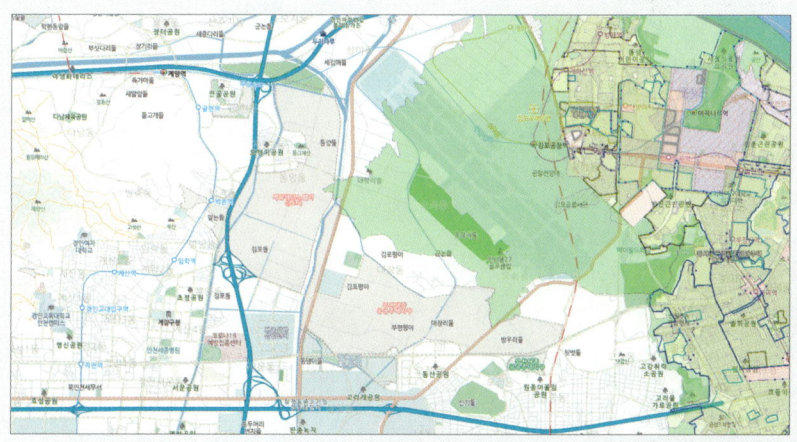

➤ 김포공항 주변에 신도시가 무려 두 곳이나 있다. 고도 제한 때문에 개발이 영원히 안 될 것 같은 땅에 말이다.

출처: 서울도시계획포털

대장동(현재 녹지지역)에 세팅할 것이다. 그리고 공식대로 신규 노선인 대곡-소사선 개통공사가 한창이다.

계양동, 대장동 녹지지역은 토지 투자하기에 좋은 곳이다. 이곳을 선점하여 화원 등을 운영하는 사람들이 투자자들에게 비싸게 땅을 넘기고 있다. 알려지지 않아서 그렇지 땅 짚고 헤엄치는 투자들이 많다. 더욱이 이곳은 LH와 서울시, 부천시, 인천시가 보증하는 사업지다. 이 사업이 과연 무너질까? LH가 이미 토지 보상 절차에 들어갔고, 대우건설이 대곡-소사선 공사를 하고 있고 대장동 군부대를 이전하려고 한다. 여기서 무너지기에는 너무도 많은 이해관계가 걸려 있다.

서울시생활권계획 해석하기

역세권 상권 개발과 시장정비사업

방화동 재건축 예정 단지들은 2020년부터 추천해왔다. 2024년 공항고도지구 완화 관련 발표가 나오면 정점을 찍을 것이라고 예상한다.

출처: 서울시생활권계획

➤ 나는 최근 시장 정비사업에 주목하고 있다.

❶ 공항시장역 주변 상업, 판매기능을 강화

공항시장의 이용자가 점점 급감하고 있다. 그럼에도 상업, 판매기능을 강화하겠다고 하는 것은 기존 공항시장을 개발(시장 재건축)해 신규 세대들의 요구에 맞게 탈바꿈을 하겠다는 의미다. 실제로 시장 재건축 추진 주체가 생겼다. 차후에 개발된다면 주복합시설이 들어설 것으로 보인다. 분양 대비 기존 조합원의 수가 적어서 1+1매물이 가능할 것이다.

❷ 개화산역, 방화역, 신방화역에 있는 원 모양

개화산역, 방화역, 신방화역을 중심으로 역세권 반경 350미터가 원 모양으로 표시되어 있다. 즉, 역세권 상권 개발을 염두에 둔 것으로 미니 거점 정도로 생각하면 된다. 우리는 미니 거점을 중심으로 주변에 재개발 사업을 하고 있거나 재건축 예정 단지가 있는지, 가로주택정비 사업을 추진할 만한 연립주택이 있는지 찾아야 한다. 반드시 행정적 지원을 해줄 것이다. 특히 방화 역세권은 택지개발지구로서 개발 연한이 30년이 되어가고 있다. 그러나 SH시영단지 위주로 보되 사업성(환급금 예상)이 좋은 단지는 분석 결과 한 곳뿐이다.

❸ 건설폐기물 처리장 이전 검토

GTX-D노선은 결국 기대 이하의 노선이 되었다. 김포시는 패닉 상태다. 서울시는 김포시에 5호선 연장안을 제안하는 조건으로 건설폐기물처리장을 김포시가 떠안기를 바란다. 서울의 위성도시들은 서울시계획에 매우 큰 영향을 받는다. 서울시장이 서울도시철도공사 산하의 전철노선들을 연장해준다면 위성도시 지역에 큰 호재로 작용한다. 물론 해당 노선을 공유하는 지역들은 서열화가 된다는 단점이 있지만.

그렇게 된다면 개발 연한이 돌아온 방화 역세권 택지개발지구사업에 긍정적인 영향을 줄 것이다. 종착역인 방화역은 김포한강신도시라는 배후 주거지가 생기는 것이고, 강동구와 하남의 사례를 봤을 때 부동산 서열화의 공식에 따라 김포신도시 신축 아파트의 시세는 방화 역세권의 재건축 예정 구축의 시세를 넘을 수 없을 것이다.

결국 방화동 재건축 예정 단지들의 시세는 매우 가파르게 상승할 것이다. (나는 2020년 하반기부터 방화동 재건축 예정 단지를 추천했고, 소액투자로 단기간에 굉장히 큰 수익을 냈다. 2024년 공항 고도지구 완화와 관련한 발표가 나오면 정점을 찍을 것이다.)

➤ GTX-D노선 발표 후 실망감을 표시한 김포시민들이 김포한강선(5호선 연장)이라도 제대로 되길 바라는 마음에 꾸준히 민원을 제기하고 있다.

출처: 김포시청 홈페이지 자유게시판

이미 방화 역세권 택지개발지구를 지구단위계획구역으로 설정해 개발에 대비하고 있다. 상계주공이 있는 상계 택지개발지구의 전철을 밟고 있는 것이다. (상계택지개발지구의 상계주공 대단지들이 재건축 안전진단을 너무도 쉽게 통과하는 이유다.)

서울시생활권계획 해석하기

방화동 재개발, 재건축, 가로주택정비사업 방향

마곡 광역중심지의 10만 개 일자리를 보조하기 위해 배후 주거지 사업이 필요하다. 생활권계획에서도 방화택지개발지구의 '재건축' 사업을 체계적으로 관리한다고 명시되어 있다.

출처: 서울시생활권계획

❶ 방화2, 3, 5, 6지구 통합적 계획 및 관리

　도시계획에서 언급한 2, 3, 5, 6지구는 서울시 입장에서 반드시 개발을 하기로 마음먹은 사업지다. 조합 측에서 이상한 요구를 하지 않는 이상 인허가가 매우 잘 나올 것이다. 기존 마을의 부족한 인프라를 이들 사업구역의 기부채납을 통해 완성해야 하기 때문이다. 공익적 명분이 있는 정치적 사업지인 것이다.

　과거 강의에서는 단계별 상승을 빠르게 먹을 수 있는 사업의 속도를 예상하여 6→5→3구역 순서로 추천했다.

➤ 사각형 박스 안의 구역은 준주거지역이다. 역세권 고밀도 개발의 증거로, 기존 2종 7층 이하였던 곳을 무려 2단계가량 종상향을 한 것이다.

출처: 서울도시계획포털

❷ 개화산 역세권 도시환경정비사업지구를 통한 주거 공급

놀라운 사실이 있다. 공항 주변 저층 주거지는 공항 때문에 대개 1종, 2종 7층 이하인데 준주거지역으로 상향해 아파트 개발을 한 사례가 방화동에 있다. 어찌 된 일일까? 공익적 명분만 있다면 충분히 가능하다. 임대아파트 개발사업이었는데 재개발을 통하여 아파트를 완성했다. 참고로 도시환경정비사업은 상업지역, 준주거지역에서 하는 재개발 사업의 명칭이다. 그래서 앞으로 이런 사업지들을 본다면 사업성이 좋은 곳이구나 생각하면 되겠다.

❸ 방화1, 2 택지개발지구 내 열린 공간 및 부대 복리시설 설치 검토

1부에서 최근 아파트 개발의 트렌드를 이미 언급한 바 있다. 지역 주민들도 이용할 수 있는 열린 공간(개방형 아파트)의 아파트다. 오세훈 서울시장도 소셜믹스를 강조하면서 흐름에 동참하는 분위기인데, 결국 이것을 받아들이는 사업지는 인허가가 빠를 것이고 그렇지 않은 곳은 50년이 되어도 재개발, 재건축이 안 될 것이다. 무서운 이야기지만 현실에서 일어나고 있으니 유념해서 투자해야 한다. 나라면 아무리 입지가 좋고 미래가치가 뛰어나더라도 고집스러운 조합장이 이끄는 사업지에는 규정이 바뀌지 않는 이상 투자하지 않을 것이다. 주민 뜻대로 모든 걸 다 들어주는 시절은 이미 지났다.

방화1, 2 택지개발지구는 서울시가 주도했던 사업지이기 때문에 SH시영 대단지처럼 서울시의 상징이 많다. 벌써 개발 연한이 돌아오고 있는데 향후 개발 시 서울시가 주도적으로 진행할 것이다. 방화시영단지들은 결국 빠르게 개발하여 서울시 계획대로 개방형 단지로 거듭날 것이며, 지역주민들이 편하게 이용할 수 있는 상권이 될 것이다. 물론 당근책도 있다. 기존 주거지에 상권을 세팅해야 하기 때문에 준주거지역 용도 변경을 예상해본다. 이렇게 되면 사업성 좋은 재건축 단지가 될 것이 분명하다. 굳이 우리가 공항 근처 고도 완화에 관한 개정안이 발표되는 2024년까지 기다릴 이유가 있을까?

➤ 생활권계획을 통해 재개발 등 정비사업이 원활히 추진될 곳을 전망해볼 수 있다.

출처: 서울시생활권계획

❹ 공항동 저층 노후 주거지 주거안정성 강화

5호선 송정역에 내리면 공항시장 주변에 방화재정비촉진지구가 있

➤ 이주단지라고 불리는 곳은 점점 신축 빌라들이 생기고 있다. 신축 빌라가 많아질수록 재개발은 어려워진다.

다. 이곳은 서울시가 아파트 개발을 염두에 두는 곳이다. 그런데 서울시는 도시개발 시 절대로 아파트 일변도로 개발하지 않는다. 즉, 균형 개발을 하는데 한쪽이 아파트 개발지면 다른 한쪽은 반드시 서민의 주거지인 빌라 단지들을 배치한다. 만약 아파트를 만든다 해도 공공의 사업으로 추진하거나 임대아파트를 만든다. 방화재정비촉진지구 건너편이 그런 곳이다.

이주단지라는 마을로 말하자면, 원래 서울도심 철거민들이 정착한 마을이다. 그런데 투기꾼들이 "역세권이고 평지에다 군부대 이전도 합니다! 게다가 마곡지구와 가깝고 김포공항 개발 호재도 있어요. 주변 방화뉴타운이 개발되니 투자금이 저렴할 때 선점하세요! 주민의 의지가 강하면 반드시 재개발해줄 것입니다!"라고 선동하기에 딱인 곳이다.

절대로 걸려들면 안 된다. 역세권답게 신축 빌라가 집중적으로 생겨 노후도가 급속도로 무너지고 있고, 가장 중요한 것은 서울시생활권계획상 개발할 계획이 없다. 오히려 집수리 지원, 그린파킹 확대 등 전면 철거형 재개발을 지양하는 문구들로 가득하다. 서울 25개 자치구 도시계획 중에서 이런 곳이 재개발된 사례는 없다고 봐도 된다.

❺ 1종 주거지역 정주 환경 보호

마찬가지로 아파트 개발보다는 기존 주거지의 형태를 유지하겠다는 의미다. 제1종 일반주거지역은 애초에 아파트 개발을 할 수 없는 땅이어서 개발을 한다면 타운하우스의 형태나 제2종 일반주거지역으로 종상향을 받아야 한다. 즉, 서울시가 협조하지 않으면 개발이 불가한 땅이다. 그런데 서울시생활권계획에서 기존 그대로의 형태를 강화한다는 문구가 있다. 정주 환경을 보호하겠다는 것은 이것의 완곡한 표현이다.

역세권 입지여서 어쩌면 재개발 선동이 예상되는 이주단지. 만약 이곳을 매수한다면 스스로 가로주택정비사업을 할 수 있는 구축 빌라 정도를 매수하면 되겠다. 이런 곳은 가로주택정비사업 정도만 진행 가능하다. 아직도 공시지가 1억 원 미만의 매물이 많다. 그러나 굳이 추천하고 싶진 않다. 내 기준에는 다른 지역에 투자하는 것이 훨씬 낫다. 굳이 서울시가 시원하게 밀어주지 않는 지역에 질척일 필요가 없다.

14장

서남권

역세권 도시정비형 재개발의 교과서, 구로구 천왕 역세권 개발

　서남권 7개 자치구 중에서 한 곳은 광역사업지인 마곡을 골랐고, 나머지 한 곳은 어디로 정할지 많이 고민했다. 여의도, 영등포, 신길, 문래, 서울대입구역, 사당, 흑석, 노량진, 독산, 목동 등. 그런데 나는 이번 서남권의 마무리로 천왕 역세권 개발을 선택했다.

　구로구에 관심이 있는 사람들은 잘 알겠지만 구로구는 준공업지역이 많고, 연립주택들이 많다. 이 말은 서울시가 행정적 지원을 해줄 수 있는 사업지들이 매우 많다는 것이다. 구로구, 금천구에 관한 내용만 집필해도 한 권의 책이 완성될 것 같다. 그만큼 구로구, 금천구에 관해서는 할 말이 많고 투자가치가 높은 매물도 많다.

➤ 철산롯데캐슬&SKVIEW 클래스티지(철산주공 7단지 재건축)처럼 이미 재건축이 진행되고 있는 철산, 하안주공은 별로 투자처로 추천하지 않는다. 이제 와서 투자해도 얻을 수익이 별로 없다.

출처: 네이버 지도 로드뷰

혹자는 바로 옆 광명뉴타운이나 철산주공, 하안주공에 관심이 많다. 그러나 시기상 지금은 철산주공, 하안주공에 투자해서 돈을 번 사람들이 서울의 구축 아파트를 살 때다.

내가 구로구 천왕 역세권을 소개한 이유는 재개발, 재건축에 관심을 많이 가지는 투자자들이 역세권 도시정비형 재개발을 공부하기에 매우 중요한 곳이기 때문이다. 투자가치 여부는 스스로 판단해보자. 우선 나는 이런 사례도 있다는 것을 소개하겠다.

한때 구로구는 사람들이 선호하는 입지가 아니었다. 구로공단이라는 이미지, 조선족의 주거지라는 오명 때문이다. 그러나 구로디지털단지

준공업지역이 많은 구로구

➤ 영등포구, 구로구, 금천구는 보라색으로 표시된 준공업지역이 많으며, 정비사업 진행 시 인허가가 빠른 편이다.

출처: 서울도시계획포털

개발(IT 일자리 사업)을 시작으로 변화가 생기고 있다. 구로구에는 용적률 400%를 받을 수 있는 준공업지역이 많다. 그래서 준공업지역 재개발 가로주택정비사업의 성지이며 요즘 인허가가 매우 잘 나온다. 또한 일을 잘하는 자치구답게 재건축도 빠르게 진행되고 있다.

고객들에게 구로구, 금천구 구축 아파트들을 많이 추천했다. 그리고 몇몇 아파트 단지들은 벌써 정밀안전진단을 통과했다. 과거 군부대가 있었을 때 막혔던 고도 역시 완화되고 있어서 40층 이상의 아파트 개발 인허가들이 생기고 있다. 금천구, 구로구를 다니다 보면 신축 아파트와 구축 아파트 간의 높이 차이가 상당히 크다는 사실을 알 수 있다. 이런 차이가 돈을 만든다. 서울의 관문 입지인 구로구, 금천구는 정치적으로 굉장한 특혜를 받고 있다.

➤ 독산이편한세상더타워, 사진으로는 얼마나 높은지 표현할 수 없어서 아쉽다. 직접 봐야 한다. 꼭 한 번 임장해보자.

　여러분의 편견이 쉽게 돈을 벌 수 있는 기회를 날리고 있는 것은 아닌지 다시 한 번 생각해보는 기회가 되었으면 좋겠다.

서울시생활권계획 해석하기

오류지구 중심, 온수지역, 천왕 역세권 편

구로구도 서울의 대표적인 관문 입지(광명, 부천)다. 국토교통부, 서울시는 모두 준공업지역의 개발 의지가 강하다.

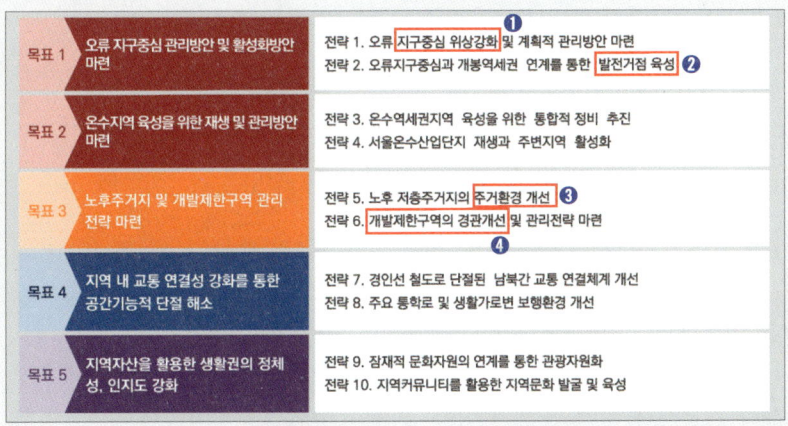

출처: 서울시생활권계획

천왕 역세권을 이해하기 위해서 서로 밀접한 지역인 오류동, 온수동도 같이 파악할 필요가 있다. 그래야 천왕 역세권이 왜 역세권 도시정비형 재개발의 교과서라고 할 수 있는지 이해가 될 것이다. 서로 인접한 지역 내에서도 위계 서열이 있다. 부동산 커뮤니티에서 네티즌들이 서로 매물을 추천하기 위해 상대방의 매물을 헐뜯는 그런 개념이 아니다. 내가 산 매물이 절대적으로 무적의 입지라고 생각하는 사람들은 받아들이기 어려울 수 있다. 나는 언제까지나 권력자의 도시계획에 따라 정해진 위계 서열에 따라서만 해석한다. 내가 비판하는 지역은 권력자의 도시계획에 비해 지나치게 사람들 입에 오르내리는 곳, 그래서 투기꾼들이 소위 '작업'을 치고 간 흔적이 역력한 곳이다.

❶ 지구중심 위상 강화

서울 끝자락에 위치한 구로구 오류역은 지구 중심지(거점개발지)다. 장기간 개발이 없던 동네인데 문재인 정권 들어 수혜를 보는 곳이다. 대중은 규제를 욕하지만 규제당하는 지역이 있으면 새로운 기회를 부여 받는 곳도 존재한다. 우리는 현명하게 그런 곳에서 돈을 벌 방법을 연구해야 한다. 한탄한다고 달라지는 것은 없기 때문이다.

개발이 없었던 동네에 위상을 강화한다고 하니 반드시 용도 변경을 받은 땅이 있을 것이고, 그 집주인은 졸지에 높이 지을 수 있는 땅이 생겼기 때문에 로또를 맞은 것이다. 우리는 일차적으로 이런 곳을 선점하려고 노력해야 하지만 늦었다면 빨리 거점에 개발이 될 만한 재건축이 있는지 재개발이 있는지 가로주택정비사업지가 있는지 찾아야 한다.

➤ 구로구, 금천구에는 1970~1980년대 공장 노동자들을 위한 연립주택이 많다.

다행히도 구로구에는 그 옛날 구로공단 근로자들을 위한 빨간 벽돌 연립들이 많다. 그리고 생각보다 인허가가 잘 나오는 편이라서 현수막 프리미엄을 얻기에 매우 좋다. (가로주택정비사업 추진 현수막만 걸려도 매매가 대비 1.5~2배의 시세차익이 가능하다. 차후에 실제로 사업이 되는 것은 별개의 문제다.)

❷ 발전거점 육성

구로구에 거대한 거점은 없어도 이렇게 군소 거점들이 많다. 영등포교도소가 이전하고 정부 부지에는 고척아이파크 주상복합 대단지 아파트 공사가 한창이다. 그런데 임대아파트라는 사실은 몰랐을 것이다. 박영선 서울시장 후보가 말했던 임대아파트의 고급화 공약이 바로 이

➤ 공단 노동자들을 위해 집중적으로 보급되었던 노후 빌라 단지들.

것이었다. 외관만 그럴듯하면 사람들은 혐오시설 취급하는 임대아파트라는 사실을 잊을 것이다. 박영선 후보는 억울할 수 있지만 말이다. 교도소 이전은 호재인데 이 좋은 땅을 임대아파트로 채우다니 깜짝 놀라는 독자들도 있을 것이다.

그러나 이는 하나만 알고 둘은 모르는 것이다. 늘어나는 인구 덕분에 슬럼화된 개봉역과 구로 공구상가들이 수혜를 보고 있다. 개발 압력으로 개봉 역세권 주변 개발이 활발하다. 고척아이파크 부지 근처의 가로주택정비사업, 소규모 재건축 사업이 급물살을 타고 있으며, 몇몇 저층 주거지들을 중심으로 재개발 논의 중이기도 하다. 게다가 구로 공구상가도 상가 재건축 이슈로 단기간에 많은 상승을 했다. 워낙 낙후된 지역이었으니 아무것이나 개발해도 호재가 되어 잘 오르는 것이다.

❸ 주거환경 개선

구로구에는 준공업지역이 널리 분포하여 태생적으로 아파트 거주지가 별로 없다. 즉, 노후화가 심각한 저층 주거지들을 빠르게 개선해야 하는 문제가 산재한 지역이다. 박정희, 전두환 정권 때 정책적으로 보급했던 빨간 벽돌 연립들의 노후도가 심해서 박근혜 정권 때 '뉴스테이(New Stay) 사업'을 하려고 했던 지역이다. 그만큼 시급하다는 의미다. 그래서 구로구는 서울시의 인허가가 잘 나오는 자치구다.

❹ 개발제한구역의 경관개선

놀라울 정도로 구로구가 혜택을 받는 것 중 하나다. 다른 자치구(특히 도봉구, 강북구)는 그렇게 풀기 어려운 개발제한구역이나 그 주변의 안 좋은 경관 규정을 완화하겠다는 의미다. 앞서 언급했듯이 수도방위사령부에서도 구로구의 고도 완화에 협조했다. 정책적으로 구로구, 금천구를 밀어주고 있으니, 그렇다면 우리는 여기에 투자해야 한다.

서울시생활권계획 해석하기

오류동, 개봉 역세권 개발

오류지구 중심 개발을 살펴보면, 기존 준공업지역과 용도가 변경된 상업지역을 활용하여 역세권 고밀도 개발을 하고 있다.

출처: 서울시생활권계획

❶ 거점기능 유치

영등포교도소 이전으로 인한 이적지 개발뿐만 아니라 구로구 전역에 있는 기업의 공장 창고 부지들을 이전하여 주거지 개발을 하고자 한다. 잘 진행될지는 모르지만 우리는 현재 사업을 하고 있는 개봉 역세권에 집중하는 게 좋을 것 같다. 어쨌든 개발을 하고 있고 이로 인해서 주변에 개발 압력이 전달되고 있다.

실제로 개봉역과 아이파크 신축 아파트 주변에 가면 개발 사업지들이 의외로 많다는 사실에 깜짝 놀랄 것이다. 참고로 나는 2020년 7월 준공업지역 특강을 시작으로 무수한 칼럼에서 개봉 역세권의 변화를

➤ 투자자라면 앞으로 우리 주변에 어떤 지역이 이렇게 펜스를 치고 개발하는지 살펴보자. 알게 모르게 역세권을 중심으로 변하고 있을 수도 있다.

꾸준히 언급했다. 사실 임장은 이렇게 하는 것이다. 거점개발지를 중심으로 확장되고 있는 사업들이 있는지 봐야 한다. 초품아인지, 공원이 있는지, 마트가 있는지 등을 따지는 것은 부동산 공부를 잘못하고 있는 것이다.

또한 늘어나는 인구를 대비하여 각 역세권 거점마다 상권 개발 사업을 빠르게 진행할 것이다. 상업지역을 중심으로 빠르게 시세가 오를 것이고 그렇다면 최대한 빠르게 상업지역의 땅을 선점하든 상업지역이 될 곳의 땅을 선점하든 해야 한다.

또한 일반 상업지역을 중심으로 배후 주거지를 지원하겠다고 하니 반드시 고밀도로 개발할 수 있는 땅을 사는 게 유리하다.

서울시생활권계획 해석하기

오류동 노후 연립주택, 저층 주거지 개발 사업

1980년대 구로공단 근로자를 위한 노후 주거지(연립, 빌라)의 재건축 시기가 도래했다. 이런 곳은 '빈집 및 소규모주택 정비에 관한 특례법'에 의한 개발이 가장 적합하다.

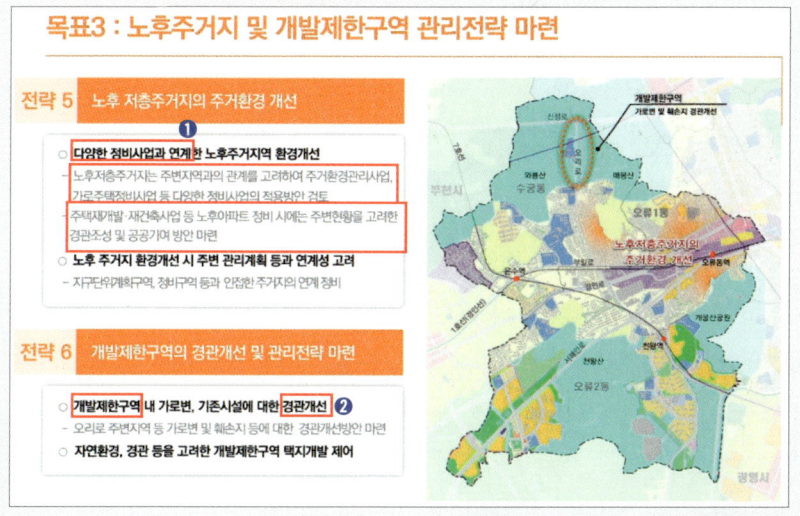

출처: 서울시생활권계획

❶ 다양한 정비사업과 연계

다양한 정비사업과 연계해 노후주거지역을 개선해야 하는 지역이다. 아파트는 별로 없고 연립, 공장, 저층 주거지가 혼재되어 있기 때문이다. 재개발을 하더라도 광범위하게 할 수 있는 여건이 되지 못한다. 그러니 소규모 필지 단위 개발을 하거나 공공사업을 하기에 제격이다. 그런데 투자자 입장에서는 소액으로 단계별 프리미엄을 얻기에 매우 좋은 곳이다. 실제로 천왕 역세권에는 공공사업, 가로주택정비사업, 소규모 재건축 사업, 일반 재건축, 지역주택사업 등이 동시에 진행되고 있다. 과연 개발이 완성될지는 의문이지만 우리 회원들이 선점하여 지금도 단기수익을 잘 내고 있다.

❷ 개발제한구역 내 경관개선

경관을 해치지 않는 범위 내에서 개선을 해주겠다는 의미인데 천왕 역세권이 가장 좋은 사례다.

영등포교도소가 이전한 곳이 바로 천왕 역세권이다. 그 아래 지역은 광명시, 왼쪽 지역은 부천시이기 때문에 서울의 관문 입지다. 천왕역 주변으로는 온통 자연녹지지역이다. 참고로 서울시 기준으로 자연녹지지역(그린벨트)과 인접한 땅은 제1종 일반주거지역 아니면 제2종 일반주거지역(7층 이하)이 일반적이다.

➤ 개웅산, 천왕산과 가까운 지역인데 준주거지역으로 역세권 도시정비형 재개발을 하고 있다.

출처: 서울시생활권계획

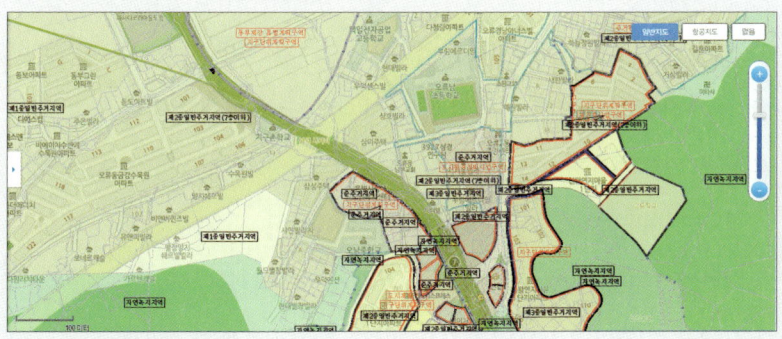

구분		면 적(㎡)			구성비(%)	비고
		기정	변경	변경후		
합 계		8,476.0	-	8,476.0	100.0	-
주거지역	제2종일반주거지역(7층)	8,476.0	감) 8,476.0	-	-	-
	준주거지역	-	증) 8,476.0	8,476.0	100.0	-

☐ 용도지역 결정(변경) 사유서

도면표시번호	구 분	결정(변경)사유
①	제2종(7층)일반주거지역 → 준주거지역	천왕3역세권 공공임대주택 건립을 위한 종상향

➤ 천왕 역세권은 역세권 도시정비형 재개발이 많다. 2단계 이상 종상향이 가능한 사업이 바로 이곳이다.

출처: 토지이음

➤ 준주거지역 사업지들을 보면 저층 연립주택들임을 알 수 있다.

출처: 서울도시계획포털

지도를 보면 제1종 일반주거지역과 2종 7층 이하의 땅임을 알 수 있다. 희한한 것은 2종 7층 이하 바로 옆에 준주거지역으로 종상향을 받은 땅이 있다. 과거에는 아니었는데 최근에 상향 조정을 받은 것이다. 땅의 용도가 좋지 않고, 시세가 낮아 사업성이 안 좋았는데 지금은 준주거지역으로 종상향을 한 덕분에 사업성이 개선되었다.

실제로 임장을 가보면 연립들의 천국인데 준주거지역으로 표시된 곳은 공공사업지다. 원주민 재정착 조건의 고밀도 주상복합아파트가 될 예정인데 임대를 수용하는 조건으로 인센티브를 받은 것이다. 이게 왜 중요한 사례냐면 서울은 가로주택정비사업 시 종상향을 하지 않는 것이 원칙이다. 제2종 일반주거지역이면 최대 250% 이내에서만 건축이 가능하다. 그래서 잘해봐야 15층짜리 아파트가 되는 일이 많다. 실제로는 15층을 받기도 어렵기 때문에 최대 7층으로 사업이 진행되는 곳이 많다.

그런데 구로구, 강동구 등 여러 가로주택정비사업 중에서 점점 7층

이 깨지는 사례가 나오고 있다. 공공재개발, 신속통합기획에 의한 민간 재개발 사업지들도 아마 이러한 내용을 참고하여 향후 진행되지 않을까 예상해본다.

나는 천왕 역세권이 투자성이 대단한 곳이어서 소개한 것이 아니다. 구로구가 괜히 일을 잘한다고 얘기하는 것도 아니다. 권력자라면 서민들의 주거지 문제를 해결할 수 있어야 한다. 천왕 역세권은 주거복지차원에서 굉장히 좋은 사례다. 더불어 서울 전역의 대부분을 차지하고 있는 2종 7층 이하의 주거지역 개발의 열쇠가 되었으면 하는 바람이다.

그리고 독자들에게 하고 싶은 이야기가 있다. 만약 내가 투자하고 싶은 매물이 있어 단톡방에 가입을 했는데, 추진위원장이라는 사람이나 단톡방 방장이 역세권 입지를 강조하면서 역세권 도시정비형 재개발을 추진하겠다고 한다면 한마디만 물어보라. "임대 비율 어느 정도로 생각하고 계세요?" 만약 추진위원장이나 단톡방 방장이 "우린 절대 임대 없어요! 입지가 좋은데 임대주택을 왜 넣습니까?"라고 답을 한다면 당장 단톡방을 나가는 것을 권장한다. 역세권 도시정비형 재개발이 어떤 것인지도 제대로 이해하지 못하는 사람이 대중을 선동하고 있는 것이다.

애초에 역세권 도시정비형 재개발은 박근혜 정권 때 임대주택 보급을 적극 권장하기 위해 만들어진 것이다. 문재인 정부는 주로 역세권 청년주택 정책을 추진했을 때 역세권 도시정비형 재개발 모델을 참고했다. 즉, 투기꾼들이 주장하는 (트리마제나 래미안첼리투스 같은) 고급 주상복합 아파트를 만드는 사업이 아니다. 내가 천왕 역세권을 책에 소개한 이유도 역세권 도시정비형 재개발을 제대로 알려주기 위해서다.

아무리 권력자라고 하더라도 법을 초월하는 정책을 추진할 수는 없다. 민주주의 국가의 시민들이 권력자에게 초법적인 권한을 행사하라고 요구하는 것은 국민 스스로 권력자에게 독재자처럼 행동할 빌미를 주는 것이다. 초법적인 권한을 행사하면 분명히 다른 문제가 발생한다. 도시계획은 주민 뜻대로 집행되지 않는다. 종상향을 하더라도 정당한 명분(임대주택 수용 등)이 있어야 한다.

서남권 투자, 어떻게 해야 할까?

서울 동북권, 특히 노원구, 도봉구가 재건축 아파트 투자처라면 서울 서남권도 일부 지역을 제외하고는 재개발, 가로주택정비사업, 상권개발(고밀도 개발)의 투자처로 보면 된다. 더욱이 광범위한 준공업지역 덕분에 건물주를 꿈꾸거나 상가주택으로 안정적인 월세를 생각하는 분들에게 더없이 좋은 땅이다. 매수할 때는 주택의 시세로 매수했지만 매도 시에는 상가의 시세를 받을 수 있어서 아파트 투자보다는 기간 대비, 투자금 대비 훨씬 큰 시세차익이 가능하다. 이런 의미에서 점점 성수동 준공업지역처럼 카페거리가 되고 있는 지역들이 문래동 준공업지역에 생기고 있다. 추후 평당 3억 원은 족히 받게 될 것 같다.

물론 노후화된 아파트, 준공업지역 내의 아파트가 많다. 하지만 처음 아파트를 지었을 때 평수는 줄이고, 당시 기술 수준으로는 최대한 높게 건축해서 저렴한 아파트로 보급했기 때문에 사업성이 그렇게 좋진 않다. 따라서 가장 이상적인 투자 전략은 사업성 분석을 정밀하게 해서 좋은 매물을 선점하면 된다. 그러나 사업성 분석을 할 수 없으면 무리하게 아파트에 투자하지 말고 확실히 사업성 좋은 연립주택 같은 매물을 사는 게 훨씬 낫다.

서울시가 서울시생활권계획대로 언제까지 강북 강남 간 균형 발전의 철학을 고수할지는 모르겠지만 우리는 그때까지만이라도 이런 식으로 투자하면 된다. 만약 트렌드가 바뀐다면 또 새로운 변화에 대응하면 그만이다. 그래서 평생 공부해야 한다. 한 가지 공식이 영원할 것이라는 생각을 머릿속에서 지워야 한다. 변화하는 환경에 적응하면 돈은 따라오게 되어 있다. 그럼, 여러분의 성공 투자를 기원한다.

강남 되는 강북 부동산은 정해져 있다

초판 1쇄 발행 2022년 2월 10일 초판 5쇄 발행 2025년 1월 10일

지은이 엄재웅
펴낸이 최순영

출판2 본부장 박태근
경제경영 팀장 류혜정

펴낸곳 ㈜위즈덤하우스 **출판등록** 2000년 5월 23일 제13-1071호
주소 서울특별시 마포구 양화로 19 합정오피스빌딩 17층
전화 02) 2179-5600 **홈페이지** www.wisdomhouse.co.kr

ⓒ 엄재웅, 2022

ISBN 979-11-6812-217-8 03320

* 이 책의 전부 또는 일부 내용을 재사용하려면 반드시 사전에 저작권자와
  ㈜위즈덤하우스의 동의를 받아야 합니다.
* 인쇄·제작 및 유통상의 파본 도서는 구입하신 서점에서 바꿔드립니다.
* 책값은 뒤표지에 있습니다.

강남 되는 강북 부동산은 정해져 있다

특별 부록
금액대별 투자 지역 추천

엄재웅(서경파파) 지음

10년, 100억도 벌 수 있다

위즈덤하우스

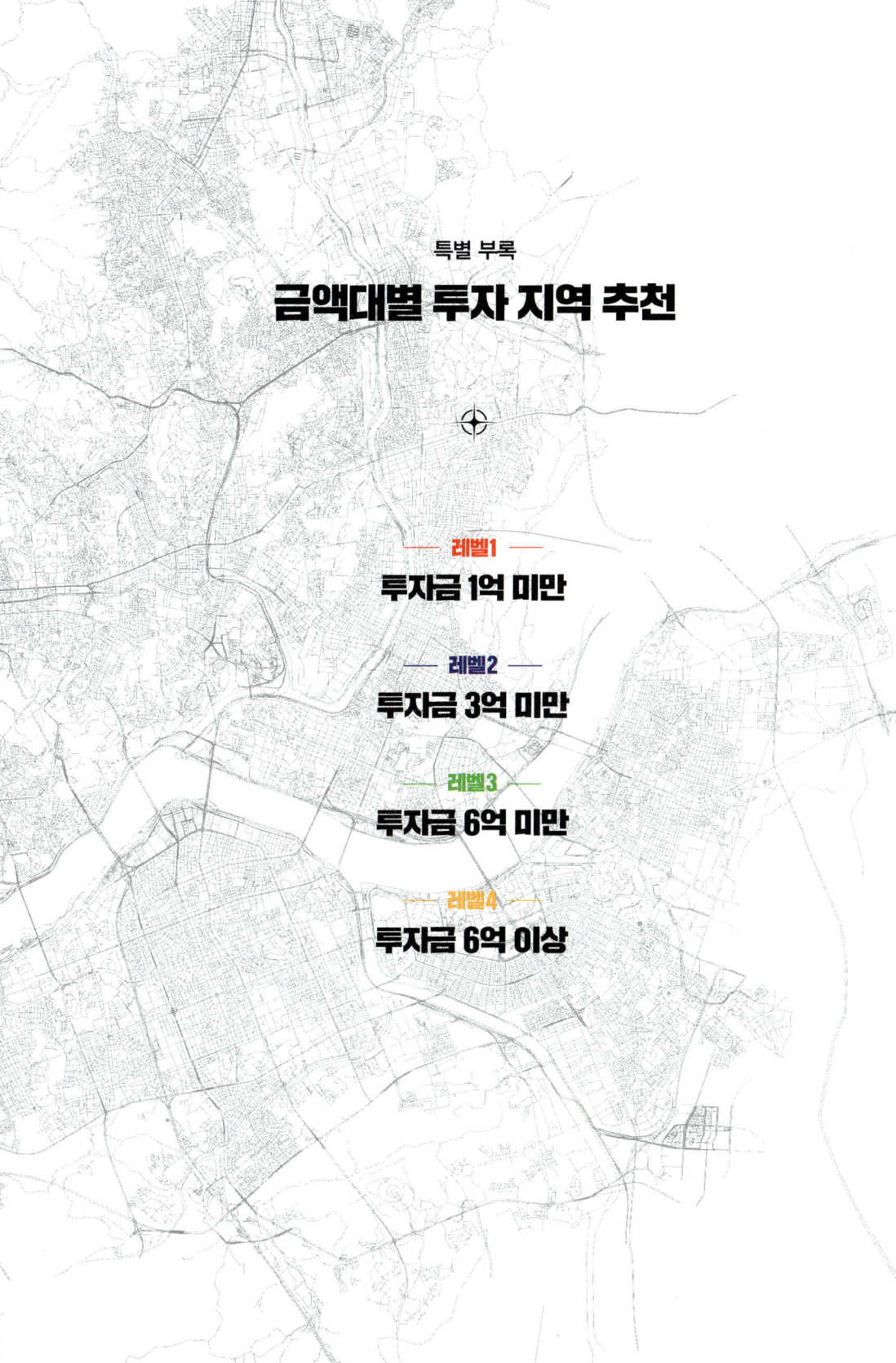

특별 부록

금액대별 투자 지역 추천

레벨1
투자금 1억 미만

레벨2
투자금 3억 미만

레벨3
투자금 6억 미만

레벨4
투자금 6억 이상

 **목차**

큰 꿈을 향해 공백 없는 투자를 하라! 007
실전에 앞서 008

레벨1 | 투자금 1억 미만   011

신축 빌라, 오피스텔, 아파텔, 생활숙박시설 등의 투자는 절대 하지 않는다 011 | 초기 투자금이 저렴한 선동용 초기 재개발, 가로주택정비사업에 투자하지 않는다 012 | 재개발, 재건축 지역이 아니라도 오르는 빌라는 있다 012 | 과거의 투자 공식으로 투자하지 마라 013 | 2019~2021년 나는 이곳을 추천했다 013 | 2022년 나는 이곳을 추천한다 1. 동두천중앙역 상업지역 024 | 2022년 나는 이곳을 추천한다 2. 인천·부천 준공업지역 구축 빌라, 구축 나홀로 아파트 030

레벨2 | 투자금 3억 미만   037

서울 밖에도 기회가 있다 038 | 규제가 많은 재건축 투자, 결국 사업성이 좋은 단지에만 투자해야 한다 038 | 몸테크를 걱정하느라 타이밍을 놓치지 마라 039 | 도박 성향이 있는 사람은 조심, 또 조심해야 한다 039 | 2019~2021년 나는 이곳을 추천했다 040 | 2022년 나는 이곳을 추천한다 048

레벨3 | 투자금 6억 미만　　　　　　　　　　　　　　077

물을 너무 좋아하지 마라! 한강 조망 같은 것에 사로잡히는 순간 끝난다 077 | 실거주성을 너무 고려하다 보면 타이밍을 놓친다 078 | 2019~2021년 나는 이곳을 추천했다 079 | 2022년 나는 이곳을 추천한다 086

레벨4 | 투자금 6억 이상　　　　　　　　　　　　　　099

2019~2021년 나는 이곳을 추천했다 103 | 2022년 나는 이곳을 추천한다 110

큰 꿈을 향해 공백 없는 투자를 하라!

풍요로운 생활을 하면서도 노후를 걱정하지 않으려면 100억 원은 필요하다고 생각한다. 그러니 이왕 부동산 투자의 세계에 입문했다면 100억 원 자산가를 목표로 해보라고 권하고 싶다.

《강남 되는 강북 부동산은 정해져 있다》 본권(이하 본권) 1부에서 '3억 원을 투자해 4개월 만에 약 12억 원의 수익을 낸 천호 역세권 고객의 사례를 소개했다. 4개월에 12억 원이면 많이 번 것처럼 느끼겠지만 결코 그렇지 않다. 타이밍만 정확하게 잡아낸다면 건물 투자로 50억 원이 100억 원이 되기까지는 1개월이면 충분하다. 정부의 계획을 잘 분석한다면 100억 원이라는 액수도 충분히 가능하다. 지금은 불가능해 보일지 몰라도 100억 원을 목표로 삼고 노력하면 언젠가 이룰 수 있다.

나는 단기 투자, 공백 없는 투자를 지향한다. 장기 보유해서 절세하는 것보다 더 큰 기회를 잡기 위해서 움직이도록 권한다. 성공한 사업가, 자본가, 투자가들은 절세보다 시간과 타이밍, 기회를 중요하게 여기는 이들이며 내 고객들 역시 그렇게 함으로써 유의미한 결과를 만들고 있다. 실제로 노원구에서 2년 동안 실거주를 하며 양도세를 면제받는 것보다 양도세를 내고 상급지로 이동했을 때 수익이 더 좋았다. 단돈 몇천만 원에 연연하지 않고 용감하게 이동한 사람은 그만큼 시간을 벌 수 있다. 나는 정부의 도시개발계획(예를 들면 서울시생활권계획)에 순응해 돈을 벌어야 한다고 말했다. 정부의 세금정책, 규제정책도 정해진 대로 따르면 된다. 어설프게 피하려고 하다가는 투자 기회를 놓친다.

실전에 앞서

어느 분야가 됐든 공부를 하기 위해서는 각오가 필요하다. 최소한 이 별책의 구성이 어떻게 되는지 알아야 헤매지 않을 것 같아 미리 간단히 소개한다. 2019년부터 2021년까지 내가 고객들에게 추천한 지역을 소개할 것이다. 어디를 소개했는지보다 '어떤 근거로 추천했는지'에 집중한다면 성공적인 투자의 좋은 지침서가 될 것이다. 그리고 2022년에는 어느 지역을 바라봐야 하는지도 소개할 생각이다. 본권에서 강조했던 3가지를 다시 짚고 가겠다.

첫째, 지역거점을 파악한다(중심지 이론으로 확장성 강한 거점 찾기)

도시개발계획에 따라 왜 이곳이 거점인지 설명할 것이고, 향후 거점개발의 확장성 여부 그리고 인허가가 빠른 사업지인지에 대해서도 명확한 근거를 찾을 수 있다.

둘째, 거점 주변의 투자 매물을 찾는다(매물의 사업성과 속도, 주민의 성향 파악)

거점을 확인했다면 거점을 중심으로 사업성이 좋은 재개발, 재건축, 가로주택, 리모델링, 상가 투자 대상이 있는지 파악한다.

셋째, 매수와 매도 타이밍(다음 갈아탈 매물을 감안한 적절한 매수·매도 시기 설정)

가장 어려운 부분이다. 그렇지만 내가 가장 잘하는 부분이다. 공백 없는 투자를 위해서는 오차 없이 타이밍을 설정해야 한다.

이 별책은 투자금 1억 원 미만의 소액 투자부터 건물 투자까지 다양하게 구성했으며 지역은 서울 경기 지역으로 한정했다. 투자자라면 읽고 손품도 팔고 임장을 통해서 매수 여부를 결정하면 되겠고, 학습자라면 방법을 숙지하여 임장도 하고 내가 살고 있는 지역에서 공식을 그대로 적용해 매물을 찾아보는 것도 좋겠다. 내가 늘 고객들에게 하는 말이 있다.

"절대로 포기하지 마라."
"규제가 곧 기회다."
"규제로 고통받는 지역에 투자하지 말고 새롭게 기회를 부여받는 지역을 찾으면 그만이다."
"우리는 포기할 이유가 하나도 없다."
"시간문제일 뿐 우리는 이미 부자다."
"늘 대중과 반대로 가자."

레벨 1
투자금 1억 미만

　서울에 투자하려고 보면 1억 원이라는 돈이 참 초라하게 느껴진다. 이런 현실이 안타깝긴 하지만 한탄만 하고 있어서는 아무것도 바뀌지 않는다. 지금 이 시간에도 누군가는 수익을 만들고 있다. 자금이 충분하다면 소액 투자로 접근하고, 아니면 자녀를 위한 투자로 활용해도 되겠다. 자금이 충분하지 않은 분들은(특히 사회초년생들) 가장 안전한 곳을 찾아내서 경험을 쌓는 기회로 삼아 투자를 시작하면 된다. 투자금이 1억 원 미만일 때 주의사항은 다음과 같다.

신축 빌라, 오피스텔, 아파텔, 생활숙박시설 등의 투자는 절대 하지 않는다
　초기 재개발 지역의 신축 빌라 투자는 원주민들에게 민폐이며 시장을 교란하는 행위다. 정비구역의 노후도를 떨어뜨리며 사업성도 망친다. 남들에게 피해를 주는 투기꾼이 아니라 건전한 투자자가 되길 바란다.
　오피스텔, 아파텔, 생활숙박시설 등은 물량이 많다. 게다가 정책적으로 재개발 지역에 많이 공급한다. 공급이 많기 때문에 입지와 상품성 등을 보고 매수해도 더 좋은 입지, 상품성을 갖춘 매물과 경쟁해야 한다. 수급이 지나치게 많은 매물은 높은 가치를 인정받기 어렵다. 그리고 오피스텔, 아파텔, 생활숙박시설 등은 아파트를 살 수 없는 사람들이 대안으로 선택하는 곳이므로 소득이 높아지면 언제든지 아파트로 갈아탈 준비를 한다. 따라서 매매 차익을 남기기 어렵다.
　우리는 이런 완성된 매물에 투자하는 것이 아니라, 앞으로 오피스텔, 아파텔, 생활숙박시설이 될 매물(역세권 구축 빌라, 단독주택, 다가구주택, 연립주택 등)을 매수해야 한다.

초기 투자금이 저렴한 선동용 초기 재개발, 가로주택정비사업에 투자하지 않는다

주식에는 작전주가 있다. 작전이 한창일 때에는 크게 오르지만, 작전이 멈추면 폭락한다. 단톡방, 유튜브, 블로그 등에서 바이럴 마케팅을 하거나 선동하는 매물은 이미 거품이 잔뜩 끼어 있는 사기꾼들의 비즈니스다. 가뜩이나 돈도 없는데 먹잇감이 되지 마라. 나는 항상 그릇을 키우라고 말한다. 특히 소액 투자일수록 그릇을 키워야 한다고 말한다. 그릇이 큰 사람은 얄팍한 유혹에 넘어가지 않고 목표를 쟁취한다.

그렇다면 투자처를 어떻게 찾아야 할까? 자금이 적을수록, 아직 투자 입문자일수록 사업성 분석의 기초를 닦아 잠재력이 있는 용도지역에서 좋은 매물을 사야 한다(현재 사용하고 있는 용적률이 최대한 낮을수록, 대지지분이 높을수록 사업성이 좋다). 그리고 가능한 단기 차익만 얻고 다른 매물을 찾는다.

재개발, 재건축 지역이 아니라도 오르는 빌라는 있다

빌라는 재개발 호재가 없으면 오르지 않는 것이 일반적이다. 그러나 땅의 용도가 좋은 구축 빌라는 어떤 식으로든 개발을 하려고 하기 때문에 보통 가만히 두지 않는다. 가로주택정비사업이나 오피스 건물, 오피스텔, 아파텔 등을 짓고 싶어하는 업자에게 팔면 충분히 수익 창출이 가능하다.

우리는 입주권을 받지 않을 것이기 때문에 신축 아파트를 위해 5~10년 장기 투자할 이유가 없다. 우리가 신경 써야 하는 것은 가격 협상뿐이다. 가격 협상만 잘한다면 투자 원금 대비 2배가량 벌 수 있다. 이것만 몇 번 하면 꾸준한 수익 창출이 가능하다.

과거의 투자 공식으로 투자하지 마라

　매물 수를 너무 늘리지 마라. 법인으로 빌라를 매수하는 것은 언제나 양날의 검이다. 5~10년 묵힐 목적으로 마치 씨앗 뿌리듯이 매물을 매수하면 주택 수만 많아질 뿐, 효율적으로 투자할 수 없게 된다. 우리가 부동산 투자를 하는 이유와 그 본질을 깨달아야 한다. 내 엑셀표에서 아무리 10배 수익률을 기록하고 있다 해도 매도해서 현금화하기 전까지는 내 수익이 아니다. 그 호가를 받아줄 사람이 나타나야 진짜 내 수익이다. 언제라도 던질 수 있는 단기 투자를 해라. 주택 수가 많다고 전부 내 수익으로 이어지지 않는다.

　지방 아파트 소액 원정 갭투자, 그것도 재개발·재건축 아파트도 아닌 매물을 매수하는 것은 최악 중의 최악이다. 내 아들딸이 이런 매물을 매수했다면 그 사실을 안 날부터 인연을 끊을 것이다. 이건 투자의 본질 자체를 모르는 사람들이나 하는 투자라고 단언할 수 있다. 투자의 본질은 미래가치를 거래하는 데에 있다. 그런데 미래가치도 없는 곳을 단지 싸다는 이유로 매수하는 것을 투자로 봐야 할까? 어쨌든 시세를 올려야 차익을 남기기 때문에 별 말도 안 되는 호재는 다 갖다 붙인다. 부산이나 대구, 광주 같은 대도시면 모를까 중소도시의 재개발, 재건축은 사업성이 극도로 좋아도 쉽게 추진되기 힘들다. 이런 매물들이 많다면 지금 당장이라도 과감하게 처분해야 한다. 하락장 때에는 이런 매물이 나를 망가뜨리는 칼날이 된다.

2019~2021년 나는 이곳을 추천했다

　2019~2020년까지는 초기 재개발, 초기 가로주택정비사업이 이렇게까지 뜨거운 분위기가 아니었다. 그래서 실투자금 1억 원 미만으로도 충분히 '소수만 아는 좋은 매물'을 살 수 있었다.

　대표적인 예가 있다. 이제는 미아1구역이라고 불리는 사업지다. 가로주택정비사업이 추진 중이다. 아무도 관심 없을 때, 심지어 연립주택 투자와 관련된 책이 나오기 훨씬 이전부터 고객들이 소액으로 투자했었다.

어차피 입주권을 받지 않을 것이기 때문에 실거주를 원하는 사람에게 좋은 물건을 넘기면 된다. 혹자는 가로주택정비사업이 규모 면에서 빌라와 큰 차이가 없고 건축비가 많이 들어 원주민들에게 추가분담금 폭탄을 안겨 주는 나쁜 사업이라고 주장하지만, 반만 맞는 이야기다. 땅을 볼 줄 아는 사람은 일반 분양을 많이 받을 수 있는 땅 냄새를 기가 막히게 맡는다. 게다가 가로주택정비사업 외에는 답이 없는 땅은 빠르게 사업을 추진하는 것이 수익을 극대화할 수 있다. 오른쪽 그림은 미아1구역 사업 분석표다.

대규모 재개발로 가자고 하면서 덩치만 비대해진 초기 재개발구역들보다 이런 투자가 오히려 훨씬 낫다. 사공이 많으면 배가 산으로 가는 것처럼 '재개발 사업은 이렇게 해야 한다', '저렇게 해야 한다' 하는 헛똑똑이들의 헛바닥에 휘둘리면 그야말로 바람 잘 날이 없다. 고위 공무원, 국회의원, 연예인 등이 초기 재개발 투자보다는 도시재생사업 투자를 선호하는 이유다. 재개발 사업에서 신용할 수 없는 사람들과 함께할 바에야 집객력 좋은 상가주택에 투자해 빠르게 수익을 내고 1~2년 안에 수익을 보는 것이 더 효율적이다.

이런 투자도 돈이 된다는 것을 학습하려면 직접 눈으로 봐야 한다. 요즘은 소액 투자를 원하는 사람들이 허름한 구축 빌라를 찾는 것을 당연하게 여기지만 과거에는 흔한 풍경이 아니었다. 불과 1, 2년 전부터 나의 고객들 역시 이런 투자를 많이 해왔다.

2020년 벚꽃 피던 봄, 광진구 임장반을 기획했다. 내가 보여준 매물은 한양빌라였다. 최근 실거래가가 8억 9,000만 원이었다고 말했을 때 당시 회원들의 반응은 "(아파트가 아닌데) 너무 비싸다"였다. 그러나 임장반을 진행한 지 단 한 달 만에 HDC현대산업개발이 시공사로 선정되었고, 그 이후에는 호가가 2배 이상 올랐다. 그리고 그 옆에 있던 한창주택, 현대빌라 같은 매

☐ 가로주택정비사업 요건 검토

구분		조 건	내 용	결 과
가로 구역		도로로 둘러싸인 일단의 지역	서,남,북측 도로 6m이상임. 동측 6M도로개설필요	도로개설 필요
		면적이 1만제곱미터 미만	6,259.75㎡	충 족
		통과하는 도시계획도로 없을 것	없음	충 족
사업 시행 구역		면적이 1만제곱미터 미만	6,259.75㎡	충 족
		노후·불량건축물의 수가 전체 3분의 2이상	90.91%(22개동 중 20개동 만족)	충 족
		공동주택 및 단독주택으로 구성된 경우 20채 이상	53채(공동39세대, 단독14호)	충 족
결 과		가로주택정비사업 대상 요건 **조건부 충족** (동측6M도로개설)		

☐ 기계적 기획설계(안)   ※ 가로구역요건 불충족 도로에 대하여 폭6m 확보를 전제로 검토

구 분		내 용	법규검토결과 및 배치도
대지면적		5,401.00㎡ (도로확보: 858.75㎡)	
건축면적		1,713.40㎡	
연면적	지상층	10,410.68㎡	
	지하층	5,678.03㎡	
	합계	16,088.71㎡	
용적률산정 연면적		10,410.68㎡	
건폐율/용적률		31.72% / 192.75%	
동수		아파트 2동	
층수		지상7층 / 지하2층	
주차대수(계획/법정)		118대 / 118대	
세대수		140세대	

6M도로 개설 필요

조감도	평면도

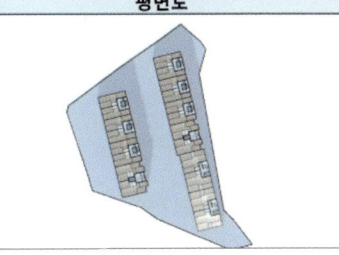

☐ 신속 사업성분석 결과

구 분		금 액	비 고
종전자산가치		25,636 백만원	-
총수입	조합분양	28,757 백만원	조합분양가 = 일반분양가
	일반분양	30,833 백만원	일반분양가 = 1,892만원/3.3㎡ (공급면적 기준)
	합계	59,590 백만원	
총사업비	공사비	26,600 백만원	건축시설 공사비, 토지관련 공사비
	보상비	2,425 백만원	국공유지 매입비, 이주보상비 등
	관리비	108 백만원	조합운영비, 소송비용 등
	설계비	901 백만원	건축설계비, 지질조사비 등
	감리비	616 백만원	건축, 전기, 기타 등
	부대비용	4,101 백만원	기타사업비, 제세공과금, 금융비용 등
	예비비	706 백만원	
	합계	35,457 백만원	
추정사업수익		-1,503 백만원	총수입-(총사업비+추정종전자산)
비 례 율		94.14%	(총수입-총사업비)/추정종전자산
추정분담금		4,624 백만원	총사업비-(일반분양수입+임대분양수입)

➤ 해당 매물을 투자한 고객이 제공한 미아1구역 사업 분석표

출처: SH공사 사업성 분석자료

물도 가로주택정비사업을 추진한다고 하면서 순식간에 실거래가 10억 원을 넘기 시작했다. 아파트가 아닌 매물의 시세가 급등할 수 있다는 사례를 직접 체험했으니 우리 회원들이 빨간 벽돌 연립주택을 너무 사랑하게 된 것도 무리가 아니다.

이때 우리 커뮤니티 회원들은 '썩빌(구축 빌라)'로도 충분히 수익을 낼 수 있다는 것을 직간접적으로 체험했다. 내가 회원들과 함께 간 임장반 코스는 창동준공업지역, 창동준주거지역, 방학동준공업지역, 우이신설선 역세권지역(미아, 수유, 쌍문 등)의 구축 빌라, 연립주택들이었다. 그리고 아예 준공업지역 특강도 했다. 영등포구는 이미 비싸지만 구로구, 금천구, 강서구에서는 1억 원 미만으로 갭투자가 가능했기 때문이다.

아직도 경기도 연립주택은 1억 원 미만으로 투자가 가능하다. 가로주택정비사업이 가능한 사업성 좋은 연립주택을 매수하자. 천운이 따른다면 재개발구역도 될 수 있다. 이제는 초기 재개발구역의 영향으로 서민들의 주거지로 여겼던 빌라도 집값이 많이 상승했기 때문에 서울 기준 최소 갭투자금이 3억 원은 필요하다. 그러나 부동산 투자의 원리만 알아도 매물을 찾는 것은 어렵지 않다. 2020년 하반기부터 2021년 초까지 추천했던 지역들은 경기 북부와 경기 남부의 구축 연립주택, 역세권 상업지역의 빌라였다. 특히 연립주택은 투자가치가 굉장히 높다. 가로주택정비사업 덕분에도 좋지만 주변 지역을 묶어서 재개발구역이 된다면 프리미엄은 더 높게 붙는다.

최근 의정부에는 초기 재개발 열풍이 불고 있다. 군부대들이 이전되고 사업성이 매우 좋아졌다. 게다가 GTX-C노선의 영향으로 평당 2,000만 원이 넘는 신축 아파트들이 나오고 있다. 이런 분위기에 따라 원주민에 의한 자발적인 재개발, 업자들이나 선동 세력에 의한 재개발, 지역주택조합, 가로주택정비사업 등 여러 사업이 많아졌다. 이런 매물은 밀고 있는 사업이 무너지면 출구전략을 찾기 어려워서 위험하다. 그래서 다양한 옵션이 있는 매물이 좋다. 한쪽 사업이 무너지더라도 다른 사업을 추진할 수 있는 똘똘한 매물 말이다.

경기도는 같은 제2종 일반주거지역이어도 서울보다 높이 규정이 관대한 편이다. 따라서 여러 인센티브를 부여하고서 겨우 13~15층 정도 받을 수 있는 서울보다는 15층은 기본으로 받을 수 있는 경기도 지역의 연립주택이 가성비 투자처로서 매우 매력적이다.

그런데 가로주택정비사업을 하더라도 충분히 사업성 있는 매물들을 매수해야 한다. 일반인들이 조금이나마 그런 매물을 매수할 수 있을까? 물론 무료로 가능한 방법이 있다. 바로 LH에서 제공하는 가로주택정비사업 분석 사이트다. 무료이기에 단점도 분명 존재한다. 추정 비례율과 예상 추가분담금을 제공해주지 않고, 제2종 일반주거지역, 제3종 일반주거지역만 제공한다는 단점이 있다. 게다가 최대 신청 횟수는 한 계정당 일주일에 3번까

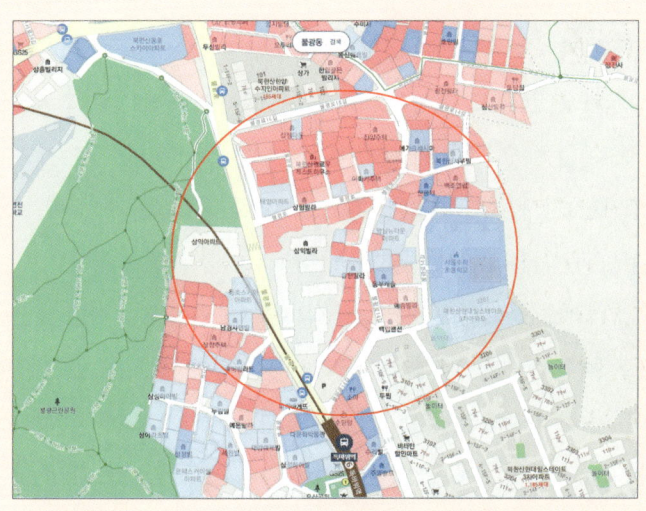

➤ 주변 지역의 노후도가 충족되면서, 자체적으로 가로주택정비사업이 가능한 매물이 투자처로는 가장 적합하다.

출처: 부동산플래닛

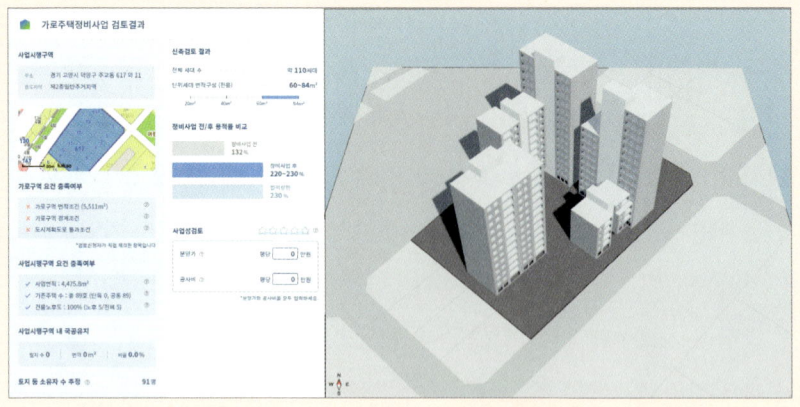

➤ 주교동 617번지 시뮬레이션. LH에서 제공해주는 가로주택정비사업 무료 분석 사이트를 활용해보자.

출처: LH가로주택정비사업 사업성 분석 서비스

지만 가능하다.

그러나 어느 정도 투자의 지침은 될 수 있다. 예를 들어 주교동 617번지 구축 연립주택으로 가로주택정비사업 시뮬레이션을 돌려보도록 하겠다. 출력 결과를 보니 신축 시 약 110세대를 분양할 수 있다고 한다. 토지 등 소유자 수가 약 91명 정도 예상되므로 총 19세대 정도 분양할 수 있다. 내 경험상 기존 조합원 수 대비 최소 1.5배 정도는 분양할 수 있어야 가로주택정비사업 투자처로 적합하다. 이 기준에 따르면 주교동 617번지 일원은 투자처로서는 부족하다. 향후 재개발 지역이 되더라도 말이다.

많은 시나리오를 고려해서 연립주택 매물을 엄선해야 한다. 1순위는 당연히 가로주택정비사업 추진 시 사업성이 뛰어나면서도 주변에 노후 주거지들이 많아 재개발도 가능한 곳이다. 게다가 구축 연립주택의 시세가 주변 아파트의 평균 시세에 훨씬 못 미치면(거의 반값 수준이면) 대박 중의 대박이다. 물론 디테일하게 봐야 할 부분이 있다. 주민들의 경제력, 신축 아파트 등 주변에 개발하고 있는 곳들이 있는지 여부 등이다.

어쩌다 꼬마 빌딩이나 원룸에 관심을 가지게 되어 직접 구축 단독주택을 매수해서 신축 원룸을 지어본 독자라면 충분히 공감할 것이다. 내 땅인데도 내 마음대로 짓지 못한다. 온갖 건축 제한 사항들이 있기 때문에 운이 안 좋으면 공사비만 축내는 애물단지가 될 수 있다. 이건 재개발, 재건축, 가로주택정비사업도 마찬가지다. 낙후된 지역 거주자 중에서는 추가분담금을 내기 어려운 이들이 대부분이다. 그런 사례를 극단적으로 보여준 것이 바로 중화뉴타운이다. 입지와 사업성 자체는 나쁘지 않았지만 원주민들이 재개발에 적극적으로 도장을 찍어주지 않았다. 결국 중화1구역을 제외하고 모두 무너졌다.

사실 1순위 매물을 찾는 것은 매우 어렵다. 주변 저층 주거지들에 단독주택, 다가구주택 비중이 많고 지분 쪼개기 매물이 적으면 다행이지만 주변 주거지에 구축 빌라들이 많다면 사업성은 당연히 나빠질 수밖에 없다. 연립주택 소유주 입장에서는 불필요하게 면적만 늘어나고 추가분담금 폭탄을 떠안는 선택을 하지 않을 것이다. 서초구 방배동이나 용산구 한남동과 같이 투자자들도 비교적 자금력이 탄탄한 사람들이라면 추가 분담금이 3억 원, 5억 원이 나와도 꿋꿋이 사업을 할 수 있다.

그러나 '영끌'해서 겨우 마련한 밑천으로 투자한 사람들이 몰린 지역(오밀조밀 빌라들이 모인 지역)이라면 사정이 다르다. 지금은 재개발에 찬성하더라도 예상하지 못한 추가분담금 소식이 들리면 강경한 비대위로 돌변해버린다. 어차피 신축 아파트를 받을 수 없으니 다 같이 죽자는 것이다. 아니면 슬슬 공공재개발이라도 가자고 한다. 이렇게 되면 다주택자 조합원들은 반발할 것이다. 공공재개발을 하면 다주택 투자자는 현금 청산 대상이 될 수 있기 때문이다. 그래서 나는 사업성이 그다지 없는 빌라 밀집지역의 초기 재개발은 투자를 별로 권하지 않는다.

이처럼 1순위 매물을 선정하는 것은 매우 까다롭다. 더구나 점점 그런 매

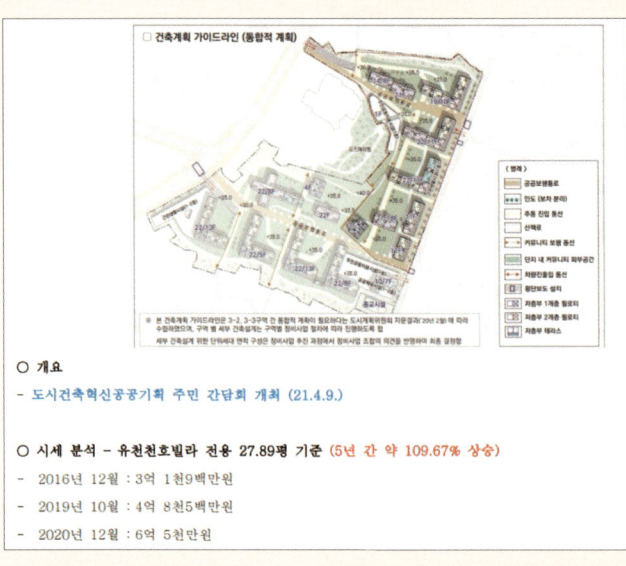

○ 개요
- 도시건축혁신공공기획 주민 간담회 개최 (21.4.9.)

○ 시세 분석 - 유천천호빌라 전용 27.89평 기준 (5년 간 약 109.67% 상승)
- 2016년 12월 : 3억 1천9백만원
- 2019년 10월 : 4억 8천5백만원
- 2020년 12월 : 6억 5천만원

➤ 천호3-2구역은 연립주택을 고르는 1순위에 부합하던 매물이었다. 강동구 천호동이라는 이름값 때문에 세상에 알려지면서 1년 만에 갑자기 비싸졌다. 보다 많은 회원이 이 지역 매물을 저렴하게 매수할 수 없는 게 참 안타깝다.

출처: 저자 강의안

물들이 씨가 말라가고 있다. 심지어 1억 원 이하가 아니라 1억 원 이상, 아니 10억 원으로도 가로주택정비사업이 가능하면서, 재개발 사업성도 기대할 수 있는 완벽한 매물을 서울에서 찾아내는 게 거의 불가능한 일이 되고 있다. 그래서 나는 2순위로 가로주택정비사업이라도 잘될 수 있는 매물을 추천한다. 특히 경기도에는 태생적으로 베드타운처럼 만들어진 곳들이 많다. 자연적으로 발생한 판자촌, 서민 주거지들도 있지만 계획적으로 연립주택단지로 만들어진 곳들은 그야말로 노다지다. 한쪽이 가로주택정비사업을 추진하면 다른 쪽도 가로주택정비사업이 잘 추진된다. 그리고 각각의 가로주택정비사업 구역들이 아파트 단지들이 되면서 결과적으로 미니 신도시가 탄생하게 된다. 월세를 받고 싶은 단독, 다가구 소유자나 건물주들과 엮

➤ 경기도 지역 임장을 하다 보면 옹기종기 모여 있는 연립단지를 볼 수 있다.

일 일도 없으니 주민 간 단합도 잘되고 속도도 빠르게 추진된다. 운이 좋아 단독, 다가구 소유자 중 일부까지 가담하면 사업성은 더 좋아진다.

그 대표적인 사례가 의정부 가능동 가로주택정비사업이다. 가능동 15-14번지, 가능동 15-313번지, 가능동 18-1번지 등이 전부 연립주택 단지들이다. 완공 후 제3자가 보면 나홀로 아파트처럼 느껴지지 않을 것이다. 게다가 정부에서 적극 권장하는 사업이기 때문에, 이런 사업이 있을 곳으로 예상되는 매물 중에서 가장 사업성이 높은 매물을 선점하는 것이 중요하다. 앞서 설명했지만 모든 연립주택이 사업성이 좋은 것은 아니기 때문이다.

참 어렵지 않은가? 연립주택이나 구축 빌라 매물을 찾는 게 더 어렵다. 부동산은 입지만 보면 다 끝나는 줄 알았는데 용도지역, 용적률, 대지지분, 주민들의 경제력, 주변 노후도까지 따질 것들이 너무 많다. 그래서 개인적으로는 과거 뉴타운처럼 재개발이 필요한 지역들을 정부가 한꺼번에 찍어 줬으면 좋겠다. 그래야 밑바닥(초기 재개발 구축 빌라)에서부터 시작된 가격의 거품들이 안정되지 않을까?

　디테일한 분석이 어렵다면, 공문만 꾸준히 읽어도 반 이상은 간다. 내가 2020년부터 2021년 중반까지 꾸준히 지켜본 저렴한 재개발구역이 있다. 바로 퇴계원읍 정비예정구역이다. 남양주시가 의정부만큼 재개발 사업을 행정적으로 지원해줄 수 있을지 모르지만 적어도 퇴계원읍 정비예정구역은 남양주시가 점찍은 땅이라는 확신이 들었다. 남양주시는 2020 기정 계획에서 총 23개 정비구역을 지정했다. 이 중 11개 구역을 해제했다.

　거의 반토막을 낸 것이다. 한데 퇴계원읍 정비예정구역은 대부분 살아남았다. 즉 정치적으로 밀어주는 사업지라는 것인데, 그 이유가 궁금할 수 있다.

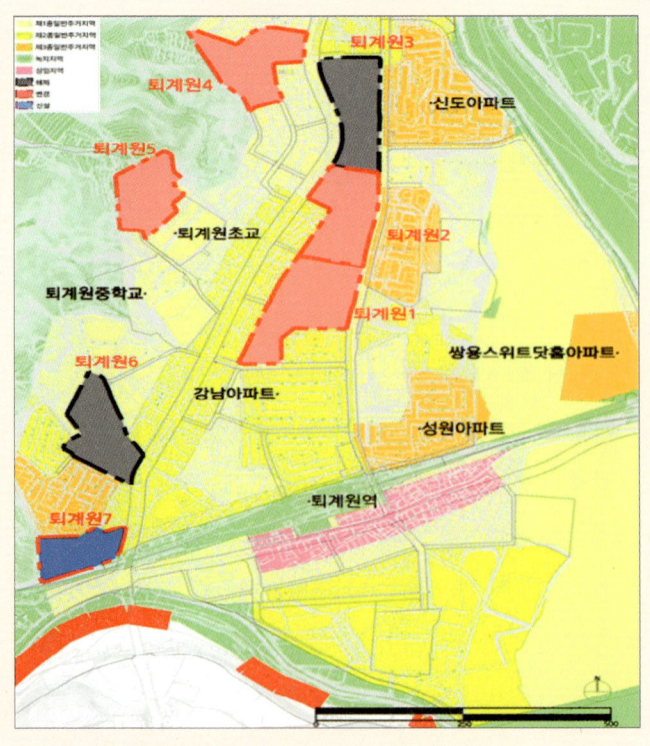

➤ 퇴계원읍 정비예정구역 표시

【 사업유형별 정비예정구역(변경) 총괄표 】

(단위 : 개소, ㎡)

구분		계			재개발 사업예정구역			재건축 사업예정구역		
		기정	변경	변경후	기정	변경	변경후	기정	변경	변경후
계	개소	23	감) 8	15	17	감) 9	8	6	증) 1	7
	면적	673,212	감) 274,097	399,115	431,943	감) 283,779	148,164	241,269	증) 9,682	250,951
진접	개소	3	감) 2	1	3	감) 3	-	-	증) 1	1
	면적	129,492	감) 118,680	10,812	129,492	감) 129,492	-	-	증) 10,812	10,812
오남	개소	1	-	1	-	-	-	1	-	1
	면적	99,803	감) 390	99,413	-	-	-	99,803	감) 390	99,413
호평평내	개소	4	-	4	1	-	1	3	-	3
	면적	131,668	감) 488	131,180	20,091	감) 383	19,708	111,577	감) 105	111,472
화도	개소	2	감) 2	-	2	감) 2	-	-	-	-
	면적	26,222	감) 26,222	-	26,222	감) 26,222	-	-	-	-
금곡	개소	6	감) 2	4	4	감) 2	2	2	-	2
	면적	119,830	감) 49,968	69,862	89,941	감) 49,333	40,608	29,889	감) 635	29,254
진건	개소	1	감) 1	-	1	감) 1	-	-	-	-
	면적	38,032	감) 38,032	-	38,032	감) 38,032	-	-	-	-
퇴계원	개소	6	감) 1	5	6	감) 1	5	-	-	-
	면적	128,165	감) 40,317	87,848	128,165	감) 40,317	87,848	-	-	-

주) 기정은 2020년 남양주시 도시·주거환경정비기본계획 변경 고시('20.08.06) 적용

➤ 정비예정구역 결정조서에서 퇴계원읍 정비구역들은 대부분 살아남았다.

출처: 남양주시 홈페이지

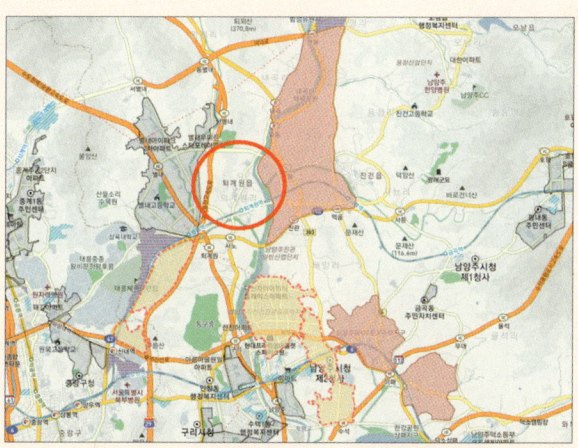

➤ 경기도의 택지개발지구 사업을 핵심 거점사업이라고 보면, 별내신도시와 왕숙신도시 사이에 퇴계원읍이 관문 입지처럼 자리를 잡고 있다.

출처: 부동산플래닛

첫 번째 이유다. 퇴계원읍은 남양주의 핵심 거점인 왕숙신도시(도심)와 별내신도시(지역 중심) 사이에 있다. 도시개발은 반드시 지역적으로 연계, 발전할 수 있도록 개발하게 되는데 남양주의 핵심 거점 사이에 퇴계원읍이 남아 있는 것이다.

두 번째 이유다. 퇴계원읍은 군부대 이전으로 급속도로 쇠퇴한 도시다. 한밤중에 가면 을씨년스러운 분위기까지 풍긴다. 아이를 이런 곳에서 키운다는 생각을 하면 절대로 투자할 수 없는 지역이다. 그러나 총 4개의 재개발구역이 신축 아파트가 되고, 군부대에 롯데건설 브랜드의 랜드마크 건물이 자리를 잡게 된다면? 개발이 어느 정도 진행되고 나서야 입지론자들은 "퇴계원읍은 입지가 좋고 GTX-B노선, 8호선을 이용할 수 있는 서울 접근성이 좋은 명품 주거단지"라고 침이 마르도록 칭찬할 것이다. 그러나 입지는 주어진 것이 아니라 만들어지는 것이다.

참고로 퇴계원읍의 많은 면적을 차지하고 있는 군부대 부지에는 원래 사드를 배치하려고 했다. 그러다 2016년 11월 국방부가 롯데그룹의 소유지였던 성주시 초전면의 컨트리클럽 부지를 맞교환하기로 하면서 상황이 달라지기 시작했다. 그리고 2020년 12월 16일 롯데건설이 퇴계원역 주변 사드 교환 부지를 931억 4,400만 원에 매매 계약을 체결했다. 시기의 문제일 뿐이지 거점개발은 떼놓은 당상인 것이다.

공문을 꼼꼼하게 보고, 정보들을 취합한다면 갭 1억 원으로도 충분히 초기 재개발 매물을 선점할 수 있다. 그것도 선동꾼들에 의해 만들어진 것이 아니라 시에서 자체적으로 검증한 재개발 매물 말이다.

2022년 나는 이곳을 추천한다 1. 동두천중앙역 상업지역

2022년, 1억 원 이하로 갭투자를 하기 매우 어려워졌다. 주거 환경이 크게 나쁘지 않아서 대중들이 혹할 만한 곳들은 초기 재개발구역으로까지 알려져 있기 때문이다. 그렇다면 남은 곳은 어디일까? 거점개발지 근처이면서 재정비가 시급한 지역이지만 혐오시설(집창촌, 공업지역, 시멘트공장, 군부대 등)이 가까이 있어서 대중들이 꺼리는 곳들이다.

2021년 10월 기준 아직은 1억 이하로 갭투자를 할 수 있기 때문에 저렴하다. 물론 이 책이 나올 때도 1억 이하 갭을 유지할 수 있을지는 모르겠지만, 대중들은 관심 자체를 가지지 않거나 큰 두려움을 느낄 곳들이기 때문에 출간 이후에 갑자기 비싸질 가능성은 높지 않아 보인다.

흔히 이런 속설이 있다. 동두천까지 오르면 부동산 불장은 끝난다고. 올해는 동두천까지 무섭게 올라갔다. GTX-C 덕정역과 바로 한 정거장 거리인 지행역 일대 아파트 단지들의 가격이 갑자기 무섭게 올랐다. 2020년 초부터 경기 북부 지역들을 제대로 조사할 기회가 있었는데, 투기꾼들이 GTX-C노선 냄새를 맡고 오면 머지않아 비싸지겠다는 생각을 많이 했다. 그러나 나는 추천하지 않았다. 고지식한 면이 있지만 투자는 미래가치를 사고파는 것이어야 한다. 이것은 저렴하게 사서 남에게 비싸게 파는 것과는 다르다. 소액으로 갭투자해서 실거주 수요자들을 울리는 폭탄 돌리기식 투기는 결국 하락장 때 부메랑이 되어서 되돌아오기 마련이다.

아무튼 현재 동두천의 상황은 이렇다. 규제지역이 되었으니 슬슬 갭투자자들은 자취를 감출 것이고 아파트 시세는 흔들릴 수 있다. 2021년 10월, 서울의 몇몇 아파트도 조짐이 안 좋다. 그러나 투자 공식을 이해한다면 어느 곳에 투자해야 하는지 머릿속에 바로 떠오를 것이다.

우선 핵심 거점이 어디인지 파악해야 한다. 아쉽게도 동두천시는 2035 도시기본계획을 내놓지 않았다. 그래서 과거의 자료를 통해 유추할 수밖에 없다. 기존 도시기본계획에서는 생연, 보산을 도심으로 설정했다. 아무리 최악의 상황이 오더라도 생연, 보산을 반드시 건드리겠다는 의도가 담겨 있다.

출처: 동두천시 홈페이지

생연, 보산은 동두천시의 구시가지다. 신시가지 개발 사업에 의해 실거주 수요가 줄어들었고, 미군부대를 포함한 군부대마저 평택으로 이전을 시작하면서 군인들에 의해 지탱한 기존 상권들이 무너지기 시작했다. 당초 동두천은 기존 도시기본계획에서 인구 10만 명 돌파를 목표로 도시계획을 세웠으나, 청장년층 인구가 급감하고 미군 부대의 철수와 함께 상권이 활력을 잃은 탓에 2021년 4월 기준으로 9만 3,000여 명으로 집계되었다.

그렇다면 계획은 계획으로 끝나는 것인가? 그렇지는 않을 것이다. 동두천시도 확장성이 좋은 곳이 아니다. 주변에 자연녹지지역이 많고 지역 간 연계성도 매우 부족하다. 게다가 군부대가 노른자 입지에 자리를 잡았기 때문에 도시 성장에 많은 제약이 있었다.

그렇다면 동두천시가 사활을 걸고 가장 먼저 건드릴 가능성이 높은 지역은 동두천시의 얼굴이라고 볼 수 있는 동두천중앙역과 보산역이 될 것이다. 현재 이렇게 넓은 상업지역이 있지만 사진처럼 상업지역다운 높은 건물들을 볼 수 없다. 아니, 영업을 하는 건축물 자체가 없다. 이처럼 동두천중앙역, 보산역 일대는 상업지역 땅이긴 하지만 저층 주거지들이 많다.

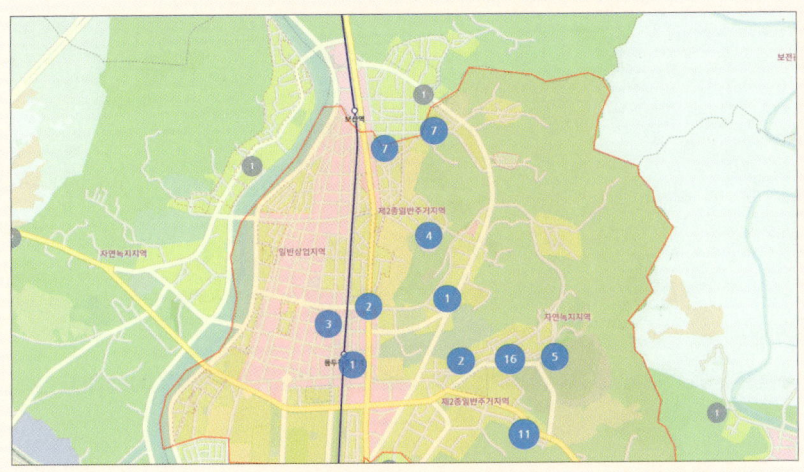

➤ 동두천중앙역, 보산역까지 이어지는 광활한 붉은색 상업지역

출처: 네이버부동산

➤ 동두천중앙역 상업지역인데 아직은 고층 건물이 없다.

027

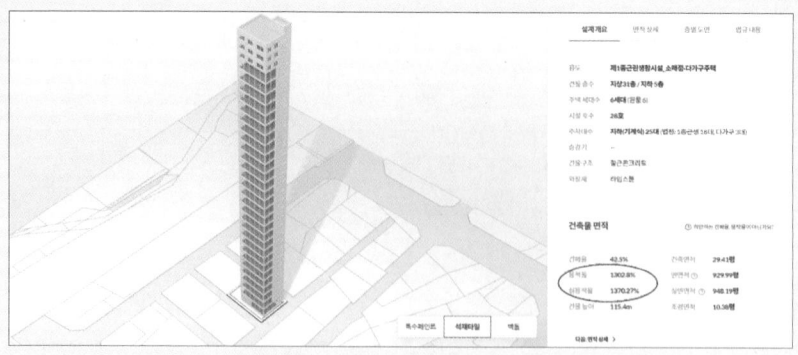

➤ 동두천중앙 역세권은 용적률 최대 1,000%, 보산 역세권은 용적률 최대 1,300%까지 건축할 수 있다.

출처: 하우빌드

 마치 적절한 시기가 되면 대규모로 고밀도 개발을 할 준비를 하는 것 같아 보인다. 따라서 가능한 한 빨리 차익을 남기기 위해서는 역세권 상업지역의 구축 빌라를 매수하는 것을 권장한다. 아직 동두천시는 210화력여단(캠프 케이시) 이전을 구체화하지 않았지만, 이전이 확정되었다는 뉴스가 나오기 시작하는 순간 동두천시에 고밀도 개발을 원하는 디벨로퍼들이 선진입을 할 것이다.

 디벨로퍼들이 먼저 역세권 땅을 건드리기 때문에 결국 가장 빠르게 변할 수 있는 땅은 동두천중앙역 일대의 상업지역이다. 우리는 디벨로퍼가 아니기 때문에 높게 지을 수 있는 땅을 찾는 게 쉽지 않다. 내가 종종 활용하는 프롭테크 플랫폼은 하우빌드(https://sketch.howbuild.com)라는 곳인데 위의 그림처럼 건축 설계를 시뮬레이션해준다. 사업성을 추정할 때 쓸 만하다.

 나는 동두천중앙역 일대의 상업지역만큼 높은 용적률을 뽑을 수 있는 지역은 거의 못 봤다. 무려 1,300%다. 서울은 기본적으로 600%다. 광역중심지 정도는 되어야 1,000%를 바라볼 수 있다. 그 말은 동두천중앙역 일대가 확실한 거점이라는 의미이기도 하다. 물론 210화력여단 때문에 저 용적률을 그대로 받을 가능성이 아직은 높지 않지만, 미래가치를 사고파는 것이라는 나의 부동산 철학에 가장 부합하는 매물이다.

만약 동두천중앙역을 비롯해 내가 관심이 있는 거점개발지의 구축 빌라가 실투자금 1억 이하라면 하우빌드 같은 플랫폼을 적극 활용해보는 것이 좋겠다. 그리고 돌다리를 두들겨보는 심정으로 신축을 하고 싶은데(혹은 가로주택정비사업을 하고 싶은데) 최대 높이가 어느 정도까지 가능한지, 높이 규제를 당할 일은 없는지 등을 관할 시, 구청 등에 한번 문의해보자. 그렇게 해서 확실한 투자가치가 있다고 느끼면 매수하는 것이다.

나는 동두천이 규제지역으로 묶인 지금이 매수 적기라고 생각한다. 대중들은 언제까지나 아파트에 관심이 많다. 디벨로퍼나 소수의 고수들만 상업지역, 준주거지역 빌라 투자를 선호한다. 선동 세력들은 대중들이 좋아하는 매물을 건드릴 것이니 그들이 끼어들어서 시세가 갑자기 요동칠 가능성이 작다. 선동 세력들은 건축에 관한 이해도가 높지 않기 때문이다. 규제에 의해 서서히 대중들의 관심 밖에서 멀어질 때가 투자 타이밍이다.

가장 적절한 타이밍은 210화력여단이 철수할 시기지만 이때까지 기다린다면 매수 타이밍을 놓칠 가능성이 크다. 사실 1억 원이라는 돈 자체는 월급 기준으로는 모으기 힘든 돈이다. 그러나 부동산 투자 세계에서는 좀 초라하다. 내가 지금부터라도 매수해야 한다고 주장하는 이유는 시세가 약간이라도 올라가면 실투자금 1억으로 투자할 수 없기 때문이다. 1억 원을 맞출 수 있다면 뒤도 안 돌아보고 사야 한다.

그렇다면 매도는 언제 하면 좋을까? 본권을 꼼꼼히 본 독자라면 단번에 대답할 것이다. "건물을 짓고 싶은 디벨로퍼에게 팔 때요!" 맞다. 그때까지는 가능한 보유할 것을 추천한다. 가격 협상만 잘한다면 실투자금 대비 2배 벌 수 있는 것도 꿈이 아니다. 이렇게 차근차근 복리를 쌓는 것처럼 투자를 한다면 어느 순간 경기도의 사업성 좋은 재건축 예정 아파트를 살 수 있는 시드머니를 충분히 확보할 수 있을 것이다.

2022년 나는 이곳을 추천한다 2. 인천·부천 준공업지역 구축 빌라, 구축 나홀로 아파트

우선 거점을 파악하기 이전에 인천, 부천 준공업지역에 왜 관심을 두게 되었는지 배경을 설명하겠다. 이제는 누구나 인정하지만 서울의 준공업지역은 부동산 투자자라면 '돈이 되는 땅'이라는 사실을 어느 정도 인지하고 있다. 준공업지역이라는 말에 성수동 카페거리나 역세권 고밀도 개발이 떠오른다면 이미 부동산 중수 이상은 된다.

앞서 살펴본 것처럼 서울의 도시정책은 수도권 그리고 더 나아가서는 지방 전역으로 퍼진다. 그중에서 인천, 부천은 서울의 도시계획에 민감하게 반응하고 실행할 수 있는 몇 안 되는 지역이다. 기존에 1호선, 7호선을 보유하고 있을 뿐만 아니라 GTX-B노선, 대곡소사선(서해선과 연결), 원종홍대선 등 신규 노선들이 생기고 재개발, 재건축 사업이 활발하게 이뤄지고 있다. 게다가 디벨로퍼들이 좋아하는 군부대 이전도 강력한 호재 중 하나다.

2021년 6월 국토교통부는 공공주도 3080 5차 후보지를 발표했다. 송내역 남측 준공업지역을 주거산업융합지구로 지정한다는 내용이다. 경기도 최초로 대거 지정되었을 뿐만 아니라 앞으로 준공업지역 개발을 어떻게 건드려갈지 권력자의 생각을 알 수 있다.

주거산업융합지구에 관한 LH의 설명은 이러하다. 5,000제곱미터 이상의 노후도 요건이 충족된 사업지에 청년&벤처기업 공유공간, 연구개발센터, 공공기관 등을 입점하고 4차산업혁명 업종 종사자를 위한 양질의 주거지를 보급하겠다는 것이다. 즉, 미래 전략 사업을 준공업지역에 유치하겠다는 얘기다. 부천에 이미 시범 사업지가 생겼으니 준공업지역이 많은 부천, 인천은 물 만난 물고기인 셈이다.

➤ 국토교통부 공공주도 3080 공식 홈페이지를 보면 준공업지역을 주거산업융합지구로 육성하겠다고 정한 것을 알 수 있다.

출처: 국토교통부 홈페이지

물론 공공주도 사업지는 '현금 청산'이라는 과제를 안고 있다. 그러나 우리는 공공주도 3080의 현금 청산이라는 이슈에 크게 신경 쓰지 말자. 한번 시행된 도시계획은 다른 방식으로 활용할 수 있다. 우리는 권력자가 앞으로 준공업지역을 4차산업혁명의 거점개발지로 활용한다는 것만 기억하면 된다. 공공 개발에 한계가 있으면 민간 개발도 열게 되어 있다. 만약 헝다 파산 사태로 촉발된 경제위기가 리먼 브라더스 충격과 맞먹는 위기로 다가

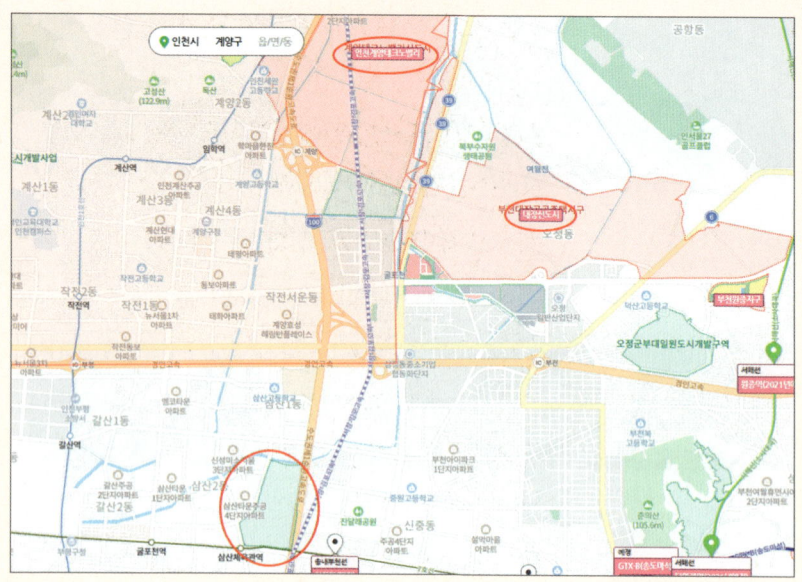

➤ 원 표시는 신규 택지개발 사업이다. 시 예산이 많이 들어가는 거점사업지가 어디인지 체크하는 습관부터 들여야 한다.

출처: 네이버 지도

온다면 공공, 민간 가릴 것 없이 건설경기를 활성화하는 데 국가가 모든 역량을 동원할 것이다. 미래의 거점개발지를 선점한다는 것 자체만으로도 흥분되지 않는가?

　우선 거점개발지부터 찾아보자. 부천과 인천은 준공업지역이 넓게 펼쳐져 있기 때문에 아무 매물이나 매수할 수는 없다. 그렇다면 권력자가 개발하는 지역 근처의 준공업지역을 집중적으로 봐야 한다. 이유는 간단하다. 권력자가 주거산업융합지구를 육성할 가능성이 높은 지역이기 때문이다.

　네이버 부동산 지도로도 거점개발지를 파악할 수 있다. 3기 신도시인 인천 계양테크노밸리, 부천대장지구가 보인다. 앞서 설명한 것처럼 강서구 일자리 사업과 연계되는 사업지일 뿐만 아니라 문제인 정부가 추진하는 대규모 택지개발지구 사업이기 때문에 반드시 성공시켜야 하는 과업이 있는 곳이다.

➤ 글로벌 기업이 핵심 입차인(입주사)으로 참여하는 부천영상문화산업단지
출처: 부천시 홈페이지

    그런데 지도에도 표시되어 있지 않은 곳이 있다. 바로 부천영상문화산업단지다. 부천시와 GS건설이 컨소시엄을 맺고 추진하는 사업이다. 글로벌 기업인 소니픽쳐스 등 28개사가 입점하는 어마어마한 일자리 사업이다. 게다가 지하 4층~지상 70층의 랜드마크 건물까지 세운다.

    그런데 인천시 계양구나 부천시 오정동을 보면 좀 정리되지 않았다는 느낌이 든다. 준공업지역 산업단지에 근무하는 노동자들을 위한 주거지 보급을 하다 보니 주공이 분리되지 않은 모습을 보여준다. 게다가 신규 거점개발지들이 멀리 떨어져 있어 서로 연결해 줄 중간거점개발지가 필요할 것이다.

그러니 준공업지역 중 빠르게 주거지 사업이 이루어지고 있는 지역을 찾아야 한다. 즉 신축 오피스텔이나 아파트 개발 사업이 활발한 곳을 찾는 것이 중요하다. 공장주들이나 창고 운영자들이 비협조적으로 나올 수 있기 때문에 최대한 손품과 임장을 활용하면서 지역 분석을 할 필요가 있다.

매도 타이밍은 언제일까? 거점개발지 주변 상업지역, 준주거지역, 준공업지역 매물들은 아파트같이 시세가 정해진 것도 아니고 재개발, 재건축 매물처럼 단계별 인허가가 있는 것도 아니기 때문에 매도 타이밍을 잡기가 쉽지 않다. 그러나 가격 협상만 잘할 수 있다면 오히려 쉬울 수 있다. 이런 매물들은 디벨로퍼들만 거래하는 매물이기 때문에 건축하고 싶어하는 업자에게 최대한 협상을 한다면 좋은 가격에 매도가 가능하다. 먼저 설명했던 동두천중앙역 상업지역 매물의 투자 전략과 비슷하다.

다만, 매수할 매물은 동두천중앙역의 상업지역보다 조금 더 꼼꼼하게 조사할 필요는 있다. 준공업지역도 높게 지을 수 있는 땅인 것은 분명하지만 상업지역보다 용적률 인센티브가 적다. 따라서 매물이 어느 장소에 있는지, 법적으로 규제받는 것은 없는지 등에 따라 용적률을 400% 가까이 받을 수도 있고, 못 받을 수도 있다. 더구나 빠르게 주거지 사업으로 전환되는 지역이 아니면 생각보다 장기 투자가 될 수 있기 때문에 잘 모르겠으면 꼭 임장을 가는 습관을 들이도록 하자. 소액 투자가 오히려 많은 노력과 지식이 필요하다. 소액 투자로 최대의 효과를 내야 하기 때문에 실패율이 낮은 매물을 매수해야 한다.

물론 단계별 프리미엄을 아예 누릴 수 없는 건 아니다. 누군가가 가로주택정비사업을 추진하거나 역세권 도시정비형 재개발을 추진하겠다고 하면 이때부터는 재개발, 재건축, 가로주택정비사업 매물이 되는 것이다.

마지막으로 약간의 팁을 말해두려 한다. 이 책을 읽는 독자가 20대에서 40대의 나이라면 이런 매물을 한 번에 매수하기 어려울 수 있다. 이런 매물을 보유한 매도자들은 여러분보다 더 투자의 고수일 수 있다. 부동산에서 계약하려고 하는 순간 그 자리에서 5,000만 원 정도 올려버리는 것은 일도 아니다. 나는 20대에서 40대 회원들에게 가능한 한 아버지나 어머니와 함께 부동산에 가서 계약하거나 최대한 남루한 차림으로 갈 것을 권장한다. 가능한 한 실거주할 목적으로 매수하는 것처럼 보여야 한다. 이런 액션을 취해야 투자용으로 매수하러 왔다는 생각을 하지 않을 테니까. 조금만 가격이 올라가면 내 보유 자금으로 매물을 못 살 수도 있다.

레벨 2
투자금 3억 미만

레벨2로 넘어온 것을 축하한다. 평소에 재테크를 열심히 했거나, 성실하게 돈을 모아서 3억 원이라는 투자금을 마련했을 테니 말이다. 보통 30대나 40대 초반 회원들이 3억 원 내외 투자가 가능한 매물을 찾는다. 조금 더 착실하게 돈을 모았거나 고소득자라면 실투자금 5억 원 내외도 가능하다.

3억 원은 객관적으로 적은 돈이 아니지만 아직도 제대로 서울에 등기를 치기에는 간당간당한 게 사실이다. 그간 전례 없는 불장으로 서울의 집값이 만만치 않게 올랐다.

사실 이 금액대의 투자자들은 멘탈 관리가 매우 중요하다. 특히 3년 전 서울의 시세를 생각하고 투자하려고 한다면 거품이라는 생각이 들 수 있다. 때로는 극과 극의 선택을 하는데 아예 투자(내 집 마련)를 포기하거나, 초기 재개발에 무리하게 투자하거나 하는 식이다. 결국엔 후회하기까지 그리 오랜 시간이 걸리지 않는다.

투자는 버는 것도 중요하지만 잃지 않는 것이 더 중요하다. 만약 약간의 투자로 수익을 올려 3억 원 내외의 시드머니를 만들었다면 이제부터 진정한 '나의 그릇'을 테스트할 때다. 부자가 될 자질이 있는 사람이라면 3억 원 내외의 자금은 10년 이내에 100억 원이 되어 있을 것이고, 부자가 될 자질이 없는 사람은 애써 모은 3억 원을 다 날려버릴 수도 있을 것이다. 특히 투자로 돈 좀 벌었다면, 초심을 잃고 거만해지고 탐욕을 부릴 수도 있는 시기임을 잊지 말아야 한다. 하락장에 이르면 잘못된 투자로 인해 상승장 때의 수익을 다 뱉어내는 사람들이 많다.

이 책에서 계속 언급한 거점지역은 오늘도 내일도 내년에도 계속 오를 수 있다고 자부한다. 실투자금이 3억 원뿐이라면 일단 지역에 대한 편견을 버려야 한다. 늦었다는 것을 인정하고 서울이 아니더라도 돈을 벌 수 있는 곳을 선택해야 한다. 만약 무주택자이고 미혼이라면 몸테크도 심각하게 고려해야 한다. 레벨2는 레벨3으로 향하기 위한 교두보인데 단기간에 레벨3으로 가려면 몸테크 2년 후 비과세 전략도 나쁘지 않다.

만약 2주택 이상 투자하기 위해 3억 원을 쓰는 분들은 세금으로 많이 빠져나가기 때문에 무조건 많이 벌 수 있는 매물을 선택해야 한다.

서울 밖에도 기회가 있다

지난 1년간 1980년대에 준공된 재건축 아파트를 중심으로 서울이 무섭게 올랐다. 이 시세를 경기도가 키맞춤하는 중이다. 서울 소재 1980년대 재건축 아파트 공식을 학습한 투자자들이 서울에 있는 1990년대 재건축 예정 아파트에 투자하고 있다. 특히 그간 1980년대 재건축 예정 아파트를 매수하지 못한 사람들까지 대거 1990년대 아파트라도 매수한 탓에 키맞춤 현상이 나타나고 있다. 결국 갈 곳을 잃은 돈들이 1990년대 경기도에 지어진 재건축 예정 아파트에 쏠릴 것이다. 특히 서울 일자리로의 접근성이 좋으면서 재건축 사업성이 좋은 매물은 상상도 못 할 정도로 시세가 급등할 것이다.

규제가 많은 재건축 투자, 결국 사업성이 좋은 단지에만 투자해야 한다

입지만 보고 아무거나 투자하지 말아야 한다. 차후 설명하겠지만 사업성이 좋은 매물을 찾는 것이 핵심이다. 요즘은 부동산 플랫폼들이 좋아져서 확실한 사업성을 계산할 수는 없어도 리스트업 정도는 가능하다. 예상 사업성이 미래를 예측하진 않지만 내 경험상 결국 빠르게 재건축 추진이 가능한 단지일 가능성이 높다.

몸테크를 걱정하느라 타이밍을 놓치지 마라

몸테크가 부담스럽다면 일단 갭으로라도 사놔야 한다. 시드머니를 불려야 하는 단계이기 때문에 시간을 허비하기보다는 조금이라도 버는 게 낫다.

전략적으로 시드머니를 모아야 하기 때문에 적절한 갈아타기가 가능하다고 생각하면 비과세, 호재 등은 고이 접어두고 과감하게 갈아타는 것이 좋다. 13여 년간 고객들을 컨설팅하면서 꾸준한 갈아타기가 돈을 훨씬 많이 버는 지름길이라는 사실을 알게 되었다.

우리는 이미 배웠다. 같은 인프라(지하철 노선)를 공유하는 지역은 서열화가 되어 있으며, 하극상을 허락하지 않는다. 권력자가 상대적 하급지를 눈여겨보고 갑자기 대형 거점개발을 하지 않는 이상 말이다.

도박 성향이 있는 사람은 조심, 또 조심해야 한다

지금 언급하는 투자상품은 전혀 모른다면 차라리 다행이다. 혹시 코인 투자를 좋아하는가? 그것도 알트코인만 투자하는가? 알트코인도 재미없다고 생각하고 혹시 마진 같은 것에 손대지 않는가? 아니면 아예 선물옵션이나 파생상품을 건드리고 있는가? 그것도 아니면 주식 정보방에서 급등주 같은 걸 찾고 있는가?

이 시기에 접어들면 돈이 되는 건 뭐든지 투자하려고 한다. 특히 운이 터져서 3,000만 원 시드머니로 시작한 사람이 10배 가까이 돈을 벌게 되면 어깨에 힘이 들어가기 시작한다. 문제는 내가 실력이 있다고 착각한다는 것이다. 부동산에 투자한다면 지방 아파트 소액 갭투자로만 여러 채 사기 시작해 보유하고 있는 초기 재개발 매물만 서울, 인천, 부산, 광주 등 통틀어서 갭 3,000만 원 내외로 10채 가까이 매수하는 유형이 있다. 9채는 망하더라도 1채라도 성공하면 대박 날 수 있다고 생각하기 때문에 주택 수를 늘리지 않으면 불안해하는 유형이다.

이런 유형은 부동산 투자도 도박성이 짙다. 하나만 터지면 대박이라는 심리로 투자하기 때문에 투자의 기준은 호재와 가격뿐이다. 솔직히 호재에 관한 자세한 정보도 잘 모른다. 경고하지만 개발 호재는 권력자가 발표를 확정하기 전까지는 뜬소문일 가능성도 있다.

기억하라. 진짜 정보는 노력하고 연구하는 사람에게만 주어지는 것이다. 김포공항 고도제한 완화 사례처럼 호재가 발표되기 전부터 이미 고층 건물이 지어지고 있거나, 금남시장 상권을 활성화하고 장터길을 넓히기 위한 목적으로 금호23구역을 공공재개발 후보지로 선정한 사례처럼 많은 임장과 투자 경험 그리고 원문을 해석할 수 있는 분석력이 있어야 알 수 있는 것들이 있다. 그런 능력을 갖출 수 있어야 진짜 실력자다.

돈을 번 것이 약이 될 수도 있고 독이 될 수도 있다. 돈만 벌면 실력이 있다고 착각할 수 있는데, 이 시기에 투자를 잘못하면 다시는 일어날 수 없다. 돈을 좇지 마라. 미래가치가 좋을 것으로 예상되는 거점개발지 중 3억 원 미만 투자가 가능한 매물을 찾는 데 집중하자. 그러면 돈은 알아서 올 것이다.

2019~2021년 나는 이곳을 추천했다

내가 사람들에게 매번 강조한 것이 있다. "만약 무주택자라면 그리고 내 집 마련이 절실한데 실투자금이 3억 원 이하라면 상계주공, 창동주공 소형 평수라도 사야 한다!" 노원구, 도봉구는 신축 아파트가 지나칠 정도로 적은 자치구이기 때문에 신축 아파트가 될 재건축 아파트가 대장 역할을 하게 될 것이라고 말했다. 그리고 지금은 부정할 수 없는 사실이 되었다.

아무튼 2019~2020년 서민이 마지막으로 투자할 수 있었던 1980년대 재건축 예정 아파트는 이제 10억 원을 넘기 시작했다. 상계주공 3단지 29평형이 2021년 9월 11일 11억 5,000만 원에 실거래되었다. 녹물이 나오고 층간소음 심한 복도식 아파트, 주차 공간이 협소한 주공아파트가 이렇게 변한 것이다.

  2020년 하반기부터 나는 중계주공, 월계주공, 번동주공, 가양시영, 방화시영 등 1990년대에 준공된 아파트를 추천했다. 아직 안전진단을 준비하고 있지 않지만 이 카드를 쓰기 시작하는 순간 다시 한번 불장이 되는 것은 뻔하다. 도봉구, 노원구처럼 신축 아파트의 수요가 강한 지역일수록 재건축 예정 아파트들이 사실상 대장 아파트 역할을 하고 있다.

  게다가 1980~1990년대 택지개발지구 아파트들은 단지 자체만으로도 1,000세대가 넘는 대단지들이 많은데 이런 단지들이 많게는 16개나 이웃하고 있다. 그래서 상계주공 1단지가 안전진단을 통과했다는 소식이 들리면 다른 주공아파트 단지들도 시세가 덩달아 오르는 것이다. 상계주공 1단지 막차를 타지 못한 수요들이 빠르게 다른 아파트 단지들로 눈을 돌렸기 때문이다.

  2020년까지만 하더라도 가성비 재개발 투자처도 있었다. 실투자금 3억 내외로 투자 가능한 매물 말이다. 노원구 상계뉴타운1구역, 2구역, 백사마을 재개발, 성북구 돈암6구역 매물이 대표적이다. 건축 심의가 통과되고 사업시행 인가가 통과되면서 지금은 가성비와는 동떨어진 매물들이 되었지만, 타이밍만 좋았으면 충분한 수익을 낼 수 있는 시기는 분명히 있었.

  재개발이면 재개발, 재건축이면 재건축, 가로주택정비사업이면 가로주택정비사업, 상가주택이면 상가주택, 노력과 열정이 있으면 어느 것 하나 매수해서 충분한 수익을 남길 수 있었다. 그러나 2021년은 좀 분위기가 달라서 아쉽다. 2년 전만 해도 서울에도 투자했던 금액인데 이제는 꿈꿀 수 없는 금액이 되어버렸다.

  마지막으로 강조하고 싶은 것을 정리하면 다음과 같다.

➤ 용답동 일대 재개발(주택 보급사업), 주택성능개선구역(상권 활성화)

출처: 성동구청

* 실거주 겸 투자가 가능한 똘똘한 한 채는 욕심이다. 차라리 재건축 예정 아파트에 과감하게 투자하라!
* 그런 점에서 노도강 재건축 예정 아파트는 서민이 투자할 수 있는 막차다.
* 적은 투자금으로 상가 투자를 하고 싶다면 도시재생사업지를 찾아라.
* 재개발은 입지보다 권력자의 의지, 사업성, 속도가 더 중요하다.
* 시간을 죽이는 투자를 하지 말고, 단기 투자로 접근하라.
* 구축 빌라, 연립주택도 돈이 될 수 있다. 거점개발지+사업성 좋은 매물을 매수하면 상급지 이동이 가능하다.

이런 사실들을 고객들에게 알려주었고 이제는 충분한 성과가 나오고 있다. 특히 용답동은 얘기할 것이 많다. 요즘은 또 초기 재개발을 추진한다고 하던데, 내가 추천해준 분들은 재개발은 전혀 생각하지 않고 매수했지만

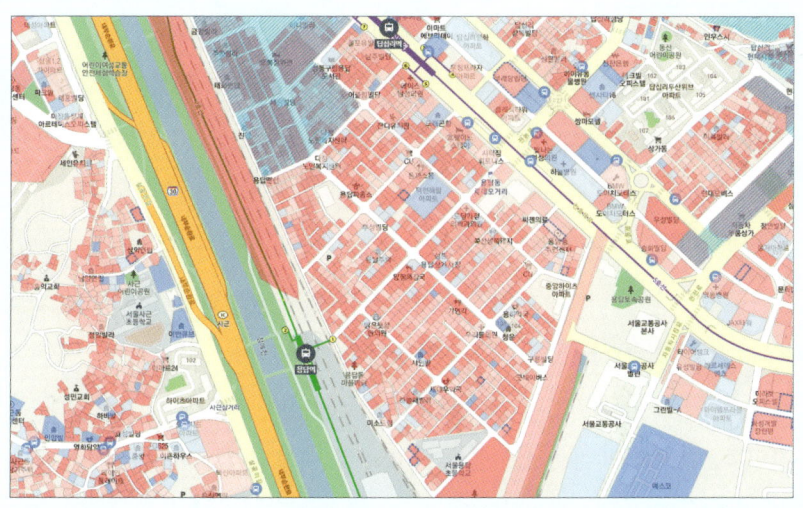

➤ 용답동 일대 노후도. 빨간색이 짙을수록 노후 건물이라는 뜻이다.

출처: 부동산플래닛

이런 움직임 덕분에 잘 오르고 있다. 그리고 남들보다 더 빠르게 선점할 수 있었다.

그렇다면 나의 고객들은 어떤 매물을 샀을까? 용답동에는 청계리버뷰자이라는 재개발 지역이 있다. 노후도를 보면 위의 그림처럼 노후화된 지역들이 많다. 재개발이 시급해 보이지만 모든 구역을 재개발하진 않는다. 왜 그럴까? 간단하다. 아파트가 있으면 상권(재래시장 상권)도 세팅해야 한다. 성동구에서는 마장동-용답동(용답상가시장)-성수동 관광 코스의 활성화를 위해 도시재생사업을 시행하고 있다.

게다가 볼거리는 청계천과 중랑물재생센터가 있다. 특히 중랑물재생센터는 많은 예산이 투입되는 사업이다. 정확하게는 하수처리장이었던 물재생센터에 녹지공원화 사업을 하는 것이 중랑물재생센터 개발이다. 어디서 많이 본 사업 같지 않은가? 맞다. 상암동 하늘공원 사업과 유사하다. 항상 강조하지만 공무원들의 일하는 방식은 창의적이지는 않다. 그래서 유사한 사례를 연구해서 1:1 대입하는 투자 방식이 잘 먹히는 것이다.

따라서 용답동 다가구, 단독주택들은 상가주택용으로 투자하는 것이 가장 이상적이다. 우리 회원들은 이런 매물을 얼마 주고 샀을까? 2020년만 해도 실투자금 3억 원 이하에 투자가 가능했다고 하면 믿을 수 있을까? 그것도 단독주택, 다가구주택을 말이다. 이런 투자가 왜 가능한지 이해해야 한다.

용답동은 2호선, 5호선 더블 역세권 지역이다. 즉, 일자리 노선인 것이다. 그런데 성동구 중에서도 가장 변두리 지역에 있다. 성동구 중에서는 그나마 땅값이 저렴하다. 성동구에서 월급을 그나마 많이 받는 20~30대 직장인들은 왕십리역이나 성수동에 살 것이다. 부모님이 부유해서 월세 지원을 해주는 대학생도 마찬가지로 성동구에서 왕십리역이나 한양대입구역, 성수동 등에 살 것이다. 그렇지 않은 사람들은 어디에 살까? 입지는 좋지만 거주 환경이 열악한 사근동이나 일자리 출퇴근 시간은 좀 포기하더라도 쾌적한 환경을 보장받을 수 있는 용답동, 답십리동에 전세나 월세로 살 것이다. 만약 용답동, 답십리동의 월세나 전세도 부담스럽다면 석관동이나 중곡동, 면목동에 거주한다.

이런 지역적 특징을 이해해야 가장 최상의 부동산 투자 전략을 모색할 수 있다. 꾸준히 젊은 인구가 유입되는 곳이기 때문에 단독주택, 다가구주택 소유주들은 고정적인 월세 수입을 얻을 수 있다. 심지어 상가주택화가 된다면 월세 수입은 어마어마할 것이다. 코로나가 한창인 지금에도 이 정도 상권이면 정치적으로 상권을 쇠퇴시키는 작업을 하지 않는 이상 무너지기 어려운 곳이다.

권력자들은 재래시장 상권을 없애버리고 싶어하지 않는다. 신축 상가를 만들든, 도시재생사업으로 보존하든 개발하는 방식은 차이가 있지만 재래시장을 완전히 죽이는 방식으로 개발하지 않는다. 대중들의 눈으로는 깔끔한 마트도 있는데 시대에 동떨어지게 왜 이런 걸 그대로 두느냐고 생각하겠지만 권력자들은 큰 문제가 없는 이상 재래시장에 테마를 입히고 꾸준히 상권을 키우려고 노력한다. 백종원의 〈골목식당〉이 바로 대표적인 예다. 백종원이 투어한 식당가들이 알고 보면 도시재생사업지들이다. 대표적인 지역이 바로 연돈 돈까스, 홍탁집으로 잘 알려진 포방터 시장이다.

용답동은 장사가 잘되고, 실거주하는 사람들이 많기 때문에 보증금이 꽤 높은 지역이다. 단독주택, 다가구주택의 매매가는 7억 원에서 8억 원 사이지만 보증금이 4~5억 원 정도인 곳이 많아 오히려 3억 미만 갭투자가 가능했다.

==부동산 투자는 '미래가치를 사고파는 것'==이라고 이야기했다. 용답동 단독주택, 다가구주택도 마찬가지다. 사람들의 발길은 많지만 허름한 상태로 방치되어 있는 단독주택, 다가구주택을 상가주택으로 개량한다면 미래가치는 상승한다. 특히 답십리역, 용답역과 인접하거나 재개발 지역과 인접한 곳, 중랑물재생센터 쪽으로 가는 길목의 매물을 매수하도록 권장했다. 향후 새로운 상권의 중심지가 될 수 있기 때문이다. 제2의 연남동, 성수동, 익선동이 될 수 있는 잠재력이 있는 땅이 용답동이다.

참고로 나는 도시재생사업에 관해 중립적이다. 옳고 그름을 따지는 것 자체가 무의미하다고 생각한다. 재개발을 해야 할 지역 같은데도 권력자가 재개발을 할 생각이 없다면 재개발 투자처가 아닌 것이다. 그러니 권력자의 입장에서 생각해야 한다. 재생 보존 방식으로도 충분히 성과를 내고 있는 도시재생사업지들은 그대로 시행할 가능성이 높다. 그러나 상권 활성화도 실패하고, 슬럼화만 가속화되고 있는 도시재생사업지들은 원점에서부터 재검토하는 것이 맞다고 본다. 특히 오세훈 서울시장과 현 국토교통부는 도시재생사업지도 재개발 지역에 포함될 수 있음을 시사했다.

물론 도시재생사업이 모두 잘되고 있다고 평가하는 것은 아니다. 얼마 전 현재의 도시재생사업의 한계를 이야기하는 사설을 읽은 적이 있는데

"사람이 점점 떠나는 곳에 공동체 의식을 강조해봤자 아무 의미가 없다. 도시재생사업은 사람이 머무는 곳을 만드는 데서 시작해야 한다"라는 말에 깊이 공감했다. 마을 사업가를 구심점으로 삼아 도시재생사업을 실행하지만 정작 공동체의 구성원이 되어야 할 사람들이 낙후된 환경을 견디지 못해 떠나간다면 당연히 공동체는 무너진다. 마을 사람들이 정을 붙이고 머물 수 있는 상권을 만들든, 양질의 주거지를 만들든 해야 한다.

성동구는 재개발, 재건축, 가로주택정비사업, 도시재생사업 모두 잘한다. 그리고 내 눈에는 용답동 도시재생사업이 나름대로 잘되고 있다. 그래서 상가주택이나 수익형 부동산을 원하는 우리 회원들에게 경험 삼아 투자하도록 했다. 결과는 당연히 수익으로 이어졌다. 제2종 일반주거지역이지만 단독, 다가구가 많은 동네여서 의외로 건설업자들이 많이 온다. 신축 빌라, 신축 원룸 사업을 하기에도 최적의 환경이기 때문이다. 그들에게 되팔아도 좋고, 서로 뜻이 맞는 사람들끼리 뭉쳐서 가로주택정비사업을 추진해도 좋다고도 말했다. 임장반 회원들에게는 아예 가로주택정비사업을 해도 될 만한 구역들을 직접 찍어주기까지 했다. 그게 하필 요즘 초기 재개발 이슈가 있는 곳이지만.

돌이켜보면 2020년은 매물 찾는 재미가 확실히 있었다. 원래 부동산은 같은 조건이면 비싼 것이 더 많이 오른다. 이건 지극히 상식적인 일이다. 그래서 실투자금 3억 원 미만 가성비 매물에 큰 관심이 없었다. 그러나 고객들에게 좋은 경험을 제공해주고 싶어서 서울이지만 실투자금 3억 원 미만 투자가 가능한 매물들을 그 어느 때보다 열심히 찾고, 컨설팅과 강의, 칼럼에 녹여냈다. 동북권 지역에서는 상급지인 성동구, 동대문구, 광진구인데 실투자금 3억 원 내외인 연립주택, 구축 빌라를 발견할 때마다 다들 깜짝 놀라워했다.

2021년에는 서울 입성에 필요한 자금이 늘어날 것이라는 예상을 했다.

그래서 조금이라도 많은 사람이 서울에 등기 칠 수 있는 매물을 열심히 찾았다. 청량리 역세권에는 의외로 이런 매물들이 간혹 있었다. 2020년 사회적 거리 두기가 심하지 않았을 때는 청량리 역세권 임장반을 몇 차례 운영했다. 임장반에 참석한 사람들에게 나는 이런 질문을 많이 했다.

"지금 이 앞에 보이는 대명빌라와 상계주공, 창동주공 갭 가격이 거의 비슷한데요. 만약 회원님이라면 어떤 투자를 하시겠어요?"

참 고민되는 질문이다. 사실 지금도 답이 나왔다고 볼 수는 없다. 단지 성향의 차이일 뿐이다. 조금 더 과감한 투자를 원하는 사람은 청량리 역세권의 신규 재개발구역이었던 대명빌라를, 단계별 프리미엄을 얻을 수 있으면서 아파트라는 안정감이 필요한 사람들은 상계주공, 창동주공을 매수했을 것이다. 아무튼 2020년도는 이런 고민을 할 수 있던 시기였지만 지금은 선택지가 그때만큼 다양하지 않다.

➤ 공공재개발구역으로 지정된 용두동 20-3 일원 대명빌라. 나는 아무런 이슈가 없을 때부터 추천했다.

2022년 나는 이곳을 추천한다

2022년, 1억 원 이하 갭투자자에게는 꽤 힘든 시기겠지만 아예 불가능하지는 않다. 3억 미만 투자처도 마찬가지다. 한 가지 다행스러운 점은 경기도 아파트 정도는 갭투자를 할 수 있는 가격이라는 것이다. 물론 이 책이 출간될 2022년 상반기에는 거의 막차 탈 시기일 것 같지만 말이다.

이럴수록 오직 효율적인 투자에만 집중해야 한다. '확장성 있는 + 거점개발지 + 신축 아파트가 될 수 있는 + 재개발, 재건축, 가로주택정비사업.' 이것만 기억해도 큰 성과다. 더불어 이러한 투자가 오히려 더 효율적일 수 있음을 충분한 사례와 데이터로 보여주었다. 입지가 좋은 매물보다 더 중요한 것은 가장 가파르게 오를 수 있는 매물을 찾는 것이다.

먼저 일산신도시(리모델링보다는 재건축이 가능한 아파트를 매수)다. 단연코 일산신도시는 2022년 부동산 시장의 화두가 되지 않을까 생각한다. 바로 확장성이 있는 거점개발지이기 때문이다. 왜 그런지 차례대로 설명을 하겠다. 잘 따라오면 그렇게 어렵지는 않다.

고양시의 도시기본계획을 살펴보겠다. 원래는 동-서로 구분된 지역의 균형 발전을 위해 일산, 화정을 2도심으로 설정했다는 것을 알 수 있다. 그러다 2035년 도시기본계획 재수립(안)에서는 3기 신도시인 창릉을 추가하여 3도심(일산, 화정, 창릉) 체계로 계획이 변경되었다. 대체로 경기도의 도시계획에서 3기 신도시의 위상은 꽤 높다. 남양주가 왕숙신도시를 도심으로 설정한 사례도 그렇고 고양시도 마찬가지다.

총 생활권은 4곳으로 분류되는데 정리하면 다음과 같다.

* 일산서부생활권: 소통, 화합의 미래평화첨단산업 중심, 역세권 중심 공공기능 강화, 역세권 고밀도 개발 및 구역별 거점개발지 연계 개발, 재개발-재건축-리모델링 활성화
* 일산동부생활권: 방송, 영상, 문화, 예술 지식 기반산업 집적지 형성

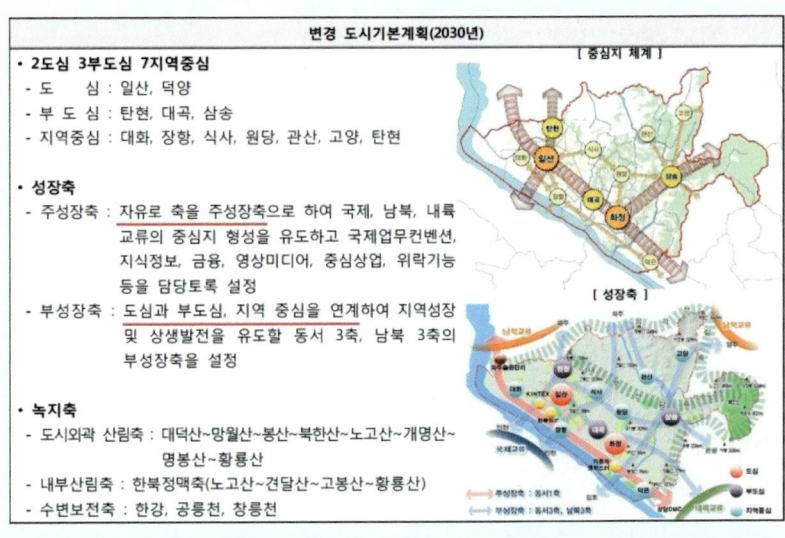

➤ 고양시 도시기본계획처럼 추상적인 문장이 많은 문서는 여러 자료의 수집이 필요하다.

출처: 고양시도시기본계획

- * 덕양북부생활권: 주거, 자연이 공존하는 친환경 자족도시 기능, 역사·문화·관광산업 벨트 구축 및 근린생활중심지 거점 상권 활성화
- * 덕양남부생활권: 경기서북부권역 교통, 첨단산업, 문화예술 융복합 중심지, 자족 기능이 있는 일자리 사업 확충과 함께 원도심 도시재생사업 시행

    그러나 경기도 여러 도시의 도시계획을 살펴보면, 거점개발지 중에서도 가장 핵심이 되는 지역과 그렇지 않은 지역들이 나뉜다. 관광 사업지나 자연이라는 단어가 언급된 곳들이 특히 그렇다. 어쩔 수 없다. 경기도 지역들은 공통으로 자족도시와 인구 증가가 핵심 목표다. 2010년도까지는 변두리 지역으로 확장 개발하는 데 주력했다. 그러나 확장 개발된 신도시들이 고립된 섬처럼 되다 보니 생각보다 인구 유입이 잘 이루어지지 않았다. 경기도 지역들은 난감해졌다. 저렴한 신축 아파트촌으로는 서울의 인구를 끌어

➤ 거미줄처럼 이어지고 있는 판교신도시 철도계획. 판교신도시를 모델로 삼아 일산신도시 자족도시 개발도 이루어질 것이다.

출처: 호갱노노

올 수 없기 때문이다.

그런데 성남시 분당구에 엄청난 도시가 등장했다. 바로 판교신도시다. 판교테크노밸리라는 양질의 일자리, 판교 역세권 백화점 상권(현대백화점) 그리고 과도하다 싶을 정도로 많은 지하철 노선까지 끌어오면서 자족도시인 동시에 거점개발지인 판교신도시에 사람들이 몰리기 시작했다. 판교역 초역세권 아파트인 판교푸르지오그랑블은 부동산의 기존 공식을 완전히 무너뜨린 상징적 존재가 되었다. 초역세권이자 거점개발지와 가까운 아파트가 학군지 아파트의 시세를 뛰어넘기 시작한 것이다. 성남시와 분당구의 서열을 완전히 바꾼 것이다.

여기서 경기도의 여러 도시는 이런 생각을 했을 것이다. "그래! 바로 이거야! 우리도 제2의 판교신도시를 만들자! 과도할 정도로 지하철을 끌어오고, GTX까지 끌어오면 금상첨화겠다! 그리고 거점개발도 하는 거야! 자족도시를 만들면 사람들이 굳이 비싼 돈 주면서 서울에 살 필요가 없다고 느낄 거야!"

　따라서 고양시 도시계획도 결국, 자족도시에 부합되는 지역들을 먼저 개발할 수밖에 없다. 무리하게 확장 개발을 해봤자 예산만 낭비될 것이고 인구 유입의 효과는 적을 것이다. 경기도 대부분의 도시가 선택과 집중으로 도시계획의 새판을 짜고 있다. '일단 도심이라도 제대로 만들자' 전략이다. 과거 도심지역들은 구시가지들이 많은데 이런 지역들이 하나둘씩 재개발, 재건축 연한이 도래하면서 투자자들이 몰려오고 있다.

　고양시에서 가장 천지개벽할 곳이라고 평가하는 곳이 대곡 역세권 인근에 있는 덕양구 토당동, 화정동 일대라고 본다. GTX-A노선 거점개발지로서 역세권 개발로 인프라 세팅이 집중적으로 이루어질 것이다. 그 영향으로 능곡재정비촉진지구 사업도 갑자기 잘되고 있다. 최근에 임장을 가면서 강력했던 비대위의 힘이 약해지고 있다는 것을 직접 눈으로 확인했다.

　원래 능곡재정비촉진지구는 지지부진하고 비대위가 강한 사업지로 알려져 있었다. 뉴타운 해제를 바라는 현수막, 벽보들이 요란하게 붙여져 있는 것이 흔한 이미지일 것이다. 그러나 서서히 변화의 움직임이 시작되었다. GTX-A노선 거점개발이 가시화되면서 땅값이 오르고, 사업성이 개선되기 시작했다. 2022년 5월에 입주 예정인 고양대곡역 두산위브가 아직 완공도 되기도 전에 평당 3,000만 원 이상을 찍어버렸다. 일반적으로 신축 아파트의 시세가 평당 2,000만원 이상이면 슬슬 재개발해도 되겠다는 분위기가 자연스럽게 형성된다. 이렇게 능곡재정비촉진지구는 한때 재개발의 불모지였지만, 광역거점개발지가 되면서 갑자기 재개발 노다지가 되었다.

　원래 고양시장은 도시개발사업에 크게 관심이 없는 편에 속했다. 그러나 요즘 고양시 임장을 하다 보면 그 어느 때보다 도시개발사업에 관심이 있어 보인다. 고양시민들도 도시개발사업에 부쩍 관심이 많아졌다.

그렇다면 일산호수공원이 있는 킨텍스 주변은 어떨까? GTX-A노선이 개통되는 것 외에 어떤 지역이 확장 개발되는지 아는 사람은 많이 없을 것이다. 그러나 이 책을 꼼꼼하게 읽었다면 어떤 개발인지 기억이 날 것이다. 바로 일자리 개발이다. 고양 방송영상밸리 도시개발사업과 일산 테크노밸리 사업 그리고 고양 장항지구 사업이라는 굵직굵직한 거점개발이 있다. GTX-A노선이 될 킨텍스역을 중심으로 한강 변까지 확장 개발이 되고 있는 것이다.

부동산 가격이 상승하는 진짜 원리는 무엇일까? 입지론자들은 "많은 사람이 보기에 좋은 것이 상승하는 부동산"이라고 말한다. 그러나 내 기준에서는 만점 대답이 아니다. 폐기물이 보이는 황무지 같은 땅이 현재 기준으로 볼 때 보편적으로 누구나 좋아하는 부동산이 될 수 있을까? 이 글을 읽는 독자들은 보기에 좋아 보이는가? 아닐 것이다. 하지만 부동산은 눈으로 직접 볼 수 있는 것 외에 무형적인 요소도 포함되어 있다. 따라서 우리는 오직 확장성 있는 거점개발지, 권력자가 개발하고 싶은 땅, 그래서 막대한 예산을 투입하는 땅에 투자해야 한다.

우리가 권력자가 아닌 이상 이런 땅에 직접 투자할 수는 없다. 그렇다면 답은 나왔다. 거점개발지에 직접 투자할 수 없으니 거점개발지 주변의 재개발, 재건축, 가로주택정비사업 매물을 매수하면 된다.

이제부터 어떤 매물을 고를지 실전 모의고사를 치를 테니 정신 바짝 차리기 바란다. 일단 거점개발지는 킨텍스역을 중심으로 앞에서 설명했던 고양 방송영상밸리 도시개발사업, 일산 테크노밸리 사업, 고양 장항지구 사업이다. 게다가 GTX-A노선 자체가 하나의 중요한 거점이다. 그래서 킨텍스 꿈에그린 같은 아파트 단지들이 마치 평행세계의 일산신도시인 것처럼 유난히 시세가 높다. 35평형 매물이 실거래가 기준 14억 7,000만 원이다(2021년 8월 기준). 평당 4,200만 원을 찍은 것이다.

지금까지 우리는 부동산이 오르는 공식을 충분히 이해했다. 만약 거점개발지 주변의 재건축 아파트를 매수한다면 평당 4,200만 원도 기대해볼 수 있는 것이다.

일산역 근처에 있는 정비구역은 어떤 곳일까? 일산1-2구역(사업시행인가 준비 중)과 구 일산2구역(2020.10.13. 재정비촉진지구 해제)이다. 일산1-2구역

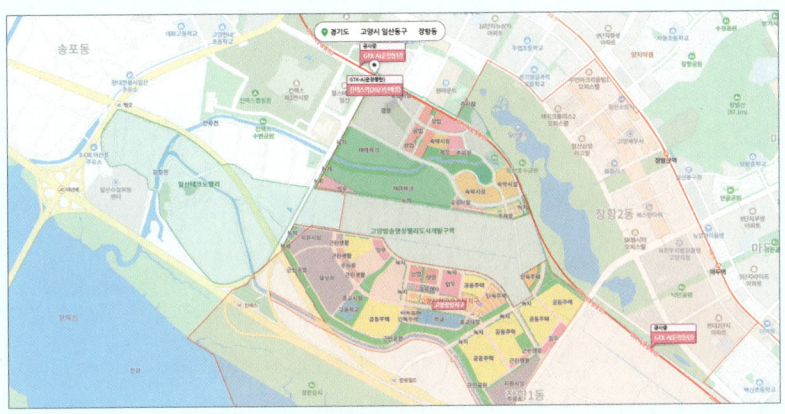

➤ 네이버지도에 표시된 킨텍스역 근처 확장 개발지

출처: 네이버 지도

➤ 2020년 고양장항지구 거점개발지의 모습

출처: 네이버 지도 로드뷰

은 원래 일산1구역이 반으로 쪼개진 사업인데 이편한세상어반스카이가 쪼개진 사업지 중 하나이다. 2022년 12월에 준공될 예정인데 아직 입주도 안한 상황임에도 벌써 평당 2,700만 원을 넘었다. 게다가 일산2구역은 재정비촉진지구 사업을 하지 않는다는 것이지 재개발 자체를 해제한 것이 아니다. 따라서 민간 시행사가 주도하는 재개발 사업은 충분히 가능하다.

구 일산2구역의 땅은 상업지역이다. 일산시장, 일산오일장 등 시장 상권이 있는 곳이다. 이런 사업지들은 시장 상인들이 재개발을 반대하면 지지부진하지만 그들이 만약 도장을 찍어준다면 사업성이 좋기 때문에 급물살을 타기 시작한다. 현재는 DK도시개발이라는 업체가 일산2구역 토지들을 매수하고 있다. 시장 상인들에게 충분한 보상이 주어진다면 결국 돈 앞에 장사 없다. 마치 청량리 역세권 개발과 비슷한 현상이 나타나고 있는 것이다. 일산2구역이 이런 방식으로 개발한다면, 아예 재개발에서 해제되어 도시재생사업을 하고 있는 일산3구역도 다시 재개발이나 소규모재건축사업이 추진될 가능성이 있다. 이것이 바로 거점개발의 힘이다.

그렇다면 재건축 매물은 없을까? 당연히 있다. 사실 일산신도시 하면 경기도 2등 학군지인 오마중학교 근처 학원가가 떠오를 것이다. 3호선 주엽역과 경의중앙선 일산역 사이의 네모반듯한 아파트 단지들이 곧 준공연도 30년 이상을 채우기 시작한다. 1기 신도시도 슬슬 재건축 연한이 다가오고 있다. 3억 원 미만으로 갭투자가 가능한 매물들이 많으니 선점해두면 좋을 것이다.

재건축 예정 아파트는 사업성이 중요하다. 물론 단기 투자만 할 것이기 때문에 사업성을 굳이 따져야 할까 생각할 수도 있지만 부동산 시세는 현지인들이 올리는 것이 아니라는 점을 기억해두자! 나보다 훨씬 부동산 투자를 잘하는 고수들이 시세를 올린다. 그들 나름대로 사업성을 분석해서 가장 투자가치가 높은 매물을 선점하고, 추진위원회를 구성해서 시세 리딩

➤ 서해선이 개통되면 일산역은 더블 역세권이 된다.

출처: 아파트 정보 플랫폼 아실앱(APP), www.asil.kr

➤ 구 일산2구역이 포함된 일산역 용도지역 (빨간색 상업지역)

출처: 부동산플래닛

단지로 만든다. 그렇기 때문에 우리도 사업성 분석을 하고 들어가는 것이 안전하다.

그러나 우리는 감정평가사도 건축사도 아니다. 그래서 정확한 사업성을 분석할 수 없다. 하지만 추정할 수는 있다. 이렇게라도 하면 어느 정도 사업성 있는 매물들을 리스트업 할 수준은 된다.

먼저 1단계는 용도지역을 파악해야 한다. 부동산플래닛(https://www.bdsplanet.com)이라는 플랫폼은 꽤 다양한 부동산 정보를 제공해준다. 특히 나와 같이 단독, 다가구를 보는 사람들에게 부동산플래닛은 쓸 만하다. 부동산플래닛에 접속했으면, 용도지역을 확인해야 한다. 웹사이트 우측 상단에 있는 지적도 버튼을 클릭하면 지도가 갑자기 색깔이 칠해진 상태로 변하는데, 여기서 우리는 제3종 일반주거지역, 준주거지역, 준공업지역, 상업지역으로 구분된 아파트를 따로 적어두자.

제2종 일반주거지역에도 사업성이 괜찮은 아파트는 분명히 있지만, 대형 평수 위주로만 된 일부 아파트를 제외하고는 사업성이 좋은 아파트를 찾기는 어렵다. 따라서 과감하게 포기하는 것이 낫다. 사실 2022년 초 기준으로 서울도 제2종 일반주거지역 아파트 중 사업성이 좋은 아파트는 그렇게 많지 않기 때문에 경기도 소재라면 더욱 사업성이 낮을 것으로 판단하는 게 안전하다.

그다음 2단계에서 용적률을 파악해야 한다. 재건축은 기존 낮은 건물을 높게 짓는 사업이기 때문에 기존 아파트의 용적률이 낮을수록 좋다.

용적률이라는 말이 무엇일까? 용적률은 '얼마나 높이 건물을 지을 수 있느냐, 건물을 몇 층까지 지을 수 있느냐'는 질문의 답이다. 높이 제한과 관련되어 있지만 58페이지 그림처럼 건물의 면적을 줄이는 대신 높게 짓는 방법도 있다. 즉, 용적률 하면 높이로만 생각하는데 사실 수직적인 개념이면서도 입체적인 개념이다.

이제 용적률을 알았으니, 용적률이 낮은 아파트들을 선정해야 하겠다. 나는 호갱노노를 추천한다. 호갱노노 앱에서 용적률 200% 이하로 설정하면

➤ 부동산플래닛은 플랫폼 중 용도지역을 가장 명확하게 볼 수 있는 플랫폼이다.

출처: 부동산플래닛

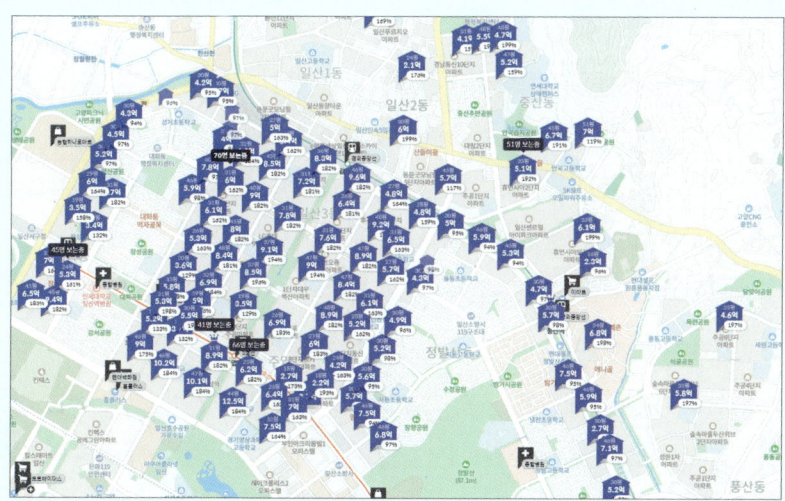

➤ 용적률 기준으로 정리하면 이런 화면이 보일 것이다.

출처: 호갱노노

조건에 부합하는 아파트들만 따로 볼 수 있다. 조금 더 디테일하게 한다면 용적률이 200% 이하일 때, 용적률이 150% 이하일 때 아파트들을 리스트 업 해두자.

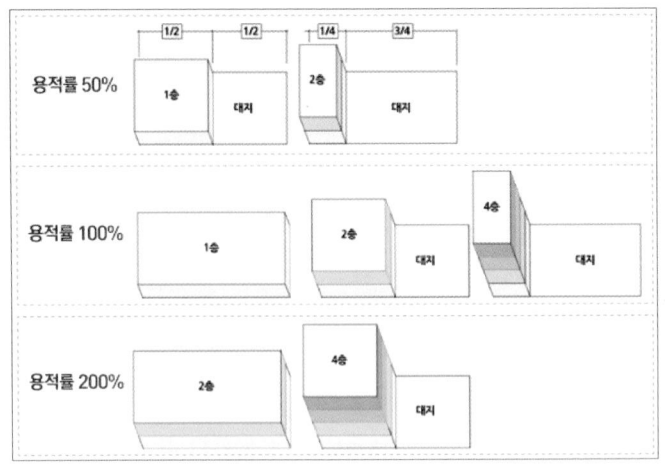

출처: 저자 강의안 일부

3단계는 대지지분을 파악해야 한다. 대지지분의 사전적 정의는 단지 전체 면적을 단지 전체 가구 수로 나누어 등기부등본에 표기되는 면적이다. 쉽게 말해 내가 아파트를 매수한 순간 소유권을 점유하는 것인데 대지지분은 아파트 전체의 토지 중 내가 보유한 일정 지분이다.

주식을 많이 보유할수록 배당금을 많이 받을 수 있는 것처럼 대지지분도 마찬가지다. 대지지분이 많은 아파트 평형을 매수할수록 나중에 신축 아파트를 받을 때 조금 더 넓은 평형, 조금 더 프리미엄이 있는 것을 받을 가능성이 높다. 이런 기준은 감정평가에서 나오는데 대지지분이 클수록 유리하다.

세대별 평균 대지지분을 파악하는 것은 굉장히 중요하다. 대지지분 10평 미만이라면 한 아파트의 땅에 지분을 가진 사람들이 매우 많다는 의미인데 기존 아파트의 용적률이 매우 낮거나, 용도지역이 준주거지역 또는 상업지역이라도 되지 않는 이상 사업성이 안 좋을 수밖에 없다.

다행스러운 점은 일산신도시의 아파트들이 용적률은 200% 이하, 세대별 평균 대지지분은 13평 이상인 매물들이 많다. 그래서 대지지분이 10평 이

➤ 대지면적 기준으로 정리하면 위 화면처럼 뜰 것이다.

출처: 아파트 정보 플랫폼 아실앱(APP). www.asil.kr

상, 13평 이상, 15평 이상 정도로 구분해서 아파트를 리스트업 하면 된다. 이때 추천하는 부동산 플랫폼은 아파트 실거래가, 혹은 '아실앱'이라고 불리는 사이트다.

　이렇게 사전 조사를 마치고 시세 조사까지 끝내면 엑셀로 잘 정리하면 된다. 나와 커뮤니티 부운영자는 조금 더 정밀하게 재건축 사업성을 아파트별로 분석하고 있다. 땅값이 전체적으로 상승하면 재건축 사업성은 개선되는데, 2021년 10월 기준으로도 사업성 좋은 아파트들이 몇몇 있다. (나는 위의 자료를 샘플로 보여준 것이고 재건축 사업성이 좋은 매물이라고 보장한 것은 아니니 이 이미지만 보고 매수하지는 말기 바란다.)

　만약 1기 신도시의 아파트들에 재건축 열풍이 불면 어떻게 될 것인가? 리모델링 추진 단지보다 투자자들이 훨씬 많이 몰릴 것이다. 그럼에도 불구하고 단계별 프리미엄을 먹을 수 있기 때문에 서로 시너지 효과는 있을 것이다. 마치 상계주공아파트 단지들이 하나둘씩 안전진단을 통과하면서 시세가 도미노처럼 상승하는 것처럼 일산신도시의 아파트들도 똑같은 현

- 고양시 -	평형	동	층	매매가	전세가
마두동 717 마두벽마을5단지쌍용 (2종)-19	22	509	2	43000	갭1억대
	22	514	2	43500	
	22	509	10	45000	21000
백석동 1135 백송마을6단지 대우벽산 (2종)-15	23	605	1	40000	2억후반대
	23	605	6	40000	17000
	26	606	14	50000	4억정도
	26	603	고	52000	4억정도
	26	603	14	55000	주전세
	26	603	6	55000	4억정도
	31	604	고	60000	4억5천정도
	31	601	1	60500	4억초반정도
	31	601	12	61000	4억5천정도
	31	604	3	63000	4억5천정도
	31	604	12	67000	4억5천정도
백석동 1136 백송마을7단지 임광 (2종)-15	23	705	5	38000	2억후반대
	31	708	1	58000	45000정도
	31	709	3	59000	45000정도
	31	708	15	60000	45000정도
	31	708	7	60000	45000정도
	31	708	14	61000	45000정도
백석동 1190 백송마을5단지 삼호풍림 (2종)-29					
백석동 1145 백송마을10단지 건영 (2종)-7					
장항동 902 호수마을1단지 (준주거)-13					
장항동 881 호수마을2단지 (3종)-53	23평	203	1	49000	32000
	26평	210	1	58000	43000~45000가능
백석동 1349 백석흰돌마을3단지 (2종)-13	26평	302	10	65000	45000~47000
	26	302	6	65000	45000~47000
	31	309	13	7.5억(2년전수리)	58000(주전세)
	31	304	8	7.3억	56~7000(주전세)

➤ 이 분석표는 내 컨설팅 자료 중 일부이다.

상이 일어날 가능성이 크다. 일산신도시 아파트 단지들을 보니 2019년에 커뮤니티를 처음 만들고 상계주공, 창동주공 아파트를 보는 것과 똑같았다. 재건축 붐이 일어나면 상계택지개발지구, 창동택지개발지구에 있었던 시세 상승이 일산신도시 등에 그대로 적용될 것이다.

그렇다면 평당 얼마 정도까지 상승할까? 2021년 10월 기준 이편한세상 어반스카이 평당가인 2,700만 원은 무난히 넘길 것으로 조심스레 예측했다. 왜냐하면 리모델링 시범 단지로 지정된 문촌마을16단지가 이미 평당 2,800만 원을 찍었기 때문이다. 불장이 제대로 시작된다면 킨텍스꿈에그린 아파트의 평당가 4,200만 원까지는 무리이더라도 평당 3,500만 원 정도는 충분히 찍을 수 있을 것이다. 그러나 가격에 너무 꽂히지 말자. 투자자는 단계별 프리미엄(안전진단 통과)만 얻고 기계적으로 매도하는 것이 좋다. 1기 신도시 아파트 투자는 언제까지나 내 시드머니를 늘리기 위한 징검다리 정도로만 생각하면 편하다.

게다가 리모델링 아파트는 골격 자체는 유지한 상태에서 진행되는 사업이기 때문에 평형 구조를 길쭉하게 뽑는 방식으로 사업이 진행되어왔다. 요즘은 기술력이 좋아져서 많이 개선되었지만, 재건축을 하는 것보다는 아파트 상품성이 떨어질 수밖에 없는 것은 부정할 수 없는 사실이다.

물론 히든카드가 있긴 하다. 바로 수직증축 리모델링이다. 한마디로 기본 골격은 유지하되, 높게 건축할 수 있는 리모델링이다. 세대수가 늘어난다는 장점은 있지만 치명적인 단점도 함께 존재한다. 수직증축을 할 때는 내력벽 철거가 가능해야 사업을 진행할 수 있는데, 이때 구조 안정성을 심사하는 기준이 매우 까다롭다. 승인해준 아파트가 지하 암반이 튼튼한 송파 성지아파트 등 손에 꼽을 정도이다.

까다로운 안전진단 기준 때문에 재건축을 피했는데 오히려 리모델링 아파트도 만만치 않게 안전진단 기준이 엄격하게 적용되고 있다. 야심 차게 시작했던 리모델링 아파트들이 예상외로 지지부진한 이유가 여기에 있다. ==재건축 아파트에 비해 속도 면에서도, 규제 면에서도 확실한 우위를 점할 수 없다.== 투자의 고수들은 경기도 리모델링 아파트들이 속 빈 강정이라고 생각한다. 2010년대 서울 강북 지역에서도 리모델링 붐이 잠깐 일었지만 리모델링의 단점을 경험한 아파트 주민들은 오히려 리모델링을 꺼린다.

시세도 이를 반영한다. 투자자들은 재건축 아파트를 더 선호하는 것이다. 같은 돈이라면 철산주공이나 하안주공아파트에 투자하는 것이 수익 면에서도 훨씬 나았다. 지난 1년간(2020년 10월~2021년 10월) 리모델링 이슈가 있는 철산한신 33평형이 2억 원 정도 올랐다. 바로 인접한 하안주공 9단지 25평도 2억 원가량 올랐다. 그런데 철산주공 12단지 33평형은 무려 3억 원이 올랐다. 지난 1년간 하안주공 9단지에 투자한 사람들이 실속을 차린 것이다. 실투자금 3억 원도 안 되는 돈으로 2억 원을 번 셈이다.

TIP

이것만큼은 꼭 알아야 한다
리모델링 사업

　혹자는 "1기 신도시는 용적률이 높게, 고밀도로 개발이 되었고 분당을 제외하고는 땅값이 낮으며 세 차례의 안전진단과 재건축초과이익환수제, 조합설립 인가 이후 조합원 지위 양도 금지 등의 규제들이 있기 때문에 리모델링으로 하는 것이 합리적"이라고 말한다.

　그러나 나는 리모델링 아파트를 너무 이상적으로 생각하는 것이 아닌가 싶다. 결국 리모델링은 분양 수익을 기대할 수 없는 '집수리' 아닌가?

　물론 리모델링 사업은 조합원 지위 양도 문제에서 자유로울 뿐만 아니라 재건축초과이익환수제 문제도 없다. 안전진단도 수직증축은 B등급 이상, 수평증축은 C등급 이상이면 사업이 가능하기 때문에 안전진단 D등급을 받기 어려운 규제의 현실 속에서 합리적인 대안처럼 보인다. 게다가 리모델링 사업이 완료되면 기존의 높이 규제를 적용받지 않기 때문에 조합의 뜻대로 사업할 수 있어 재건축에 비해 장점투성이처럼 느껴진다.

　그러나 간과하는 사실이 있다. 리모델링은 분양 수익을 기대할 수 없다. 쉽게 이야기하면 아파트를 신축해서 새로운 세대들이 입주할 수 없는 것이다. 건축의 수익은 얼마나 많은 사람이 입주하느냐에 달려 있다.

　하지만 리모델링은 기존 건물을 부수고 새 건물을 짓는 재건축에 비해 입주 세대를 많이 들일 수 없다. 그렇다면 집수리를 해서 상가주택처럼 만들어 땅의 가치를 올리는 것처럼, 리모델링 아파트도 인지도가 높은 1군 건설사를 시공사로 선정해서 프리미엄 아파트로 설계해야 집의 가치를 올릴 수 있다. 프리미엄 아파트 인테리어는 고급으로 할수록 비용은 감당할 수 없을 정도로 늘어난다. 기껏 1군 건설사를 시공사로 선정하고 프리미엄 브랜드 아파트로 만들기로 했는데 입지가 좋지 않아 입주 세대들이 오지 않는다면 굉장히 치명적일 것이다.

따라서 리모델링 사업에 참여하는 1군 건설사들은 입지를 많이 따지게 된다. 특히 삼성물산은 리모델링 사업을 엄격한 기준에 따라 판단 후 참여 여부를 결정한다. 한때 리모델링 사업에서 손을 떼겠다고 언론에 입장을 밝히기까지 했지만 이촌코오롱아파트나 금호벽산아파트처럼 입지가 좋은 곳에는 욕심이 날 수밖에 없을 것이다. 그래서 리모델링 아파트 사업이 시원시원하게 되었던 곳은 강남 3구밖에는 없었다.

➤ 기존 평형을 길쭉하게 늘린 리모델링 아파트, 구조적으로 재건축 아파트에 비해 한계가 있다.

출처: 네이버 뉴스기사

➤ 철산주공, 하안주공이라는 강력한 재건축 아파트 투자처가 있는데 굳이 철산한신 리모델링 아파트를 매수할 필요가 있을까?

출처: 호갱노노

 서울에서도, 경기도에서도 리모델링 아파트가 재건축 아파트와 정면으로 맞붙어서 이긴 사례는 별로 없다. 이런 현상은 1기 신도시 전체로 퍼질 것이다. 그래서 나는 1기 신도시 아파트도 재건축이 가능한 아파트를 매수하라고 주장하는 것이다.

 두 번째로 추천할 지역은 부평 역세권 재개발, 재건축이다. 나는 원래 경기도 재개발, 재건축을 그렇게 신뢰하진 않는다. 서울 접근성이 좋은 구리 재개발 지역인 인창수택뉴타운에 투자를 해서 크게 물린 사람들이 많기 때문이다. 마찬가지로 입지가 좋다는 광명뉴타운도 당초 계획에 비해 반토막이 났고, 적어도 내게 경기도 재개발, 재건축은 믿을 수 없는 투자처였다. 그러나 인천광역시 부평구만큼은 믿어도 좋을 것 같다. 최대한 알기 쉽게 설명해보도록 하겠다.

 인천은 참 넓다. 인천의 모든 도시계획, 최근 2021년 6월에 발표한 2040

인천도시기본계획에 관한 해설만 집중적으로 다루어도 200페이지짜리 책 한 권은 완성할 수 있을 것 같다. 인천의 도시계획은 8개의 권역으로 나뉘고, 3도심-5부 도심-8지역 중심-12지구 중심이라는 위계 체계가 있다. 3도심의 공통적인 특징이 서울, 시흥, 안산과 인접한 관문 입지라는 것이다. 서울은 관문 입지가 오랫동안 변두리로 취급받았는데, 인천은 반대로 관문 입지가 중심지 중에서도 가장 상위에 해당되는 곳이니 도시계획을 보면 참 재미있다.

흔히 대형 부동산 커뮤니티에서 청라가 상급지냐, 송도가 상급지냐 이런 문제로 논쟁이 오가는 것 같다. 인천에 실거주하는 회원들도 그런 질문을 많이 한다. 나는 주저하지 않고 "(굳이 상급지 따질 필요도 없지만) 송도"라고 답하고 있다. 기준은 2040 인천도시기본계획이다. 내가 판단하는 것이 아니라 권력자가 정한 기준이다.

〈슈퍼맨이 간다〉에 출연했던 송일국 씨가 살았던 송도, 매스컴에 타면서 송도에 대한 환상을 가진 사람들이 리먼 브라더스 사태 때 매수를 많이 했다. 그러나 연예인이 선택한 송도도 하락장을 피해가지 못했다. 송도현대아이파크를 예로 들면 2008년 당시 41평형 7억 5,000만 원짜리가 4년 뒤인 2012년에는 -43.33%(4억 2,500만 원)를 기록했다. 그렇다면 현재는 어떨까? 짐작했거나 이미 알고 있겠지만 송도더샵퍼스트파크의 시세가 어마어마하다. 35평형 기준 14억 7,000만 원이다. 평당 4,000만 원짜리 아파트가 송도에 나타난 것이다.

지금까지 우리의 투자 전략은 어땠을까? 송도가 뜨고 있고, 평당 4,000만 원 이상 하는 아파트가 있으니 송도에서 그나마 저렴한 아파트를 매수하려고 했을 것이다. 그러나 이런 식으로 투자하는 것은 별로 효율적이지 않다. 나 같은 사람은 도시 위계상 송도와 같은 도심이지만 아직 평당 4,000만 원 신축 아파트가 없는 부평 역세권에 눈을 돌릴 것이다. 내 기준에는 부평은

➤ 인천의 3도심은 송도, 구월, 부평이다. 이중 송도는 각종 매스컴을 타며 유명해졌다.

출처: 인천시도시기본계획

미래가치는 높은데 이미지 때문에 아직 저렴해 보인다. 도심이라면 적어도 동일한 위상까지는 올라와야 정상이니 말이다.

 조금 더 디테일한 도시계획이다. 부평과 계양은 인천시의 원도심이다. 송도나 청라처럼 시원하게 택지개발을 하기 어려운 땅이다. 따라서 역세권 고밀도 개발을 할 수밖에 없다. 게다가 부평 역세권은 술집 상권이 전통적으로 강하다. 20대 청년들의 꺼지지 않는 술집 상권, 음산한 모텔촌, 골목길 사이로 보이는 불량 청소년들, 우리가 흔히 기억하고 있는 부평 역세권의

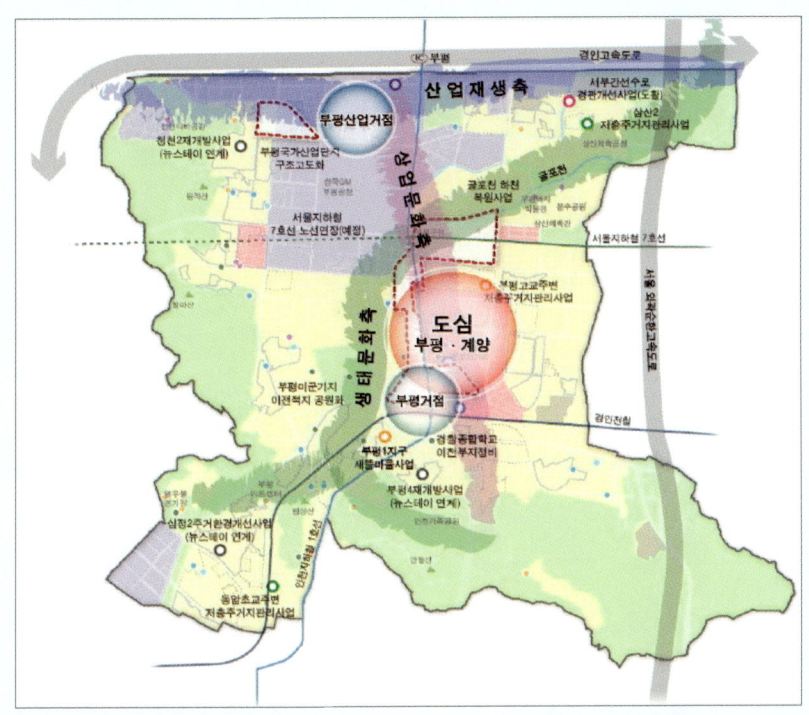

➤ 인천의 상급지는 송도, 청라, 검단이라고 여겨지며 큰 관심을 받고 있다. 하지만 나는 원도심인 부평에 관심이 많다.

출처: 인천시도시기본계획

모습이다.

인천시도 잘 알고 있을 것이다. 부평 역세권의 이미지를. 그래서 원도심 도시재생사업을 하는 것이다. 사실 도시재생사업에는 재개발과 재건축도 포함되어 있다. 역세권 고밀도 개발과 함께 배후 주거지는 재개발, 재건축을 활성화할 계획이다. 이미 성공 모델이 서울시 동대문구 청량리역에 있기 때문에 그 정책 그대로 카피하는 것이다. 본권을 읽었다면 우리는 이미 공무원들은 창의적으로 일하지 않는다는 점을 알고 있다.

요즘 간간이 "2년 전으로만 돌아갔어도 동대문구 청량리 역세권 주변에

➤ 부평과 구월 일대 재개발, 재건축 등으로 7만 호가량 공급한다고 되어 있다.

출처: 인천시도시기본계획

개집이라도 살걸" 하는 말을 심심찮게 듣고 있다. 하지만 우리는 과거로 돌아갈 수 없다. 그러나 공무원들은 창의적으로 일을 하지 않는다는 것이 힌트이다. 제2의 청량리 역세권 개발처럼 개발하는 곳을 찾으면 되는데 그곳이 바로 부평 역세권이다.

바로 GTX-B노선 거점개발지이기 때문이다. 이미 조감도도 나왔으니 구체적인 계획 수립을 위한 용역이 진행 중일 것이다. 광역환승센터는 인구 유입이 폭발적으로 늘어나는 곳이다. 레벨4에 자세히 설명하겠지만 이미 광역환승센터 주변으로 역세권 고밀도 개발이 한창 잘되고 있다. 부평 역세권 하면 워낙 유흥 이미지가 강해서 청량리 역세권처럼 천지개벽하기 전까지는 부동산 커뮤니티에서 부정적인 시선을 받을 수도 있다. 그러나 GTX 역세권 거점개발의 사례를 볼 때 부평 역세권 주변에 개집이라도 산 사람들은 결국 대박이 날 것이다. 멘탈이 약하신 분들은 인생에 도움 안 되는 패배자들이 쓰는 글을 무시하고, 천지개벽하는 부평 역세권 거점개발지의 변화를 흐뭇하게 지켜보기만 하면 된다.

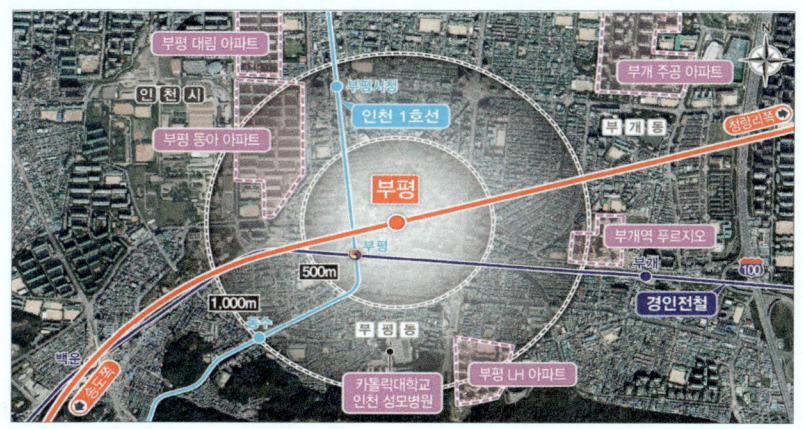

➤ GTX-B노선 부평 역세권 광역환승센터 위치

출처: 국토교통부

또 하나의 포인트가 있다. 바로 군부대다. 군부대 철수는 강력한 호재다. 군부대의 저이용 부지를 시민들을 위한 공간으로 만들 뿐만 아니라 군부대 때문에 억눌려 있던 각종 건축 규제를 풀고 빠르게 인허가를 해줄 수 있기 때문이다. 즉, 투자자들이 좋아하는 단계별 프리미엄을 얻을 수 있다는 의미다. 2020년 2월 용역 발주를 했으니, 앞으로 이전하는 군부대 주변의 정주 환경을 개선하고 빠르게 재개발, 재건축 사업을 추진할 것이다. 그렇다면 이제 남은 것은 '진짜 실천하고 있는가?'이다. 계획은 계획으로만 끝날 수 있으니 검증이 필요하다.

1. 거점 파악하기

다음에 나오는 지도는 부평 역세권이다. 그런데 주변으로 파란색 빗금 친 영역들은 전부 재개발, 재건축 사업지다. 발에 차일 정도로 개발구역 아닌 곳이 없다. 이미 인천시는 움직이고 있다.

부영공원 옆에 정체를 알 수 없는 미지의 땅이 보인다. 바로 미군부대다.

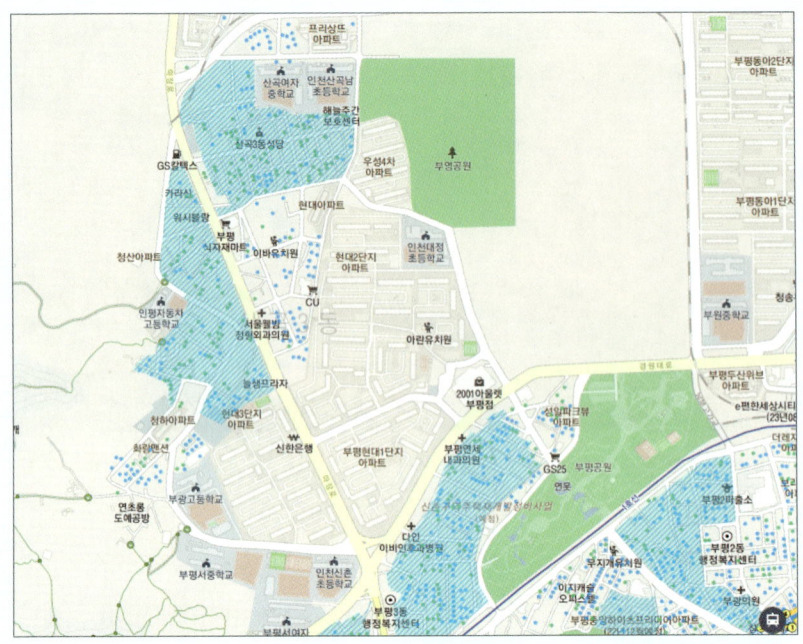

➤ 파란색 빗금 친 부분이 전부 재개발, 재건축 사업지다. 광활하게 펼쳐진 투자 노다지판이다.

출처: 부동산플래닛

현재는 철수한 상태다. 그래서 군부대 주변의 개발 사업이 잘되는 것이다. 신촌구역, 부평2구역은 2021년 10월 기준 약 3억 5,000만 원~5억 원 사이다. 조금 더 웃돈 얹어서 투자하고 싶다면 신촌구역이나 부평2구역을 매수하는 것도 좋다.

그런데 더 특이한 사항이 있다. 자연녹지지역(공원) 근처의 땅이 준주거지역이다. 높게 지을 수 있는 땅, 장사해도 좋은 땅이 굉장히 넓게 퍼져 있다. 지금은 어떤 땅일까? 평범한 노후 주거지 밀집 지역이다. 뭔가 부당하지 않은가? '인천시장도 꽉꽉 준주거지역으로 종상향 해주는데 서울시장은 왜 우리 동네를 준주거지역으로 종상향 안 해주는가?' 이런 생각이 든다면 아직은 부동산 투자의 중수가 아니다.

자연녹지지역 근처 허름한 저층 주거지를 준주거지역으로 종상향 할 수 있는 권한은 시장에게 있다. 그러나 시장이라는 권력자는 아무 땅이나 2단계 이상 종상향을 하지 않는다. 종상향이 될 곳은 어떤 곳일까?

종상향을 할 수 있는 명분은 크게 두 가지이다. 지구중심지(거점개발지) 이상이거나 기부채납+임대주택 비율이 많거나. 이런 정당한 명분 없이 2단계 이상 종상향 하는 사례는 없다. 아무리 민원을 넣어도 절대 들어주지 않는다.

나는 이런 땅을 보는 사람이다. 눈앞에 보이는 입지, 눈앞에 보이는 상품성 좋은 아파트, 눈앞에 보이는 으리으리한 백화점 상권 등 눈에 보이는 것만 믿지 말고 알맹이가 탄탄한 땅을 사야 한다. 지금은 부평 역세권이 그저 그런 곳 같아 보여도 과도한 인센티브를 준 땅이기 때문에 큰돈을 벌 수 있는 땅이다.

▶ 부평동의 평균 시세. 인천의 도심이지만 송도보다 매우 저렴하다.

출처: 부동산플래닛

그러니 "개집이라도 사야 한다"라는 말이 틀린 말은 아니다. 그냥 막 사도 준주거지역, 상업지역 땅이 가득하다. 2단계 이상 종상향을 해준 것 자체가 도심지 거점개발지역서 가능한 것이다. 사실 디테일하게 어디가 거점인지 머리 아프게 분석할 필요가 없다. 부평 역세권은 재개발 지역도 많고 준주거지역, 상업지역도 많은 땅이니 한 평이라도 살 수 있는 자금이 있으면 무조건 사야 한다.

2. 매물 찾기

우선 구축 빌라, 단독주택, 다가구주택 매수 팁이다. 만약 재개발이나 가로주택정비사업까지 동시에 노릴 수 있는 똘똘한 매물을 찾으려면 노후도 체크는 필수적으로 해야 한다.

노후도가 무너지지 않은 블록 단위의 매물을 매수해야 재개발, 가로주

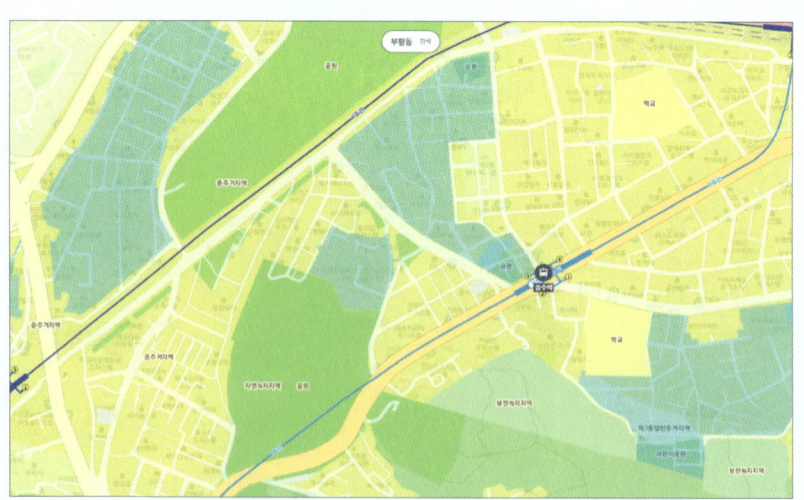

➤ 재개발 지역도 많은데 부평역, 동수역 지역들은 준주거지역 땅도 매우 넓게 분포되어 있다. 그런데 현장을 나가 보면 상권이 발달한 곳이 아니라 노후 저층 주거지들이다.

출처: 부동산플래닛

택정비사업을 기대할 수 있다. 부동산플래닛 앱을 활용하면 노후도 분석은 어렵지 않으니 적극 활용하자. 개발계획에서 노후도는 매우 중요하니, 투자자라면 잘 챙겨야 한다.

아파트는 어떨까? 당연히 거점개발지 근처의 재건축 예정 아파트도 매수해볼 수 있다. 호갱노노에 접속해서 용적률 200% 이하, 입주년도 25년 이상으로 설정하면 아파트 몇 군데가 리스트업 된다.

해당 아파트 주변으로 재개발 사업이 활발하게 진행되고 있으니 적절한 시기가 되면 안전진단 준비를 할 가능성이 매우 높다. 거기에 일산신도시 아파트를 매수할 때의 팁이었던 부동산플래닛과 아실앱까지 활용한다면 재건축 사업성이 좋은 아파트를 충분히 찾을 수 있다. 잘 모르겠으면 책을 다시 한번 정독하고 직접 사이트에 들어가서 실행해보면 슬슬 감이 잡힐 것이다.

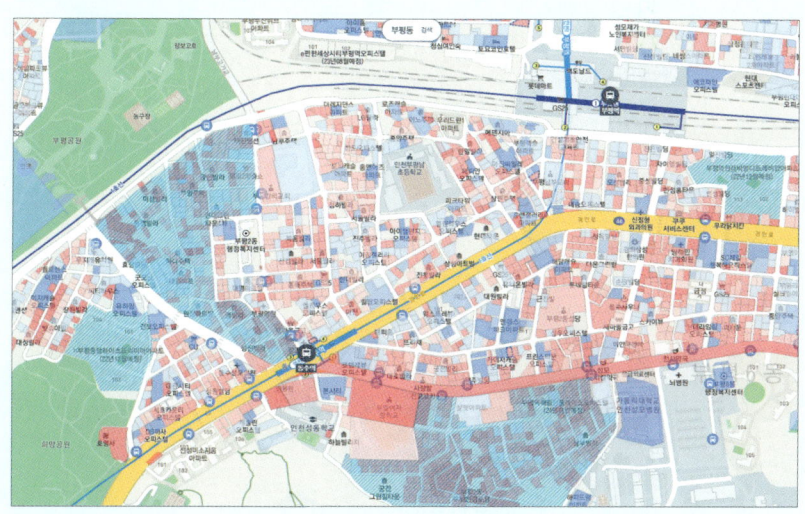

➤ 부평 역세권 노후도 분석(파란색이 진할수록 신축 건물)

출처: 부동산플래닛

➤ 용적률 200% 이하로 설정하면 위와 같이 아파트가 뜰 것이다.

출처: 호갱노노

부평 역세권은 더 묻지도 따지지도 말고 매수하라. 인천시가 팍팍 밀어줄 때 노를 저어야 한다. 그리고 시세는 GTX-B노선 호재가 연이어 발표될 때마다 계속 상승할 것이다.

이때 욕심이 생기기 시작한다. 초보 투자자들이 중수로 가기까지 이런 딜레마는 흔히 겪는다. "조금만 더 들고 있으면 더 오를 것 같아." 이런 심리 말이다. 이미 서두에도 내가 주의하라고 적은 것이다.

물론 오르겠지만, 같은 인프라를 공유하는 서울 상급지는 더 오른다는 사실을 잊지 말아야 한다. 모니터링을 하다 보면 경기도의 거점개발지 매물 시세가 서울 변두리 지역의 매물 시세를 거의 따라잡는 순간을 만나게 될 것이다. 그때 기계적으로 매도하면 된다.

서울 변두리 지역 노후 아파트들은 입주년도가 30년 차 이상이 되는 순간 재건축 기대감을 받으면서 더 올라가기 때문이다. 따라서 항상 단계별 프리미엄만 취하고 나온다는 생각으로 투자하라. 우리의 목표는 인천시 부평구에서 신축 아파트를 분양받는 것이 아니다. 바로 100억 원 부자가 되는 것이다.

레벨 3

투자금 6억 미만

레벨2에서 시드머니를 불렸다면 이제는 초보에서 중수로 실력이 늘었다고 봐도 무방하다. 나의 잔소리도 이제는 무덤덤하게 받아들일 수 있을 정도로 그릇이 커졌을 것이다. 레벨1, 레벨2에 비해 사실 주의해야 할 점이 줄었지만 그래도 이야기하고 싶은 내용이 있다.

이제는 지역에 집중해야 한다. 같은 거점을 공유하는 부동산은 하극상을 허락하지 않고, 일반적으로 비싼 게 많이 오른다. 그래서 우리는 최대한 상급지의 거점으로 이동해야 한다. 투자 마인드가 완전하지 않다면 실행하기 힘든 부분이지만 이미 레벨1~2를 거쳤다면 무난하게 잘 해낼 것으로 생각한다. 레벨3단계부터는 좀더 상급지 투자가 가능하기 때문에 수익이 전과 비교해 확연하게 차이가 날 수 있다. 반대로 해석하면 초심을 잃고 아무 곳에나 투자하면 소중한 기회를 언제든지 날린다는 의미도 될 수 있다.

이 책을 처음 읽고 레벨1 → 레벨2 → 레벨3으로 차곡차곡 투자 실력을 쌓았다면, 이 페이지를 읽는 순간 한결 가벼운 마음이 들 것이다. 레벨3에 도달했다면 조금만 더 전진하여 목표에 도달할 수 있는 자질이 생긴 셈이다. 이제는 편안하게 읽어보기 바란다.

물을 너무 좋아하지 마라! 한강 조망 같은 것에 사로잡히는 순간 끝난다

6억 원 미만이면 한강 조망이 가능한 아파트에 갭투자도 가능하다. 하지만 서울시 경관 규정이 있기 때문에 함부로 투자해서는 안 된다. 여의도, 용산, 잠실은 서울시가 지정한 거점개발지이기 때문에 높게 지을 수 있는 것

➤ 한강 변은 까다로운 경관 규정이 있다. 이 때문에 시원스럽게 재건축, 재개발이 안 되고 있다.

출처: 서울시도시계획포털

이다. 한강의 입지 좋은 신축 아파트는 100억 원 자산가가 된 이후에 실거주용으로 매수해도 늦지 않다. 바다도 마찬가지다. 인천, 부산 등 바닷가 근처에 있는 개발 지역들이 대표적이다. 바닷가 조망이 가능한 재개발, 재건축 아파트들이 너도나도 하이엔드 브랜드를 원한다.

실거주성을 너무 고려하다 보면 타이밍을 놓친다

투자금 6억 원 정도면 어느 정도 실거주 만족도가 높은 지역의 투자가 가능하다. 그러다 보니 이것저것 따지게 되고 결국 주객이 전도돼 좋은 매물을 놓치게 된다. 게다가 수익이 크기 때문에 매도 타이밍 역시 놓칠 수 있다. 투자금이 크면 당연히 수익도 크다. 그래서 조금만 더 버티면 더 벌 수 있을 것 같아 매도 타이밍을 놓치는 경우가 종종 있다. 기억하라! 우리의 목표는 100억 원 자산가다. 레벨4에 도달하면 레벨3단계보다 더 큰 수익이 가능하다. 돈이 돈을 버는 시스템을 구축하는 것이 가장 중요하다.

2019~2021년 나는 이곳을 추천했다

상급지의 기준은 무엇일까? 레벨2에서도 언급했지만 상급지, 하급지는 내가 정할 수 있는 것이 아니다. 권력자가 정한 기준이 있는데 감히 내 마음대로 정의할 수 없다. 도시 위계상에 정해진 도심-광역중심지-지역중심지-지구중심지의 기준에 따라 투자해야 한다. 비전문가들이 대장 아파트 시세 기준으로 말하는 것 따위는 신뢰할 수 없는 데이터다. 하락장 때에도 그 호가를 받아줄지 모르겠다.

2019~2021년까지 내가 추천한 곳은 거점개발지, 도심-부도심(서울은 광역중심)-지역중심-지구중심으로 세분화된 지역거점개발과 관련이 있다.

참고로 레벨3부터는 리모델링 가능 아파트를 매수해도 좋다. 1군 건설사들이 관심을 가지고 있는 지역이기 때문에 리모델링 사업을 추진한다고 현수막을 내건 순간 각종 건설사의 각축전이 시작된다. 이런 곳은 건설사가 아니라 조합이 갑이다. 게다가 거주민들의 소득 수준도 높기 때문에 추가

➤ 응봉신동아아파트 리모델링 현수막

079

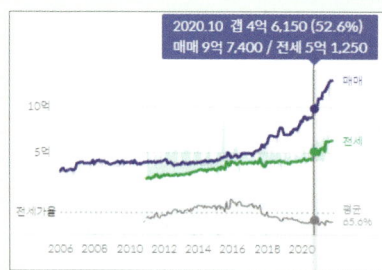 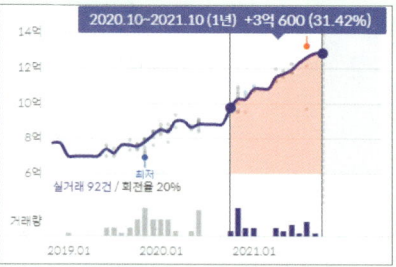

➤ 2020년 10월 서울숲한신더휴 24평형을 갭으로 4억 6,000만 원에 구매 가능했다. 2021년 10월 1년 사이에 3억 원이 올랐는데 이것이야말로 진정한 똘똘한 한 채라고 볼 수 있다.

출처: 호갱노노

분담금이 얼마 나오는지 크게 신경 쓰지 않는다. 오히려 추가 분담금이 많이 나오더라도 더 좋은 자재, 더 좋은 커뮤니티 시설을 만들 수 있으면 얼마든지 돈을 쓸 수 있는 사람들이 많다.

대중들은 호재를 좇으려고 한다. GTX-C노선 연장 발표가 있는 날, 신분당선 연장 발표가 있는 날로부터 1~2개월 전에 갑자기 관심을 갖기 시작하고 홀짝 게임을 하듯이 매수하는 실수를 범한다. 그래서 대중들은 한 템포 늦다.

그러나 부동산 투자의 원칙에서 남들도 눈치채지 못하게 '살포시 선점'이 가능하다고 했다. 이유가 무엇일까? 호재는 사실 갑자기 빵 터지는 것이 아니다. 권력자가 만든 도시계획에 따라가는 것이 대부분이다. 거점개발지의 재개발, 재건축, 가로주택정비사업, 리모델링 가능 아파트를 매수했더니 생각지도 못한 호재까지 따라붙는 것이다. 그게 왜 가능할까? 공무원 실무진들은 결코 창의적으로 일할 시간이 없다. 원칙상 수요 조사, 인구 조사, 개발의 필요성 등을 일일이 조사하는 것이 맞지만 하루라도 빠르게 정책을 내놓아야 하기 때문에 중요한 정책을 발표하는 날이 임박하면 꼬박 밤을 새기 일쑤다. 그럼 어느 것을 참고할까? 결국 기존의 도시계획을 매뉴얼 삼

➤ 개발 호재가 있다면 아파트가 아니라 실제 개발되는 지역을 중심으로 호재가 미치는 범위를 해석해야 한다.

출처: 저자 강의안

아 만들 수밖에 없다. 그리고 빠르게 업무 처리를 하려고 매뉴얼화 하는 작업을 하는 것이다.

왕십리 역세권은 매우 중요한 거점개발지다. 동북권 지역 중 최상급지인 광역중심지다. 성수동도 좋은 땅이지만 권력자는 왕십리역을 성동구의 1등 지역으로 만들고 싶어한다.

이런 판단은 쉬워 보일 수 있지만 가장 어려울 수 있다. 훈련을 제대로 안 한 사람들은 초심을 잃고 실거주성, 입지를 따지기 시작한다. 아니면 슬슬 무리한 다주택자가 되기 시작한다. 실투자금 6억 원 미만에서 인생의 중요한 갈림길에 서게 된다. 100억 원 자산가가 되거나 남들보다 조금 나은 수준의 삶을 살거나.

2020년 10월, GTX-C노선이 왕십리역으로 연장된다는 사실을 알고 있는 사람이 있었을까? 그리고 2020년 10월에 갭 5억 원 이하의 금액으로 왕십리 역세권 아파트를 매수할 수 있을까? 부동산이 오르는 원리를 제대로

➤ 내가 무료로 공개하고 있는 칼럼을 숙독하는 것만으로도 충분히 타이밍에 맞는 투자가 가능하다.

출처: 네이버 서집달 카페

이해한 사람들은 1~2년 전부터 선점이 가능하다. 그러나 원리를 잘 모르는 사람은 이런 말을 자주 한다. "그때 샀어야 했어." "지금이라도 살까? 대박 호재 터졌는데!" 호재가 터지고 나서야 행동하기 때문에 대중들은 항상 고점에 살 수밖에 없다.

기억하라. 호재를 찾아 헤매지 말자. 호재는 자연스럽게 따라붙는 것이다. 정책 발표 약 1년 1개월 전인 2020년 9월에 커뮤니티 부운영자가 칼럼을 올렸다. 6억 원 이하 갭투자가 가능한 성동구 아파트들이 많은데 왜 서울숲한신(행당한신)을 추천했을까? 우리가 미래에서 왔을까? GTX-C노선이 왕십리역으로 연장된다는 정보를 사전에 입수했을까? 아니면 그냥 운이

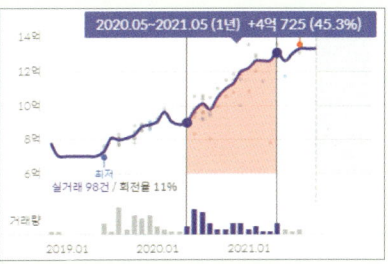

➤ 2020년 5월 영등포푸르지오 33평형을 갭으로 4억 3,000만 원에 구매 가능했다. 2021년 5월 1년 사이에 4억 원이 올랐다. 그리고 2021년 10월까지 4억 3,000만 원을 벌었다.

출처: 호갱노노

좋게 얻어 걸린 것일까? 운이라고 하기에는 시간은 언제나 우리 편이라는 증거들이 수도 없이 나온다. 부동산 투자 고수들은 권력자의 정책을 믿는다. 거기서 수익의 차이가 발생하는 것이다.

고객들에게 상급지 이동을 적극 추천한 지역들이 여러 곳 있는데 왕십리 역세권 거점개발지와 영등포 역세권 거점개발지가 대표적이다. 오직 돈만 벌겠다고 하면 준공업지역 매물이나 재개발 매물을 추천했고, 수익은 좀 포기하더라도 안정적인 우상향과 실거주를 원하는 분들에게는 리모델링이 가능한 아파트를 추천해드렸다. 이유는 간단하다. 서울시가 밀어주는 거점개발지이기 때문이다.

참고로 다음 페이지의 그림에서 동그라미 표시된 지역(영등포푸르지오, 신도림대우1차푸르지오, 신도림태영타운 등)에 있는 아파트는 지난 1년간 모두 성적이 매우 좋았다. 평균 약 30% 정도 상승한 것으로 보인다. 특히 문래동에는 남성아파트 등 준공업지역 재건축 아파트들이 있다. 제2의 성수동이 될 곳이기 때문에 과장을 보태면 문래동 준공업지역 개집이라도 사야 하는 것이다. 베스트 투자는 문래동의 간이공장이나 창고를 매수하는 것이지만 이건 레벨4의 영역이니 주변의 재개발이나 아파트라도 매수해야 한다. 앞으

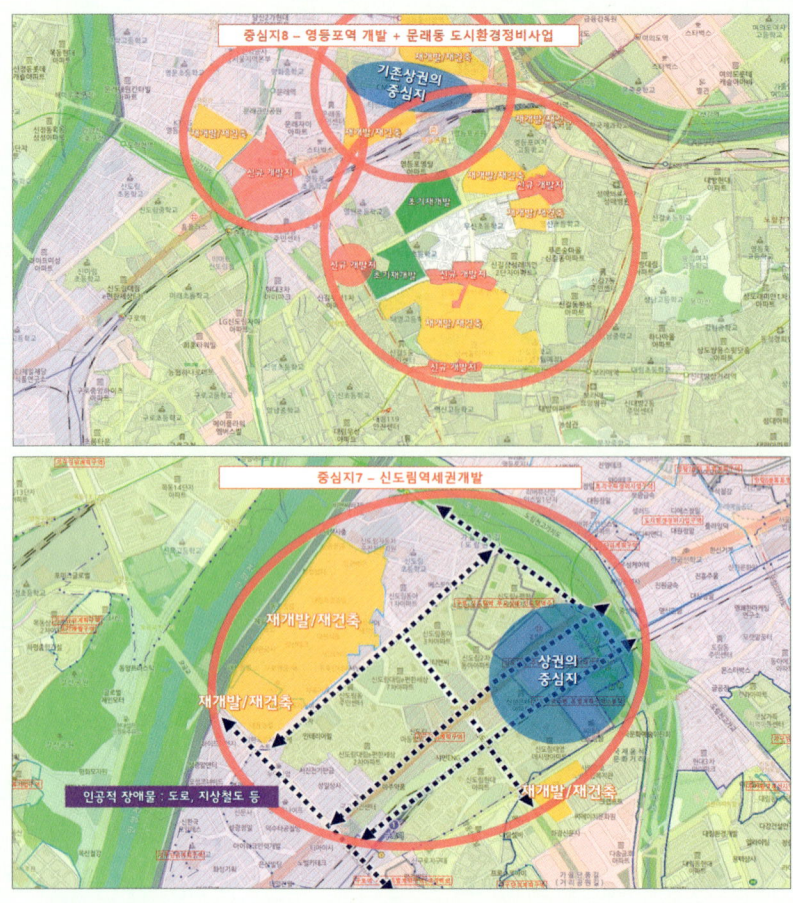

➤ 영등포역, 신도림역 일대는 다양한 거점개발지가 있으니 반드시 임장이라도 가보자.

출처: 저자 강의안

로 준공업지역은 4차산업혁명의 전진기지가 될 가능성이 높은 곳이다.

그뿐이겠는가? 대선제분 일대 도시정비형 재개발 사업지(85페이지의 왼쪽 사진)가 있다. 그리고 영등포 도심 역세권 재개발구역(85페이지의 오른쪽 사진)이 있다. '도심'이라는 단어에 주목하자. 권력자가 반드시 먼저 개발해야 한다는 과업이 있는 곳이다. 타임스퀘어 앞 이 구역이 대체 무엇일까? 바로

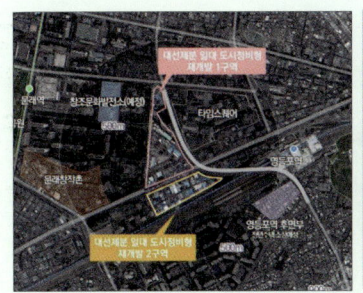 

➤ 영등포 역세권의 쪽방촌, 집창촌 정비는 여의도와 영등포 도심 개발의 가장 중요한 과업이다.
출처:서울시 고시공고

영등포 역세권 집창촌이다.

2021년 7월 영등포 집창촌에 도시 정비 관련 현수막이 달렸다. 가장 골칫거리인 집창촌을 없애버리겠다는 선전포고문이었다. 집창촌이 사라지는 것은 엄청난 호재다. 그러나 이것을 예측하는 것은 매우 어렵다. 단속을 피하면서까지 영업을 하기 때문에 발길이 끊이지 않는데 어떻게 이런 호재들을 알아차릴 수 있었을까? 호재는 내가 쫓는 게 아니라 따라붙는 것이라고 말했다. 영등포 역세권은 매우 중요한 거점개발지이기 때문에 강하게 추진하고 있다.

2021년 9월 영등포구 문래동3가 일대 '영등포 대선제분 도시정비형 재개발구역 1·2구역 지정 및 경관심의(안)'을 수정 가결했는데 여기서부터 돈 냄새를 맡는 투자자들은 움직이기 시작했다. 수익을 극대화하고 싶은 사람들은 주변의 노후화된 주택들을 매수했다. 아니면 영등포 집창촌에 있는 매물을 매수할 수도 있다. 약간 신중한 사람들은 신길2구역이나 남아 있는 신길뉴타운 매물을 매수했을 것이다. 조금 더 멀리 지켜보는 투자를 선호하는 사람은 문래동 준공업지역이나 신도림 도시환경정비사업과 같은 준공업지역 매물을 매수했을 것이다. 발품을 충분히 팔았다면 6억 원 미만으로 갭투자가 모두 가능한 매물이었다.

2022년 나는 이곳을 추천한다

2022년, 서울의 집값은 지난해보다 올라갔다. 그렇지만 상급지에 진입하기 위해 노력해야 한다. 경기도의 핵심 거점개발지는 서울의 관문 입지와 통한다. 따라서 우리는 서울의 관문 입지에 해당하는 매물을 매수하면 되겠다.

서울의 관문 입지와 동일한 인프라(GTX 광역철도, 지하철 등)를 공유하는 경기도 중심지 신축 아파트들의 시세가 상상을 초월할 정도다. GTX-A노선 킨텍스꿈에그린아파트 35평이 2021년 10월 기준 14억 7,000만 원(평당 4,200만 원)이고 신안산선 U플래닛광명역데시앙 36평이 2021년 10월 기준 15억 2,000만 원(평당 4,222만 원)이다. 그리고 GTX-C노선, 4호선 더블 역세권인 과천푸르지오써밋 24평은 2021년 10월 기준 17억 2,000만 원(평당 7,167만 원)이다.

그렇다면 서로 인접한 생활권인 서울 관문 입지 아파트들이 재개발, 재건축이 잘 진행되면 어떻게 될까? 아주 보수적으로 잡아도 위에서 언급한 아파트의 시세 이상을 받을 가능성이 높다. ==사실 지면에 다 싣지 못했지만 서울의 대표 관문 입지 중 하나인 창동-상계 택지개발지구, 이수-사당-남성 역세권 주변 재개발+재건축 매물들도 주목해야 한다.== 적어도 위에서 언급한 경기도 신축 아파트들이 평당 4,000만 원을 넘었기 때문에 이곳에 지어지는 신축 아파트들은 평당 5,000만 원까지도 충분히 예상해볼 수 있다.

특히 ==창동-상계 택지개발지구==는 광역중심지이고 과천과 GTX-C노선이라는 인프라를 공유하고 있기 때문에 향후 신축 아파트가 입주하게 될 경우 평당 7,000만 원도 충분히 가능해 보인다. 게다가 경기도 재개발, 재건축에서 충분히 돈을 번 투자자들이 결국 매수할 만한 곳이 사실 창동-상계 외에 뚜렷한 대안이 없다. 본권 2부에서 서울시생활권계획으로 분석한 창동-상계 개발에 관해 자세히 설명했으니 다시 한 번 읽어보면 충분히 도움이 될 것이다.

또한 이수-사당-남성 역세권 주변 재개발, 재건축 매물들은 점점 갭 6억 원 이하로 투자하기 어려워지는 곳이지만 선점할 수 있다면 반드시 수익이 날 가능성이 높다. 우선 '우극신'이라고 불리는 사당동 우성아파트, 극동아파트, 신동아아파트(신동아5차 제외) 들이 통합 리모델링을 추진하고 있는데, 2021년 10월 기준 평당 5,000만 원을 찍기 시작했다. 이 여파가 사당동 대림아파트, 현대아파트, 제일아파트 등에도 영향을 줄 가능성이 있다. 재건축이나 리모델링 현수막을 달기 시작한다면, 충분히 평당 5,000만 원도 기대해볼 수 있는 아파트들이다.

레벨3 파트에 언급하는 것은 적절하지는 않지만 대방주공2단지도 재건축 연한이 다가오면 상당히 기대되는 아파트 중 하나다. 바로 동작구 대형 뉴타운인 노량진뉴타운과 바로 인접해 있기 때문이다. 특히 노량진뉴타운은 건설사들이 하이엔드 브랜드를 제안하는 곳이다. 대방주공2차와 가장 인접한 재개발구역인 노량진8구역은 2021년 8월 30일 DL건설과 협의하여 '이편한세상' 브랜드에서 '아크로' 브랜드로 변경했다. 또한 노량진5구역도 2021년 9월 26일 대우건설이 '써밋' 브랜드를 제안했다. 이점에서 대방주공2단지가 재건축을 준비한다면 관심을 가지지 않을 건설사가 없을 것이다.

굳이 레벨3 파트에 실투자금 6억 원을 초과하는 아파트들을 언급한 이유는 레벨4에서는 오직 꼬마 빌딩이나 건물 투자에 대한 이야기만 하기 위해서다. 이제 본격적으로 2022년 상반기 빠른 변화가 있을 것으로 예상되는 지역들을 2곳 정도 살펴보겠다. 2022년, 6억 내외에 투자 가능한 매물을 엄선했다.

먼저, 연신내-불광-독바위역 재개발 매물이다.

서울 서북권, 특히 연신내역-불광역-독바위역 일대가 왜 중요한지 본권에서 자세히 설명했다. 같은 말을 반복하는 것은 큰 의미가 없으니 간단하

▶ 은평구에 투자를 해야 한다면 동그라미 친 세 지역은 꼭 기억해야 한다.

출처: 네이버 지도

게 정리하는 차원에서 편하게 보기 바란다. 내가 이 지역을 특히 유심히 보는 이유는 다음과 같다.

첫째, 정치인 모두가 모두 개발하고 싶어하는 땅이다. 오세훈 서울시장은 불광 역세권, 박원순 전 서울시장은 연신내 역세권을 더 강조하는 것 같지만 세 역세권은 운명 공동체나 마찬가지다. GTX-A노선까지 더해진 연신내 역세권의 교통 호재와 불광 역세권의 혁신산업 일자리 호재 모두 중요한 호재다.

둘째, 좋은 역세권이 되어가는 지역이다. 교통 인프라가 굉장히 좋아졌다. 전통적인 일자리 노선인 3호선과 상암DMC 개발로 인해 점점 일자리 노선으로 변화하는 6호선이 자리를 잡았는데, 연신내역은 GTX-A노선까지 있는 땅이다. 그리고 독바위 역세권은 강남 접근성이 좋은 신분당선이라는 좋은 노선을 받게 되었다.

셋째, 높이 규정의 완화다. 같은 북한산 자락의 사업지이지만 최고 고도지구 문제로부터 자유로운 곳이다. 고도 제한을 크게 받지 않는다는 것은

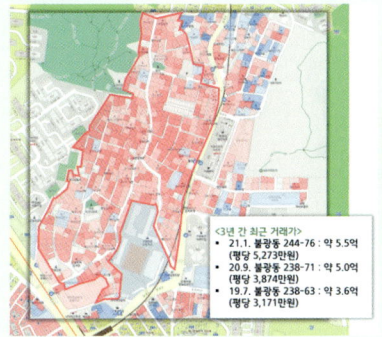
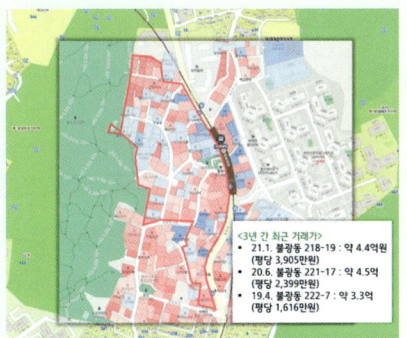

➤ 불광5구역, 독바위 역세권 개발구역 시세 비교

출처: 저자 강의안

재개발, 재건축 사업에 유리한 요소다. 게다가 GTX-A노선, 신분당선이 있기 때문에 해당 노선을 이용하는 실수요자들의 매수가 이어질 것이다. 그 영향으로 재개발, 재건축 등이 활발하게 진행될 것이다.

은평구는 이미 은평뉴타운을 비롯해서 다수의 정비사업을 잘 진행하고 있다. 그래서 아는 사람들은 은평구를 금평구라고 부른다. 놀라운 점은 서울시 자치구 중에서 지역주택조합까지 현황 조사를 꼼꼼하게 하는 몇 안 되는 자치구란 것이다. 이렇게 정의하는 게 맞을지 모르지만,

은평구, 동대문구는 재개발 등 정비사업을 잘하는 곳으로 보이고
중랑구, 도봉구는 도시재생사업을 잘하는 곳으로 보이고
성동구는 재개발, 도시재생사업 다 잘하는 곳으로 보인다.

이런 자치구별 특성을 잘 구분해서 투자를 한다면 기회비용을 최대한 줄이고 지속적으로 꾸준한 수익을 얻을 수 있다.

현재 불광5구역이 먼저 사업시행인가(21.9.23)를 받았다. 형님이 먼저 출발을 했으니 다음은 독바위 역세권 차례다. 2021년 10월 시세 기준 실투자금 6억 원 미만으로 충분히 가능하다.

나는 재개발 매물은 어느 정도 검증된 것만 매수한다. 하도 이런 업무를 많이 해서 지도만 보더라도 사업이 빠를지, 지지부진할지 눈에 보일 정도다. 특히 하락장 때에는 사업 속도에 굉장히 민감할 수밖에 없다.

만약 독바위 역세권에 큰 변수가 생겨 갑자기 6억 원 이상으로 오르게 되면 어떻게 될까? 걱정할 건 없다. 거점개발지와 최대한 가까운 곳의 신규 재개발 지역들을 탐색하면 된다.

2020년 하반기, 공공재개발이 큰 이슈가 되었을 때 은평구는 무려 8개 구역이나 신청을 했다. 그런데 단 1곳도 통과한 곳이 없었다. 평소 은평구를 관심 있게 지켜보던 나도 처음 이 뉴스를 접했을 때 당황스러웠다.

그래도 역시 예상대로였다. 공공재개발 후보지에서는 탈락했지만 3080 공공주도사업지로는 대거 선정되었다. 그것도 무려 아홉 개 사업지가! 은평구는 확실히 밀어주는 자치구라는 증거다.

위치를 보면 이제 감이 충분히 잡힐 것이다. 너무 속 보이지 않는가? 거점개발지의 사업지들이 옹기종기 모여 있는 것을 보면 참 재미있을 정도다. 여기서 나는 이런 생각을 했다. ==오세훈 서울시장이 추진하는 신속통합기획 사업지== 중에 은평구는 반드시 있으리라는 것! 특히 ==정비구역이었거나==

공공재개발 신청 은평구 8개구역 모두 탈락…노후도 부족 주원인

3월 해제·신규구역 발표前 사업추진 적정성 검토
후보지 선정 최종 경합 구역, 56곳보다 줄어들 듯

출처: 뉴데일리경제

공공재개발 '무더기 탈락'한 은평구, 2·4 대책에선 '최대 수혜지'로

기사입력 2021.04.13. 오후 3:11

출처: 머니투데이

➤ 꼭 기억해야 할 3개의 역세권에서 대거 3080공공주도사업지들이 지정되었다.

출처: 아파트 정보 플랫폼 아실앱(APP). www.asil.kr

해제된 곳, 정비예정구역이었다가 해제된 곳, 도시재생사업지를 유심히 살펴보자. 만약 분명한 추진 주체가 있다면 재개발구역으로 지정될 가능성이 높아 보인다.

나는 서울시생활권계획, 강남북 균형 개발의 최대 수혜지 중 하나가 바로 은평구라고 본다. 애초에 변두리 취급을 받았던 곳이기 때문에 신축 빌라도 그렇게 많지 않았다. 그래서 재개발구역들의 필지들을 보면 다른 자치구에 비해 지분 쪼개기 문제로부터 상대적으로 자유롭다. 게다가 적절한 시기에 신속통합기획에 의한 민간재개발도 추진하고 있으니 노후 주거지들이 빠르게 정비될 가능성이 높다. 고양시의 장항지구, 지축지구, 삼송지구, 대곡 역세권 신도시에 비교당하지 말아야 하므로 서울시와 국토교통부가 사활을 걸고 열심히 개발해주는 것 같다.

우선 불광5구역, 독바위 역세권에 투자할 수 있으면 투자하는 것이 좋다.

관리처분 인가 전까지 단기 차익을 노릴 수 있는 매물이기 때문이다. 특히 독바위 역세권을 추천하는 이유는 아직 사업시행 인가를 통과하지 않은 매물이기 때문이다.

공공재개발, 3080공공주도사업지, 신속통합기획에 따른 민간재개발구역은 지정되는 순간 우리의 투자처는 될 수 없다. 실거주 수요가 아니면 토지거래 허가를 제한하기 때문이다.

그런데 부동산 정책은 언제든지 유동적으로 변경될 수 있다. 예전 노무현 정부 때 추진했던 부동산 규제정책들이 이명박 정부로 넘어오면서 전부 폐기되었다는 것이 증거다. 왜 그럴까? 정치적인 보복일 수도 있지만 위축된 경제를 회복하기 위한 수단으로서의 의미도 있다. (박근혜 정부가 주택임대사업을 적극 권장한 것도 마찬가지다.) 국민들의 주머니가 따뜻해져야 경제가 잘 돌아간다. 따라서 하락장 때에는 권력자가 적극 문을 열어줄 때 과감하게 투자해야 한다.

그래서 현금 청산 규정, 토지거래허가 등 자유로운 매매에 제약을 주는 제도들은 국가의 경제 상황에 따라 폐기될 가능성도 열려 있다. (다만, 이것은 대선 결과에 따라 결정될 것 같지만) 물론 나는 정책이 변화될 때까지 기다리는 투자는 절대 하지 않는다. 공백 없는 투자의 원칙에 어긋나기 때문이다.

따라서 매수, 매도 타이밍을 쉽게 결정하긴 어려울 것 같다. 하지만 도시재생사업지에도 재개발 후보지로서 기회를 준다면 반드시 일관된 기준이 있을 것이다. 일단 신속통합기획에 의한 민간재개발 후보지가 발표되면, 2022년 이후 신규 사업지를 발표하기 전에 재개발이 될 가능성이 높은 사업지들을 선점하는 것도 좋을 것이다.

두 번째로 추천하는 곳은 시흥동 연립주택, 저층 주거지 매물(준공업지역, 제2종 일반주거지역)이다.

2021년 상반기만 해도 실제로 추진되는 사업지 기준으로 3억 원 이하 갭

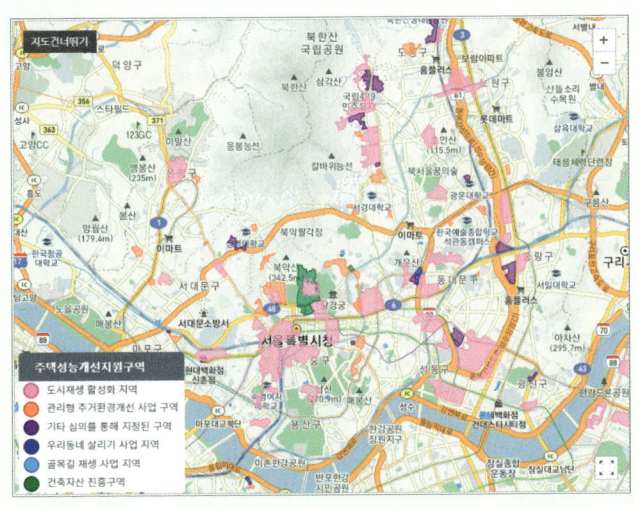

➤ 서울시에는 위처럼 다양한 도시재생사업지들이 있다.

출처: 집수리닷컴

투자가 가능했던 매물인데(미추진 매물들은 매매가 3억 원), 2022년 상반기 즈음에는 갭 6억 원 미만 투자처가 될 것으로 보인다. 2020년, 2021년에도 강조했던 지역이지만 올해도 강조하는 이유는 다음과 같다.

첫째, 대지지분이 큰 연립주택들이 많다. 이 말은 제2종 일반주거지역이지만 사업성이 준수한 매물들이 많다는 것이다. 뿐만 아니라 대형 평수 매물이 많기 때문에 한 번 현수막을 걸기 시작하면 단계별 프리미엄을 크게 얻을 수 있다.

둘째, 권력자가 점 찍은 사업지들이 많다. 다음에 소개하는 곳은 당장 관심이 없더라도 꼭 기회가 되면 임장을 해보기 바란다. LH와 공동으로 하는 연립주택 사업지들이 심심찮게 보이는 지역들이어서 부동산 공부용으로 매우 좋은 지역이다. 게다가 국토교통부는 이것도 모자랐는지 2021년 4월 29일 시흥유통산업단지 동쪽 지역을 도시재생선도사업 후보지로 지정했다. 국토교통부가 찍은 사업지이지만 LH가 단독으로 하는 사업이 아닌 이상 현금 청산의 리스크는 없다. 구역 내의 모든 필지가 하나의 사업지이기보다는 개별적으로 참여가 가능하다. 또한 문재인 정부에서는 가로주택정비사업만큼은 유일하게 조합원 지위 양도 제한 없이 자유로운 매매가 가능하게끔 해줬다.

생활권계획을 살펴보겠다. 박미사랑마을이라는 구역명이 있다. 주거환경관리사업구역으로 지정이 된 곳인데 아예 국토교통부가 찍은 사업지가 된 것이다.

주거환경개선지구인데 지구단위계획구역이라는 단어와 '주택재개발, 재건축사업 추진방안 강구'라고 대놓고 썼다. 주거환경개선지구라고 하면 '벽화 그리기 사업' 정도를 떠올리는 경우가 많은데 자치구의 의지만 있다면

➤ 주거환경개선지구 투자는 조심해야 한다. 그러나 생활권계획에 재개발 등도 고려하고 있다면 주목할 필요는 있다.

출처: 서울시생활권계획

재개발도 가능한 구역이다. 다만, 조합 방식의 재개발은 원칙적으로 허용하지 않는다는 것이다.

참고로 나도 인간으로서의 한계가 있지만 합리적으로 사고하려고 노력한다. 현장에서 꾸준히 배우다 보면 나도 몰랐던 부분들을 종종 깨우치게 된다. 주거환경개선지구는 일반 조합 방식의 재개발을 불허한다는 것이지 아예 아파트를 짓지 말라는 사업이 아니다. 그런데 간혹, 주거환경개선지구 내에서 조합 방식의 민간 재개발로 가자고 선동하는 무리가 있는데 그런 곳에는 절대 투자해서는 안 된다. 이미 서울시나 각 자치구에서 조합 방식의 재개발로 추진하기에는 적합하지 않다고 낙인찍은 곳이다. 그런데 조합 방식으로 사업을 추진하겠다는 것은 권력자에게 대항하는 것이다. 만약 극적으로 협의가 된다고 하더라도 4~5년 후에나 가능할 수 있다. 그런 노력을 기울일 바에 1~2년 안에 빠르게 수익이 날 곳을 찾는 것이 정신 건강에 이롭다.

석수역은 안양, 광명시와 인프라를 공유하는 곳이다. 즉 서울시에서 강조하는 관문 입지다. 석수 역세권을 광역환승센터로 만든다면, 주변의 주거지 사업도 병행해야 한다. 이게 바로 도시계획이다. 늘어나는 인구를 수용하기 위해 그들이 머물 수 있는 양질의 주택을 공급해야 한다.

이제 도시계획상 어떤 정책을 추진하고 있는지 이해했으니 본격적으로 매물 매수 팁을 안내하겠다.

레벨3부터는 사실 건축 지식이 필요하다. 기회가 된다면 건축 지식을 갖추고 가로주택정비사업 사업성 정도는 간단하게 분석할 줄 알면 좋겠다. 감정평가사만큼 정밀하진 않더라도 최소 돈이 되는 매물인지 판단할 줄은 알아야 한다. 여기서도 LH에서 제공해주는 가로주택정비사업 사업성분석 서비스(https://garohousing.net)를 활용할 수 있다. 상업지역, 준주거지역 등 다양한 현장의 매물을 제대로 분석하려면 현재까지는 유료 서비스 외에는

2. 실현전략

지역발전구상

목표2 : 석수역 일대 통합 역세권 재생을 통해 산업 및 생활중심기능 강화

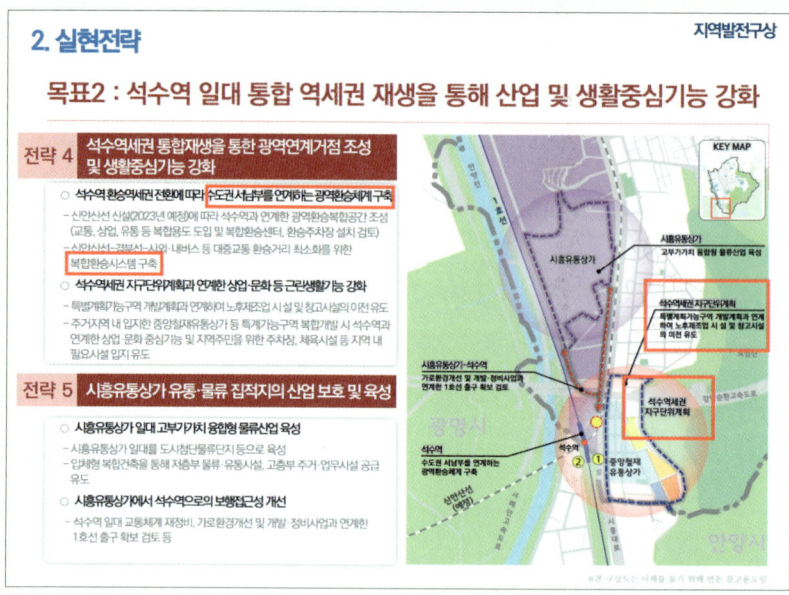

출처: 서울시도시계획포털

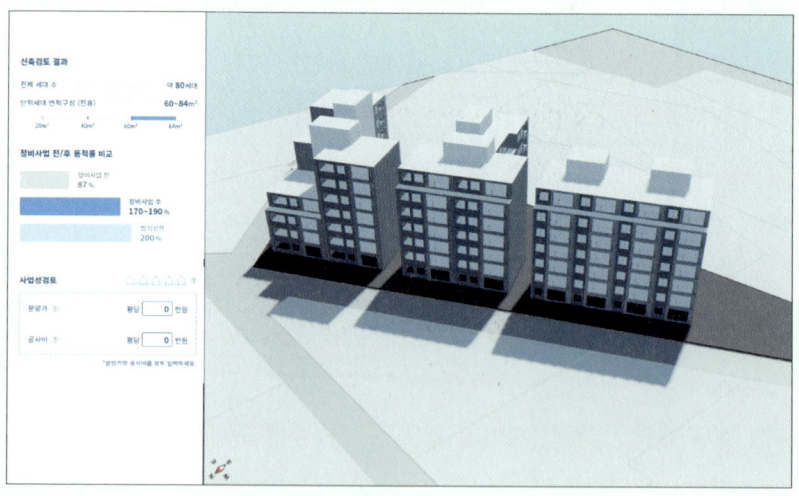

➤ 석수역 일대 연립주택 소규모재건축 시뮬레이션 분석

출처: LH가로주택정비사업 사업성분석 서비스

사업성을 명확히 분석하기 어렵다. 그러나 내 돈 수억 원이 오가는 것이기 때문에 투자자라면 때로는 과감한 지출을 할 필요가 있다.

따라서 레벨3에 도달하기 시작한 이후부터는 건축 공부를 시작하는 것이 좋겠다. ==우리의 목표는 최종적으로 100억 원 자산가이기 때문에 건축 공부는 반드시 해야 한다.== 진짜 부자들은 일하는 시간을 줄이고, 일하지 않더라도 돈을 버는 방법을 연구한다. 그게 무엇일까? 간단하다. 조물주 아래 건물주, 바로 누구나 꿈꾸는 건물주가 그것이다. 내가 직장에 출퇴근하지 않더라도 통장에 꼬박꼬박 수익이 찍히면, 그것도 직장에서 일했을 때보다 더 많이 번다면 그만한 행복은 더 없지 않을까?

LH에서 제공해주는 무료 분석 사이트와 나만의 건축 지식을 결합한다면 여기서 소개한 시흥동 연립주택 외에 더 좋은 매물을 스스로 찾을 수 있다. 3억 원 정도 되는 연립주택을 매수해서 내가 스스로 가로주택정비사업을 추진해보면 그 매물이 순식간에 5억 원, 6억 원으로 불어날 것이다. 그리고 건설사가 붙기 시작하면 7~8억 원, 운이 좋으면 10억 원까지도 붙을 가능성이 있다. 이렇게 시드머니를 불리는 것이다.

레벨 4
투자금 6억 이상

어느덧 이 책의 마지막 부분까지 왔다. 여기까지 읽은 독자들에게 감사하다는 말씀을 우선 전하고 싶다. 덧붙여 내 마음 같아서는 이 책을 읽는 독자들 모두, 레벨4의 경지까지 다다랐으면 좋겠다.

투자는 고독하다. 많은 이들에게 조언을 구할 순 있겠지만 결국 선택은 혼자서 해야 한다. 투자금 6억 원 이상이라면 굳이 주택에 투자할 이유가 조금도 없다. 가장 비싸고 효율성이 좋은 건물에 투자해야 하는 시기다.

투자금 6억 원과 대출 30억 원이면 36억 원짜리 건물 매수가 가능하다. 그리고 타이밍만 잘 맞으면 1년 안에 70억~80억 원도 될 수 있는 게 건물이다. 그동안 몸테크 하면서 고생했던 이유가 레벨4에 있었다. 물론 투자금이 적게 드는 건물들도 있지만 요즘은 그것 또한 씨가 마르고 있다. 더 늦기 전에 건물주에 도전하여 빠르게 은퇴하길 바란다. 절대로 포기하지 마라. 우리에겐 포기할 이유가 하나도 없다.

독자 중에는 '나는 내 집 마련을 꿈꾸는데 왜 저자는 건물주가 되는 게 더 낫다고 말하지?'라는 의문이 생길 수 있다. 그래서 건물에 크게 관심 없는 사람들에게 건물주가 되어야 하는 이유를 구체적으로 설명하겠다.

사람의 소득은 크게 근로소득, 사업소득, 투자소득으로 나뉜다. 우리가 부동산 투자를 하는 것도 결국 투자소득으로 돈을 벌기 위해서다. 가장 효율이 떨어지는 것은 근로소득이다. 내 시간을 많이 쓰면서 정해진 월급을 받기 때문이다. 우리(대중)가 일을 하는 이유는 돈을 벌기 위해서다. 즉, 생계와 관련되어 있다. 그렇기 때문에 일을 하지 않으면 생존 자체가 어렵다.

➤ 꼭 덩치 큰 건물만 투자가 되는 것은 아니다. 위의 다가구주택처럼 리모델링과 인테리어를 잘한다면 충분히 좋은 건물이 될 수 있다.

    그러나 생존만을 위한 삶은 결코 부와 연관되어 있지 않다. 부자란 무엇인가? 자산이 차고 넘치는 사람들이다. 자산이 차고 넘치려면 당연히 수익이 많아야 한다. 수익이 많아지려면 근로소득이나 사업소득 외에 정기적으로 벌어 오는 수익이 있어야 한다. 똑똑한 건물 한 채는 나를 일에서 해방시켜주고, 오직 투자 수익을 극대화하는 데 내 모든 역량을 동원하기 때문에 공백 없는 투자가 가능하다.

    내가 일에서 해방되고, 오직 모든 에너지를 투자를 위해 집중할 수 있으니 근로소득만으로 돈을 버는 사람과 애당초 게임이 안 된다. 건물을 사는 데는 단순히 부동산을 사는 것이 아니라 '시간'을 사는 것도 포함되어 있다.

    만약 여러분이 30억 원짜리 신축 아파트 한 채와 월세 5,000만 원이 나오는 30억 원짜리 건물 한 채가 있다고 치자. 제2의 리먼 브라더스와 같은 금융위기가 오고 대출 압박이 오기 시작하면 어떤 매물부터 팔겠는가? 당연히 30억 원짜리 신축 아파트를 팔 것이다. 여기서 번뜩 깨달음을 얻어야 한다. 왜 입지 좋은 신축 아파트가 허무하게 반토막이 나는지. 결국 최후까지 버티는 매물은 월세가 잘 나오는 건물인 것이다.

이제 왜 건물 투자를 해야 하는지 이해되는가? 결국 내가 좋아하는 입지의 신축 아파트는 100억 원 자산가가 된 이후에 매수해도 늦지 않는다. 마치 전쟁의 승리자가 전리품을 과시하는 것처럼 말이다. 대출 없이 현금으로 아크로리버파크를 매수하는 날을 상상해보자. 내 인생은 성공했다는 성취감이 들 것이다. 우리도 할 수 있다. 깨우칠 수 있다면 말이다.

레벨 구성은 편의상 자금에 맞춰서 썼지만, 각 레벨에 맞는 부동산 지식을 충분히 숙지하는 것이 더 중요하다. 같은 10억 원이라도 참 비효율적으로 쓰는 사람들이 있다. 차라리 샤넬 백이라도 사면 그것 나름대로 재테크라고 할 수 있겠지만, 스스로 나락에 빠지는 유형들이 있다. 바로 소문만 믿고 땅에 투자하는 사람들이 대표적이다.

내 분에 넘치는 수익이 생기면 욕심나는 것이 바로 땅 투자다. 그러나 땅

한국일보

기획부동산이 휘저었나...개발 불가능 임야 1필지 주인이 5,000명

1면 1단 기사입력 2021.10.05. 오후 6:30 기사원문 스크랩 본문듣기 설정

69 40

한 필지 수백 명 이상 공동소유 2만2,199곳
대부분 개발 과정 공유지분, 일부 기획부동산 흔적도

출처: 한국일보

투자는 부동산 분야 중에서 가장 도시계획을 철저하게 이해할 수 있는 사람만 투자가 가능하다. 역세권이 되는 줄 알고 투자했는데 알고 보니 전혀 개발할 계획이 없는 논두렁이나 묘지라면 더 이상 그 돈을 복구할 방법이 없다.

항상 강조하지만 도시계획을 머릿속에 넣어두고, 마치 국토교통부에서 일하는 사람처럼 척척 브리핑까지 가능한 수준이 되어야 한다. 레벨4까지 도달할 실력이 있다면 충분히 건물 투자를 해봐도 좋을 것이다. 이미 레벨4에 도전하는 여러분은 고수다. 그리고 진짜 부자가 될 자질이 있다. 조금만 더 힘내자! 지난 세월의 서러움과 고통, 불투명하기만 했던 공포는 슬슬 떨쳐버릴 때이다. 레벨4를 향해 숨 가쁘게 달린 자신을 칭찬하자.

TIP

이것만큼은 꼭 알아야 한다
건축 지식을 길러라

같은 땅, 비슷한 건물 같아 보여도 신축할 때 건물의 구조나 높이에 따라 다르게 허가될 수도 있다. 최대한 디벨로퍼의 관점에서 꼼꼼하게 따져야 한다.

나는 단지 인테리어 정도만 할 계획이라고 해도, 건축 지식을 알면 결국 써먹을 곳이 분명히 있다. 건축업자들이 원하는 최고의 매물은 장사가 잘되면서 신축 사업성이 좋은 매물이다. 이런 매물은 가격 협상에 매우 유리하기 때문에 절대적 갑의 지위를 행사할 수 있다.

2019~2021년 나는 이곳을 추천했다

이미 유명한 상권보다는 앞으로 확장할 상권에 투자해야 효율적이다. 입지를 따져가며 이미 유명한 상권에 투자하기보다는 거점이 확장할 가능성을 보고 투자하기 바란다.

서울을 비롯해서 전국의 모든 도시는 새로운 거점을 개발하려고 한다. 그러면 자연스럽게 쇠퇴하는 거점이 반드시 나올 수밖에 없다. 명동, 이태원, 홍대 등은 훌륭한 거점 중 하나였지만 코로나 쇼크에 대처하지 못하는 치명적인 상권을 가지고 있기 때문에 권력자가 새로 건들고 싶어하는 곳에 투자하는 것이 좋다.

나는 현재 좋은 상권으로 여겨지는 곳을 추천하지 않았다. 상권은 굉장히 트렌디하다. 유행에 뒤처지는 순간 무너지는 것은 시간문제다. 추억의 서래마을에 요즘도 식사하러 가는 사람들이 있을까? 코로나가 어느 정도 진정되는 시기가 되면 새로운 상권이 등장할 것이다. 우리가 현재 자주 가는 맛집거리도 언제든 사람들 기억 속에서 잊히고, 무너질 수 있다.

그런 두려움 때문에 아마 건물 투자, 상가 투자를 어려워할 수 있다. 그러나 너무 걱정하지 말자. 상가 투자나 건물 투자도 결국 '거점개발지'에 따라 투자하면 그만이다. 그것도 특히 고밀도 개발도 가능한 매물일수록 안전하다. 나중에 건설을 하고 싶은 업자들에게 팔면 되기 때문이다.

사례로 설명하는 게 좋을 것 같아 실제 브리핑했던 사례를 인용해보겠다. 내가 브리핑했던 매물은 망우 역세권 모텔과 주유소 부지였다. 참고로 금액이 클수록 꼼꼼하게 봐야 할 것이 많다. 단순히 GTX-B노선 역세권이 된다고 덜컥 매수하는 것은 매우 위험하다. 다음 자료는 서울시에서 공식적으로 제공하는 역세권 범위인데 내가 역세권 매물을 매수하거나 유료 고객들, 컨설팅 회원들에게 추천할 때 좋은 참고자료이기 때문에 자주 활용한다.

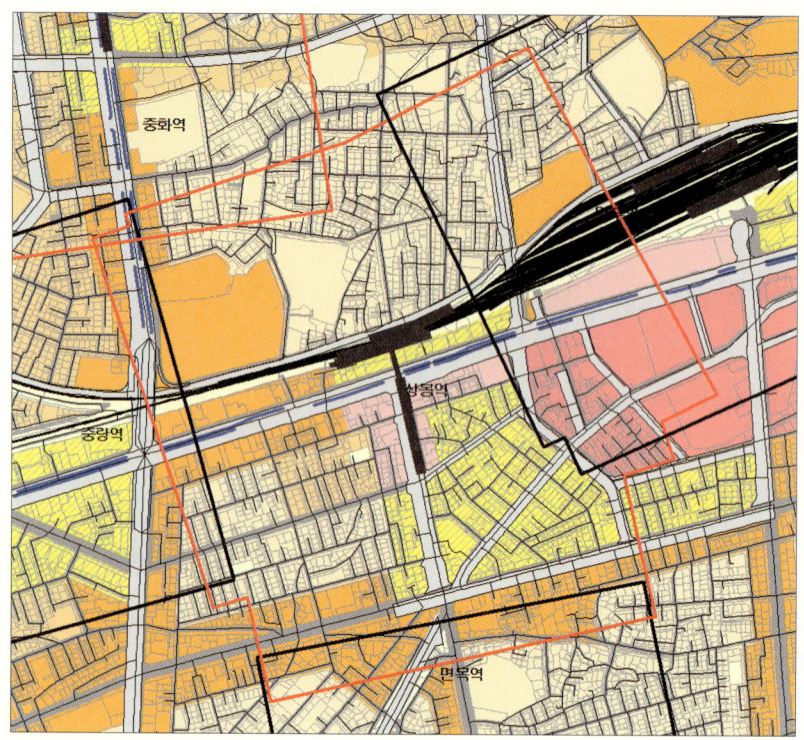

➤ 서울시에는 다양한 자료가 많다. 역세권 범위까지 이렇게 자세히 적혀 있다. 부동산 유튜버들이 마구잡이로 그린 역세권 범위를 믿고 투자하지 말라는 것이다. 서울시 공무원들은 서울시에서 정한 역세권 구역을 기준으로 도시계획을 집행한다.

출처: 서울시 홈페이지

브리핑을 하기 위해 꼼꼼하게 살펴보는 부분이 역세권 범위 내에 있는지 여부다. 서울시의 공식 자료를 이용하는 이유는 서울시 공무원들이 역세권 범위로 인정하는 구역이 일반 상업지역, 준주거지역보다 건축 인센티브를 더 받을 수 있기 때문이다. (부동산 유튜버들이 대충 네이버 지도로 반경 표시하면서 역세권이라고 주장하는 것과 차원이 다르다.)

본권에서도 언급한 것처럼 '땅값이 오르는 원리'는 그 지역의 상업지역에 달려 있다. 상업지역이 어떻게 개발되고 있는지 충분한 사전 조사가 필

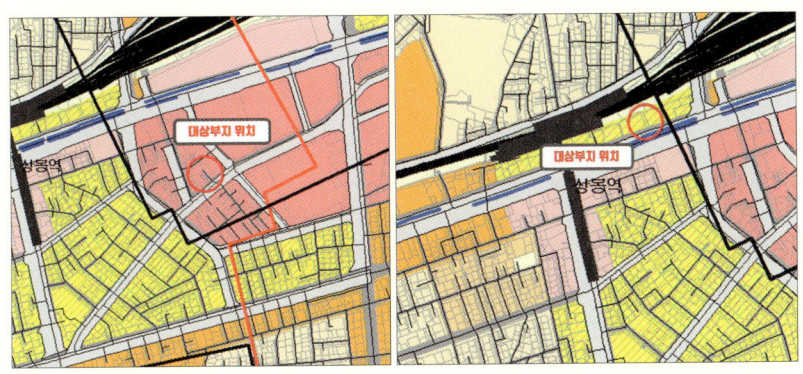

➤ 역세권 매물을 매수하고 싶다면 서울시에서 공인된 역세권 범위인지 확인해야 한다.

출처: 저자 컨설팅 보고서

요한데, 우리는 상봉 역세권, 망우 역세권에서 빠르게 신축화 사업이 진행되고 있음을 충분히 이해했다.

그렇다면 왜 상봉-망우 역세권에 신축 사업이 활발하게 이루어질까? 키는 바로 7호선에 있다.

나는 매물을 분석할 때 결코 1~2개의 플랫폼, 자료만으로 결정하지 않는다. 그리고 가능한 내 손으로 직접 만든다. 그게 13여 년간 내가 부동산판에서 오래 버틸 수 있었던 비결이다. (그래서 나와 손발이 척척 맞는 팀을 만들기 어렵다. 나처럼 더 좋은 매물을 찾겠다는 집념을 가지고 일했다가는 버틸 수 있는 사람이 흔치 않다.)

최상의 매물을 소개해야 하기 때문에 따질 것이 매우 많다. 이번 컨설팅을 요청한 고객은 신축 사업을 목적으로 가장 사업성이 좋을 것으로 예상되는 매물을 매수하고 싶은 사람이었다.

다음 페이지 자료처럼 몇 문장으로 요약하면 별것 아닌 것처럼 보일 수 있지만 통계 작업을 직접 해본 사람들은 알 것이다. 데이터를 어떤 기준으로 정렬해야 하는지, 어떤 데이터만 제공해야 하는지 등을 말이다. 그리고

> ○ 일일 인구 유입량이 높은 역세권 (근거 자료 - 국토교통부 도시철도 승강차 실적, https://url.kr/6fzowb)
> - 2021년 1~2월 1~8호선 역세권의 승차인원 정리 결과
>   ∴ 봉천역 (2호선) : 승차인원 1,076,332명 / 전체 순위 38위(263개역) / 2호선 내 순위 21위(47개역)
>   ∴ 상봉역 (7호선) : 승차인원 683,975명 / 전체 순위 84위(263개역) / 7호선 내 순위 8위(51개역)
>   ∴ 길동역 (5호선) : 승차인원 315,841명 / 전체 순위 190위(263개역) / 5호선 내 순위 30위(50개역)
> ○ 향후 개발로 인해 전입 인구가 증가할 가능성
> - 봉천역세권 : 봉천13구역이 공공재개발 후보지가 되어, 역세권 고밀도 개발이 활발히 진행 중입니다.
> - 상봉역세권 : GTX-B노선 개통, 상봉터미널 부지 복합개발(롯데백화점 입점 계획)이 있습니다.
> - 길동역세권 : 지구단위계획 추진 검토 및 1~2인 가구, 청년층을 위한 주거유형 공급을 권장하고 있습니다.
> ○ 기타 고려 사항
> - 건축의 원칙 : 균형 잡힌 건축이 가능한 토지 형태를 고려하였습니다. (가능한 네모반듯한 형태를 지향)
> - 거주환경의 원칙 : 대상지 주변에 유해환경(모텔, 유해상권 등)이 가능한 없는 지역을 선정하였습니다.

➤ 역세권을 조사할 때에는 반드시 잠재 수요도 고려해야 한다.

출처: 저자 컨설팅 보고서

더 중요한 점은 내가 요약한 데이터들에 오류가 없어야 한다는 것이다. 편집을 거치는 순간부터 나의 주관이 들어가기 때문에 최대한 객관적으로 정리하려고 한다.

상봉 역세권은 7호선이다. 1개월 동안만 보더라도 약 70만 명에 가까운 사람들이 이용하는 노선이 7호선이다. 그런데 경의중앙선과 GTX-B노선까지 생기면 1개월간 이용 승객은 어마어마해질 것이다. 이런 인구들이 상봉 역세권 근처 주거지의 잠재적인 수요가 될 수 있다.

그뿐만이 아니다. 7호선도 연장 사업이 진행되고 있다. 서쪽으로는 석남역-청라국제도시역(송도 일대)까지 확장이 되고, 동북쪽으로는 도봉산역-옥정중앙역(양주옥정신도시)까지 확장될 예정이기 때문에 앞으로 유동 인구는 더욱 증가할 것이다. 따라서 지금의 통계상 순위보다 더 상승할 여지가 있다.

내가 선정한 매물들이 있는 곳은 코스트코, 이마트 상봉점, 이마트 홈플러스 등 마트 상권이 집중된 곳이다. 뿐만 아니라 상봉재정비촉진지구 개발이 진행될 경우, 기존의 유해 상권(모텔 상권)까지 제거되어 보다 쾌적한 주거 환경으로 인식될 것이다.

여기까지가 매물을 선정하는 1차 기준이다. 요청 고객이 원하는 것은 신축 사업이기 때문에 건축 시 사업성에 큰 문제가 발생한다면 투자 대상이 되지 않는다. 시간적 여유가 있다면 내가 직접 계산하지만, 그렇지 않다면 특별히 용역을 주기도 한다. 모든 투자 결정 단계에는 이렇게 시간과 비용이 당연히 발생된다.

현장 조사도 전부 직접한다. 주변에 신축한 매물의 사례가 있으면 그것도 같이 체크한다. 다시는 방문하지 않을 것처럼 마음먹어야 최대한 디테일하게 조사할 수 있다. 낮에도 가보고, 밤에도 가보면서 자료를 수집한다. 가용 자금에 상관없이 가장 최상의 매물(신축 사업성+입지)을 고객이 원할 경우 유동 인구들이 활동하기 시작하는 새벽 5시부터 현장에 나가 대중교통 막차 시간이 끊길 때까지 유동 인구를 체크한다.

이 글을 읽어보니 어떤가? 처음 접해보는 사람이라면 도저히 나는 못할 것 같다고 생각할 수 있다. 그러나 충분히 할 수 있다. 요즘은 워낙 부동산 플랫폼들이 좋아졌기 때문에 예전보다는 손품, 발품을 덜 팔 수 있는 것 같다. 전문 투자자의 길을 걷기 시작하더라도 사실 나처럼 조사할 필요까지는 없다. 다만, 어느 현장을 갈 때 권력자가 어떤 의도로 개발할 계획인지 파악할 수는 있어야 한다.

2019년부터 2021년까지 내가 많이 추천한 지역들이 있는데, 특히 건물주가 되고 싶은 사람들에게는 성수동 준공업지역, 문래동 준공업지역, 서울대입구역 상업지역, 왕십리 역세권 상업지역들을 추천했다. 만약 재개발을 원하는 사람이라면 영등포역세권 상업지역 매물이나 용두1구역 매물을 적극 추천했다.

내가 1번, 2번, 3번으로 표시한 지역들이 있다. 내 임의대로 그린 것이 아니라 서울시의 공문을 참고해서 만든 것이다. 서울시의 공문을 읽어보면 정비 계획이 매우 디테일하게 묘사되어 있다. 최고 높이는 어느 정도까지

➤ 꾸준히 관심을 두고 있는 문래동 일대 준공업지역

출처: 저자 강의안

해야 하는지, 대규모 필지 단위의 개발을 원하는지, 권장하는 업종은 어떤 것인지, 인센티브 항목은 어떤 것인지 등을 꼼꼼하게 볼 때 각 구역이 어떠한 방식으로 개발될 것인지 정확하게 파악할 수 있다.

이미 우리는 지역에 관한 선입견을 버려야 한다는 것을 배웠다. 역세권 상업지역은 흔히 알고 있는 입지를 이길 수 있다. 부동산은 하극상을 허락하지 않지만 상업지역만큼은 충분히 하극상도 가능하다. 2021년에 구리 역세권 상업지역 4층짜리 빌딩이 35억 원에 나왔는데 평당 약 1억 3,000만 원짜리 매물이었다. 한번 건물 투자에 맛을 들이기 시작하면 내가 굳이 아크로리버파크나 트리마제 같은 아파트를 매수해야 하나 생각이 들 때도 있다.

서울이 아닌 곳도 수십억짜리 매물일 수 있다. 경기도, 지방의 건물이 매우 저렴할 거라고 추측하고 있다면 오산이다. 가끔 공시지가 1억 이하 비주택이면서 월세 500만 원 이상 받을 수 있고 재개발 가능한 경기도 지역 물

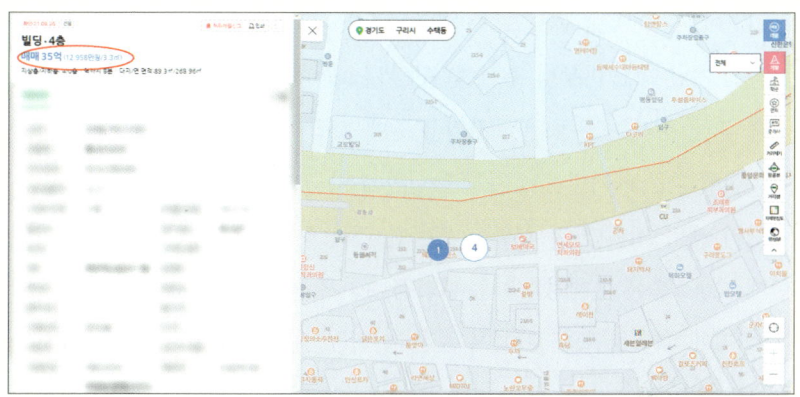

➤ 거점개발지는 경기도도 예외가 아니며, 불황을 모른다. 구리 역세권 상업지역 매물 가격이 놀랍기만 하다.

출처: 네이버 부동산

건을 매수하고 싶다는 회원들이 있다. 나의 칼럼을 보고 '실투자금이 저렴하다', '소액 투자가 가능하다'라는 문구에 홀려 이미 공시지가 1억 이하라고 단정 짓고 연락하는 사람들도 있다.

죄송하지만 그런 매물은 이 세상에 없다. 오죽했으면 이런 식의 투자를 레벨4 파트에 설명하고 있을까? 이런 투자는 도시계획에 관한 이해와 건축에 대한 지식, 해당 매물의 시세가 적정가인지 판단할 줄 아는 분석력, 상가 세팅 계획 등 부동산 투자의 다양한 지식을 필요로 한다.

빚지는 것이 싫다고 여기는 사람이라면 이런 투자는 가능하면 안 하는 것이 좋다. 그리고 부동산 공부가 싫거나 비용을 지불하면서까지 컨설팅을 왜 받아야 하는지 모르겠다고 생각하는 사람도 마찬가지이다. 그렇지 않다면 건물 투자는 단언하건대 부동산 투자의 꽃이다.

기회가 되면 공부해보는 것을 추천한다. 100억 원, 아니 1,000억 원의 자산가가 될 수 있는 부동산 투자다.

2022년 나는 이곳을 추천한다

사실 지난 2019년부터 추천했던 곳과 크게 다르지 않다. 건물 투자, 특히 구축 건물 투자는 부동산 투자의 본질에 가깝다. 미래가치를 최대치로 끌어올려서 파는 메커니즘에 가장 충실한 수익구조다.

상가 세팅 계획만 잘 세워도 똘똘한 건물 하나를 보유할 수 있다. 만일 현재 지하 1층은 노래방, 1층은 편의점, 2층은 성인오락실로 쓰이더라도 입지와 잠재적인 상권의 힘이 우수하다면 간단한 리모델링이나 인테리어만으로도 충분히 수익을 낼 수 있다. 지하 1층은 감성 호프집으로, 지상 1층과 2층은 빈티지 감성의 카페로 변경하고 인스타그램 같은 SNS에서 충분히 홍보가 된다면 원래 가격보다 훨씬 비싸게 팔 수 있다.

건물은 원래 월세 수익용이지만, 시세 차익용으로도 충분히 가능하다. 상가 세팅 계획을 잘 세우거나 거점개발지여서 역세권 상업지역을 중심으로 고밀도 개발이 잘 이루어지고 있는 곳이면 시세 차익을 많이 남길 수 있다. 내게 건축 지식이 충분하고 인맥도 갖추어져 있다면 아예 신축 사업에 뛰어들어도 좋다.

가장 유망한 지역은 아무래도 GTX-A, B, C노선 광역환승센터 부지가 예상되는 근처 상업지역, 준주거지역이 적절할 것이다. 현재 GTX-B노선, C노선은 아직 착공도 되지 않았기 때문에 지금이 선점하기에 매우 좋은 타이밍이다. 건축 이야기를 하니 다시 레벨1, 2로 돌아온 것 같지 않은가? 맞다. 부동산 투자는 건축과 떼려야 뗄 수 없다. 그러나 입지는 부동산을 이루는 요소 중 일부일 뿐이다.

부평 역세권을 예시로 들겠다. 광역환승센터와 가까운 부지를 1순위 투자처로 언급한 이유는 향후 GTX-B노선이 개통하게 되면 유동 인구가 급격히 늘어날 땅이기 때문이다. 게다가 권력자가 광역환승센터 주변으로 대대적인 종상향을 해주었다면 나같이 땅을 보러 가는 사람들에게는 대놓고

➤ 지금은 크게 주목받지 않는 지역이지만 GTX-B노선 광역환승센터 개발이 진행되면 사각형 안의 매물은 부평역에서 가장 비싼 곳이 될 수 있다.

출처: 네이버 지도

신축하라는 신호나 다름없다.

부평 역세권 환승센터와 인접한 곳은 인력파출소 건물이 을씨년스럽게 자리를 잡고 있다. 물론 최후엔 주상복합 형태로 고밀도 개발하여 양질의 상권으로 다시 세팅될 것이다.

참고로 부평 역세권은 크게 두 가지로 나뉜다. 다음 페이지 지도의 왼쪽 구역은 모텔 밀집 구역이고 오른쪽 구역은 상권이 강한 곳이다. 시세 차익을 남기는 것이 2순위이고 월세를 많이 받고 싶다면 당연히 상권이 강한 구역을 선택하는 것이 맞다. 반대쪽 구역인 모텔촌은 어떨까? 배후에 동아1단지, 2단지 아파트가 자리를 잡고 있다. 1단지, 2단지 통틀어서 약 4,500세대다. 게다가 아파트 뒤쪽에는 미군부대가 현재 철수된 상태인데 미군부대 부지에 공공주택을 추가로 조성하면 최소 5,000세대 이상의 인구를 수용할 수 있을 것이다.

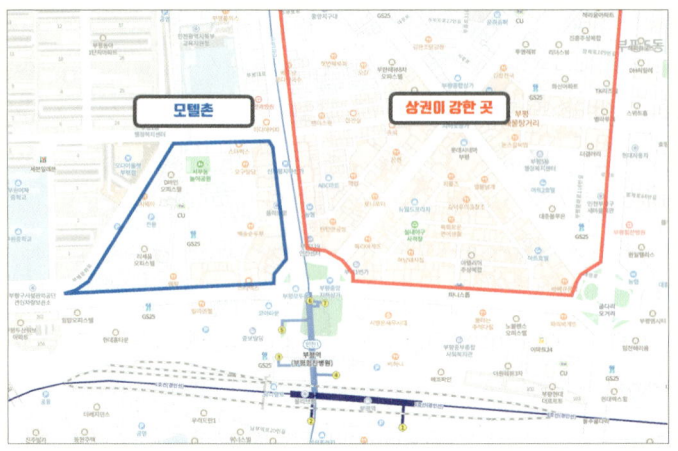

➤ 부평 역세권을 구분하면 크게 모텔촌 구역과 술집, 먹자골목이 활성화되어 있는 곳으로 나뉘어져 있다.

출처: 네이버 지도

 따라서 왼쪽 모텔촌 구역은 현재 기준으로 월세를 많이 받지 못한다. 게다가 코로나의 영향으로 클럽 상권, 나이트 상권, 술집 상권이 붕괴된 시점에 모텔을 운영하는 것 자체가 버거울 수도 있다. 게다가 모텔촌 지역은 상권이 강한 오른쪽 구역에도 존재한다. 그나마 모텔 장사가 잘되는 쪽은 왼쪽 구역보다는 오른쪽 구역일 가능성이 높다. 그래서 왼쪽 구역이 상대적으로 저렴할 것이다.

 그런데 왼쪽 구역은 아파트 밀집 지역과 가까이 있다. 동아1단지와 2단지 주민들에게는 모텔촌이 골칫거리일 것이다. 부평구청에 근무하지는 않아 잘 모르겠지만 아마도 GTX-B노선 위상에 맞게 개발해달라는 민원이 끊이지 않을 것이다. 게다가 동아1단지는 준공연도가 1986년 9월로 재건축 예정 아파트다. GTX-B노선 배후 주거지가 될 곳이기 때문에 1군 건설사들이 관심을 가질 것이다. 그런데 미군부대 부지에 1,000세대 이상 대단지 아파트를 만든다면? 어마어마한 잠재력을 갖춘 상권이 만들어질 것이다.

➤ 고밀도 개발이 진행되고 있는 부평 역세권 현장

    그런 점에서 보면 월세를 모으기에는 왼쪽 모텔촌 구역이 별로일 수는 있어도 단기 차익을 남기는 데 오히려 유리할 수도 있다. 이런 가정을 하고 모텔촌 구역을 임장해보는 것이다.

    역시 옳았다! 돈 냄새를 맡은 투자의 고수들이 선점한 흔적이 있다. 부동산을 책으로만 배운 사람들은 흉흉한 모텔촌에 고층 건물을 짓는 이유를 이해하지 못하겠지만 돈 냄새를 맡은 투자자들은 이런 것 하나 놓치지 않는다. 저렴하게 줍고 신축해서 비싸게 분양받으면 무조건 돈을 버는 구조다.

    동아아파트 쪽으로 가는 길목에 모다백화점이라는 오래된 건물이 있다. 1991년 10월에 준공된 건물로 원래는 롯데백화점 부평점이었다고 한다. 그런데 2019년에 모다아울렛 운영사가 인수했다고 한다. 모다아울렛의 인수 소식이 들리자 인근 주민들과 상인들은 분노에 찼다는 일화도 있다. 이유야 어쨌든 모다아울렛은 굉장히 현명하게 매수한 것이다. GTX-B노선 거점개발지의 잠재가치를 믿고 선점했으니 말이다. 만약 백화점 운영이 어

➤ 왼쪽에 모다백화점이 보인다. 이 건물을 매수한 회사도 GTX-B노선 미래가치를 보고 매수했을 것이다.

➤ 부평 역세권 고밀도 개발지 주변, 과거에는 최대 1,000% 용적률을 받을 수 있는 땅이 아니었다는 증거다.

려우면 건축하고 싶어하는 업자에게 비싼 값에 팔아버리면 된다. 인근 주민들로부터 모다백화점의 스토리를 듣고 나니 더 자극을 받게 되었다. 나도 언젠가 백화점을 매수할 것이다.

다시 모텔촌 구역을 나왔다. 독자들은 114페이지 하단의 사진에서 어떤 것이 눈에 보이는가? 나는 우선 스타벅스가 눈에 들어왔다. 스타벅스는 아무 곳에나 입점하지 않는다. 입지를 굉장히 많이 따지기로 유명한 프랜차이즈 업체다. 스타벅스가 입점했다는 것은 모텔촌 구역이 향후 잠재력이 높은 곳이라고 판단했기 때문이다.

그리고 스타벅스 건물 뒤로 계단식으로 되어 있는 건축물이 보일 것이다. 일조권 침해를 피하기 위해 이렇게 사선 방향으로 건축했다. 즉, 건축 규제를 엄격하게 받던 시절에 지어진 건물이라는 것이다. 당시에는 신축을 하고 싶은 업자도 별로 없었을 것이다. 투자의 고수들은 까다로운 사업지들을 본능적으로 피할 줄 안다.

요즘은 어떨까? 일조권 따위는 신경 쓰지 않고 높게 짓는다. 그러나 처음부터 이랬을까? 다음 페이지의 사진은 2012년 9월 로드뷰 사진이다. 재미있지 않은가? 돈 냄새를 맡은 투자 고수들이 선점한 뒤 신축해버리니 도시가 확실히 변했다.

아마 이런 사업은 구축 모텔, 낡은 단독주택들이 완전히 사라질 때까지 계속될 것이다. 내가 만약 단기 차익을 노리는 투자자라면 주저하지 않고 모텔촌 지역의 매물을 매수할 것이다. 신축 시 사업성, 가격의 적정성 등을 따져서 가장 합리적인 가격에 맞는 매물을 선별할 것이다.

매도 타이밍은 레벨1과 똑같다. 신축 사업을 하고 싶은 업자와 가격 협상을 잘하면 그만이다. 아마 업자들도 내가 보유한 매물에 관해 사전 조사는 끝마쳤을 것이다. 월세가 별로 안 나오지 않느냐, 다른 모텔보다 후하게 쳐주는 것이다, 재개발될 곳이기 때문에 도장 안 찍으면 보상도 제대로 못 받

➤ 2021년 고층 아파텔이 들어선 왼쪽 사진의 주거지는 2012년도에는 오른쪽 사진과 같이 저층 주거지였다.

출처: 저자 촬영본, 네이버 지도 로드뷰

고 쫓겨난다는 등 온갖 회유와 협박도 할 것이다.

하지만 레벨4까지 도달한 투자의 고수라면 어떻게 대응해야 하는지 충분히 알 것이다. 신축 시 사업성이 매우 뛰어나고 부지가 꽤 넓다면 최대한 가격을 올려서 받아야 한다. 내가 보유한 매물이 반드시 있어야 개발이 되는 곳이라면 더욱 높은 가격에 협상이 가능할 것이다.